人はどうして賞を欲しがり、授けたがるのか

－ 賞の総合的研究 －

佐藤俊一 著

敬文堂

はしがき

　本書を出版する契機は、新聞に毎日のように賞の記事が掲載されていることにふと気づき、しかもその種類や数の多さに驚いたことにある。そうして、どうして賞がいわば人間のあらゆる活動領域・分野にわたり、かくも大量に創設されているのかという疑問（問題意識）が研究・執筆の動機となった。

　ところで、実は善行、功績、業績、功労などに対する〈ショウ〉には、〈賞〉と〈章〉がある。『広辞苑』によれば、〈賞〉とは世に広く誉めること、誉め与える金品のこと、〈章〉とは世に広く明らかにすること（表示）、明示のしるし（標識）で、両者を意味するのが〈表彰〉であるという。本書では、我が国における勲章・褒章という〈章〉と〈賞〉を考察対象とする。ただし、外国の賞やスポーツ、囲碁、将棋、競馬などの〈勝負事〉分野の〈賞〉は除外する。というのも、〈賞〉の対象領域をそこまで広げると、手に負えなくなるからだ。

　また、賞の名称に英語の「アワード（Award）」を使っている賞もあるが、英語には類語として「リウオード（Reward）」と「プライズ（Prize）」もある。やはり『小学館ランダムハウス』によれば、「アワード」とは（審査し相応だとして）賞などを授与することであり、「リウオード」とは受けた善行などに報いる（抽象的・具体的な）お礼で、「プライズ」とは功績や業績などを重んじ高く評価して報酬を提供すること、あるいは競争などの勝者に授与する（具体的な）金品であるという。だから、公募や非公募などの賞は「アワード」となり、コンペティション（コンペ）やコンテスト、コンクールなどの賞は「プライズ」と言えるが、本書ではそれも賞＝「アワード」として扱うことにする。

　さて、賞の考察に関する留意点を予め述べておこう。

　第1に、賞の創設・主催者を大きく〈官〉（政府・省庁）、〈公〉（地方自治体）とそれ以外としての〈民〉に類別（三部）化して考察する。〈官〉の賞には、栄典制度に基づく位階、勲章、褒章も含める。そうした〈官〉の賞から地方自治体（都道府県・市町村）が創設・主催する賞を〈公〉の賞として分離・独立させた理由は、こうである。1つに、地方自治体は、明治以来、国家統治機構の一部として中央政府の統制化にあるとされてきたが、2000（平成12）年

の地方分権改革により中央政府と対等・自立の地方政府（統治機構）とされた
—後述のように中央政府と類似の栄典制度が地方自治体にもあることは、その
証といえる—からである。2つに、そうした地方自治体＝地方政府が、想像以
上に—特に文学・文芸分野において—多くの賞を創設・主催していることだ。
3つは、それにもかかわらず、管見の限りではこれまでそうした地方自治体＝
地方政府による栄典・賞についての考察・論究が見られないことである。また
〈民〉の賞については、基本的に次に述べるような分野別を基軸にし、次い
で賞の創設・主体別に考察するが、創設・主催者としては新聞社、出版社、財
団・社団、協会、結社、学会、新聞社・出版社以外の企業・会社などとなる。

　第2に、賞の創設分野であるが、それは多種多様で人間個人や機構・組織・
団体の活動のあらゆる領域にわたるといって過言でない。それ故、どのよう
に分野別化するか—特に〈民〉おいて—が大きな問題となる。しかし、確定
した分野別化はない。そこで本書では、例えば『日本の賞事典』、『新版文学賞
事典』、『郷土・地域文化の賞事典』（いづれも日外アソシエーツ社）のような
幾つかの賞関係の文献を参考に〈民〉の賞を差し当たり目次のように分野別化
し、〈官〉と〈公〉の賞分野もそれに準じることにした。

　ただし、1つに、目次のような分野別化では、重要な社会活動である政治・
経済分野の賞が把握できないのではないかと批判されかもしれない。しかし、
かかる分野の賞は、実は分野別として可視化されることなく栄典の中に包摂さ
れているのである。それ故、本書では、賞をまずもって前述した〈官〉〈公〉
〈民〉という賞の創設・主催別に仕分けして考察することにしたわけである。
2つに、〈民〉の賞については基本的に分野別を基軸に考察するとしながら
も、目次のように第3部第1章を創設主体である新聞社の賞としたのは、次の
理由による。すなわち、新聞社は個人や機構・組織・団体の活動のあらゆる領
域に眼を注いでいることから、まさに多種多様な賞を創設・主催する〈賞の総
合商社〉あるいは〈賞のデパート〉といえるからである。3つに、〈民〉の賞
では、文学分野の賞が極めて多い。そこで、先ず創設・主催者別の文学賞・児
童文学賞に付言し、次いで特に純文学系雑誌の『文學界』、『新潮』、『群像』、
『文藝』、『すばる』が主催する文学賞の新人賞受賞者のその後におけるプロの
作家としての〈生き残り〉（生存率）状況に焦点を当てることにした。そうし
て他の文学分野の賞も、純文学系における〈生き残り〉（生存率）の目安（イ

ンジケーター）を基にして考察することにした。

　第3は、賞の創設後における募集、選考、授賞などの運営主体である。それは主催者や共催者が行うが、それに後援、協力、協賛などが付随する場合がある。ここでは、創設主体が運営主体となる主催や共催方式を基軸にし、他主体の後援、協力、協賛などは瞥見するに留める。とはいえ、〈官〉や〈公〉が〈民〉による創設・主催の賞を後援するケースが多々見られるが、かかるケースの全てに目配りすることはできない。そこで、かかるケースにおける後援のタイプや企図などを文部科学省の後援に限定して考察することにした。

　第4は、賞の対象者や対象領域・次元である。賞の対象者は、公募（応募）・非公募の資格・条件や選考基準と関わりながら、個人か団体・組織か、プロかアマか、児童・学生か成人か（年齢別）、男性か女性か（性別）、日本人か外国人か（国籍別）などに細分化されるが、それらは賞の狙い・目的により自ずと規定される。結論的にいえば、ほとんどの賞は性別、年齢、国籍を問わずプロかアマの個人が対象である。従って、それ以外の特異なケースは、例示して言及することにしたい。また賞の空間的な対象領域・次元であるが、それは学校・企業や社団・学会などのような団体・組織内、市区町村・都道府県という地域内、日本国内やアジアというような圏域内、世界に分別することができる。そうした空間的な対象領域（次元）も、賞の狙い・目的によって規定される。やはり結論的に言えば、ほとんどの賞の空間的な対象領域は地域内や日本国内である。そこで、アジアのような圏域内や世界を対象領域とする例外的なケースは例示・言及する一方、社団・学会などを除き学校・企業のような団体・組織内のメンバーを対象空間とする賞は取り扱わない。というのも、私達に身近なかかる団体・組織内の賞は大量に存在していると推量されるが、それを網羅的に把握することは不可能だからである。

　第5は、賞の選考方式や選考基準、授賞者の決定方法、授賞形態などである。選考方式は、公募（コンテストなどを含む）と非公募に大別されるが、賞の目的・企図により個人のみとか個人及び団体などの条件が付される。公募・非公募ともに大部分は個人を対象にするが、特に文学賞に多く見られる非公募方式は一人の作家の複数受賞をもたらす要因となっている。選考基準は、一般にはまさに比較優秀度——その内実である作品や活動の独創性、将来性、貢献性など、あるいは個人や団体・組織の業績・功労度などは個々の賞毎に異なる——

を基準にし、授賞者の決定方法も一般的には選考・審査委員会（合議）方式を採っているが、推薦やアンケート、投票方式を副用しているケースもある。いずれにしろ、これらの諸点については、特に特異・特色あるものに触れることにする。

　なお、大部分の賞の授賞形態は、本賞（正賞）と副賞形態をとり、前者は賞状（表彰状）で、後者は賞金・物品などとなっている。このことは、賞が精神的（分割不可能）な価値（名誉欲、優越欲、差別欲などの充足）を本体とし、それに物質的（分割可能）な価値（まさに金銭・物品の充足）を付加していることを示す。このことは、次の賞行為へのアプローチの仕方を示唆する。

　最後の留意点は、まさに賞行為へのアプローチの仕方である。今、「賞の事典ファイル・賞名一覧」（ネット）によれば、〈官〉の賞を除き、その数約2000件にのぼる。いうまでもなく、それが賞の全てではないが、やはりその数の多さに驚かざるをえない。そうした賞の狙い・目的は、一般に賞の創設や主催の契機・動機において語られている。しかし、それはあくまで賞を創設・主催する〈授賞主体〉─基本的に機構・組織・団体となる─側の狙い・目的であって、〈授賞客体〉言いかえれば〈受賞主体〉側の狙い・目的を語るものではない。賞は、実は双面神（ヤヌス）なのである。だから、賞行為は、〈授賞主体〉側からだけでなく、〈授賞客体〉言いかえれば〈受賞主体〉─個人を基軸にし組織・団体も含まれる─側からもアプローチしなければならないのである。それを授賞形態が示唆していたのだが、この両面からのアプローチによって、何故にかくも大量の賞が創設・主催されているのかを分明化しえるであろう。かくして、本書のタイトルを「人はどうして賞を欲しがり、授けたがるのか」としたわけである。

《目　次》

第1部　〈官〉の章と賞

第2部　〈公〉の表彰と賞

第1部　〈官〉の章と賞

第1章　栄典制度

　栄典とは、政治権力・権威が国家や社会（公共）への功労者と認定した者を名誉づける（表彰）する優れて政治的な制度である。日本では、推古天皇による603年の冠位十二階（叙位）や701年の大宝律令による叙勲に始まる。そして、明治に入り栄典制度は、叙位、叙勲の他、叙爵、褒章へと拡充された。以下では、明治以降の栄典制度の歴史に若干触れながら、基本的には戦後の栄典—特に2003（平成15）年に改正された新栄典制度—について考察する。

　戦後の栄典は、明治憲法における天皇の大権の1つであった栄典授与を形式的に継受した新憲法の第7条、すなわち天皇が内閣の助言と承認によって行う国事行為の第7項に基づく。従って、戦後の栄典は、いわば内閣という政治（狭義には執行＝行政）権力が実質的に認定し、形式的に象徴天皇という権威が名誉づけを行う制度になった。かかる栄典には、叙位（位階に叙する）制と叙勲制の勲章、それに褒章の3種類がある。以下、勲章や褒章の写真、新栄典制度の資料などは、佐藤正紀著、全国官報販売協同組合編集発行『新版勲章と褒章』（2014・平成26年）をベースにする。

第1節　位　階

　そもそもA. ピアスは、位階（勲章も含めてよい）は（政治的に）「人間の値打ちをはかる秤における相対的な高低」であるとする（A. ピアス、奥田・倉本・猪狩訳『悪魔の辞典』角川文庫、1975年、299頁、括弧内は筆者の補充）。我が国の近代における位階は、1887（明治20）年に公布された叙位条例に始まる。それは、旧来の位階を正一位から従八位までの16階へ簡素化するとともに、「凡ソ位ハ華族勅奏任官及国家ニ勲功アル者又ハ表彰スヘキ勲績アル者ヲ叙ス」として位階を栄典の1つとした。そして、1926（大正15）年には、その叙位条例を廃止して位階令を制定した。それは、叙位の順序を「国家ニ勲功アリ又ハ表彰スヘキ功績アル者」を先頭に有爵者（華族）・相続人・在官・在職者へと変更し、栄典制の側面を一層強めたものであった。

　戦後の1946（昭和21）年5月、幣原喜重郎内閣は、外国人への叙勲と文化勲章を除く生存者叙勲の停止を閣議決定した。次いで、翌1947（昭和22）年5月3日の新憲法施行に合わせ華族制度を廃止―従って叙爵制も廃止―する一方、戦前の位階令を政令第4号に改正し、それを根拠に死亡者への叙位は継続された。また戦前は有爵者（華族）・相続人と宮内省官吏は宮内大臣が、それ以外は内閣総理大臣の奏上によって叙位されていたが、戦後は宮内省の廃止により内閣総理大臣官房人事課（現在は内閣府賞勲局）が栄典の所管官庁となった。

　ところで、戦後、各政権は、当初から執拗に栄典制度の法制化を図ろうとした。そうして1948（昭和23）年3月に成立の芦田均内閣、次いで1952（昭和27）年10月成立の第4次吉田茂内閣、さらには1955（昭和30）年11月の保守（自由・民主両党）合同後の第3次鳩山一郎内閣は、栄典法案を国会に提出した。そうした中で、特に位階制については、その存廃が論議された。国会の内閣委員会での公述人の多くは、位階制は身分制的で、かつ形式的ながら天皇主権主義を継承している側面があるので廃止すべきとした。これに対し、法制史の研究者（戦後は国学院大学教授）の滝川政次郎は、位階は「古来国民のあこがれ」になってきたので存置して欲しいと陳述した。また元宮内省宗秩寮総裁でもあった武者小路公共は、「位というものはつまらないようなものですけれども、言うに言われない効用がある。第一に金がかからない。ただ御紋服をたまうということと同じで……それがときどき役に立つ」と述べた。その含意は、こうだ。位階は勲章と違い、物品ではなく名誉を授与するのみだが、その授与が国家への忠誠心や帰属意識を増大させる効果があるというのである。

　だが、各政権が執拗に栄典制度の法制化を画策しつつも、前記の内閣が提出した栄典法案は3回とも挫折した。狙いは、いずれも特に叙勲制を拡充し、法制化によってそれを確固たるものにすることにあった。だが、栄典制が昨日までの天皇主権制とあまりにも密着してきたことと、朝鮮戦争後における逆コース（戦前回帰）状況への懸念などが、法案を流産させた（以上、詳細は、栗原俊雄『勲章・知られざる素顔』岩波新書、2011年、65〜74頁）。そのため、叙勲制は復活しなかったが、改正位階令（政令第4号）に基づき故人のみを対象とする位階令は存続・固定化された。しかし、新憲法下における栄典は法律事項であるべきで、政令に拠っていることには疑義が呈された（宮沢俊義・岩倉規夫・山内一夫「鼎談・栄典制度について」『ジュリスト』No.288、1963年12

月15日号、16〜17頁）。

　その改正位階令（政令第4号）は、「国家に勲功あり又は表彰すべき効績ある者」と「在官者及在職者」が死亡した場合、死亡日に遡って位階を追賜することができるとしていた。これに基づき、天皇の国事行為として故人に対する叙位が行われる。具体的には位記の授与となるが、従四位以上は御璽入りの内閣総理大臣・氏名・奉の位記となり、正五位以下は内閣印入りの内閣総理大臣・氏名・宣の位記となる。

　実際の叙位者は、民間の功労者—例えば実業家や弁護士、私立大学教授など—はそれほど多くなく、多くは公職者すなわち国会議員や国家公務員、地方公務員（特に知事・市町村長などの特別職）、国立大学教授、公立学校教員（管理職）などである。だから、位階は一般の国民にほとんど馴染みないものといえるのだが、筆者に身近な近年の例では、運輸・文部・自治・財務大臣を歴任するとともに、東洋大学理事長・総長でもあった衆議院議員の塩川正十郎が2015（平成27）年9月に正三位を追賜されたことが思い出される。

　ところで、亡くなった故人は、叙位の栄典が授与されたことを知らないわけである。とすれば、故人への叙位は意味があるのだろうか。次のような諸点において意味があるといえる。第1に、国家・社会（公共）への貢献を祀る（追悼する）ことによって国家権力の威厳を増大させることである。第2に、伝統を保持し、生存者叙位の復活の可能性を残すことである。第3に、象徴制とはいえ、天皇が内閣の助言と承認のもとで叙位などの栄典授与を行うことは、天皇の権威化を高め、かつ天皇制の存続を安定化させることである。これらは、叙位の〈授与主体〉側すなわち国家権力側にとっての有意味性である。

　しかし、叙位の〈授与主体〉のみならず、〈受容主体〉側すなわち個人（他の場合は法人格によって擬人化された組織・団体も含む）の側にとっても有意味性がある。それは、他者と社会的に共存しつつも競合・競争を余儀なくされることに伴う欲望の充足欲求にとってであるが、その欲望は個人（組織・団体）において表層・深層的に〈二層・二重化〉されていると思量する。すなわち、この世に生まれた個人が社会生活の中で誰しもが抱く意識的な欲望—それを〈世俗的な欲望〉とする—と、その根底に潜んでいる欲望—これを〈存在論的な欲望〉とする—である。かくして、第4に、死後にまで国家が祀る（追悼する）叙位は、生存者の名誉欲、優越欲、差別欲や金銭欲、物欲などの〈世俗

的な欲望〉以上に、この世に生を受け生きぬいている自己の存在価値の確証を求める〈存在論的な欲望〉の充足欲求—深層的であったそれは他者との競合・競争の荒波に揉まれ続けるにつれ意識・顕在化する—を募らせる（この欲望の〈二層・二重性〉は、第4節の栄典の渇望において浮き彫りになる）。そうして生存者をして国家への帰属感や忠誠心をより増大・強化させることになる。このことは、翻って賞（章）の〈授与主体〉側—ここでは地方自治体（地方政府）も含めた国民統治（支配）機構の総体としての国家だが、〈民〉の組織・団体も含む—においても授賞（章）の狙い・目的が〈二層・二重性〉にあることを示唆するが、それについては後述する。

第2節　勲　章

第1項　勲章の種類と沿革

　現在、勲章は、図表−1のように単一等級の文化勲章も含め22種類ある。ただし、2001（平成13）年の「栄典制度の在り方に関する懇談会報告書」（以下、「懇談会報告書」とする）に基づいて改革され、2003（平成15）年に施行された新栄典制度は、旧来と比して大きく異る点が4点ある（以下、引用は「懇談会報告書」、佐藤、前掲書所収に基づく）。

図表−1　勲章の種類と授与基準等

等及	勲	章		伝達（授与）式	旧制度の勲等
1	大勲位菊花章	大勲位菊花章頸飾	旭日大綬章または瑞宝大綬章を授与されるべき功労よりも優れた功労のある者	宮中での親授式（天皇の直接授与、内閣総理大臣の侍立）	大勲位
		大勲位菊花大綬章			
2	桐花大綬章				勲一等
3	旭日大綬章	瑞宝大綬章	宝冠大綬章	文化勲章	
4	旭日重光章	瑞宝重光章	宝冠牡丹章	—	宮中での伝達式（天皇の臨席、総理大臣の伝達） 勲二等
5	旭日中綬章	瑞宝中綬章	宝冠白蝶章	—	勲三等
6	旭日小綬章	瑞宝小綬章	宝冠藤花章	—	総理大臣の命を受け、各省大臣が伝達 勲四等
7	旭日双光章	瑞宝双光章	宝冠杏葉章	—	勲五等
8	旭日単光章	瑞宝単光章	宝冠波光章	—	勲六等
授与基準	国家・社会（公共）への功労者	(特別の女性に対する勲労)			
	社会の諸分野における功績	国・自治体の公務・公共的業務への長年の功労	皇族女子 外国人女性		

　第1に、「功績の大きさに様々なものがある以上、それに応じた等級区分は必要である」が、旧制度の勲等は「あたかも人に序列をつけているかのような本来の趣旨とは異なる誤解を生むおそれもある」ので、数字表示の勲一等〜勲六等を廃止し、各等級の勲章に固有の名称を付して表示することにした。

　第2に、旧来、同格の勲章としての旭日章（男性）と宝冠章（女性）が6段階、男女共通の勲章としての瑞宝章が6段階で実質的に12段階として運用されてきた。しかし、「栄典の授与は、性に対しても中立であるべき」だとして旭日章と瑞宝章を男女共通の勲章としつつ、両者を「功績の質的相違に応じた…使い分け」をすることにより等級を実質的に6段階へ簡素化した。この改革により、旧来、特別の女性への勲労として授与されていた宝冠章は存置されたが、皇族女子と外国人女性のみを対象にする勲章となった。

　第3に、春秋の定例受勲を補完し、定例叙勲から分離・別枠として叙勲することによって「受章者数の大幅な増加を図り、受章平均年齢を引き下げる」ため、警察官や自衛官などのような仕事に従事している国民に対する危険業務従事者叙勲を導入したことである。

　第4に、候補者の選考にあたっては、新たに一般国民からの推薦制度を導入したことだ（しかし、現在までこの制度の活用による授与者は極めて少ない）。

　なお、伝達（授与）式は、旧来の戦前における官吏（親任・勅任・奏任官という高等官と下級官吏の判任官）の任命式とほぼ同様の様式のまま変わらない。すなわち、旭日・瑞宝・宝冠大綬章以上と文化勲章は宮中松の間で内閣総理大臣の侍立のもと天皇による直接授与（親授式）、旭日・瑞宝重光章と宝冠牡丹章は宮中で天皇の臨席のもと内閣総理大臣により伝達、旭日・瑞宝中綬章と宝冠白蝶章以下は内閣総理大臣の命を受け各省大臣が伝達式を行う。

　こうした22種類の勲章は、明治以降に漸次拡充されて形成されたものである。ただし、明治維新以前の1867（慶応3）年、パリ万博に参加した徳川幕府と薩摩藩が政治権力の正当性をめぐり勲章の贈与を競った。そして、薩摩藩が薩摩琉球国勲章をナポレオン三世やフランス高官に贈与したが、それに対抗した幕府の葵勲章は図案にとどまり作成されなかった（佐藤、前掲書、52〜53頁。詳しくは、大佛次郎『天皇の世紀・六奇兵隊』朝日新聞社、2006年、332〜375頁）。このように、勲章は国家（政治）権力の正当性にも関わることを留意しておこう。

　さて、維新以降の勲章の初発は、文明開化策を推進する維新政府が、西欧諸国の勲章に関する資料収集や調査研究を行い、1875（明治 8）年に「賞牌欽定ノ詔」と「賞牌従軍牌制定ノ件」を公布したことだ。このことは、少なくとも近代以降、様々な賞の創設・主催を促す諸主体間の〈水平的な競合・競争〉が勲章では国家間の競合・競争下にあることを示唆する。翌1876（明治 9）年末には、賞勲局（伊藤博文が初代長官）が賞牌を勲章、従軍牌を従軍記章に改正し、勲五等から勲一等までの等級の最上位に大勲位を設けた。さらに翌1877（明治10）年には、勲等年金令を制定するとともに、「大勲位菊花大綬章及副章製式ノ件」を定めた。そして、1881（明治14）年には、民間人を顕彰するため後述の褒章条例を制定した。1885（明治18）年、太政官制が内閣制へ転換され、憲法制定や諸制度の整備作業が進められた。それに歩調を合わせ、勲章制度も整備・拡充された。すなわち、1888（明治21）年、八等級の瑞宝章と女性に対する五等級の宝冠章を新設する一方、旭日章には旭日大綬章の上級に勲一等旭日桐花大綬章を、大勲位菊花大綬章の上位に大勲位菊花章頸飾を設けた。そして、1890（明治23）年には軍人軍属の忠勇・武功に対する金鵄勲章（功一級から七級）を新設し、1894（明治27）年に金鵄勲章年金令を公布した。さらに、1919（大正 8）年には、女性にも瑞宝章を授与しうることにした。そして、1937（昭和12）年には、学術・芸術に功績のあった者に対する単一級の文化勲章を設けた。しかし、特に満州事変後に15年戦争が総力戦体制へ移行すると、税財源の多くを戦費に当てなければならなくなったため、1941（昭和16）年に勲章年金と金鵄勲章年金が廃止されて一時支給となった。

　終戦の翌1946（昭和21）年 5 月、幣原喜重郎内閣は、閣議決定により皇族と外国人への叙勲と文化勲章を除き生存者叙勲と生存者叙位を停止したことは既述した。次いで翌1947（昭和22）年 5 月 3 日の新憲法施行に合わせ、第14条の法の下の平等、華族・貴族制の廃止、栄典への特権付与の否定により叙爵制の廃止とともに、第 9 条との関係から金鵄勲章も廃止した。しかし、以後、前述のように各政権は栄典制度の法制化に執拗に取り組む。1948（昭和23）年には芦田均内閣が栄典法案を国会へ提出するものの流産し、1952（昭和27）年と1956（昭和31）年にも国会に栄典法案が提出されたが未成立に終わった。

　1949（昭和24）年、旧賞勲局を廃止し栄典の新所管部局として内閣総理大臣官房賞勲部を設置した。そして、1951（昭和26）年、賞勲部と文部省の手で新

たに文化功労者年金法が制定された。しかし、文化功労者に年金を支給することは、栄典に対する特権の付与を否定した憲法第14条に違反するのではないか。だが、文化勲章は内閣の助言と承認に基づく国事行為としての栄典授与であるのに対し、文化功労者は文部省が所管する文化功労者の顕彰制度あること、言いかえれば文化勲章は「文化の発達に関し勲績卓絶なる者」への精神的優遇（名誉）の授与であるのに対し、文化功労者年金は「文化の向上発達に特に功績顕著な者」への物質的優遇（年金）である点で相違しており（『増補版賞と記録の人名事典』自由国民社、1975年、18〜19頁）、問題ないとされてきた。

　ところで、文化功労者は、文部（科学）省設置の文化功労者選考審査会（現文化庁文化審議会の文化功労者選考分科会）による選考候補者から文部（科学）大臣が決定し、閣議了解を経て顕彰される。これに対し、文化勲章の授与者も、同選考審査会（同選考分科会）の意見を聴取した上で、文部（科学）大臣が文化勲章候補者推薦要綱に基づいて5名程推薦し、内閣総理大臣官房賞勲部（現内閣府賞勲局）の審査を経て閣議決定される。このように、両者の選考手続きは大筋重複している。それだけでなく、文化勲章を授与されなくとも文化功労者年金を授与された者は多いうえ、文化勲章の受章者で文化功労者年金を授与されなかった者はいない。それ故、確かに文化勲章受章者は文化功労者より少ないのだが、全ての文化勲章受章者＝文化功労者であるから、文化功労者年金は栄典への特権付与の憲法違反を回避する〈スリヌケ法〉の役割を果たしているといえる。

　さて、1953（昭和38）年9月、第5次吉田茂内閣は、急遽、生存者叙勲の一部再開を閣議決定した。それは、6月に西日本が大風水害に襲われ、そのため救難、防災、復旧に尽力した消防署員・消防団員や自治体職員などの功労者が多数に上ったことから、それに報いるためであった。次いで、1955（昭和30）年には後述する褒章条例が改正（黄綬・紫綬褒章が増設）された。そして、1963（昭和35）年、池田勇人内閣が、ついに生存者叙勲の再開を閣議決定したのである。この背景・要因は、次にあったといえる。第1に、既述のように、戦後間もなくから各政権が栄典制度の法制化、特に生存者叙勲の再開に執念を燃やしてきたことである。第2に、池田首相の政治上の恩師である吉田茂元首相が政界の引退を表明していたので、それに報いようとしたことだ。実際、吉田は戦後における大勲位菊花大綬章の第1号となった。第3の最も大きな要因

は、池田内閣が高度経済成長政策を促進するために経済・財界人の協力を求め、そのインセンティブとして戦前の軍人軍属に代わり彼らへの勲章授与を利用しようとしたことである。次のエピソードは、それを裏付ける。

　戦後の九電力体制を主導して「電力の鬼」と呼ばれ、政界に隠然たる影響力を有していた松永安左衛門は叙勲の候補者と目されたが、彼は「人間の値打ちを人間が決めるとは何ごとか」として叙勲を拒否した。そのため、池田内閣は、当時、新日本製鉄会長、日本商工会議所会頭で松永の知人であった永野重雄に協力を求めた。そこで永野は、松永に対して「あなたが受けないと、生存者叙勲制度の発足が遅れて、勲章をもらいたくてたまらない人たちに、迷惑がかかりますよ。それに、あなたはどうせ老い先が短い。死ねばいやでも勲章を贈られる。それなら生きているうちにもらったほうが、人助けにもなりますよ」と説得（恫喝）したというのである（栗原、前掲書、81〜82頁、大薗友和『勲章の内幕・いま明らかにされた叙勲基準』東洋経済新報社、1985年、37〜38頁）。こうして生存者叙勲制度の再開に漕ぎ着け、経済・財界人が続々と叙勲されることになったのである。

　その後、1970（昭和45）年、佐藤榮作内閣が、叙勲から7年以上経過後に可能となる再叙勲制を導入した。そして、2000（平成12）年9月、森喜朗内閣の下で「栄典制度の在り方に関する懇談会」（座長・前東京大学総長の吉川弘之）が設置され、翌2001（平成13）年に小泉純一郎内閣へ前記した「懇談会報告書」が提出された。それに基づき、翌2002（平成14）年8月、小泉内閣は栄典制度の改革を閣議決定し、さらに2003（平成15）年に「勲章の授与基準」を定めた。主な改革点は、既述したところである。

第2項　叙勲の種類と過程

　叙勲には、単一級の文化勲章を除き、春秋の定例叙勲の他に高齢者叙勲、死亡叙勲、外国人叙勲、緊急叙勲、それに新設された危険業務従事者叙勲がある。高齢者叙勲は、定例叙勲を補完するもので、定例叙勲を受けていない功労・功績者などが死亡した際、随時叙勲するものである。その高齢者叙勲は、1973（昭和48）年に開始され、88歳（米寿）に達した翌日に授与される。死亡叙勲は、功労・功績者などが叙勲を受けずに死亡した際に随時叙勲するもので、生前最後の日付で叙勲される。外国人叙勲には、来日した外国の皇族・国

賓への儀礼叙勲と外国の公人・民間人の功労・功績者に対する功績叙勲があるが、後者は春秋の定例叙勲と合わせて行われる。2003（平成15）年に新設された前記の危険業務従事者叙勲は、警察官、消防署員、刑務官、海上保安官、自衛官で55歳以上の者を対象に春秋の定例叙勲とは別枠で瑞宝単光章または瑞宝双光章を授与するものである。年2回で約3600名に授与されているが、約半数は警察官である。

　さて、叙勲のプロセスであるが、春秋定例叙勲候補者推薦要綱は、次のように定めている。第1に、勲章の授章予定者数は、春秋概ね4000名とする。第2に、候補者要件は、70歳以上の者並びに55歳以上の者で精神的・肉体的に著しく労苦の多い環境において業務に精励した者及び人目に付きにくい分野にあって多年にわたり業務に精励した者のうちから国家や社会（公共）に対して功労ある者である。第3に、前記「推薦要綱」委員と都道府県知事が功労者を選考し候補者を内閣総理大臣に推薦するのであるが、その推薦にあたっては事前に文書をもって内閣府賞勲局との協議を要することだ。

　この第3の協議のための文書作成が、実質的な候補者推薦の決定となるのである。それはこうだ。政府各省庁は、その所管分野ごとに出先や関係の審議会・独立行政法人（旧外郭団体）などを含む省庁内の候補者を取りまとめるとともに、関連の財界・業界団体などの各種団体や都道府県知事（関係都道府県機関・団体や市区町村などの選考を受けている者）から候補者を募るのである。そして、前例のなどに則って候補者を絞り、その功績調書の他に戸籍、履歴書などを添付した文書を作成し、それを内閣府賞勲局に提出する。賞勲局は、その文書に基づき各省庁・都道府県の栄典担当部局と協議しながら候補者を審査し、授与基準と先例に基づき内閣に提出する候補者推薦名簿を作成するのである。この後は、閣議決定を経て天皇に上奏し、裁可・発令（授与）となる。

　このように、各省庁が調整・確定した推薦候補者が実質的な叙勲の決定になるといってよい。そのことは、次の事件が示唆している。2005（平成17）年の秋の叙勲に際し、汚職で揺れた社会保険庁が春に続いて候補者の推薦を自粛し、警察庁も捜査費の不正流用で騒がれた警察関係者の候補者推薦を見送ったが、裏金問題を起した経済産業省は今まで通りに推薦を行なったことだ。このことは、推薦するか否か、推薦するとしたら誰を推薦するかが各省庁の〈さじ加減〉一つで決まる実情を示しているとされた（「朝日新聞」2005年、11月3

日）。かくして、各省庁の推薦候補者が実質的に候補者の決定となることは、R.ミヘルスが組織の意思決定における「寡頭制の鉄則」を指摘したように、実質的決定者への〈圧力集中化の鉄則〉というべきものを惹起・作動させる。すなわち、勲章を渇望する者たちの中には、その渇望を満たすため関係政治家や地元選出の代議士に陳情を行ったりするが、それら政治家は省庁へ圧力をかけることになるのである（栗原、前掲書、136〜138頁、144〜146頁、参照）。

第3項　勲章の授与基準

　2003（平成15）年に閣議決定された「勲章の授与基準」は、基本的事項として勲章は国家・社会（公共）への功労者を広く対象とし、旭日章と瑞宝章の相違をこう規定する。旭日章は、社会の様々な分野（国際社会の安定・発展、適正な納税の実現、学校・社会教育の振興、文化・スポーツの振興、科学技術の振興、社会福祉の向上・増進、健康・公衆衛生の向上・増進、労働環境の整備、環境保全、諸産業の発展、弁護士・公認会計士・弁理士などや新聞・放送などの放送業務、電気・ガス・運輸業務などによる公益に寄与）における功績内容に着目し、顕著な功績を挙げた者に授与する。これに対し、瑞宝章は、国・地方自治体の公務または公共的業務（学校教育・研究、各種施設の社会福祉、医療・保健指導、調停委員・保護司・民生児童委員など、著しく危険性の高い業務、精神的・肉体的に著しく労苦な業務、人目に付きにくい分野の業務）に長年従事し、功労を重ね成績を挙げた者に授与する。

　この上で旭日章の授与基準（標準）は、三権の長（内閣総理大臣、衆参両院議長、最高裁長官）が旭日大綬章。国務大臣、内閣官房副長官、副大臣、衆参両院副議長、最高裁判事（それに準ずる職）は旭日重光章か旭日大綬章。大臣政務官、衆参両院常任・特別委員会長、国会議員は旭日中綬章か旭日重光章。都道府県知事と政令指定都市市長は旭日中綬章か旭日重光章。一般市（中核市と特例市を含む）市長と特別区区長は旭日双光章、旭日小綬章か旭日中綬章。町村長は旭日単光章、旭日双光章か旭日小綬章。都道府県会議員、市議会議員、特別区議会議員は旭日単光章、旭日双光章、旭日小綬章か旭日中綬章。町村会議員は旭日単光章か旭日双光章、である。

　ここに、興味深いことが窺われる。先の「懇談会報告書」は、「中央から地方へ、量から質へといった時代による価値観の変化や、地方分権の進展を踏ま

え、地方において社会に対し優れた貢献をしている人を見逃すことなく取り上げ、その貢献に見合った高い評価をすべきである」としていた。にもかかわらず、第1に、2000（平成12）年の地方分権改革において中央政府と地方自治体との関係は相互に対等な政府間関係にあるとされたのだが、基本的に職務の重要度や責任の大きさを評価基準とする勲章の世界（配分的平等観）ではそうした捉え方（比例的平等観）とは無縁であることだ。第2に、同「懇談会報告書」は勲章の等級化はやむ得ないとしていたが、実際には等級化が実質的に〈序列化〉となっていることである。第3に、しかもその〈序列化〉において地方より中央が〈上位化〉され、かつ特に地方においては自治体（地方政府）の規模ごとに〈序列化〉される中で議会議員よりも行政首長が〈上位化〉されていることである。ここに、明治以来の統治観、すなわち中央・地方（自治）観が依然として息づいているのを見ることができる。

　次に、職種・業種別団体や各種公益団体に対する旭日章の授与基準は、当該団体の役割・活動内容や活動範囲、重要度・影響度などを総合的に勘案するとしつつ、全国区域・都道府県区域・市町村区域（いずれの区域も［重要・影響度の大小］）をもって〈序列化〉している。また企業経営者については、企業の経営責任の程度、企業の業績伸長・経営効率化・技術開発の程度、業界団体役員としての産業振興活動、経済界・産業界や地域社会への貢献度などを総合的に勘案するとしつつ、経済社会の発展に対する寄与度が［極めて大きい、特に大きい、大きい］によって〈序列化〉している。やはり同「懇談会報告書」は、「業種、職種、中央と地方の違い、国公立と私立の違い、規模の大小などにより、あらかじめ評価が定まっているかのような運用は適当ではない」としているが、こうした抽象的な基準をもって推薦候補者を確定するのは、極めて難しいといえる。結局、各省庁の担当者は、実際には先例と長年の経験による〈職人技〉に頼って推薦候補者を調整・確定しているように想われるのである。

　瑞宝章に移ろう。職務の複雑度、困難度、責任の程度などをもって評価し、［特に重要］な職務を担い成績を挙げた者は瑞宝重光章以上、［重要］な職務を担い成績を挙げた者は瑞宝小綬章以上、それ以外は瑞宝単光章とするとしつつ、一般行政事務の長年従事者の授与基準を次のように示す。すなわち、事務次官は瑞宝重光章、府省部局長は瑞宝中綬章、府省課長は瑞宝小綬章とし、一般行政事務以外の国・地方自治体の公務に長年従事し成績を挙げた者はそれに

準じるとした。ここにも公吏（地方公務員）よりも官吏（国家公務員）が、そして官吏（国家公務員）でも出先（地方支分部局）よりも本府省（内部部局）が〈上位〉という戦前以来の〈序列化〉が見られる。いずれにしろ、瑞宝章は、依然として〈役人の、役人による、役人のための〉勲章という性質を保持しているといえる。

第 4 項　勲章授与の戦前・戦後連続面と不連続面

　（1）勲章の授与者に見られる戦前・戦後の連続面と不連続面について考察してみるが、不連続面から入ろう。

　第 1 は、大勲位についてである。1876（明治 9）年に勲一等の上位に大勲位が設けられたことは前述したが、1885（明治18）年の内閣制度導入から終戦までに大勲位菊花章頸飾の生存者叙勲は 5 人だが、菊花大綬章を受けたのは18人でうち政治家（内閣総理大臣経験者など）が13人、軍人（元帥など）の 5 人である。戦後、大勲位菊花大綬章の生存者受勲は、それがが開始された1964（昭和39）年春の吉田茂元首相、1972（昭和47）年秋の佐藤栄作元首相、1997（平成 9）年の中曽根康弘元首相の 3 人に過ぎない。このようにしてみると、戦後の大勲位菊花大綬章はまさに平和憲法のゆえ軍人が対象外となっている点で不連続的であるが、内閣総理大臣経験者に授与されている点では連続的である。

　ところで、戦後の前 3 人の元首相は、没後に大勲位菊花章頸飾を追賜されているのだが、また面白いことに 3 人の元首相は自らの名前を冠した学術賞を創設していることだ。もっとも、1980（昭和55）年の総選挙の応援中に心筋梗塞で死去し、生存中に大勲位菊花大綬章を授与されなかった大平正芳元首相も、遺族の手で首相名の冠学術賞が創設されている。それらの背後には、賞の創設主体が国家（政府）ではなく個人であるゆえに、受賞側ではなく授賞側の個人的な—その志を承知した財団の—欲望が窺えそうである。すなわち、国家に貢献してきたという強い自負心とそれを国内のみならず国際社会にも広く知らしめ、かつ後世に伝達したいという政治家としての存在価値にかかわる後述の〈存在論的な欲望〉である。

　生存者叙勲が再開された1964（昭和39）年、「臣茂」と称してきた吉田元首相が戦後における大勲位受章の第 1 号となったことは、吉田を政治の師匠とした池田勇人首相が恩師に報いるために生存者叙勲を再開する一因となったこと

の証左といえよう。それはともかく、吉田は政界引退に際し、従来の吉田茂記念事業団を糾合した吉田茂国際基金を設立した。そして、同基金は、1971（昭和46）年に近代日本の政治・外交問題に優れた功績を挙げた研究者や団体を顕彰する「吉田茂賞」を創設した。その分野の著名な研究者が同賞を受賞しているが、2011（平成23）年の同基金の解散によって同賞も終わりを告げた。「佐藤栄作賞」は、佐藤元首相が不思議なことに1974（昭和49）年に受賞したノーベル平和賞（同賞はノーベル賞の中でも問題の多い賞といえ、佐藤元首相が受賞したことを知る人は少ないのではないか）の賞金を基金にして設立された佐藤栄作記念国連大学協賛財団が1980（昭和55）に創設した。それは、国際社会や平和・国連の在り方などに関する各年度ごとのテーマに応じた国際的な学術論文賞である。文部科学省、国連大学、日本経済新聞社が後援している。

「中曽根康弘賞」は、元首相が会長を務めた世界平和研究所（財団）によって2004（平成16）年に創設された。同賞は、国際社会の平和と安全、国際経済の発展や経済協力の推進、文化や芸術の交流、科学の国際的な共同研究、環境・エネルギー・医療・貧困などへの取り組みによって優れた業績を挙げた研究や実践を対象とする国際賞である。応募資格は日本とアジア諸国または地域に属する45歳以下の個人を原則にしつつ、団体も認めている。「大平正芳賞」は、元首相の死後、遺族の手で1985（昭和60）年に設立された大平正芳記念財団が創設した。それは、元首相が提唱していた「環太平洋連帯構想」の発展に貢献する政治・経済・文化・科学技術に関する優れた著作を表彰し、また優れた個人・共同研究を助成するために設けたものである。

第2に、戦前の勲章のほとんどは、明治国家の二大支柱である官僚と軍人に授与されていた。しかし、戦後は、新憲法によりいうまでもなく軍隊の保持が許されなくなったので、軍人軍属への勲章授与は消失した。それは、大勲位にも見られた戦前との不連続面である。しかしながら、朝鮮戦争を契機に創設された警察予備隊が軍隊としての自衛隊へ発展し、時が経るに従って1965（昭和40）年頃から自衛官に旧勲二等から勲四等という中級の勲章が授与されるようになり、さらに漸次自衛官に対する叙勲が下級レベルまで拡大・増加していること—連続面の復活—に注目しなければならないであろう（小川賢治『勲章の社会学』晃洋書房、2009年、31～32頁）。

第3は、女性差別の解消（ジェンダー・バランス化）である。1888（明治

21）年に特別の女性の勲労に対する宝冠章が設けられ、1919（大正 8）年には女性にも瑞宝章を授与することしたことは既述した。それは、戦後も継承され、戦前との連続性を有してきた。しかし、2003（平成15）年の新栄典制度において、旭日章と瑞宝章が男女共通の勲章とされ、旧宝冠は皇族女子と外国人女性を対象にする特別章として残された。こうして戦後60年弱にしてようやく女性差別が解消され、戦前との不連続性を示すことになったわけである。

　第 4 に、生存者叙勲の復活とともに戦前との不連続面を顕著に示すことになったのは、民間人とりわけ企業・会社経営者や財界・業界団体役員に対する勲章授与の質量的な拡大である。戦前も民間人に対する叙勲がなかったわけではない。しかし、それは少数で、中級から下級の勲章の授与でしかなかった。ところが、戦後には、とりわけ経済・財界人への叙勲が漸次拡大するだけでなく、上級の勲章も授与されるようになった。それは、高度経済成長を促進するため、叙勲の質量的な拡大をもって経済・財界人の協力を得ようとした企図によるものであった。この経済・財界人に対する叙勲を、もう少し詳しく見ると次の 3 つのことがいえる（ただし、比較される戦後は、2003年の新栄典制度以前である）。

　1 つに、大勲位に次ぐ旧勲一等の旭日桐花大綬章は、三権の長（内閣総理大臣、衆参両院議長、最高裁長官）経験者の指定ポストである。もっとも、元首相の辞退者も多い。例えば、田中角栄首相（彼はロッキード事件で逮捕・有罪となったため叙勲されていない）後の三木武夫、福田赳夫、宮澤喜一、細川護煕は、生存者叙勲を辞退している。そうした中で、1986（昭和61）年の秋叙勲で元日本経済団体連合会（経団連）会長で第 2 次臨時行政調査会会長の土光敏夫が、翌1987（昭和62）年の春叙勲では元松下電器（現パナソニック）会長の松下幸之助が桐花大綬章を授与された。戦前にはあり得なかったことである。その後も、元経団連会長の豊田章一郎、今井敬らに桐花大綬章が授与されている。このように、政治家と肩を並べ経済・財界人が上級の叙勲に顔を出すようになったが、後述する戦前来の〈官民格差〉が解消されたわけではない。

　2 つには、それだけでなく、経済・財界人への叙勲が旧勲一等の旭日大綬章や瑞宝大綬章から下級の旧勲七等にまで拡大し、民間人における経済・財界人の割合が極めて高くなったことだ（小川、前掲書、表 1 - 9）。だが、注意を要することは、経済・財界人への叙勲が大きく拡大したといっても、企業・会社

の経営規模や職位、団体役員歴などによって〈階統化〉され、中堅・中小企業の経営者などは旧勲四等とされていることである（小川、前掲書、表 1 - 4 、表 1 - 5 、参照）。この〈階統化〉＝〈序列化〉は、新栄典制度においても続いている。

　3 つは、経済・財界人への叙勲が上級レベルから下級レベルまでへと質量的に拡充したことと、生存者叙勲復活後にも依然として昨日のような戦前における勲章の威力の記憶が鮮烈であったことが、特に経済・財界人の勲章獲得競争を促したことだ。戦後、政府は、各種の業界に対し、特に金融・産業界に対して行政指導と護送船団方式（囲い閉ざされた競争方式）を取ってきた。そのため、企業・会社は、財界・業界団体を通じて関係省庁（出先も含め）と密着以上の癒着に近い関係を有することとなった。従って、経済・財界人の叙勲においても、関係省庁による内閣府賞勲局への推薦候補者の取りまとめ（調整・確定）が叙勲とそのレベルの実質的な決定となることになった。その結果、次のような現象を生み出した。

　まず、幅広く各種業界と密着している旧通産省の推薦候補の叙勲者数が突出したことである。例えば、1964（昭和39）年春から1985（昭和60）年春までの叙勲における業種別の旧勲一等受章者数は、旧大蔵省（銀行）が27人、旧郵政省・文化庁（マスコミ）が25人、旧運輸省（運輸）が12人であるのに対し、旧通産省は電力・ガス20人、鉄鋼13人、電機13人、造船12人、化学11人、商社10人、繊維 8 人、鉱業 7 人、自動車 7 人の合計101人に至っているのである。そして、叙勲の拡大―1970（昭和45）年には再叙勲制も導入された―は、経済・財界人の現役延長化を促し、老害をもたらしたともされる（大薗、前掲書、89頁の図 4 、206〜210頁）。それはともかく、この省庁別叙勲者数の相違は、また既述のように各省庁の推薦候補が実質的に叙勲の決定になってきたことからすれば、政府省庁間の〈水平的な競合・競争〉の結果でもあるといえよう。それだけでなく、戦後における経済・財界人による勲章の渇望と 1 級でも上位の勲章を獲得しようとする〈勲章病〉（佐高信）は、激しい競争をもたらした（大薗、前掲書、Ⅲ、どうしたら勲章がもらえるか―叙勲の業界別基準、を参照）。その結果、政治家への陳情・働きかけと政治家の関係省庁への圧力・介入を生み出した。それは、〈圧力集中化の鉄則〉として前述したところである。

　（2）次に、戦前との連続面である。まず第 1 は、職業的地位の〈階統性〉

と叙勲レベル（旧勲等）の〈序列化〉との対応性である。戦前においては、上級の旧勲一等や勲二等は、軍人（大・中・少将）、高級官僚（大使・公使、次官、知事など）、政治家（貴族院議員、大臣歴の衆議院議員）、法曹関係者（大審院部長、検事長など）、教育関係者（帝国大学学長・教授）などが占め、次いで旧勲三等にはそれらの職業の下位の者の他、わずかだが民間人も顔を出している。そして、旧勲四等以下でも、旧勲三等以上と同様に職業的地位の〈階統性〉と叙勲の〈序列化〉との間の対応性が見られていた。

　これに対して、戦後も、政治家（大臣歴の国会議員、国会議員）、法曹関係者（判事、検事）、教育関係者（国公立大学教員）が上級の勲等を占め、次いで中級の旧勲等に顕著なのが私立大学教員と自衛官（漸次、下級の旧勲等へ拡大）で、旧勲五等から勲七等の下級レベルには警察官、消防署員、刑務官が顕著である。そして、中央本省庁・出先官僚と企業・会社経営者の叙勲は上級から下級のレベルまで見られ、また地方自治体関係者（知事、市町村長、地方議員）への叙勲は中級から下級レベルとなっているが、中央本省庁・出先官僚への叙勲はその職位によって、企業・会社経営者への叙勲はその経営規模などによって、自治体関係者への叙勲は自治体の規模によって〈序列化〉されている。このように、戦後においても職業的地位の〈階統性〉と叙勲レベル（旧勲等）の〈序列化〉との対応性が顕著である（小川、前掲書、15〜17頁、30〜39頁）。もっとも、戦前・戦後におけるこの対応性は、制度（評価基準）に起因するものであった。

　第2の連続面は、官尊民卑、官高民低とも称されてきた〈官民格差〉である。戦前は、既述のように圧倒的に〈官民格差〉が大きかった。戦後でも、例えば1964（昭和39）年から1985（昭和60）年までの21年間において、上級の旧勲一等旭日桐花章を授与された者は13名であるが、その内訳は元首相1名、衆参両院議長10名、最高裁長官の2名で、1986（昭和61）年と翌1987（昭和62）年に初めて民間の前記経済人2名が受章するに至った。また旧勲一等旭日大綬章は160名受章しているが、その大半は政界、官界、法曹界、教育界の者で民間人は僅か20名余りにすぎず、ようやく旧勲一等瑞宝章において650名強の受章者のうち民間人が約5割の230名余（その大部分が経済人である）に達している（大薗、前掲書、50〜51頁）。さらに、叙勲レベルを広げると、例えば法曹界では判事・検事の大部分が旧勲一等から勲三等の瑞宝章を授与されているの

に対し、民間の弁護士は旧勲三等から勲四等が中心で、高くても旧勲二等止まりである。また教育界においても、国立大学教授は旧勲一等旭日大綬章から旧勲三等瑞宝章の間で受章しているのに対し、私立大学教員は主に一ランク低い旧一等瑞宝章から旧勲四等瑞宝章の間で受章しており、しかも私立大学教授の受章者数は国立大学教教授の１／３程度に過ぎないのである（小川、前掲書、34〜36頁）。このように、戦後においても〈官民格差〉は質量的に大きいのである。

　先の2001（平成13）年の「懇談会報告書」も、〈官民格差〉を一応問題の俎上に乗せている。すなわち、〈官〉には公務部門の固有な分野（警察官、自衛官など）や教育関係者の分野が含まれているので、単に受章者数において「官が民の２倍」だとか、数値による官民比率をあらかじめ目標設定すべきというような議論は適当ではないという。同年春の叙勲者の分野別構成を見ると、公選職（国会議員、首長、地方議員など）が８％、民間が34％であるのに対し、警察官・自衛官など18％、小中学校教員など９％の計27％で、一般行政職の国家公務員12％、地方公務員５％の計17％、その他公務員７％、旧三公社（国鉄、電々、専売）や郵便事業など７％で、一般行政職にその他公務員とみなし公務員を合わせても31％にしかならないからというのであろう。だから、官・民を問わず、功績のある人は適切に評価する──特に官・民共通分野で功績が同じ場合には同じ評価（比例的平等化）を行う──ということが重要であり、このような観点から、歪みが生じていないかを問題とすべきであるとする。とはいえ、「現行の勲三等以上の上位等級の受章者を見ると、政治家、官僚、判事・検事、国立大学教授などが目につき、民間分野の受章者が少ない状況にあることから、功績評価の見直しに当たっては、これら上位等級における官と民の不均衡にも留意し、適正な運用に努めるべきである」とし、〈官民格差〉を認め、その是正を求めている。

　第３は、〈中央・地方格差〉、言いかえれば国政関係者（国会議員、中央官僚）と地方自治体関係者（首長、地方議員）との格差である。戦前は知事（非公選＝官選）が制度的に高等官として中央（内務）官僚の一員であったので、自治体関係者とは市町村長・地方議員となるが、〈中央・地方格差〉は歴然としており、身分制的といえるほどのものだった。戦後、知事は完全自治体としての都道府県の公選首長となったので、逆に〈中央・地方格差〉浮き立たせる

ようになった。そして、さらに〈地方間格差〉も残る。すなわち、新たな勲章の授与基準で見たように、知事は旭日中綬章か旭日重光章で、以下の市区町村長、地方議会議員の叙勲レベルは自治体規模別に――しかも行政首長が議員よりも〈上位化〉され――〈序列化〉されているからだ。だから、ここには明治以来の統治観が、中央・地方（自治）観が依然として息づいていることが見られるとしたわけである。

第3節　褒　章

第1項　褒章の沿革と現在

　褒章は、新憲法の下では勲章とともに内閣の助言と承認による天皇の国事行為として授与される栄典の1つである。英語で勲章は「Order」で、褒章は「Medal」とされているが、沿革的には1881（明治14）年の褒章条例をもって勲章制度をカバーするものとして制度化された。すなわち、勲章は長年にわたる国家・社会（公共）への功績・功労者を評価・表彰するものであるのに対し、褒章は社会の各分野における功績・功労者をその都度評価・表彰するものである。

　当初は、紅綬・緑綬・藍綬褒章の三種であったが、1887（明治20）年に黄綬褒章が、1918（大正7）年に紺綬褒章が追加された。戦後、1946（昭和21）年に生存者叙勲が停止されことは、幾度も述べてきた。これに対して、1947（昭和22）年に黄綬褒章は廃止されたものの、他の褒章は随時授与された。そして、栄典法案が挫折を繰り返す中、1955（昭和30）年に旧褒章条例を改正（政令化）するとともに、新たに紫綬褒章と黄綬褒章を設けた。従って、現在、褒章は、紅綬・緑綬・黄綬・紫綬・藍綬・紺綬褒章の6種類となるが、個人と団体に授与されるとともに、複数回の授与も可能とされている。

　紺綬褒章は、褒章の性格上、表彰される事績が生じた場合、その都度（毎月1回）審査して授与されるが、それ以外の5種の褒章は春秋の定例叙勲と同じ日（4月29日と11月3日）に授与されるので、春秋（定例）褒章と呼ばれている。また表彰されるべき者が死亡した場合、その都度授与される遺族追章もあるが、春秋褒章は、毎回、概ね800名に授与される。春秋褒章は、勲章と同様に、各府省庁が各種の関係団体や都道府県・市町村の推薦による候補者を取りまとめ、調整・確定して内閣府賞勲局へ推薦し、その審査を経て総理大臣の推

薦、閣議決定を経て天皇に上奏され、天皇の裁可により発令（授与）される。そして、各府省庁の長（大臣・長官）から伝達され、受章者は配偶者同伴で天皇の拝謁を受ける。

第2項　現行の6（紅綬・緑綬・黄綬・紫綬・藍綬・紺綬）褒章

（1）紅綬褒章は、「自己の危難を顧みず人名を救助した者」に授与される。戦後、この要件が厳格に考えられたことから、受章者は非常に少なかった。しかし、2003（平成15）年の新栄典制度では、結果的に救助に至らなかったとしても、人名救助にあった者も対象にするとして要件が緩和された。そためもあって、2005（平成17）年のJR西日本の福知山線脱線事故において救助活動に当たった日本スピンドル製造や二次災害を防いだ主婦に授与され、また2008（平成20）年には駅ホームでのベビーカー事故から幼児を救った3人の男性に授与された。さらに、2011（平成23）年には、東日本大震災による津波で流された女性を救助した男性3人の他、川で溺れていた児童を助けた中・高生3人に授与したが、うち中学生は13歳でこれまでの最年少受章者であった。

（2）緑綬褒章。創設時は、授与対象が「徳業卓絶ナル者又ハ実業ニ精励シ衆民ノ模範タルヘキ者」とされ、「徳業卓絶ナル者」とは「孝子・順孫・節婦・義僕ノ類」と例示されていたが、これらは戦後の新憲法にそぐわない徳業基準であるされ、1955（昭和30）年以降、授与例がなかった。しかし、改革された新栄典制度は、「自ら進んで社会に奉仕する活動に従事し徳業顕著である者」を対象とすることになった。これにより、翌2004（平成16）年から社会福祉やボランティア活動の分野で顕著な実績を示した個人・団体に授与されることになった。

（3）創設時の黄綬褒章は、戦後、1947（昭和22）年に廃止されたことは既述した。しかし、1955（昭和30）年、緑綬褒章の要件であった「実業ニ精励シ衆民ノ模範タルヘキ者」を継承する形で新たな黄綬褒章とした。2003（平成15）年の新栄典制度では、改革の提言を受け入れて幅広くかつ年齢・従事年数にとらわれず仕事に精励する者を対象とすることになった。そのため、例えばプロスポーツ選手の運動靴を作る職人、ミュージシャンのギター作りの職人、あるいは独創的な技術の開発者などにも目配りされ、毎年300人前後から600人前後が受章されるようになった。

（4）紫綬褒章。戦後、1955（昭和30）年の褒章条例改正時に新設されたことは、やはり既述した。その新設は、褒章条例の制定時における第1条総則部分である「学芸芸術上ノ発明改良創作ニ関シ事績著明ナル者」を継受する形をとったものの、年齢50歳以上の者と狭く限定された。だが、新栄典制度では、学術・芸術分野にとどまらず、科学技術分野の発明・発見やスポーツ（個人・団体）、棋士などの分野まで拡大され、かつ年齢にとらわれることなく授与することにした。その結果、より多くの学者・研究者などに授与されることになり、2006（平成18）年には第1回ワールド・ベースボール・クラッシック大会で優勝した日本チーム（王貞治監督）が初の団体受章となった。

（5）藍綬褒章であるが、1894（明治27）年には創設時の「公衆ノ利益」の例示を拡大しつつ、「学術技芸上ノ発明改良著述、教育衛生慈善防疫ノ事業、学校病院ノ建設、道路河渠堤防橋梁ノ建設、田野ノ墾開、森林ノ栽培、水産ノ繁殖、農工業ノ発達ニ関シ公衆ノ利益ヲ興シ成績著明ナル者又ハ公同ノ事務ニ勤勉シ労効顕著ナル者」へ授与するとした。そして、戦後の1955（昭和30）年における褒章条例の改正（政令化）では、「学術技芸ノ発明改良著述」を紫綬褒章へ移してカットし、「公衆の利益を興し成績著明である者または公同の事務に尽力した者」とし、前者は各種団体の役員や大企業の経営者などを、後者は保護司、民生・児童委員、調停委員、人権擁護委員などを意味するとしてきた。

　だが、先の「懇談会報告書」は、「勲章と同じ功績内容により褒章も受章するような運用は行うべきではなく……特に、従来の、藍綬褒章の受章後に勲章も受章する例が多い大企業社長・副社長、各種団体役員、地方首長・議会議員等に対する授与の在り方を見直すことが必要」であると批判した。この勲章と褒章の重複授与は、相互の独自性を希釈させる。だから、改善を要することは言うまでもないが、問題は紫綬褒章でも生じていることだ。特に紫綬褒章の文芸部門（近年では、例えば塩野七生や宮城谷昌光）、俳優のほとんど、映画監督、音楽家の多く、写真家、漫画家の多くに重複受章者が見れる。実際には、褒章の受章が勲章授与へのステップとなってきたといえる。

（6）紺綬褒章は、「公益のため私財を寄付した者」に授与される栄典である。現在は、国や地方自治体、その他の公益団体に対して個人の場合は500万円以上、団体の場合は1000万円以上を寄付した場合に随時検討され、毎月末

の閣議で発令される。同一の者が複数回受章することも可能である。そのため、佐賀県の発明家・実業家で篤志家の古賀常次郎は、藍綬褒章と旭日双光章の他、紺綬褒章を80回以上も受章し、その他に後述の「市村賞（アイディア賞）」や様々な表彰も合わせて受賞（章）回数のギネス記録に認定されている。

　最後に、この褒章について一言したい。それは、以上から知れるように新栄典制度が「懇談会報告書」の提言を受け入れ、褒章制度は年齢などの資格条件を大幅に緩和し、かつ時代状況の変化に合わせた対象への授与など、かなりの改革がなされたいえる。しかし、それは、裏返せば1955（昭和30）年に褒章条例が改正（政令化）されてから半世紀強も旧態依然として放置されてきたことを意味する。おそらく、褒章が勲章に比しあまり世間に知られてこなかったこと、特にマスコミがニュースや話題として報道することが少なかったためであろう。

第4節　栄典の渇望と栄典制度の特性

第1項　栄典の渇望（〈二層・二重〉の欲望）

　勲章（特に下級の勲章）や褒章を受賞した人々の多くは、意識的に受章を目的に仕事や活動、研究などを行ってきたわけではないといえよう。そのことは、定例の春秋叙勲や春秋褒章に関する新聞報道（前者の叙勲者全員は氏名・肩書が全国紙に掲載されるのに対して、後者の褒章は地方版などで小さく扱われるに過ぎないのだが）の受章者に対するインタビュー記事などにおいて、自らの努力や研鑽、誠実さなどが認められたことへの望外の喜びの声、あるいは素直で率直な感激の言葉を発していることに窺われる。しかし、ある一定の社会的地位（肩書）を有する人々や特定の職業人（専門家）の勲章や褒章の獲得に対する意識的な執着、渇望、願望—もっと多くの、そして1級でも上位の受章を求める執念—はすさまじいもののようだ。前記した古賀常次郎は、そうした類の一人のようである。しかし、彼の場合は、筆者の子供時代に流行ったビール瓶などのキャップを勲章に見立てて胸につけて張り合っていたような稚気の匂いがしないでもない。これに対し、富士製鉄社長から新日本製鉄の初代会長、日本商工会議所会頭を歴任し、前述のように池田勇人内閣による生存者叙勲再開のための最後の一押しを行った永野重雄の場合は、単に稚気として微笑んですますわけにはいかないようだ。というのも、永野のケースは、尋常では

ないからである。

　永野の場合、彼が「エスタブリッシュメントを形成する過程で、絶対になくてはならなかったスティタス・シンボル」が勲章であったとされる。そうして、「五百とも六百ともいわれる肩書きの数もさることながら、内外から受章した勲章（メダル）、表彰の数でも民間人では頭抜けた存在であった」。それは、1959（昭和53）年の藍綬褒章の受章を手始めに、1970（昭和45）年には当時の民間人としては最上級であった旧勲一等瑞宝章を受章し、1978（昭和53）年には旧勲一等旭日大綬章を、そして亡くなった際には旧勲一等旭日桐花大綬章と正三位を受けている。それだけではなく、外国のチリ、大韓民国、アルゼンチン、ブラジル、パナマ、オーストラリア、マレーシアなどからの叙勲を受けた他、名誉町民・市民、名誉法学博士号なども贈与されている（大薗、前掲書、32〜33頁）。葬儀の際には、それら数々の勲章が祭壇に飾られたという。筆者は知るよしもないが、彼は数々の勲章名を墓碑に刻むよう遺言しなかったのだろうか。

　このように、勲章や褒章の受章に執着し、是が非でもと受章（受賞）を願望・渇望する人々もいるが、他方で僅かだが受章を辞退する人々もいる。政治家では、首相経験者の三木武夫、福田赳夫、鈴木善幸（この3人には、死後に大勲位菊花大綬章が追贈されている）、宮沢喜一、細川護熙の他、参議院議員の市川房枝や旧社会党衆議院議員の石橋正嗣、土井たか子らが辞退している。財界人では、宮嶋清次郎日清紡績社長とその後継者である桜田武社長、旧国鉄総裁の石田礼助、旧日本興業銀行相談役の中山素平らの辞退が著名である。作家では、ノーベル文学賞を受賞しつつも文化勲章を辞退した大江健三郎の他、作家の大岡昇平、城山三郎、辻井喬（旧西武デパート社長の堤清二）や俳優の杉村春子、彫刻家の佐藤忠良らが辞退している。

　辞退の理由は、様々である。市川房枝の場合は、「人間に位をつけるのは失礼だ。叙勲なんてやめたらいい」というものだった。大江は、「民主主義に勝る権威と価値観を認めないからだ」と語った。そして、大江の辞退を支持した城山は、「ノーベル賞は、政治的な側面がまったくないわけではないが、権力そのものが出す賞ではない。しかし文化勲章は、政府、文部省といった国家権力による『査定機関』となっている。言論、表現の仕事に携わるものは、いつも権力に対して距離を置くべきだ」としつつ、自分の辞退に関しては、軍隊、

戦争体験からしてであろうが、「俺には国家というものが、最後のところで信じられない」からだという旨を夫人に絶句したという。

　軍隊や戦争体験などが辞退の理由・背景にあるのは、文化人の大岡、辻井、杉村、佐藤に共通しているようだ。大岡はフィリピン戦線で捕虜になって帰還したことにつき逆説的に生き恥を晒したので天皇の面前に立てないからだとし、辻井は天皇の戦争責任にこだわり、象徴になったとはいえ天皇の国事行為として栄典が授与されることに違和感を抱く。社会主義思想に親和的（インティメイト）だった杉村は、戦時中に多くの左翼的な先輩演劇人が逮捕されたりしたことを目の当たりにしてきた経験から、文化功労者は受けたが文化勲章は固辞した。佐藤も、戦中に思想問題で逮捕され、軍隊生活を体験したことからであろうが、「職人に勲章は要りません」として文化功労者の打診を断った（以上、栗原、前掲書、177〜189頁）。

　さらに、元首相の細川護熙は、文化勲章・文化功労者への親授式に臨席した際の日記に、彼の人生観・価値観から叙勲に関して次のように記していた。「それにしても勲章の如きものに人は何故かくも執着するのか。真に世の為、人の為に陰ながら尽くした人々を顕彰するは結構なることなれど、既に功成り、名遂げたる高位、高官の物欲しげなる態、誠に見苦しきものなり。これを見れば、大体その人の器量は解るものなり」と（細川護熙『内訟録・細川護熙総理大臣日記』日本経済新聞社、2010年、155頁）。

　このようにして見ると、国家による栄典とりわけ叙勲に対する是非には、その人の人生観・価値観が深く関わっているといえる。国家権力によって理不尽な仕打ちを受け、人生を変転せしめられた者の反国家的な人生観・価値観からすれば、そのことへの反省・謝罪もなき国家権力からの叙勲なんぞ受けてたまるものかということになろう。また絶対的な人間平等論者の人生観・価値観からすれば、国家権力（実際には役人の面を被った人間）が人間を〈序列化〉することは許されざることであろう。さらに、勲章なぞはビール瓶などのキャップみたいなものに過ぎないとするような人生観・価値観からすれば、叙勲に執着し、それを願望・渇望する人たちの態は「誠に見苦しきもの」に、苦々しいものに映るであろうし、あるいは俗物どもの悲喜劇として冷笑したりするであろう。

　しかし、かかる人生観・価値観を有する人々は、そう多くない。なぜなら

ば、もしかかる人生観・価値観を有する国民がかなり多ければ、もっと栄典の辞退者が沢山見られるはずだからだ。だから、本節の冒頭で述べたように、一般の人々は、栄典の授与に対して自らの努力や研鑽、誠実さなどが認められたことへの望外の喜びの声や素直で率直な感激の言葉をもって栄典を首肯し、ある一定の優越的な社会的地位（肩書）を有する人々や特定の職業人（専門家）は、むしろ意識的に栄典の受章に執着し、その獲得を渇望しているといえよう。かくして、栄典とりわけ勲章は、その受章者側からみると世俗的な「権力欲、名誉欲、差別感、優越感、嫉妬心、あるいは努力、誠実、謙虚、忠誠、感謝……と、人間の持つあらゆる側面を浮き出させてくれる。勲章は『時代を映す鏡』であると同時に『人間を映す鏡』といえるかもしれない。」とされる（大薗、前掲書、218頁）。

　ここで勲章が「人間を映す鏡」といえるかもしれないというとき、それはこの世に生まれてからこの方、社会関係の荒波に生きる人間（個人）の権力欲、名誉欲、差別感、優越感や金銭欲・物欲などの〈意識的〉あるいは〈表層的〉な欲望—それを〈世俗的な欲望〉とした—を映し出していることを意味しているといえる。というのも、次の事態は、勲章の渇望にはもっと〈深層的〉な人間存在それ自体としての欲望が潜んでいることを窺わせるからだ。すなわち、池田勇人内閣は、既述のように生存者叙勲の復活を図った。その際、後に旧社会党の委員長となる衆議院議員の石橋正嗣は、その復活を激しく批判・攻撃した。そして、内閣が生存者叙勲の再開を強行するならば、社会党議員と関係議員は叙勲を拒否すると宣言した。それ故、社会党議員の叙勲辞退が続いた。ところが、その後、時とともに社会党議員による叙勲の受容が始まり、むしろ渇望するようになる。かかる事態に対し、政界を引退していた石橋は、「党で決めたことだから守って欲しかった。でも人間の性が、年を取ると欲しくなるんですね。批判するつもりはありません」と語ったという（栗原、前掲書、163〜166頁）。

　石橋は、人は「年を取る」につれ、その主義（思想）や党派を超えた「人間の性」（さが）が勲章を欲しがるという〈深層的〉な人間存在それ自体としての欲望を発露させていることを社会党議員に見たのであろう。その「人間の性」に起因するそれは、人間（個人）が生まれ落ちるとともに抱く現世的な権力欲、名誉欲、差別感、優越感や金銭欲・物欲などの精神的・物質的な〈世

俗的な欲望〉とは異なる人間のもう一つの精神的な欲望、すなわち他者との関係における自己の存在価値の確証や単なる墓碑ではなく他者以上にこの世に生きた証しを残したいという欲望といえよう。それは、〈深層的〉な欲望であるが、成長とともに自我意識が他者との競合・競争の荒波に揉まれたり、時を重ね人生の終生へ近づくにつれ〈意識化〉、〈表層化〉する〈存在論的な欲望〉といえる。そして、先の様々な〈世俗的な欲望〉は、社会関係の中でこの〈存在論的な欲望〉から放射され、逆にそれへ収斂されるというように人間の欲望は〈二層・二重化〉しているといえるのである。

第2項　栄典制度の特性（「懇談会報告書」を読む）

　それでは、先の「懇談会報告書」を基にし、改めて栄典の〈授与主体〉側と授与される〈受章者〉側の両面から、栄典制度を考えてみよう。同「懇談会報告書」は、栄典の意義を4点あげる。第1に、国家には、それぞれ固有の栄誉に関する制度があり、それは単に表彰のための制度のみならず、その国の「歴史と文化を象徴する」ことだ。第2に、そもそも国家は、「国家・社会に対する人々の無数の貢献により成り立っている」が、その貢献の中で特別の「功労を国家が評価し顕彰する」ことは各国に共通しており、「これを名誉とする伝統的な感覚は世界中の多くの人々に共有されている」。そして、日本では、「天皇と国民を結びつける役割を果たしている」。第3に、「そもそも栄典は、国家・公共への功労を国が評価し、その栄誉を称えるものであり、社会に対して、国家・公共の観点から評価されるべきものは何かを示すという役割を果たしている」。第4に、日本では、春秋の定例叙勲や褒章の実施などを通じて、栄典制度が「広く国民の間に定着し」、「多くの受章者が自らの功績が評価されたことに感激と喜びを感じている」ことだ

　これは、何か奥歯に物が挟まったような内部的な論述なので、筆者なりに外部的観点から解釈・解説しよう。第1に、地方自治体も含む国民統治（支配）機構の総体としての国家（権力）が、国家・社会（公共）に対する特別の貢献や功績などを栄典制度でもって〈評価・顕彰〉すること、言いかえれば〈価値付与〉することは各国に共通しており、他方でそれを国民が栄誉とする伝統的な感覚も各国に共有されていることだ。この各国に共通・共有とされる点は、勲章・褒章などの栄典授与も国家間という〈水平的な競合・競争〉下にあるこ

とを、また前記した欲望の〈二層・二重性〉が類としての人間個人に通底していることを意味する。そして、この第1は、次の第2と第3に関わるが、まず注意を要することは、栄典が単なる表彰（例えば〈民〉の組織・団体などによる様々な賞）とは異なり、国家間の〈水平的な競合・競争〉において各国の歴史と文化を象徴するものであることである。この点において、日本の栄典は、位階のように明治以前から、そして明治から昭和の戦前期においては天皇主権の下で、戦後は象徴天皇制下での天皇の国事行為として天皇（制度）と臣民・国民を紐帯化する役割を果たしてきたことに特徴がある。つまり、日本の栄典制度は、天皇制の大きな支柱の1つなのである。

　第2は、まさに栄典の〈授与主体〉が〈国家（権力）〉であることだ。実際には、時の〈政治権力〉―制度的には、政府省庁と内閣府賞勲局の官僚に支えられた執行権力としての内閣・総理大臣となる―が授与者となる（また〈民〉の様々な賞の授与者も、〈授与主体〉たる組織・団体の運営者となる）。その〈国家・政治権力〉が、国家・社会（公共）への貢献・功績などを〈顕彰〉＝〈価値付与〉するのだが、そのため〈評価されるべきもの〉＝〈価値〉は何か（評価基準）を示し〈審査・査定〉する。さらに言えば、栄典の授与側の〈国家・政治権力〉が、国家・社会（公共）の観点から、どのような職業・地位や活動などが〈評価されるべきもの〉＝〈価値あるもの〉かを示し判定するのである。かくして、叙勲の等級化＝〈序列化〉は必須・必然といえるとともに、栄典は優れて政治的機能を発揮する。

　その政治的機能とは、具体的には、政治学的にいえば時の〈政治権力〉が栄典を授与することによって、自らの正当性や権力・影響力・権威を誇示・強化し、また自らへの支持・選好や忠誠・帰属の獲得を拡大強化する反面、自らへの批判者や反抗者の懐柔を狙いにする。そして栄典の授与は、国民統治（支配）の潤滑油となり、根底的には国家の〈安定的・発展的〉な存立・存続を企図する。このように栄典の狙い・目的は、いわば〈表層〉と〈深層〉の〈二層・二重性〉をなしているのである。この〈二層・二重性〉は、後述のように様々な賞の創設・主催者（授与主体）である〈公〉や〈民〉の組織・団体においても同様である。

　第3は、以上のように栄典を創設・授与する〈国家・政治権力〉の企図・目的ではなく、栄典が授与される側、すなわち〈受章者〉側についてである。

「懇談会報告書」は、日本の栄典制度が「広く国民の間に定着し」、「多くの受章者が自らの功績が評価されたことに、感激と喜びを感じている」としていた。そのことは、筆者も新聞報道などに見られる受章者の望外の喜びの声や素直で率直な喜びの言葉に栄典制度が多くの国民に首肯・受容されていると看過した。しかし、それだけでなく、特に一定の社会的地位（肩書）を有する人たちや特定の職業人（専門家）にとっては、意識的に栄典とりわけ叙勲に執着し、その受章を願望・渇望していると看過した。そうすると、栄典が授与される側、すなわち〈受章者〉側—〈民〉の賞においては授賞の〈受容客体〉である受賞サイド—については、意図的・非意図的に章（賞）の獲得を目指す人間（個人）間における〈垂直的な競合・競争〉が展開され、それが受章（賞）の願望・渇望を激化させるといえるのだが、そうした中でこの欲望については次の2つのことが言えよう。

　1つは、既述した点、すなわち現世の社会関係における競合・競争の荒波を生きる中で他者よりも上に立ちたい（権力欲・優越欲）や褒められたい（名誉欲・差別欲）、豊かになりたい（金銭欲・物欲）という精神的・物質的な欲望などは、その強弱はあれどもこの世に生を受けた人間（個人）は誰しも抱いているといえる。しかし、この〈世俗的な欲望〉は〈表層的〉で、その底部には〈深層的〉な充足欲求が潜んでいると看過しうる。それは、自らの努力・研鑽や力能、誠実・精励など総じて〈私〉という存在を認め評価して欲しいとか、他者以上にこの世に生まれた証を単に墓碑としてだけでなく、それ以上のものとして残したいという意味で〈存在論的な欲望〉—後述では〈承認欲求〉—としうる。このように栄典の〈受章者〉側、栄典を願望・渇望する側の欲望の充足欲求は、〈表層的〉と〈深層的〉の〈二層・二重性〉をなし、他者との厳しい競合・競争を促しながら〈存在論的な欲望〉は様々な〈世俗的な欲望〉を放射させ、その様々な〈世俗的な欲望〉は〈存在論的な欲望〉に収斂されるといえよう。

　ただし、この欲望の〈二層性・二重性〉は、栄典のみならず、あらゆる賞行為における受章（受賞）側に共通するものだとしても、次の3点に留意しなければならない。第1点は、基本的にそれが個人において存立するものだが、団体・組織も擬人的には意志を有する点で存立するといえる。第2点に、既述したごとく幼児・青少年においては〈存在論的な欲望〉は〈深層的〉だが、他者

との競合・競争の中でいわゆる勝者のみならず敗者においても顕示化することである。前者の典型がまさに勲章の渇望であり、後者の典型は後述するように自己救済としての拡大自殺などに見られる。第3点に、〈世俗的な欲望〉の充足欲求の高さが〈存在論的な欲望〉の充足まで強く希求せしめることが特に勲章に顕著に見られることからして、賞の獲得という〈垂直的な競合・競争〉の中における賞の社会的な認知・評価度（高低）が競争・競合の強弱のキイになることを示唆していることである。

　もう1つは、栄典の〈受章者〉側、さらには受章を望み渇望する側のかかる欲望の充足欲求を前提にするならば、栄典は〈国家・政治権力〉が上から一方的に、押し付け的に授与するものではなく、受章を望み渇望する側が支えていることになることだ。ただし、この相互関係は、G.ヘーゲルが指摘した主人・奴隷関係（主人は奴隷を支配するが、奴隷無くして主人たり得ない）のようなものである。すなわち、栄典制度は、〈国家・政治権力〉の側が〈評価されるべきもの〉、その〈価値基準〉を定めて〈審査・査定〉し栄典を授与する制度であるわけだから、受章を望み渇望する側の欲望を〈国家・政治権力〉の〈許容範囲〉に吸引・統制する装置となることである。この点も、あらゆる賞行為に通底している。すなわち、あらゆる賞行為は、〈授賞者〉側の企図・目的の〈二層・二重性〉と〈受賞者〉側の欲望の〈二層・二重性〉の構造における相互作用として展開される。しかし、栄典と同様に賞を創設・主催する側が〈評価されるべきもの〉、その〈価値基準〉を定めて〈審査・査定〉するわけだから、受賞を望む側の欲望は賞を創設・主催する組織・団体の企図・目的に沿って選別・吸引されるわけである。

　なお、朝日新聞は、秋の定例叙勲を前にした2023（令和5）年10月24日に「勲章って何だろう」という記事を組み、3人の論者（社会学者の小川賢治、城山三郎の次女で著作家の井上紀子、発明家の中松義郎）に論評させている。しかし、いずれにおいても章（賞）の対象者サイドの欲望の〈二層、二重性〉が章（賞）を支えていること―章（賞）の双面神（ヤヌス）―については剔抉されていない。

第2章　内閣総理大臣の表彰と賞

　内閣の助言と承認による天皇の国事行為としての栄典の授与以外にも、〈官〉の賞が見られる。時の最高政治権力者である内閣総理大臣による授賞や、政府各省庁大臣による授賞—まさに省庁間の激しい〈水平的な競合・競争〉がその授賞数を拡大・増加させているといえる—などである。まず内閣総理大臣の賞を取り上げるが、それは大きく２つにタイプ化しうる。１つは、総理大臣が主導して創設したが忘れられたような内閣総理大臣顕彰と、その後著名になった国民栄誉賞である。もう１つは、各種の民間団体が内閣に働きかけ、それを受けて内閣総理大臣が授与する賞杯（トロフィー）である。なお、天皇杯・皇后杯の授与は、国事行為としての栄典の授与ではないので、ここで触れることにする。

第1節　内閣総理大臣顕彰と国民栄誉賞

第1項　佐藤栄作首相の内閣総理大臣顕彰

　内閣総理大臣顕彰は、1964（昭和39）年に佐藤栄作首相の手で創設されたが、あまり知られなかった。それは、「国家、社会に貢献し顕著な功績のあったもの」を顕彰するとし、顕彰分野を次の６分野とした。〈１〉国の重要施策の遂行への貢献、〈２〉災害防止や災害救助への貢献、〈３〉道義の高揚への貢献、〈４〉学術・文化の振興への貢献、〈５〉社会福祉の増進への貢献、〈６〉公共的事業の完成への貢献、である。既に褒章の授与分野と重なる顕彰が多々見られることからすると、同年に何やら最高権力者の座に着いた佐藤首相の自負（権力・影響力・権威の誇示・強化）が勲章や褒章に代わって「国家、社会に貢献」した者を顕彰しようとした匂いがする。そもそも国民栄誉賞に比し、その名称がそれを示しているといえる。

　ところで、この内閣総理大臣顕彰にはスポーツなどの分野が含まれていないことが、次の国民栄誉賞創設の１つの理由とされた。確かにスポーツは顕彰分野として設けられてはいないが、実際にはスポーツ選手・団体が顕彰されてい

た。すなわち、1968（昭和43）年にはオリンピックで金メダルを獲得した日本男子体操チーム、レスリング・フリースタイルの上武洋次郎、重量挙げの三宅義信、体操個人の遠藤幸雄を顕彰している。そして、その後、長期政権となった佐藤内閣の下で顕彰が続くが、以後の内閣ではあまり活用されず、世間から忘れられるようになった。1977（昭和52）年に国民栄誉賞が創設され、それが話題・注目を集めることになったことによろう。もっとも、1982（昭和52）年に誕生した中曽根康弘内閣において、いわば復活する形で活用され、以後の内閣でも活用する首相が見られた。そうした中で、佐藤首相による6人、5団体への顕彰に次いで多いのが橋本龍太郎首相による2人、2団体の顕彰である。ただ、注意点は、国民栄誉賞についてもいえることだが、総理大臣顕彰の受賞者が勲章や褒章、国民栄誉賞などを受賞している割合が大きいことである。例えば、先の三宅、遠藤は紫綬褒章を受章し、棋士の羽生善治は国民栄誉賞を受賞している。こうした複数受賞は、既述したように各章・賞などの独自性や意義を希釈し、好ましいとはいえない。政治権力による賞創設の乱用によるといってよい。

第2項　福田赳夫首相の国民栄誉賞

　国民栄誉賞は、福田赳夫首相が1977（昭和52）年にホームランの世界記録を達成したジャイアンツの王貞治選手を顕彰するために創設した。総理大臣顕彰では、前記のようにスポーツ選手も顕彰されていたが、プロ野球選手などは想定されていなかったからだ。国民栄誉賞規定は、「広く国民に敬愛され、社会に明るい希望を与えることに顕著な業績のあった者」という緩い規定にした。そして、授賞候補に対する関係分野の有識者の意見をもとに首相が最終的に決定するのだが、問題を抱える賞となった。

　1つの問題は、内閣総理大臣顕彰以上に重複受章・受賞者が多いことである。これまでの受賞者のほとんどが、位階、叙勲、褒章などを受けている。その最大は、民主党の鳩山由紀夫内閣によって没後に国民栄誉賞を授賞された俳優の森繁久彌である。彼は、従三位、文化勲章、旧勲二等瑞宝章、文化功労者、紫綬褒章、紺綬褒章を受けている。もう1つの大きな問題は、表彰基準が緩いために首相の裁量に左右され易く、受章者のバランスを欠くだけでなく、権力や権威の誇示・強化よりも政治的に安易に利用され、政権の人気取りの

ための〈政治的ショー〉になっていると批判されていることだ。例えば、2013（平成25）年にジャイアンツの長嶋茂雄とアメリカのメジャーリーグでも活躍した松井秀喜を安倍晋三首相は表彰したが、同じくメジャーリーグで2度も無安打無得点試合を達成した野茂英雄は表彰されていない。またオリンピックで金メダルを獲得し、活躍してきた柔道の山下泰裕やマラソンの高橋尚子らが表彰されているのに、オリンピックの柔道で連続3度も金メダルを獲得した野村忠宏は表彰されていない。さらに、生存者のみならず亡くなった者にも追賞授与するだけでなく、2011（平成23）年には民主党の菅直人首相がサッカーの女子ワールドカップ優勝の日本代表なでしこジャパンという団体にも授与し始めた（内閣府への電話では、授与への賛否が半々出会ったという）のである。

そうした疑念が示される中で、阪急ブレーブスの福本豊と作曲家の古関裕而が授与を辞退（小関は没後授与を遺族が辞退）したが、また独特の理由（人生哲学）で受賞を辞退したのは、メジャーリーグで大活躍し、まさに誰しも賞の企図・目的に適合すると思った（鈴木）イチロー選手であった。彼は、2001（平成13）年と2004（平成16）年における授与の打診に対して、現役中は受賞するつもりはないとして辞退した。そして、引退後の2019（令和元）年の打診に対しては、「人生の幕を下ろした時にいただけるよう励みます」として辞退した。彼は、国民栄誉賞を批判する意図は全くないであろうが、この人生哲学による辞退は一種の批判になっているといえる。

ところで、2018（平成30）年まで26人と1団体に国民栄誉賞が授与されているが、うち12人は没後の授与であった。その最初は、創設者の福田首相による作曲家の古賀政男への授与であった。そして、受賞者がダントツなのは、明治以降の最長期政権を築いた安倍首相の7人で、それに次ぐのがやはり長期政権となった中曽根首相による4人である。ただ、2011（平成23）年までの受賞者・団体に関するベスト受賞者のアンケート調査では、第1位がダントツの王貞治で、第2位が美空ひばり（没後）、第3位がなでしこジャパン、第4位が黒澤明（没後）、第5位が高橋尚子であったが、ベストテンの半分は没後受賞者（前記の他、植村直己、長谷川町子、渥美清）が占めていた（「朝日新聞」の「beランキング」2011年9月17日）。生前の品定めの難しさ―勲章・褒章などにも言えるのではないか―を暗示しているかのようである。そうして、国民栄誉賞は、話題性という点では社会的な認知度が〈高度〉であるものの、あま

りにも政治的な臭味が強いので評価度は〈高度〉とは言えなさそうである。

第2節　賞杯（天皇・皇后杯と内閣総理大臣杯）と内閣総理大臣賞

第1項　賞杯（天皇・皇后杯と内閣総理大臣杯）

　天皇杯（男女別に実施される競技では女子に皇后杯）の授与は、内閣の助言と承認を要する国事行為ではなく、競技大会を実施する団体からの懇請により実質的に宮内庁の判断により下賜される。天皇杯が下賜された最初の事例は、1880（明治13）年の競馬であるとされているが、私達に馴染み深いのは1925（大正15）年に始まった大相撲本場所における幕内優勝力士に授与される天皇賜杯と、1937（昭和12）年に帝室御賞典競走として始まり1947（昭和22）年に改称された競馬の天皇賞競走（天皇杯ではなく楯）であろう。

　戦後、男女別に実施されるスポーツ競技で天皇杯・皇后杯が授与されているのは13競技ある。その中で、やはり私達に馴染み深いのは、1948（昭和23）年に日本サッカー協会に下賜された全日本サッカー選手権大会の男子優勝チームに授与される天皇杯（女子優勝チームへの皇后杯は2012年から）と、日本スポーツ協会に下賜された冬夏秋の国民体育大会で男女総合成績一位の都道府県に対する天皇杯及び女子総合成績一位の都道府県に対する皇后杯であろう。これらの他、日本ソフトテニス連盟、日本バスケットボール協会、日本卓球協会、日本バレーボール協会、全日本柔道連盟、全日本剣道連盟、全日本弓道連盟、日本陸上競技連盟、全日本空手道連盟、日本車いすテニス協会、日本車いすバスケットボール連盟に天皇杯・皇后杯が下賜されている。また戦後における天皇杯のみが授与されているスポーツ競技は、1946（昭和21）年の東京六大学野球連盟の他10競技となっている。こうしたスポーツ競技以外にも天皇杯がある。後述の「地域づくりに関する表彰制度等」における「豊かな村づくり全国表彰」である。これは、1962（昭和37）年に開始された「農林水産祭」の7部門（農産・養蚕、園芸、畜産、林業、水産、多角化経営、むらづくり）の1つで、7部門の最上位者に天皇杯が授与され、それ以外に内閣総理大臣賞、日本農林漁業振興会会長賞、農林水産大臣賞やブロックごとに各農政局長賞が授与されている。

　内閣総理大臣杯は、やはり各種競技大会を運営する団体からの懇請により、実質的に内閣府の判断によって認可・授与される。日本プロスポーツ大賞や大

相撲本場所の幕内優勝力士への授与をはじめ、約30種ある。多くはスポーツ競技であるが、全日本釣り選手権大会や日本大衆音楽祭での授与もある。これだけの数の競技などに総理大臣が全て出席し、賞杯を授与することはできないので、多くの場合は内閣官房長官や副長官などが授与を代行している。

　それでは、天皇杯・皇后杯にしろ内閣総理大臣杯にしろ、何故にかくも多きにのぼるのであろうか。それは、賞杯の認可を懇願する側にとって賞杯の授与が認可された場合には、その競技などの知名度、社会的評価、はたまた権威が高まり、競技参加者や観客の増大など競技運営者にとっても益が大きくなるからであろう。他方、賞杯を認可する宮内庁や内閣にとって、天皇杯・皇后杯は先の栄典と同じく「天皇と国民の結びつき」を強め、内閣総理大臣杯は時の政権の認知度・好感度などを高め、権力・影響力・権威の誇示・強化に資すると思量しているからであろう。

第2項　内閣総理大臣賞

　内閣総理大臣賞には、2つのタイプが見られる。1つは、次章で考察する文部科学省が民間団体などの主催する賞を後援する場合の2つのタイプである〈名義貸し型〉と〈官・民協働型〉—両者いずれにおいても内閣総理大臣賞や各省大臣賞が設定される—のうちの前者のタイプである。もう1つは、それら2タイプとは異なり、内閣府の政策・施策を促進するために設けられた〈主催者型＝政策推進型〉である。その例を散見しよう。

　第1の〈名義貸し型〉は、①農林水産省が日本農林漁業振興会と共催する先の「農林水産祭」における内閣総理大臣賞の他、次のような総務省の外郭団体が主催する表彰事業に見られる。②1996（平成8）年度に財団の地域活性化センターが総務省の支援で始めた「ふるさとイベント大賞」がそれで、大賞に第8回より総務大臣賞が、第19回からは内閣総理大臣賞が設定された。③また後にも触れるが、1965（昭和40）年に日本広報協会（社団）が旧自治省（現総務省）の支援を得て始め、その後、読売新聞社が後援の「全国広報コンクール」では、内閣総理大臣賞と旧自治大臣（現総務大臣）賞が設けられている。④同じく財団のあしたの日本を創る協会が1986（昭和61）年度に創設した「ふるさとづくり大賞」—2006（平成18）年度より「明日の町・くらしづくり活動賞」に改称—は、集団・市町村・個人の3部門を設け、その3部門に内閣総理大臣

賞と内閣官房長官賞を設けているが、典型的な〈名義貸し型〉の賞といえよう。なお、2006（平成18）年度以降、それには、総務大臣賞も追加されている。

　第2の〈主催者型＝政策推進型〉であるが、1970（昭和45）年、あらゆる分野への障害者の参加を促進する障害者基本法が制定され、毎年12月3日から一週間を障害者週間とした。①その一環として内閣府は「心の輪を広げる体験作文」と「障害者週間ポスター」を主催し、その最優秀作品に内閣総理大臣賞を授与しているが、朝日新聞厚生文化事業団が後援している。これは、〈民〉の後援を受けているが、〈民〉主催の賞を〈官〉が後援しているのではないので〈主催者型＝政策推進型〉といえよう。②同じく、文部科学省、総務省、経済産業省が主催し、朝日新聞社が後援して2001（平成13）年から開始された「インターネット活用教育実践コンクール」にも各省大臣賞の他、内閣総理大臣賞が設けられいるが、これは〈名義貸し〉型というよりも政府の重要政策・施策を推進するための〈官・民協働型〉に近い〈主催者型＝政策推進型〉の賞といってよいであろう。

　さらに、実質的には〈主催者型＝政策推進型〉といってよい国際賞としての内閣総理大臣賞といえるものもある。①2009（平成21）年、アフリカ開発会議（TICAD）における小泉純一郎首相とガーナのクフォー大統領との会談で、小泉首相からガーナと縁の深い野口英世を顕彰する野口英世アフリカ大賞の創設が提案された。この賞は、内閣府が担当する野口英世アフリカ賞委員会が候補を推挙し、総理大臣が決定する。翌年の第1回表彰（賞金1億円）では、医療研究分野でイギリスのブライアン・グリーンウッド博士と医療活動分野でケニアのミリアム・ウエレ博士に授与された。しかし、費用は国費ではなく、小泉元首相を代表とする賞の募金委員会が負担する。そのため、小泉元首相は退職金の全額を募金委員会へ寄付したという。

　以上の内閣総理大臣や内閣府が係る表彰や賞は、いずれも〈表層的〉には時の政権への支持・選好（認知・好感）度を高め、権力・影響力・権威の誇示・強化を図ったり政策・施策の推進を図ろうとする企図にあるといってよいが、その根底には国家の〈安定的・発展的〉な存立・存続の企図が据えられているといえる。

第3章　政府各省庁（大臣・長官）の賞

　政府各省庁（大臣・長官）が創設している賞や表彰の数は、おびただしい。近年、政府省庁も都道府県や民間の財団（多くが省庁の旧外郭団体）などとともに地域づくりに力を入れ表彰制度を活用している。例えば、千葉県がまとめた「地域づくりに関する表彰制度等」では、2018（平成30）年に総務部所管が「ふるさと企業大賞」、「ふるさとイベント大賞」など４件、総合企画部所管が「女性チャレンジ賞」、「防災まちづくり大賞」など６件、健康福祉部の所管が１件、環境生活部所管が内閣府の「子供と家族・若者応援団表彰」と「未来をつくる若者・オブ・ザ・イヤー」を始めに11件、農林水産部所管が「ふれあいの森林づくり表彰」や「農山漁村女性活躍表彰」など７件、県土整備部所管が「手づくり郷土賞」や「全国街路事業コンクール」など21件、教育庁所管が１件で、総計51件にのぼっていた。こうした中で、国土交通省は単独主催が多いが、他省庁の場合は内閣府や民間団体などとの共催が結構見られる。

　いずれにしろ、地域づくりに関してだけでこの数である。だから、他の政策・施策分野なども入れたならば、大臣・長官賞や省庁表彰は数え切れないほど多くなると推測される。この千葉県の事例を見る限りでは、それは各省庁の政策・施策を推進するための補助金事業と関係があるといえそうだ。従って、〈省あって国なし、局あって省なし〉といわれる縦割り行政における補助金事業がらみの政府省庁・各局間の熾烈な〈水平的な競合・競争〉が、政府各省庁（大臣・長官）の賞の拡大・増加をもたらしているといってよい。政府各省庁・局は、政策・施策を推進するために膨大な補助金事業を展開しているが、その事業展開に合わせて大臣・長官賞や表彰制度を誘引策にして地方自治体（都道府県・市区町村）や種々の民間団体・個人を競わせ、事業の周知化や促進を図り、政策・施策の成果を挙げることを狙う。そして、その根底には、省庁・局部組織の〈安定的・発展的〉な存立・存続の企図が、言いかえれば影響力・勢力（権限・予算）の拡充の企図が据えられている。他方、この競争への参加者にとっては、〈垂直的な競合・競争〉の中でモラール（意欲・やる気）

を高め、賞や表彰を獲得することが充実感・達成感や名誉欲・優越欲などを充足させることになる。このように、賞行為は、既述のように一方で主催者・授賞側が〈水平的な競合・競争〉を展開し、他方で参加者・応募者（受賞）側が〈垂直的な競合・競争〉を展開する―それが大量の賞を生み出す―中における両サイドの相互作用から成り立っているのである。そこに、また後述のような賞行為における〈二層・二重〉の構造と機能がみられることになるのである。

　さらに、各省庁単独主催や各省庁間の共催による賞・表彰の設定の他に、各省庁が〈民〉の賞の主催団体と共催したり、それを後援・協賛したりするケースも多々みられる。だから、各省庁の賞・表彰への関わりはさらに増大する。それらまで含めた各省庁の賞や表彰を網羅的に把握し、考察することは不可能である。そこで、ここでは世間によく知られ、安定的な賞制度を担っている文部科学省（文化庁を含む）の賞や表彰の考察と、〈民〉の賞に対する文部科学省の後援の 2 タイプを考察することにし、他省庁については割愛する。なお、旧文部省は、原則として現文部科学省とする。

第 1 節　文部科学省・文化庁の諸賞

第 1 項　文化功労者

　それは、前述したごとく1951（昭和26）年の文化功労者年金法により創設された顕彰制度である。再述と若干の追加を行えば、文化功労者とは「文化の向上発達に関し特に功績顕著な者」である。その文化功労者は、文部科学省設置の文化功労者選考委員会（現文化庁文化審議会の文化功労者選考分科会）の選考（候補）者の中から文部科学大臣が決定する。そして、閣議了解を経て、文化功労者への年金が終身支給される。精神的な名誉欲と合わせ物質的な欲望を充たす年金額は当初150万円であったが、現行は350万円となっている。学者・研究者や芸術家が主な対象者となってきた。しかし、近年、2008（平成20）年には歌謡曲の作曲家である船村徹、2009（平成21）年には大相撲の大鵬、2010（平成22）年には漫画家の水木しげる、野球の王貞治、2012（平成24）年にはサッカー界の岡野俊一郎、2014（平成26）年にはプロゴルファーの樋口久子、漫画家のちばてつや、2015（平成27）年にはサッカー界の川淵三郎、2017（平成29）年には服飾デザイナーのコシノジュンコ、2018（平成30）年には料亭「菊乃井」の当主である村田吉弘などが選定され、従来よりも対象者のジャン

ルを幅広くしている。

　しかしながら、文化勲章の受章者はすべて文化功労者であるのに対し、文化功労者のすべてが文化勲章の受章者となるわけではない。すなわち、文化勲章の受章者は、文化功労者より選考・授与されている。いいかえれば、文化功労者は文化勲章授与の前提となっているのである。そのため、文化功労者に選定されたが、文化勲章を受賞することなく亡くなっている者も多い。いずれにせよ文化功労者年金法は、文化勲章の受章者に文化功労者としての年金を支給することによって栄典に対する特権付与の憲法違反を回避する〈スリヌケ法〉の役割を果たしていることは前述したところである。

　ところで、文化功労者は、栄典の文化勲章に比して〈準栄典〉といえるが、以下の文部科学省（所管）の諸賞—特に芸術選奨や日本学士院賞・恩賜賞、日本芸術院賞・恩賜賞—も基本的には〈準栄典〉として既述した栄典制度の狙いや目的で指摘したような機能を有しているといえる。すなわち、天皇制や固有な文化的伝統との紐帯を維持・強化したり、文化・芸術・学術分野における国家の権力・権威やスティタス—最高位の価値評価・判定者であること—を誇示・強化したりすることである。従って、賞の獲得を目指す対象者・受賞者側においても、名誉欲・優越欲や金銭欲のような〈世俗的な欲望〉の充足のみならず自己の存在価値それ自体にかかわる〈存在論的な欲望〉の充足への希求が強まるといえる。

第2項　芸術祭の開催と諸賞

　芸術祭は、作家の今日出海が旧文部省社会教育局芸術課長であった時に提案し、1946（昭和21）年9月5日から10月31日にかけて開催された。戦後、東大総長の南原繁などの有識者から文化国家の建設が提唱されていたが、芸術祭の開催はそうした思潮に呼応するものであった。それ故、この芸術祭・芸術選奨や以下のメディア芸術祭の諸賞は、文化功労者のような〈準栄典〉ではなく、文部科学省が展開する文化政策の一環の施策・事業にともなう栄誉の授与となる。翌1947（昭和22）年の第2回開催からは、演劇と音楽の参加2部門に旧文部大臣賞（芸術祭賞）を設け、漸次、参加部門の拡大を図る一方、1950（昭和25）年には芸術祭から分離する形で芸能選奨—1958（昭和33）年より芸術選奨—を創設した。そして、1968（昭和43）年に文化庁が設置されたことにより、

主催は旧文部省本省から文化庁の所管に代わり現在に至っている。

　現在、芸術祭は、文化庁文化部芸術文化課の芸術執行委員会が所管しているが、4つの形態で開催されている。第1は、執行委員会の企画・依頼によって発表される主催公演である。そのため、文化庁が経費の負担や公演の募集を行う。第2は、実績のある個人・団体が発表するものの中で執行委員会が選定・委嘱する協賛公演である。したがって、文化庁が経費の負担と主催公演と合わせ広報・宣伝に努める。第3と第4は、芸術祭への参加を希望する個人・団体の中で各部門の審査委員長が参加にふさわしいと認めた参加公演と参加作品である。

　開催地は、当初、関東圏（東京中心）のみであったが、1978（昭和53）年の第33回芸術祭から主催公演は関西圏（大阪中心）でも実施されることになり、1996（平成8）年の第51回からは参加公演も関西圏で開催されることになった。また1985（昭和60）年の第40回からは、各道府県との共催で地方開催も実施できるようになった。これらは、関西圏の強い要望や文化の一極集中化（東京偏重）に対する批判に応えるものであった。

　ところで、芸術祭は、1985（昭和60）年の第40回から舞台芸術を中心に開催することになった。そのため、参加部門を演劇、音楽、舞踊、演芸の4部門へ縮小するとともに、大賞・優秀賞というような区分も廃止し、すべて芸術祭賞とすることにした（ただし、1995年の第50回以降は、賞区分が復活した）。この舞台芸術中心の開催により、従来の参加部門にあった映画、テレビ、ラジオ、レコードの4部門には別途、芸術作品賞を設けた。しかし、その後、1996（平成8）年にはテレビとラジオ部門が、1999（平成11）年にはレコード部門が再び芸術祭の参加部門に戻された。ところが、映画部門は芸術祭に戻ることなく、芸術祭から分離・独立することになった。そして、1990（平成2）年以降、優秀作品への授賞を文化庁優秀映画作品賞、次いで文化庁優秀映画賞とし、2003（平成15）年からは文化庁映画賞として現在に至っている。それは、文化記録映画大賞の他、優秀賞の文化記録映画部門とプロデューサー、監督、照明、編集、録音、宣伝、色彩調整、音響効果、評論などを表彰する映画功労部門から成る。

　記録映画に特化している点に特色があるのだが、筆者の記憶に残る1作品を挙げておこう。それは、2011（平成23）年の第9回に選定された次の作品であ

る。文化記録映画大賞を受賞した井手洋子監督の「ショージとタカオ」、それに優秀賞を受賞した岩崎雅典監督の「里湖　八郎潟物語」および桂俊太郎監督の「夢と憂鬱〜吉野馨治と岩波映画〜」である。心に残った井手監督の大賞は、かの布川事件を扱ったドキュメンタリーであった。すなわち、1967（昭和42）年に茨城県布川で発生した殺人事件の容疑者として逮捕され、有罪となった桜井昌司と杉山卓男が29年間の獄中生活から仮出所して再審を勝ち取るまでの14年間を追跡した作品であった。また岩崎監督の作品は、後に筆者が「ゼロからの村づくり・秋田県大潟村の五〇年」（拙著『日本地方自治の群像・第7巻』成文堂、2016年）を執筆するため大潟村を訪れた際に改めて想起された。

　現在に戻ろう。芸術祭への近年の参加数は、2005（平成17）年から2018（平成30）年まで見ると演劇、音楽、舞踊、大衆芸能部門の公演が毎年合計150件強から200件弱で、テレビ・ドラマ、テレビ・ドキュメンタリー、ラジオ、レコード部門の作品がやはり毎年合計で100件前後である。だが、これだけでは内容が全く不明なので、2018（平成30）年度の参加公演の大賞のみを記す（関東、関西は両圏域別を示す）。〈1〉演劇部門―関東／藤山直美・「おもろい女」における演技、関西／該当なし。〈2〉音楽部門―関東／該当なし、関西／並河寿美・第27回みつなかオペラ「トスカ」における歌唱、〈3〉舞踊部門―関東／該当なし、関西／該当なし、〈4〉大衆芸能部門―関東／該当なし、関西／ザ・ぼんち「ザ・ぼんち芸道46年分の漫才」の成果。〈5〉テレビ・ドラマ部門―日本放送協会（NHK）・ドラマ10「透明なゆりかご」、〈6〉テレビ・ドキュメンタリー部門―日本放送協会（NHK）・ETV特集「静かで、にぎやかな世界　手話で生きる子どもたち」、〈7〉ラジオ部門―ニッポン放送・ニッポン放送報道スペシャル「My Dream」、〈8〉レコード部門―日本伝統文化振興財団・真言宗豊山聲明二箇法用付大般若転読会。

　この単年度の受賞例からだけでは不分明だが、もう少し過去に遡ると2つのことが窺われる。1つに、2003（平成15）年の第58回より演劇、音楽、舞踊、大衆芸能の4部門における大賞、優秀賞、新人賞は、関東圏と関西圏から授与されることになったのだが、これ以降、該当なしが拡大するようになっていることだ。2つに、テレビ、ラジオ、レコードの部門における参加主体（放送局、会社、財団、社団など）が限られているため、例えば日本放送協会（NHK）のように毎年受賞したり、幾度となく受賞するケースが多いことであ

る。

　ところで、2022（令和4）年、文化庁は、価値観の多様化によって国が贈賞することが難しくなっているとし、今後、各分野の贈賞と文化庁映画祭を廃止し芸術選奨に集約するとした。合わせ文化庁メディア芸術祭も、同年3月の第25回開催をもって終了するとした。しかし、価値観の多様化よりも、次に述べる芸術祭賞と芸術選奨との種差化の困難が廃止の大きな理由であるように思われる。

第3項　芸能（芸術）選奨

　芸能選奨は、前述のごとく1950（昭和25）年に芸術祭から分離・独立する形で創設され、1958（昭和33）年に現在の芸術選奨となった。様々な分野の芸術家を顕彰する制度であるが、現在は特に優れた業績を挙げた者（団体なども含む）に芸術選奨文部科学大臣賞が、その業績よって新生面を切り開いた者（団体なども含む）に芸術選奨文部科学大臣新人賞が授与される。当初、演劇、映画、音楽、舞踊、文学、美術、古典芸術の7部門であったが、その後、漸次拡大し、現在はそれらに放送、大衆芸能、芸術振興、評論等、メディア芸術が加わり11部門となっている。

　授賞手続きは、各部門ごとに推薦委員と選考審査委員を設け、文化庁事務局による情報蒐集や調査をもとに推薦委員が候補者を推薦し、それを受けた選考審査委員が受賞者を決定している。芸術祭賞とこの芸術選奨の受賞が重なることもあるようだ。例えば、2018（平成30）年に芸術祭の演劇部門において女優の藤山直美が「おもろい女」で大賞を受賞していたことは前記したが、翌2019（令和元）年には同じく演劇部門において文部科学大臣賞を受賞している。しかし、両者がどのように区別・差異化されているのかは不明である。

　ところで、2006（平成18）年には、放送部門で漫才師・タレントの太田光・田中裕二（「爆笑問題」）が、また大衆芸能部門では落語家の桂三枝とシンガー・ソングライターの中島みゆきが文部科学大臣賞を受賞して話題をまねいた。しかし、それよりも驚かされたことは、この年に美術部門で文部科学大臣賞を受賞した洋画家の和田義彦の作品が、その後、投書によって盗作疑惑が発覚し、受賞の取り消しになったことだ。和田は、東京芸術大学大学院を修了後、イタリア政府の給費留学生となり、ヨーロッパの諸美術館で模写を手がけ

る一方、盗作の対象とされたイタリアの画家アルベルト・スギと親交を結んだようである。帰国後、国画会の会友として作品を発表する一方、名古屋芸術大学の助教授・教授を務めていた。そして、2002（平成14）年には、第25回安田火災（現損保ジャパン）の東郷青児美術館大賞を受賞したが、同年には大学におけるセクハラ疑惑によって大学の退職を余儀なくされてもいた。

　芸術選奨作品の盗作疑惑により賞状と30万円の賞金の返還を求められたことから、東郷青児美術館大賞作品も再審査され、やはりA.スギ作品の盗作であると認定されて受賞の取り消しとなった。こうした事件が発生する要因には、推薦委員・選考審査委員の推薦・審査眼や能力の問題があるのであろうが、芸術選奨の場合は推薦・選考の前提となる文化庁の専門調査員の不足（広範な分野を担当する美術部門では僅か1人だった）もあったようだ。いずれにしろ、「美術部門では受賞しても、作品の価格に跳ね返ることは少ないと言われるが、権威や名誉は認められてきた」という（以上、主として「朝日新聞」、2006年6月6日の文化欄）。しかし、作品の価格に直接跳ね返ることはなくても、受賞後、作品の価格に影響を与える—従前よりも高額となる—ことはあり得よう。というのも、賞の授与は、ましてや授与主体が〈官〉であれば、より優れて権威や名誉の授与となるからだ。だから、受賞者には、〈世俗的な欲望〉である権威や名誉の獲得となり、優越欲や差別欲さらには金銭欲・物欲の充足となる。しかも、その〈世俗的な欲望〉の根底には、自己の存在価値の確証にかかわる〈存在論的な欲望〉が潜んでいるといえる。

　ところで、芸術選奨における文部科学大臣賞及び新人賞は、国家（権力）の権威にも関わるだけに社会的認知・評価度も各分野において〈高度〉であるといえる。それ故、授賞・受賞側の両者にとっても重要な意味・価値を有する賞という意味で〈重度〉な賞となり、賞行為における両サイド側への構造的な縛りを〈緊縛的〉なものとする。すなわち、授賞主体側にはより公正で厳密な審査・決定が求められ、受賞主体側には〈世俗的な欲望〉以上に生き死にに関わるような〈存在論的な欲望〉の充足欲求を亢進させる。かくして、この事件は、賞行為において対象者・応募者側の〈二層・二重性〉の欲望が亢進すると、受賞を獲得するために盗作を行ったり、主催者側への圧力や買収行為などを行うというようなスキャンダルを発生せしめる蓋然性があることをを示唆している。

第4項 文化庁メディア芸術祭

　それは、2022年度をもって終了するとされたが、デジタルによるメディア技術の発達に伴い1997（平成9）年に創設され、文化庁メディア芸術実行委員会（文化庁、国立新美術館）が主催してきた。当初は、デジタルアートのインタラクティブとノンインタラクティブ、アニメーション、マンガの4部門であったが、その後、2003（平成15）年からはアート、エンターテイメント、アニメーション、マンガの4部門となり、現在に至っている。そして、芸術祭は、この4部門の優秀作品を表彰するとともに、国立新美術館を中心に受賞作品の展示・鑑賞や内外の多彩なアーティスト、クリエーターによるシンポジューム、プレゼンティーション、ワークショップなどを展開するメディア芸術の総合フェスティバルであることを唱っている。

　4部門すべてにおいて、海外からの応募も可能とされている。それぞれの部門で審査委員会が大賞、優秀賞、新人賞を選定し、受賞者には文部科学大臣賞の他、賞杯、賞金が授与される。また2003（平成15）には、功労賞が設けられた。4部門への応募数は、例えば2004（平成16）年の1498作品から2006（平成18）年には1808作品、2008（平成19）年には2146作品へ増大し、さらに2013（平成24）年には過去最大の4347作品にのぼった。このことは、メディア芸術分野におけるアーティスト、クリエーターが、若い世代を中心に急増していることを物語っている。近時、2019（令和元）年の大賞のみを記してみよう。〈1〉アート部門─サウンドインスタレーション「Pulses／Grains／Phase／Moire」（古舘健）、〈2〉エンターテイメント部門─NHKテレビ番組「チコちゃんに叱られる！」、〈3〉アニメーション部門─短編「La Chute」（ボリ・ラベ）、〈4〉マンガ部門─「ORIGIN」（ボウイチ）、となっている。

第5項 文部科学大臣表彰と文化庁長官賞

　両者には、いずれも近年設けられた次がある。前者の文部科学大臣優秀教員表彰は、2006（平成18）年、第1次安倍晋三内閣が教育再生会議を設置したことを契機に創設された。同再生会議は、いわゆる「ゆとり教育」の見直しの中で指導力不足の教員に対して「免許取り上げ」などのムチが必要であるとした。これに対して、自民党の教育再生特命委員会では、ムチばかりでなくアメ

も必要ではないかという意見も出ていた。こうした状況の中で、文部科学省は優秀教員の表彰を制度化したのである。これは、政策・施策推進のための前述した〈主催者型＝政策推進型〉の賞の一環といえる。

　当初、表彰教員は、都道府県と政令指定都市の教育委員会の推薦による者とした。第 1 回の2007（平成19）年では、小・中・高・養護学校から765人の教員が表彰された。その後、公立学校は教育委員会の、私立学校は都道府県知事の推薦に拠るとされた。そして、2020（令和 2 ）年には、後継施策として「社会に開かれた教育実践賞」を創設し、教育委員会・知事の他に民間団体からの推薦を受け、有識者が受賞者を選定するとした。しかし、この表彰制度は、教育現場にどのような効果（正負）をもたらしたのであろうか。生徒の家庭などには、この制度が浸透していないのが実態のようである。

　後者の文化庁長官表彰は、文化活動に優れた成果を示し、我が国の文化の振興に貢献した個人・団体、または日本文化の海外発信や国際文化交流に貢献した個人・団体を表彰する制度として1989（平成元）年に設けられた。有識者による表彰選考会議において候補者を選定し、それを受けて長官が表彰者を決定している。近年では、2013（平成25）年に女優の三田佳子、世界的なフィギュア・メーカー「海洋堂」の創業者である宮脇修—2005（平成17）年にはメディア芸術祭功労賞を受賞—や平城宮跡の保全に携わるNPOの平城宮跡サポートネットワークなど30人、 1 団体が表彰された。また2014（平成26）年には、歌手の森進一、ものまねタレントのコロッケや滝川広志、世界文化遺産となった富岡製糸場の最後の経営者・片倉工業など35人、 1 団体が表彰された。さらに、2007（平成19）年には、文化庁長官表彰の中に文化芸術創造都市部門を設け、市民参加のもとで文化芸術面から地域の活性化へ取り組み、特に顕著な成果を挙げている市区町村を表彰することにした。毎年、 4 ～ 5 市区町村が表彰されているが、2011（平成23）年には筆者の故郷である山形県鶴岡市が表彰されている。この文化庁長官表彰も、〈主催者型＝政策推進型〉の賞の一環といってよい。

　しかしながら、これらの表彰の実態や内実を見ると、文部科学大臣表彰や文化庁長官表彰が必要なのか否かの疑問が生じる。優秀教員表彰は、生徒の家庭に浸透していないのが実態であった。文化庁長官表彰は、芸術祭や芸術選奨でこと足りるのではないか。また既述のように、総務省、農林水産省、国土交通

省などが地域づくりや地域の活性化のために賞や表彰を行なっていた。何も文部科学省・文化庁のみを批判するつもりはないが、縦割り省庁行政が新規予算の獲得のために新たな施策・事業を起こし、それが結果的に政府省庁間の〈水平的な競合・競争〉の弊害といえる重複を惹起していることと同様の現象が、政府省庁の賞や表彰でも—実は賞・表彰の創設・設定も額は大きくなくても新規予算獲得の一環なのであるが—生じていることが窺われる。

第6項　日本学士院賞・恩賜賞

　これは、次の日本芸術院賞・恩賜賞と同様に伝統ある賞である。日本学士院は、その英語名（The Japan Academy）が示すように日本の学者・研究者の最高権威機関である。それは、1879（明治12）年の東京学士会院（初代会長・福澤諭吉）の創設を淵源とする。そして、1906（明治39）年には、全国の学者・研究者を土台とする帝国学士院となり、学者・研究者にとっては受賞が最も名誉となる恩賜賞と帝国学士院賞が創設された。戦後の1947（昭和22）年に帝国学士院は日本学士院と改称し、1949（昭和24）年に新たに創設された日本学術会議の附置機関となった。しかし、日本学術会議による学士院会員の選定をめぐる論議を経て、1956（昭和31）年には日本学士院法が制定され、日本学術会議から独立し、文部科学省の所管下で同法に基づいて運営されることになった。このように独立機関ではあるが、日本学術会議とともに国家を背景にするといってよい。だから2020（令和2）年、日本学術会議が推薦した会員候補6名を時の菅義偉首相が任命を拒否するという事件が発生し、政府がその政治介入の理由を説明せぬまま日本学術会議をめぐる混乱は現在も続いている。

　さて日本学士院は、「学術上功績顕著な科学者を優遇するための機関とし、学術の発達に寄与するため必要な事業を行う」ことを目的にし、定員150名の終身会員をもって組織され、人文科学部門（文学・史学・哲学、法律学、政治学、経済学・商学）と自然科学部門（理学、工学、農学、医学・薬学・歯学）の2部門7分科会に分かれている。そして、まさに会員を「優遇するため」、文化功労者よりは低いが年金250万円が支給されている。「必要な事業」としては、毎月定例の研究会を開催する他、毎年、学者・研究者の「功績」を評価し、最高の名誉としての各賞を授与することなどを行なっている。

　その賞が、戦前を継承した恩賜賞（日本学士院賞の受賞者から推薦された各

部門1件）と日本学士院賞（毎年9件）なのである。恩賜賞には賞状と御紋付銀花瓶が、日本学士院賞には賞状・賞牌の他、賞金100万円が授与される。その他、日本学士院エジンバラ公賞と日本学士院学術奨励賞がある。前者は1987（昭和62）年に名誉会員に選ばれたイギリスのエジンバラ公フィリップ殿下の申し出（広く自然保護および種の保全に関する基礎的研究の業績を顕彰）によって創設され、隔年1件に賞状・賞牌と賞金を授与し、後者は若手研究者の研究を奨励するため2004（平成16）年に創設された。毎年、日本学術振興会賞の受賞者の中から6件以内が選定され、賞状・賞牌・副賞が授与される。以上の各賞の授賞式に1949（昭和24）年以降は天皇が、1990（平成2）年以降は天皇・皇后が臨席することが示すように、戦前と同様、天皇制との結びつきが強い。

　ノーベル賞の受賞者である湯川秀樹、朝永振一郎、福井謙一、江崎玲於奈、小柴昌俊、野依良治、鈴木章、益川敏英、小林誠、山中伸弥、赤崎勇、大村智、梶田隆章、大隅良典、本庶祐一は、全て日本学士院賞を受賞している。このことが物語るように、日本学士院賞は人文科学部門よりも自然科学部門の研究業績への授与が多くなっている。しかし、いずれにしろ、日本学士院賞・恩賜賞とも、授与に天皇・皇后が臨席する〈準栄典〉として社会的（特に学者・研究者のコミュニティ）の認知・評価度は極めて〈高度〉で、授賞側の日本学士院にとっても受賞側の学者・研究者にとっても賞の意味・価値は非常に〈重度〉であるといってよい。従って、賞行為の構造的な縛りも、両サイドをきつく規定する〈緊縛的〉なものとなる。すなわち、国家を背景にする日本学士院には、その〈安定的・発展的〉な存立・存続が賭けられ、権威の保持・強化のためにも極めて慎重で厳密な審査が求められる。他方、受賞側の学者・研究者にとっては、〈世俗的な欲望〉においても一段と高い名誉欲・優越欲を満たすだけでなく、学者・研究者で在ることの自尊や生きてきたことの明証という〈存在論的な欲望〉の充足を強く求める賞の典型であるといえる。

第7項　日本芸術院賞・恩賜賞

　日本芸術院は、その英語名（The Japan Art Academy）が示すように、日本学士院が科学者の最高権威機関であると同様に日本の芸術家の最高権威機関である。その淵源は、1907（明治40）年に文部省が美術審査委員会を設置し、

毎年、文部省美術展覧会（文展）への出品作品を審査することに始まった。ところが、1919（大正8）年に文部省は美術審査委員会を解消して帝国美術院（初代会長が森鷗外）を設立し、帝国美術院展覧会（帝展）への出品作品を審査することになった。こうして、日本芸術院は、美術分野における出品作品の審査のみから出発することになった。ところが、その後、美術界は帝国美術院の改革をめぐり混乱に見舞われた。その混乱が収束したのが、1923（昭和12）年であった。第1次近衛文麿内閣の文部大臣となった安井英二は、展覧会を帝国美術院から分離して文部省主催の展覧会とする一方、帝国美術院を解体して新たに文部大臣が管轄する帝国芸術院を設立した。こうして、それは美術のみならず広く文芸、音楽、演芸などの分野も含み、その発展に寄与する芸術家を優遇する最高の栄誉機関となり、戦後に継承されることになった。

1947（昭和22）年、帝国芸術院は日本芸術院と改称し、1949（昭和24）年には戦前の日本芸術院官制に代わり日本芸術院令が制定された。そして、1968（昭和43）年に文化庁が発足すると、文部省から文化庁の所管に置かれることになった。日本学士院と同様に、やはり国家を背景にする。会員は120名以内で、終身制。そして、日本学士院会員と同様に会員を優遇し、250万円の年金が支給される。美術部門と文芸部門、音楽・演劇・舞踊部門の3部門・分科会制を取っている。日本芸術院賞は、日本芸術院が会員以外の者で、各部門・分科会の分野において顕著な芸術作品を仕上げ、または芸術の発展に貢献した者に賞状・賞牌・賞金を授与するものである。受賞者の多くは、その後、日本芸術院の会員に推薦されている。しかし、会員候補の現会員による投票方式には偏りあるとか閉鎖的だとの批判から、2021（令和3）年には美術館長や大学教授らの外部有識者も推薦に加わることになった。

それはともかく、日本芸術院賞の受賞者の中から、特に優れた者には恩賜賞が授与される。この日本芸術院賞・恩賜賞の授賞式には、日本学士院賞と同様に当初は天皇が、後には天皇・皇后が臨席している。だから、天皇制との結びつきが強く、日本学士院賞と同じく日本芸術院賞・恩賜賞も文化勲章に準ずる〈準栄典〉といってよい。だから、その賞行為の構造と機能は、日本学士院賞・恩賜賞で指摘したそれと同様であるといえる。ところで、女優の杉村春子は、文化勲章を辞退したことは先に触れたが、杉村は既に1947（昭和22）年の戦後第1回（通算第4回）の芸術院賞を受賞しており、また後に文化功労者も

受け入れた。同じく文化勲章を辞退した辻井喬（堤清二）も、2006（平成18）年には芸術院賞を受賞し、翌2007（平成19）年には日本芸術院の会員となっている。毎年、5人から10人前後が受賞している。美術部門と音楽・演劇・舞踊部門の受賞者数は毎年着実だが、第2部門の文芸部門の受賞者は数が少ない。

第8項　人間国宝（重要無形文化財指定保持者）

　これは、賞とはニュアンスを異にし、文化財保護法に基づき政府が保護・助成を行わなければ衰亡する恐れがあり、伝承も極めて難しい重要無形文化財の指定とその保持者（人間国宝）を文部科学大臣が認定する制度である。しかし、前記した日本芸術院賞の特に音楽・演劇・舞踊部門の受賞者と重層する面が大きいので散見するに留める。

　1950（昭和25）年に制定の文化財保護法は、「演劇、音楽、工芸技術その他の無形の文化的所産でわが国にとって歴史上又は芸術上価値の高いもの」を無形文化財と定義した。そのうち、衰亡を防ぎ、伝承の持続を可能にするため重要無形文化財の指定とその保持者（人間国宝）を認定し、政府が助成する制度として1954（昭和29）年から始動することになった。重要無形文化財の指定とその保持者の認定は、現在、文化庁文化審議会の文化財分科会が審議・議決し、文部科学大臣が指定・認定する形になっている。

　文化財保護法の無形文化財の定義からして、いわゆる人間国宝は芸能分野（雅楽、能楽、文楽、歌舞伎、組踊、音楽、舞踊、演芸、演劇）と工芸技術分野（陶芸、染織、漆芸、金工、刀剣、人形、木竹工、諸工芸、和紙）に分けられている。いずれも伝統芸能や伝統工芸といえるわけだが、後者の工芸技術分野の人間国宝は旧労働大臣（現厚生労働大臣）が表彰する労働者・卓越した技能者（いわゆる現代の名工）と若干重層する。これに対して、芸能分野の人間国宝は、前述したように日本芸術院賞における特に伝統芸能の受賞者とかなり重層する。例えば、能楽・狂言の野村万蔵は、1967（昭和42）年に人間国宝に認定され、翌年に芸術院賞を受賞している。また日本舞踊の井上八千代は、1951（昭和26）年に芸術院賞を受賞し、1955（昭和30）年に人間国宝に認定された。はたまた、歌舞伎俳優の尾上梅幸と中村歌右衛門は、ともに芸術院賞を受賞した後、やはりともに人間国宝となっているなどである。

第2節　文部科学省後援の2タイプ

　先の内閣総理大臣賞や文部科学大臣表彰、文化庁長官表彰には、それぞれ府省庁の政策・施策を促進するためのインセンティブとして賞・表彰制度を創設するケースが見られた。それを〈主催者型＝政策推進型〉とした。しかし、ここでは、それとは異なる〈官〉の賞行為への関わり、すなわち〈官〉が創設・主催する賞を〈民〉が後援したりするのではなく、逆に〈民〉主体の賞に〈官〉が後援したりするケースを考察する。それは、やはり縦割り行政における省庁間の〈水平的な競合・競争〉が起因となって非常に多く見られるが、大きく2つのタイプに分けうる。1つは、〈民〉主体の賞・表彰を各府省庁が後援などを行い―もちろん、そうした後援など無しのケースが多いのだが―内閣総理大臣や各省大臣の名義を貸す形で賞が設定されるタイプである。それを〈名義貸し型〉とする。もう1つは、〈民〉主体の賞だが、それは政府の重要政策・施策に関わるので各府省庁がより積極的に後援する中で内閣総理大臣賞や各省大臣賞が設定されるタイプである。それを〈官・民協働型〉とする。そして、両者いずれのタイプにおいても、省庁・局部組織の〈安定的・発展的〉な存立・存続という根底的な企図が、言いかえれば影響力や勢力（権限・予算）の拡充を図ろうとする狙いが秘められている。しかし、大量にあるそれらへの網羅的な目配りは困難なので、以下では文部科学省を基軸にし、この両タイプを考察する。

第1項　〈名義貸し型〉後援

　〈名義貸し型〉の文部科学大臣賞―もっとも賞に関係する府省庁の内閣総理大臣賞や他大臣賞も含む―は、主として児童・学生を対象にした作文、絵画、新聞コンクール、などに見られる。

　（1）作文分野で最も古いのは、①読売新聞社が1951（昭和26）年に創設した「全国小中学校作文コンクール」だ。現在、文部科学省、全国連合小学校長会、全日本中学校長会が後援し、日本テレビ放送網、JR東日本・東海・西日本などが協賛。読売新聞社は、このコンクールを「日本学生科学賞」、「高円宮杯全日本中学校英語弁論大会」と合わせ「教育三賞」としているが、コンクールの優秀作品に後援者の文部科学大臣賞や主催者の読売新聞社賞、協賛者の各

JR賞などを授与している。読売新聞社は、その後さらに1991（平成3）年と1992（平成4）年に2つの作文賞を新設した。②1つは、イオン環境財団とともに小・中・高と一般・外国人が対象の「地球にやさしい作文・活動報告コンテスト」である。内閣総理大臣賞の他、後援の文部科学大臣賞、環境大臣賞、イオン環境財団賞を設けた。③もう1つは、全国防犯協会、全国青年補導協会などと主催する「全国小学生作文コンクール～わたしたちのまちのおまわりさん」である。内閣府、警察庁、文部科学省が後援し、全国防犯協会連合会、日本青年会議所、日本PTA全国協議会が協力。読売新聞社をはじめ主催者の賞の他、内閣総理大臣賞、国家公安委員会委員長賞、警察庁長官賞、文部科学大臣賞を設定。④毎日新聞社が、1955（昭和30）年に全国図書館協議会とともに「青少年読書感想文全国コンクール」を主催し、その後、内閣府、文部科学省の後援、サントリー（kk）の協賛で主催者の賞、後援者の内閣総理大臣賞、文部科学大臣賞、協賛者の賞を設定した。

（2）絵画の分野では、①美育文化協会（財団）が1970（昭和45）年に外務省、文化庁、都道府県教育委員会、読売新聞社、日本美術教育連合、全国造形教育連盟の後援とぺんてる（kk）の協力を得て「世界児童画展」を開催した。そうして内閣総理大臣賞と文部科学大臣賞の他、主催者、他の後援者、協力者の賞を設定した。②発明協会（社団）は、1978（昭和53）年に文部科学省、経済産業省、特許庁、国立科学博物館、日本弁理士会、NHK、朝日新聞社、美育教育協会、日本美術教育連盟などの後援を受けて「未来の科学の夢絵画展」を開催した。発明協会賞の他、文部科学大臣賞をはじめとする各後援者の賞を設けた。③また社会福祉法人の日本肢体不自由児協会は、1982（昭和57）年に厚生労働省、文部科学省、東京都やNHK、朝日新聞、毎日新聞、読売新聞の各社会・厚生文化事業団など多数の後援を受けて「肢体不自由児・者の美術展（後にはデジタル写真展も創設）」を主催した。そうして、主催者の賞の他、厚生労働大臣賞や文部科学大臣賞をはじめとする各後援者の賞を設けた。④さらに朝日新聞社と朝日学生新聞社は、1986（昭和61）年に文部科学省、環境省、日本トンボ学会、トンボと自然を考える会などの後援、学生服・体育着の企業トンボ（kk）の協賛で「WE LOVEトンボ絵画コンクール」を主催。主催者の賞の他、後援者の文部科学大臣賞や環境大臣賞、協賛者の賞を設けた。

（3）新聞コンクールの分野では、以下のすべての賞に朝日新聞社が関わっ

ているのが特徴的である。創設年次順では、①1972（昭和47）年、朝日学生新聞社が主催し、朝日新聞社、文部科学省の後援で「学校新聞コンクール」を創設。文部科学大臣賞、朝日新聞社賞の他、審査員特別賞や努力賞などを設定した。②同じ1972（昭和47）年、大東文化大学主催の「全国高校新聞コンクール」が開催された。同大学広報課によると、第1回から第30回ぐらいまでは文部科学省と全国高校新聞教育研究会、産経新聞社—後に朝日新聞社に変わる—の後援を得ていたという。新聞社出身の法学部教員の働きかけで、大学当局も大学の宣伝・知名度アップなどになるから主催を受け入れたという。しかし、2019（令和元）年の第49回をもって同大学は主催者を降り、朝日新聞社が主催者となる。それはともかく、これまでは文部科学大臣賞、朝日新聞社賞、大東文化大学学長賞、全国高校新聞教育研究会賞の他、協賛者であるカメラ企業のニコン賞などを設定した。③さらに1994（平成6）年、全国新聞教育研究協議会、朝日新聞社、朝日学生新聞社は、文部科学省の後援のもと小・中・高校生が対象の「全国新聞スクラップコンクール（旧朝日・新聞スクラップコンクール）」を主催し、④2012（平成24）年には東日本大震災の発生を受け、朝日新聞社は朝日学生新聞社、ニッポン前への委員会（朝日新聞社の設立）と共催し、文部科学省の後援を受け明日の日本を構想する提言論文の公募と「朝日小中学生復興新聞コンクール」を創設した。ただ、前者のコンクールは、2015（平成27）年に幕を閉じた。パソコンやスマホの普及が、スクラップコンクールを終止に追い込んだことが窺われる。

　（4）最後に、以上の分野以外の児童・学生を対象にしたコンクールの事例を幾つか挙げてみる。いずれも文部科学省（文化庁）の他、関係省庁などが後援に名を連ねている。それを創設年次順に列挙すると、①まず終戦直後の1947（昭和22）年、朝日新聞社が全日本合唱連盟とともに中・高部門と職場部門からなる「全日本合唱コンクール」を開催。②1971（昭和46）年、朝日新聞社は、全日本高校ギター・マンドリン音楽振興会とともに「全国高校ギター・マンドリン音楽コンクール」を開催。③さらに朝日新聞社と朝日学生新聞社は、1982（昭和57）年、小学生が対象の「〈海とさかな〉自由研究・作品コンクール」を主催している。④また朝日新聞社は、2005（平成17）年に日本損害保険協会（社団）、NPOの日本災害救援ボランティアネットとともに「小学生のぼうさい探検隊マップコンクール」を創設した。⑤さらに朝日新聞社は、2008

（平成20）年に東京海上火災（kk）と小学生の作文・絵画が対象の「こども環境大賞」を創設した。この両者いずれも、主催者の賞の他に後援者の文部科学大臣賞や関係省庁の大臣賞を設定した。

　他方、①読売新聞社は、全国高等学校文化連盟（社団）とともに文化庁の後援と一ツ橋文芸教育振興会（財団）の協賛を得て、1986（昭和61）年より高校生の文芸（小説・文芸評論・随筆・詩・短歌・俳句・文芸部誌）が対象の「全国高等学校文芸コンクール」を創設。②1996（平成８）年には、同じく読売新聞社がNPO図書館の学校、日本児童教育振興財団（後に図書館振興財団）とともに「図書館を使った“調べる”学習コンクール」を主催している。

　いずれにしろ、文部科学省を基軸にしたため、同省が児童・学生の教育主管官庁であることから児童・学生によるコンクール・展覧会などに伴う賞が大部分となったが、そこで注目されることが２点ある。１つに、児童・学生を対象にしたコンクール・展覧会などが〈民〉の新聞社や財団・社団などの〈水平的な競合・競争〉の中で創設・主催され、後援者の文部科学省や他省庁の〈名義貸し型〉の賞の他、主催者、協賛者などの賞の設定と、その獲得を目指して児童・学生が〈垂直的な競合・競争〉を繰り広げていることである。そうして全ての分野のそれに新聞社が主催・共催者や後援者として関わりつつ、朝日新聞社が殊のほか積極的なことである。もう１つは、そうした中で、作文コンクールの分野では読売新聞社と毎日新聞社が〈直対応的〉な競合を展開しつつ読売新聞社の主催が多数を占めていることと、新聞コンクールの分野には読売・毎日新聞社の関わりが見えず朝日新聞社が全てに関わっているという一種の〈棲み分け〉状況が見られることである。この新聞社の同一分野における〈直対応的〉な競合状況や〈棲み分け〉状況については、以下で詳述することにする。

　ところで、以上列挙したコンクールや展覧会などに伴う授賞は、基本的に〈民〉すなわち新聞社や財団・社団などが主催者となり、コンクールや展覧会などが児童・学生の教育に関わるゆえに文部科学省をはじめ環境省などの関係する〈官〉が後援者となって実施されている。言いかえれば、主催者としての〈民〉が、文部科学省などの〈官〉にアプローチして大臣・長官賞の設定・受容を強く求め、〈官〉がそれを許容した―いわば〈名義貸し〉した―故に、後援者とならざるを得ない授賞構造が見られる。

　さて、主催者の〈民〉が〈官〉の大臣・長官賞を設定する動機やメリット

は、いうまでもなくコンクールや展覧会などの授賞に〈官〉の賞を設定することでコンクールや展覧会などの社会的知名度や評価を高め、それに伴う賞の〈権威化〉を図ることやスポンサー料を獲得することにあろう。それに主催者・後援者に新聞社が多いことは、木鐸としての新聞社の社会的貢献以上に、後述のごとく新聞社の収益の重要な支柱である新聞購読者の維持・拡大という狙いがあろう。逆に〈官〉の側のメリットは、大臣・長官賞の設定を許容する―〈名義貸し〉する―ことにより〈民〉に恩義を与えること、あるいは貸しをつくることにより〈民〉―特に新聞社の担当・関係部門―とのパイプを太くし情報の入手や必要時の協力をを容易にすることであろう。もっとも、それは、反面で〈民〉にも〈官〉との人的な繋がりを深めたり情報入手を容易する。それに、大臣・長官賞の表彰状には大臣・長官名が記される故、時々の大臣・長官にとり自らの足跡を残すわけだから、大臣・長官賞の設定・許容―〈名義貸し〉―を喜びこそすれ、嫌がるわけもないであろう。

　他方、こうした〈名義貸し型〉の関係構造の下で、コンクールや展覧会などへ参加する児童・学生や学校にとっては、モラール（意欲・やる気）の喚起とともに受賞が充実感や達成感を充足させ、さらには名誉感や優越感の誇示―学校の入り口などにスポーツや合唱などで獲得した入賞・優勝の賞杯・賞牌・賞旗・賞状などを展示するのはそれを示す―を可能にする。このように児童・学生や学校の受賞は、いわば〈世俗的な欲望〉を充足させるが、コンクールや展覧会などへの参加者にとりこの受賞の意味は〈名義貸し型〉特有なものではなく、次の〈官・民協働型〉でも同様である。

第2項　〈官・民協働型〉後援

　〈官・民協働型〉とは、〈官〉が〈民〉主催の授賞事業をむしろ積極・自主的に後援するケースである。科学技術分野の授賞事業は、このタイプの典型といえる。というのも、科学技術の振興は経済・産業の、そして国家の興隆・衰運に直結している故、授賞事業の主催者がたとえ〈民〉であったとしても、政府・省庁はそれを積極・自主的にバック・アップすることになるからだ。そうして大臣賞の設定・許容は、主催者側の〈民〉にとってはもちろん授賞事業の知名度や評価などのアップや賞の〈権威化〉になるが、後援者の〈官〉側にとっても単なる〈名義貸し〉ではなく〈民〉の授賞事業が〈官〉の方針・政策に

沿い、それを促進するものとして実は両者のコラボであることを明示するものとなる。このように〈官・民協働型〉は、双方にとってメリットあるものになる。他方、〈民〉と〈官〉の主催・後援者側ではなく、参加者側においては受賞が学生や学校にとって名声・名誉欲や優越・差別欲などの〈世俗的な欲望〉充足させる。ここでは、もちろん他府省庁も含まれるが、特に文部科学省が積極・自主的な後援者となっている〈民〉主催の授賞事業を取り上げることにする。

（1）かかる〈官・民協働型〉の授賞事業の典型—それは、まさに新聞社同士の〈直対応的〉な競合である—といえるものが2件ある。①1つは、読売新聞社と全日本科学教育振興委員会、科学技術振興財団（現科学技術振興機構）によって1957（昭和32）年に創設された中・高生対象の「日本学生科学賞」（JSSA）である。旧総理府（現内閣府）、文部科学省、環境省、特許庁が後援し、旭化成（kk）、マイクロソフト（kk）が協賛してきた。賞の内実は時代とともに若干変化するが、現在は、研究部門の最優秀賞としての内閣総理大臣賞の他、文部科学大臣賞、環境大臣賞、科学技術担当大臣賞、全日本科学教育振興委員会賞、科学技術振興機構賞、読売新聞社賞、日本科学未来館賞、旭化成賞、マイクロソフト奨励賞、指導教諭賞などが、ソリューション部門—2007（平成19）年からは情報技術部門—には最優秀賞の文部科学大臣賞の他、読売理工学院賞、マイクロソフト賞などが設定されてきた。

②もう1つの典型は、この伝統ある学生科学コンテストに対抗し、2003（平成15）年に朝日新聞社（その後テレビ朝日も加わる）が創設した高校生・高等専門学校生を対象にした「日本科学技術チャレンジ」（JSEC）であろう。2006（平成18）年の第4回チャレンジに向けた広告がすさまじい。後援（予定）が、内閣府、内閣官房知的財産戦略本部、文部科学省、農林水産省、経済産業省、特許庁、日本科学技術振興財団、東京都教育委員会、平成基礎科学財団、日本物理学会、日本天文学会、日本気象学会、日本地質学会で、科学技術振興機構が特別後援となっている。それだけでなく、特別協賛企業のYKKの他、協賛企業としてアジレント・テクノロジー、花王、横河電機、JFFスチールが、さらに協力企業・団体として東レ、アプライドマテリアルズジャパン、ヒューマン国際大学機構、日本科学未来館が名を連ねている（これら協賛・協力企業や団体は、固定したものではなく、時代とともに変化する）。そ

して、このJSECは、文部科学省が2003（平成15）年から実施している学習意欲・学力向上アクションプランの「学（まな）びんピック」認定事業であることを唱っている。

このチャレンジにおける賞も時代とともに多少変化するが、グランドアワードが3～4賞設定されている。すなわち、文部科学大臣賞、科学技術政策担当大臣賞、科学技術振興機構賞、優秀賞である。その他は、主催者の朝日新聞社賞、テレビ朝日特別奨励賞や協賛・協力企業・団体の賞となる。また先の広告に記載された企業以外の企業賞も、例えば富士通賞、荏原製作所賞、竹中工務店賞などが時に加わっている。受賞者全体を見ると、男子学生よりも女子学生の受賞割合が高いといえるのが興味深い。

ところで、③このJSECのグランドアワードなどの受賞者は、アメリカで毎年開催される半導体メーカーのインテル（kk）が創設した「国際学生科学技術フェア」（ISEF）へ翌年に日本代表として派遣される。2004（平成16）年から文部科学省がISEFへの派遣補助費を予算化したこともあって、読売新聞社主催のJSSAでの高校生の受賞者も数名ISEFへ日本代表として派遣されるようになった。そして、そのISEFの各部門における入賞者は、帰国後、文部科学大臣から大臣表彰を受ける。ただ、学生の科学コンテストという同一分野の授賞事業における読売・朝日両新聞社による水平的な〈対抗的競合〉は、規模などにおいて後発の朝日新聞社・テレビ朝日が読売新聞社を上回りそうである。

（2）このような新聞社による学生を対象にした科学技術コンクール以外の〈民〉主催のそれには、①リコー・三愛（kk）グループの生みの親である市村清を顕彰する「市村アイディア賞」がある。小・中学生の創意工夫の精神と能力を育成すべきとして1969（昭和44）年に創設された。新技術開発財団が主催し、文部科学省、朝日新聞社、朝日学生新聞社が―後に科学技術振興財団、科学技術館も―後援。文部科学大臣賞の他、市村アイディア優秀賞・奨励賞・記念賞、朝日小学生新聞賞、朝日中学生ウイークリー賞、科学技術館長賞を設定しているが、年々応募数が増加し、近年では2万件以上になっている。②学習研究社（kk）は、創業60周年を記念し、2005（平成17）年に「クリエイティブに科学する心」を持った個人・グループを応援し、新しいひらめき・アイディア・発明を募集・発掘・表彰する「学研科学大賞」を立ち上げた。文部科学

省、日本科学未来館が後援し、伊藤忠商事、インテル、全日本空輸、トヨタ自動車、ミズノ、桃屋が協賛に名を連ね、朝日新聞社が協力している。大賞、優秀賞の他、伊藤忠商事賞、ANA賞、ミズノ賞などが設定された。

　以上のような児童・学生が対象の科学技術分野の賞には、文部科学省のみならず他の府省も後援に加わっている。まさに国策として科学技術創造立国を〈産・学協働〉のみならず〈官・民協働〉で目指してきたからといってよい。それには、様々な企業・団体が協賛・協力に名を連ねていた。それは、〈民〉主催の授賞事業に相乗りすることにより、事業運営費の一部を負担し―逆に主催者は運営費を確保するため協賛・協力を求め―つつ、後援・協賛・協力賞の設定により企業・団体の社会的知名度や評価、地位の向上を図ることにあるといってよい。

　（3）最後に、世界の高校生が対象の「国際科学オリンピック」について触れておこう。というのも、前記の「国際学生科学技術フェア」では、近年、中国（香港を含む）と台湾の高校生の受賞者が増人し、特に台湾はフェアへの代表出場者の大学入試を免除するほど力を入れ、日本学生の受賞を圧倒している（「読売新聞」、2004年6月21日）が、「国際科学オリンピック」では日本代表の高校生が健闘しているからだ（以下、主に「朝日新聞」、2010年5月4日による）。

　現在、「国際科学オリンピック」は6科目あるが、開催年度順では数学が1959（昭和34）年と最も早く、次いで物理が1967（昭和42）年、翌1968（昭和43）年に化学、1989（平成元）年に情報、翌1990（平成2）年に生物学、2007（平成19）年に地学となっている。日本は、1990（平成2）年に初めて数学の中国大会に参加し、以後、他科目への参加が続いた。そして、科学技術創造立国の基盤となる理数教育の充実を図るという国の方針のもと、独立行政法人の科学技術振興機構も科学オリンピックへの参加を支援する一方、2006（平成18）年にはノーベル賞受賞者（江崎玲於奈、野依良治、小柴昌俊）と財界人（日立製作所会長、トヨタ自動車名誉会長）が参加を推進するために日本科学オリンピック委員会を結成した。

　オリンピックだから、金・銀・銅のメダルが授与される。各科目参加者のおよそ上位1割に金が、2割に銀、3割に銅が授与されるので、参加者の5割から6割がメダリストとなる。2009（平成21）年大会でも中国は他国・地域を圧

倒したが、日本も参加者全員がメダルを獲得するという健闘ぶりを示した。そ
れを記してみよう（大会の次の括弧内は参加国・地域数と参加者数である）。

　数学のドイツ大会（104・565名）に日本は6名参加（金5・銅1）、物理の
メキシコ大会（79・317名）に日本は5名参加（金2・銀1・銅2）、化学のイ
ギリス大会（64・250名）に日本は4名参加（金2・銀1・銅1）、情報のブル
ガリア大会（80・301名）に日本は4名参加（金2・銀1・銅1）、生物学の日
本大会（56・221名）に日本は4名参加（金1・銀3）、地学の台湾大会（14・
50名）に日本は4名参加（銀4）であった。この後も、各科目の参加者全員が
メダルを獲得するという健闘が続いている。

第2部　〈公〉の表彰と賞

〈公〉の賞や表彰とは、序で示したように地方自治体（法律上は地方公共団体でLocal self-Governmentと訳されている）—教育委員会も含む—が創設・主催するそれを指す。そして、意想外にその数が多いのである。その主要因は、わが町・村も都市も遅れをとるまじとしたり、あの町・村や都市がやるならわが町・村や都市もという自治体間の〈水平的な競合・競争〉にあるといってよい。そうした中でまず留意を要することは、地方自治体も地方政府（Local Government）であること、つまり政治行政的な権力機構であることだ。かかる地方政府としての地方自治体の賞や表彰は、大きく3つに分けうる。

　第1は、自治体区域〈内〉対象者への称号贈与と顕彰である。それは、地方自治体が地方政府であることの証左である。今、東京都を例に取るならば、東京都名誉都民という称号贈与と東京都栄誉賞や2005（平成17）年に終了したのだが、東京都文化賞や都民文化栄誉賞、東京都功労者表彰の類である。

　第2は、自治体区域〈内外〉の対象者への授賞である。これは広義の文化政策・施策の一環として展開され、後述のように自治体の知名度アップや地域活性化、郷土愛や地域文化の向上・発展などを狙いにしているが、さらに2つに分けうる。1つは、文学・芸術分野に多いのだが、著名な出身者や縁故者を顕彰する形で創設・主催される自治体冠賞である。もう1つは、そうした冠賞以外に自治体が創設・主催する賞である。

　第3は、中央政府・省庁と同様に補助金がらみで第2の文化政策・施策以外の特定の政策・施策を推進するに当たって、それを敏速・円滑に進捗せしめて効果を上げる目的のための誘引策として創設・主催する賞や表彰である。もっとも第2・3の賞は、後述のように財政難などで停止・終了することがありうる。

第1章 自治体区域〈内〉対象者への称号贈与と顕彰

第1節 名誉称号贈与と自治体栄誉賞

第1項 名誉称号の贈与

　我が国の地方自治体による名誉称号贈与の嚆矢は、1949（昭和24）年、仙台市が条例でもって金属学者で東北大教授の本多光太郎博士、仙台市出身の細菌学者で赤痢菌の発見者である志賀潔、同じく仙台市出身の歌人土井林吉（晩翠）へ名誉市民の称号を贈与したことにあるようだ。都道府県では、次に述べる東京都が最初である。この戦前にはなかった制度が戦後に見られることになったのは、市町村のみならず都道府県もまがりなりにも法制度として中央政府から自立した完全自治体になったことを示すものといえよう。そうして、この名誉称号がいわば中央政府の勲章に相当するものといえることは、完全自治体としての市町村・都道府県が地方政府であることの証左といってよい。

　都道府県レベルでの名誉称号の贈与は、1952（昭和27）年の東京都都民条例が最初である。その条例は、称号贈与の条件を「公共の福祉を増進し、又は学術、技芸の進展に寄与し、もって都民の生活及び文化に貢献し、功績が卓絶で都民の尊敬を受ける者又は都に引き続き十年以上居住している者若しくは引き続き二十年以上居住したことのある者で、広く社会文化に貢献し、又は都の発展、都民生活の向上に尽すいし、その功績が卓絶で都民が郷土の誇りとして尊敬する者」（第2条）と唱っている。こうした緩い条件からすると、贈与の如何は知事の思いのまま（権力・影響力・権威を誇示・強化するという独善的な政治的利用）になりかねない。そこで、それに対する歯止めとして、「名誉都民は、知事が都議会の同意を得て選定する」（第3条）という同意人事制にした。だが、外国の名誉称号制と異なり、「名誉都民に対しては、知事の定めるところにより待遇及び特典を与えることができる」（第5条）とされた。具体的には、都施設の利用上の便宜を与えるなどである。1953（昭和28）年に贈与された名誉都民の第1号は、戦前の衆議院議員で東京市長も務め、憲政の神

様と称された尾崎行雄と植物学者の牧野富太郎（後に文化勲章も受賞）であった。近年では、旧労働省婦人局の初代局長で文部大臣にもなった赤松良子や漫画家のさいとうたかお、ファッションデザイナーの三宅一生に贈与している。

　この名誉称号制は、その後、栄誉賞制とともに条例や行政規則、要綱によってであれ、漸次、道府県・市区町村の間の〈水平的な競合・競争〉によって拡大してきた。そして、現状では、第1に、名誉称号制と栄誉賞制の両者とも設けている自治体、第2に、栄誉賞制はなく名誉称号制のみの自治体、第3に、逆に名誉称号制は設けず、それに代わる栄誉賞制のみを設けている自治体、という3タイプに分かれている。それらの事例を千葉県に限定して散見してみよう。

　まずは、第1のタイプの名誉称号制と栄誉賞制の両者を設けている自治体である。筆者の居住地である千葉県八千代市は、名誉市民制と栄誉賞制の両者を設けている。前者の名誉市民制は、「市に対し功労があった市民は又は広く社会の進展、学術文化の興隆に貢献した市民のうち、その功績が卓絶であり、市民から尊敬されている市民」に名誉市民としての称号を贈与するとしている。手続き的には、市長が委嘱した学識経験者・市会議員・市民・市職員からなる名誉市民選考委員会の答申に基づき、市議会の同意を得て決定される。八千代市は、高度経済成長期に入ると、人口増加率が一時全国一となり、日本で最初の団地造成地となるが、そうした中で1971（昭和46）年に仲村和平が全国最年少の市長に当選した。そして、以後6期24年にわたって市長として都市基盤の建設・整備に尽力したことから名誉市民の称号が贈与された。もっとも、この名誉市民制は、仲村市長が亡くなった2002（平成14）年に創設されているので、彼の功績を称えるために設けられたようだ。実際、取材してみると、市議会で仲村元市長を顕彰したいという発言があり、それを受けた当時の大沢正道市長が導入を図ったものだという。だから、仲村元市長没後の追贈であった。その後、名誉市民の称号贈与を受けた者はいないという。

　他方、後者の八千代市民栄誉賞は、1994（平成6）年の表彰規則によって制度化された。それは、「スポーツ若しくは文化活動又は社会貢献活動により、市民に希望と活力を与えるとともに、八千代市の名を高めたものに対し……その栄誉をたたえ、もって市民のふるさと意識の高揚に資することを目的にする」（第1条）としている。おそらく、後述の千葉県民栄誉賞表彰規則をモデ

ルにしたのであろう。特に市町村が旧自治省や都道府県が作成した模範条例・規則をモデルにする—従って同じような条文になる—ことは、自治体行政によく見られるやり方であるが、また〈水平的な競合・競争〉の顕れでもあるといえる。それはともかく、対象者は市内に居住もしくは居住していた個人または市内の団体で、国際的規模または全国的規模のスポーツ競技大会や文化・芸術コンクールにおいて顕著な成績を収めた者としている。近年では、八千代少年少女合唱団やアイアンマン・ワールド・チャンピオンシップで最高年齢完走記録を更新した者、アジア競技大会の女子柔道52キロ級優勝者などに授与されている。

　このような八千代市の名誉市民制や栄誉賞制とほぼ同一の制度は、他にも見られる。例えば先の東京都の他、千葉県市川市や山梨県などである。東京都は、先の名誉都民制に対して2004（平成16）年に東京都栄誉賞を制度化し、特に顕著な業績により広く都民に敬愛され、社会に明るい夢と希望と活力を与え、東京都の名を高めた者の栄誉を表彰するとした。

　次は、第2のタイプの栄誉賞制は設けず名誉称号制のみを設けている自治体であるが、その事例は千葉県館山市に見ることができる。同市の名誉市民制は、「広く社会の発展、文化の興隆又は公共の福祉の増進に多大の貢献をし、その功績が卓絶で市民の師表として仰がれる方」に贈与するとしている。そして、近年の名誉市民贈与者は、50年以上にわたり切り花のストック栽培を手がけてきた日本を代表するストック育種家、館山商工会議所会頭の他、館山法人会の会長、市の各種審議会委員などを歴任してきた者、市の小・中学校校長や教育委員会委員、教育長を歴任した者、全日本柔道選手権大会で2度優勝し、オリンピック・柔道日本代表監督を2度務め、講道館の最高位10段に昇格した柔道家、衆議院議員で環境庁長官や法務大臣を歴任した政治家などとなっている。

第2項　自治体栄誉賞

　さて、第3のタイプである名誉称号制は設けず、それに代わる栄誉賞制のみの自治体であるが、そもそも千葉県は1988（昭和63）年に規則をもって千葉県民栄誉賞を定めるのみである。それは、「広く県民に敬愛され、社会に明るい希望と活力を与えるとともに千葉県の名を高めることに顕著な功績のあったも

のについて、その栄誉をたたえ、表彰し、もって県民のふるさと意識の高揚に資する」とする。これに基づいて、習志野市出身でオリンピック・水泳の金メダリストである鈴木大地（その後、初代スポーツ庁長官）や佐倉市在住・勤務でオリンピック・女子マラソンの金メダリストである高橋尚子（その後、国民栄誉賞を受賞）、成田高校卒業でオリンピック・ハンマー投げの金メダリストである室伏広治（後に、鈴木に次いでスポーツ庁長官）など、ほとんどがスポーツ選手に県民栄誉賞を授与している。

　それでは、自治体間の〈水平的な競合・競争〉中における名誉称号制と栄誉賞制の相違は何であろうか。以下、両者の相違を対比してみよう。前段が名誉称号制の特性を、後段が栄誉賞制のそれを示す。

　第 1 に、個人（故人を含む）のみに対し、個人（故人を含まず）と団体を対象にする。第 2 に、基本的に当該自治体の区域内在住者のみを対象にするのに対し、区域内在住者の他、区域外に在住の当該自治体の出身者や縁故者も対象にする。第 3 に、当該自治体への功労や広く社会・文化などへの貢献を要件とするのに対し、それよりさらに広く芸術・学術・芸能・スポーツなどの分野における功績も含め当該自治体の知名度やグレイド・アップへの寄与を要件とする。第 4 に、当該自治体住民の尊敬・敬愛の師表たることを目指すのに対し、さらに住民のふるさと意識の喚起・高揚の促進を目指す。第 5 に、候補者の決定には最終的に首長提案への議会の同意を必要とするのに対し、首長の選定のみで可能である。

　こうしてみると、名誉称号は国家の勲章に、栄誉賞は褒章に相当するといえる。それ故、両者は地方自治体が地方政府機構であることの証であると同時に、まさに地方統治（権力や権威の誇示・強化）の円滑化を図るものとなる。そして、特に地元出身の国会議員や地元の地方政治家（首長・議員）には、名誉称号が贈与される傾向が見られる。例えば、千葉県では前記した館山市、八千代市の他、千葉市、佐倉市、浦安市、木更津市、旭市、市原市、柏市、勝浦市などに、その傾向が見られる。このことは、名誉称号がまさに〈地方的勲章〉となっていることを示す。

　ところで、歴代の首長や議長・副議長は、一般に写真付きで自治体史や自治体議会史に掲載されるだけでなく、写真は首長室や議場に展示されるが、彼・彼女らはそれを終生の名誉としている。議長や副議長の座の争いが激烈なり、

時には泥仕合になる一因はこれにある。それだけに、特に地方政治家にとっては、さらに叙勲はもちろんのことだが、〈地方的勲章〉としての名誉称号への渇望が強くなる。かくして、名誉称号は、地方レベルにおける認知・評価度が〈高度〉であるゆえ、贈与（自治体）側にとっても受贈（地方政治家）側にとっても意味・価値が〈重度〉な制度となり、贈与行為をきつく規定＝〈緊縛〉化する。従って、地方政治家においては、権力欲や優越欲のような〈世俗的な欲望〉以上に政治家としての家名や自己の存在価値にかかわる〈存在論的な欲望〉の充足が希求される。それこそが、彼らをして名誉称号の贈与を渇望せしめる根源となっていると思量される。

第2節　自治体功労者表彰と自治体文化賞

第1項　自治体功労者表彰と〈承認欲求〉

　地方自治体による功労者表彰は、全国の都道府県・市区町村で実施されている。それは、自治体の行政各分野で長年にわたり各分野の向上・発展に尽力し、顕著な業績を挙げた個人・団体を首長が表彰する制度である。多くの場合、行政部局・課が候補者を推薦・選定し、首長が決定する形をとっている。従って、その活動などを通じて行政各分野と親密な関係を有してきた個人・団体が表彰されることになる。そして、この功労者表彰や次の自治体文化賞を受けた個人の自宅の座敷・居間や団体の事務所に表彰状などが飾られているのを良く目にする。それは、世俗的には地方政府（政治行政権力）から名誉・栄誉を受けたことの自己充足である同時に、細やかだが地域（近隣社会）における他者への優越感・差別感などの誇示でもあろう。これに対し、表彰・授賞する自治体側においては、まずは首長においては権力発動や権威誇示の〈悦び〉—名前を売り、支持や選挙での票の獲得への期待が伴う—となるが、地方政府機構としての最大の狙いはこの表彰・授賞によってより一層行政各分野への協力や支持・選好を得て〈安定的・発展的〉な存立・存続を図ることにあるといえよう。裏返せば、受賞者の後に続こうとする住民の受賞欲—名誉欲や差別欲などの〈世俗的な欲望〉—を喚起・促進することである。だがまた、こうした賞や表彰の根底には、かの〈深層的〉な〈存在論的な欲望〉が見え隠れする。ここでは、老いた芸人ビートたけしの言辞を引証し、賞・表彰行為の構造と機能を示そう。

　ビートたけしは、かくいう。「人間はどんなに頑張ったって『他人から認められたい』という承認欲求を完全には捨てきれない」。「オイラはそもそも『勲章』や『表彰』なんてものに特に興味はない。だから昔はもらうのを断ることも多かった。だけど、最近は頂けるというのならありがたく頂くようにしている。……オイラは……権威におもねるつもりは毛頭ない。そういう名誉を頂くことが、本業の『笑い』に生きてくるじゃないか……自分の地位や権威が上がってきたら、それを自分で一気に落とすようなことをする。そのギャップが最高の笑いのネタになるんじゃないかって思うんだよな」（ビートたけし『『さみしさ』の研究」小学館新書、2018年、20頁、41〜42頁）。たけしは、まだ若かりし昔は断っていた受賞などを近年はお笑いの芸を高めるため頂くことにしたと述べているが、その背後には〈深層的〉な老い（「さみしさ」）による〈存在論的な欲望〉が見え隠れしているように思える。この点を再論してみよう。

　たけしの言う他者からの「承認欲求」とは、まずは〈表層的〉な〈世俗的な欲望〉である名誉欲、優越欲、差別欲などといってよい。しかし、その根底には、他者から〈無視されたくない〉、逆に言えば他者よりも〈目立ちたい〉——自分も生き葛藤している人間であることを他者から認めてもらいたい——という人間存在としての「承認欲求」が鎮座していることが窺える。この「承認欲求」とは、これまで論述してきた自己の存在価値の確証を求める〈深層的〉な〈存在論的な欲望〉であるといってよい。松本清張は、小説「真贋の森」の最後で競合・競争に敗れた学者・研究者の男に「俺だって自己の存在を認めて貰いたかった」という言葉を吐かせている（『昭和文学全集1・松本清張』角川書店、1961年、454頁）。また時に通常の生活人には理解しがたい殺人犯、例えば最近取り沙汰されている赤の他人を巻き込む拡大自殺の犯人の行為に、人間としての自己の存在価値の「承認欲求」の暴発が顕著に窺われる。

　しかしながら、通常の生活人は、かかる犯罪者のように〈自力本願〉＝〈自己救済〉ではなく〈他力本願〉の賞や表彰などによって〈表層的〉な、そして〈無意識的〉に〈深層的〉な欲望を充足させているといえる。それを比喩的にいえば、かかる〈他力本願〉の阿弥陀様（神様・仏様）にあたるのが、〈官〉であれ〈公〉であれ〈民〉であれ賞や表彰の創設・主催者となる。そうして、かかる阿弥陀様（神様・仏様）は、賞や表彰など授与によって現世的な御利益（物質的・分割可能な金銭・物品欲や精神的・分割不可能な名誉欲、優越欲、

差別欲などの充足）を施すと同時に、存在論的な救済（この世に在り生きている証）をも図りその威光を高めるといえるのである。

　もう少し敷衍しよう。あらゆる賞・表彰行為は、基本的に授賞・受賞の両サイドとも他者との競合・競争—授賞側では創設・主催者間の〈水平的な競合・競争〉、受賞側では対象者・応募者などの〈垂直的な競合・競争〉—の中で展開される。そうして賞・表彰行為は、授賞・受賞主体側の目的と欲望の〈二層・二重〉の構造における相互作用からなり、その両サイドの機能が作動せしめられる。例えば、授賞サイドにおいては、それが〈官〉〈公〉の場合は既述のように権力・権威を誇示・強化するとともに支持・忠誠の調達や政策・施策の促進などを図り統治（支配）の円滑化を企図し、〈民〉の場合には組織・団体のスティタス・アップや事業の促進、収益の拡充などが企図される。そして、いずれの主体でも、それらの企図は〈深層的〉な自らの〈安定的・発展的〉な存立・存続の目的に収斂される。他方、受賞サイドでは、賞や表彰に前記した現世的な御利益（物質的・精神的な様々な欲望）の充足を求めるが、それらはやはり〈深層的〉な〈存在論的な欲望〉あるいは〈承認欲求〉の充足に収斂される。

　ただし、賞や表彰の社会的（業界的）な認知・評価度の〈高・低〉による受賞の意味・価値の〈軽・重〉が、授賞・受賞の両サイドにおける賞・表彰行為の構造と機能の規定に〈ゆるい＝緩縛・きつい＝緊縛〉の差異をもたらす。すなわち、授賞・受賞の両サイドにとって賞や表彰の社会的（業界的）な認知・評価度が〈低度〉で、授賞・受賞の意味・価値が〈軽度〉の場合は、賞・表彰行為における〈二層・二重〉の構造的な規定性が〈ゆるい＝緩縛〉となり、その機能も〈垂直的な競合・競争〉の中において〈表層的〉な〈世俗的な欲望〉である金銭的な物質欲や精神的な名誉欲や優越欲などの充足レベルに止まり、〈承認欲求〉や〈存在論的な欲求〉の充足を背後化する。これに対して、両サイドにとって賞や表彰の社会的（業界的）な認知・評価度が〈高度〉で、授賞・受賞の意味・価値が〈重度〉である場合には、賞・表彰の〈二層・二重〉の構造的な規定が〈きつい＝緊縛〉となり、その機能も〈垂直的な競合・競争〉において〈深層的〉で精神的な〈承認欲求〉〈存在論的な欲望〉の充足までもが意識的に希求されることになるといえる。特に受賞サイドの個人においては、その欲望の〈重層・二重性〉にこのような位相が生じるのである。

　さて、以下の功労者表彰や自治体文化賞などは、先の名誉称号の贈与や栄誉賞に比すれば地域社会的な認知・評価度が〈低度〉で授賞・受賞の意味・価値も〈軽度〉であり、授賞・受賞の両サイドに対する賞・表彰行為の構造・機能の規定性が〈ゆるい＝緩縛〉であるといえる。そして、功労者表彰は、前述したように地方政府・首長の権力発動・権威誇示で在り、受章者にとってはそれにより自己の活動や歩みが評価されたことや地域（近隣社会）での他者に対する優越感・差別感の充足となる。さらに、表彰は後続する住民の表彰欲を刺激し、各行政分野への住民の協力や支持・選好をより円滑化する狙いがあるといえる。

　そうした功労者表彰の事例を1〜2あげてみよう。例えば、千葉県では、1948（昭和23）年に文化の日の制定を機にこの表彰が始まった。2019（令和元）年には、文化、環境、納税、県民生活、地方自治、交通安全、教育、商工行政、統計、地域観光振興、男女共同参画、農水産、消防防災、県土整備、健康福祉、警察の16分野において57名、2団体が表彰されている。健康福祉功労者表彰が最も多く20名で、次いで地方自治功労者が8名—そのほとんどが県会議員や選挙管理委員—となっている。さらに、どのような個人・団体を表彰しているかをもう少し分明にするため、名誉市民制と市民栄誉賞制も設けている千葉県浦安市の功労者表彰を例にしてみる。同市の功労者表彰は、町制期の1955（昭和30）年に始まり、2015（平成27）年には第50回を迎え、地方自治、教育文化、社会福祉、交通安全の分野から9名が表彰されている。地方自治は市会議員と選挙管理委員、教育文化は学校医、青少年補導員、子ども育成連絡協議会会長、社会福祉は民生・児童委員、交通安全は交通指導員となっている。ただ、千葉県でも浦安市でも地方自治分野の主な表彰者が、連合町内会長・自治会長などではなく議員・選挙管理委員となっている—特に首長が議員を表彰する—ことには違和感を感じるが、これも明治以来の伝統的観念である行政（首長）優位・議会（議員）劣位を示す例といえよう。

第2項　自治体文化賞の2タイプ（限定・総合型）

　自治体栄誉賞は戦後まもなくに設けられた傾向が見えるのに対し、自治体文化賞は広義の文化政策・施策の一環として比較的近年に設けられているのだが、両者は類似する。栄誉賞の特色は、個人のみならず団体をも対象とし、か

つ当該自治体区域内の在住者のみならず区域外に在住していても当該自治体の出身者や縁故者をも含み、広く学術・スポーツ・芸能などにおける功績を顕彰することにより主として当該自治体の知名度やグレイド・アップを図り、また住民のふるさと意識の喚起・高揚を促すことを狙いにしていた。そして、表彰には議会の同意を必要とせず、最終的に首長の決定に委ねられていた。こうした特色は、自治体文化賞についてもいえそうである。ただ、栄誉賞と文化賞との大きな相違点は、文化賞の主な狙い・目的が地域文化の振興・発展のみならず保持・継承にも置かれていることにある。それ故、文化賞は文化賞本賞や功労賞の他、多くの場合、文化奨励賞や文化新人賞を設け、保持・継承者の育成や新たな人材の発掘などに努めていることだ。そうした自治体の文化賞は、自治体間の〈水平的な競合・競争〉に起因してかなりの数が見られるのだが、大きく2つのタイプがある。1つは、表彰分野を文化・文芸・芸術などの〈限定型〉タイプと、もう1つは、それらの分野だけでなく学術・スポーツなど幅広い分野を含む〈総合型〉タイプである。

　先の名誉称号贈与制と自治体栄誉賞制については、千葉県と県内の市町村を中心に考察したが、ここでもまず千葉県と県内の市町村の文化賞を見てみよう。①千葉県は、文化賞に相当する賞を設けていないが、それに準じるものとして1994（平成6）年、建築文化や居住環境に対する県民意識の高揚と潤い・安らぎに満ちた快適なまちづくりの推進を目的に千葉県建築文化賞を創設した。

　県内の市町村へ眼を転じると、千葉市、市川市、鎌ケ谷市に文化賞が見られる。②千葉市では、2002（平成14）年、千葉市の将来の文化を担う人材育成のためにと芸術文化新人賞を創設した。対象は、音楽・演劇・美術・文芸などの分野において大凡5年以上の活動歴があり、千葉市在住・出身者若しくは千葉市に活動拠点を置く個人・団体である。そして、今後、全国的な活動が見込まれ、千葉市の文化の振興に対する寄与が期待できる者に新人賞を、それに準じる者に奨励賞を授与している。第11回まで28人と1団体（新人賞26人、奨励賞3人）が受賞している。③また千葉市は、2011（平成23）年、政府による景観法の制定や市景観条例の改正を契機に、魅力ある景観形成のために街並みや広告物、地域の街づくりの活動などを表彰する千葉市都市文化賞を設けたが、これは前記の千葉県建築文化賞と同様に文化賞というよりも後述の町・村づくりや地域活性化分野の賞といった方がよい。④次に、市川市であるが、同市の場

合は市民文化賞と市民文化スエーデン賞、市民文化市川市ユネスコ協会賞、市民文化奨励賞、市民文化特別賞がセットされ、1997（平成 9 ）年に創設された。2003（平成15）年の第 7 回では、宗左近（詩人）らの選考委員による選考によって市民文化賞に井上ひさし（作家・劇作家）、スエーデン賞に唐沢孝一（野鳥研究家）、ユネスコ協会賞に東千恵（舞踊家）、奨励賞に西野薫（声楽家）と穂積実（江戸つまみかんざし創作家）、特別賞に田中清光（詩人・評論家）が受賞している。

　このような千葉県や県内市町村のような文化賞は、都道府県では群馬県、神奈川県、滋賀県、三重県、京都府、大阪府と大阪市の共同賞、兵庫県、熊本県などに見られる。市区町村では、北から挙げると釧路市、苫小牧市、旭川市、帯広市、白糠町、青森市、山形市、高崎市、横浜市、浜松市、橋本市、金沢市、神戸市長田区、芦屋市、姫路市、倉敷市、北九州市などに見られる。こうした中で、主として文化・文芸・芸術分野への〈限定型文化賞〉と、分野を学術・スポーツなどにまで拡大した〈総合型文化賞〉の典型的なケースを取り上げて見よう。

　（1）〈限定型文化賞〉の典型例は、都道府県では群馬県文化奨励賞や滋賀県文化賞、三重県文化賞に見ることができる。①1993（平成 5 ）年創設の群馬県文化奨励賞は、県の文化の振興・発展に特に顕著な功績のあった県内の個人・団体に授与される。個人の部では芸術（音楽・美術）、民俗芸能（八木節）、生活文化（将棋・囲碁・書道）、伝統技術・技能（工芸）、文化財（文化財保護）、文化全般（地域文化の発掘・伝承）などの分野に、団体の部では芸術（音楽・美術・舞踊）、民俗芸能（和太鼓・獅子舞）、生活文化（着物の普及・書道）、文化全般（出版・文化の普及・振興）、文化財（文化財保護）などに授与されている。②滋賀県文化賞は、1976（昭和51）年に県の文化の高揚に貢献し、顕著な功績のある者や文化の向上・発展に寄与し、将来が期待される県内在住・出身の個人・団体を表彰するとして創設された。その文化賞は 4 部門からなり、2019（令和元）年を見ると、文化賞は伝統工芸、文化功労賞には音楽・郷土史、文化奨励賞は映像・音楽・美術、次世代文化賞は音楽・美術という分野の個人・団体が受賞している。同年までの受賞者数（団体を含む）は、文化賞が101名、文化功労賞が75名、文化奨励賞が128名、次世代文化賞が17名となっている。③2001（平成13）年創設の三重県文化賞は、文化の振興に貢献

し、その活動や功績の優れた県内在住・出身の個人・団体を表彰するが、その活動・功績の周知を図るとともに、より一層の自己研鑽を促すとして次の4つの賞を設けた。いずれも芸術、伝統芸能、生活文化などの分野を対象とするが、授賞基準を文化大賞は30年以上の活動歴を有し文化の向上に貢献した者、文化功労賞は20年以上の活動歴を有し文化の活性化に貢献した者、文化奨励賞は10年以上の活動歴を有し、文化の振興に貢献した者、文化新人賞は10年未満の活動歴だが将来一層の向上が期待される者、としている。

　市区町村レベルの典型例は、山形市、高崎市、姫路市に見られる。①山形市は、文化活動の一層の振興を図るとし、1980（昭和55）年に長年その道一筋―具体的には能楽・邦楽・尺八・華道・茶道など―に精励し、伝統の継承を図り、その功績が顕著のものを表彰する市民文化賞を創設し、今日に至っている。②高崎市も、1972（昭和47）年から文化賞を設け、芸術（音楽・美術）、生活文化（書道・華道・茶道・着付）、伝統技術・技能（デザイン・染色）、教育文化・学術（古文書・古城塁跡研究など）の振興に努めた市民を表彰している。③より典型的なのは、1977（昭和52）年より姫路市文化国際交流財団が実施している姫路市芸術文化賞であろう。それは、芸術文化大賞、芸術文化賞、芸術文化年度賞、芸術文化奨励賞の部門からなり、まさにあらゆる芸術分野を対象にして個人・団体を表彰している。

　（2）次は、〈総合型文化賞〉である。これは、内実に差異はないが、表彰方式の点からさらに2つに細分化しうる。1つは、文化賞の中で芸術、学術、教育、福祉、スポーツなどの振興・発展に尽力し、その功績を表彰する総合型方式と、もう1つは、文化賞の他にスポーツ賞などを別途設けて表彰する分離型方式である。

　前者の総合型方式の典型は、①横浜文化賞であろう。横浜市は、文化の向上・発展のため、既に1952（昭和27）年、芸術、学術、教育、社会福祉、医療、産業、スポーツのどの振興・発展に精励し、その功績が顕著な個人・団体を表彰する文化賞を創設した。そして、1991（平成3）年以降には、諸分野における若手を対象とする文化・芸術奨励賞を導入した。2019（令和元）年の第68回までの受賞者数は、350名強、50弱団体となっている。その個人の中には女優の草笛光子や岸恵子、落語家の桂歌丸、横浜ベイスターズの投手（その後、監督）である三浦大輔が、また団体の中には横浜ベイスターズや神奈川フ

ィルハーモニー管弦楽団、横浜マリノスなどが見られる。

　②また大阪文化賞も、この総合型方式の典型といえる。1963（昭和38）年に大阪府、大阪市と府・市教育委員会は、大阪の芸術文化の向上・発展に貢献した個人・団体を顕彰する大阪文化賞と大阪芸術賞を創設した。その後、文化芸術活動の支援や大阪文化の情報発信に功績のあった者を顕彰するため、さらに大阪文化特別賞、大阪芸術特別賞、大阪文化発信賞を設けた。そして、2009（平成21）年からは、候補者の選定に学識経験者などの推薦委員による方式だけでなく市民による推薦方式も取り入れ、かつ従来までの「長年の功績」に対する賞から「旬の活躍」に対する賞へと授賞目的を転換し、それまでの5つの賞を大阪文化賞へ一本化した。この大阪文化賞を〈総合型文化賞〉の典型としたのは、文化・芸術分野以外の分野において功績を挙げた個人・団体も表彰してきたからである。例えば、日本古代史研究の第一人者である上田正昭、著名な建築家・都市計画家の上田篤、民俗学者の石毛直道などの他、医学・化学や細胞工学・電磁波工学・ロボット工学などの学術分野で高い業績を挙げた者をも表彰している。それだけでなく、スポーツ分野では、オリンピックにおける日本代表のコーチを務めた井村雅代のシンクロナイズドスイミングクラブなども表彰している。

　後者の文化賞の他にスポーツ賞などを別途設け、同時に表彰する分離型方式を取っている典型は、神奈川県と兵庫県であろう。①神奈川県は、1952（昭和27）年より神奈川新聞と共催で神奈川文化賞と神奈川スポーツ賞を設け、毎年、文化の日に同時表彰を行ってきた。そして、2001（平成13）年の第50回からは、今後の活躍が期待される若い世代の個人・団体を表彰する神奈川文化賞未来賞を設けた。②兵庫県では、それぞれ別途に文化賞、科学賞、スポーツ賞、社会賞の4賞を設け、その分野で顕著な功績を挙げた個人・団体をやはり文化の日に同時表彰している。

　いずれにしろ、スポーツなどを含む自治体文化賞は自治体の文化政策・施策の促進を図るツールであるが、首長名で授与される故に地方政府・首長の権力発動・権威誇示ともなる。そして、それによって住民の文化活動を名誉づけることにより住民の優越感や差別感、さらには生き甲斐を充足せしめるだけでなく、住民の文化活動へのモラール（意欲）を刺激・促進する狙いもあるといえる。

第2章　自治体区域〈内外〉対象者への授賞

　前章の地方自治体の栄誉賞や文化賞は、当該自治体の区域〈内〉在住者を原則としつつ、区域外に居住する出身者や縁故者も授賞対象者としていた。しかし、本章の自治体区域〈内外〉とは、区域内在住者や区域外居住者でも出身者・縁故者である者に限らず当該自治体とは無関係な者をも、すなわち広域・全国・世界で活動している個人・団体を対象にしていることを意味する。そして、それは、大きく自治体が創設・主催する冠賞と冠賞以外の賞に二分しうるが、冠賞から入る。

　冠賞とは、当該自治体にとって著名な出身者・縁故者の個人名を冠した賞である。〈民〉には業界的著名人の冠賞は沢山あるが、〈官〉が創設・主催する冠賞は無い。第1部では、吉田茂、佐藤栄作、大平正芳、中曽根康弘の元首相が大勲位菊花大綬章を生前・死後に授与された関連で自らの名前を冠した学術賞を創設したことを見たが、それは〈官〉の賞ではない。というのも、元首相を顕彰する財団が創設した賞だからだ。その点で、かかる4賞は〈民〉の賞といってよい。また、例えば後記の「高松宮殿下記念世界文化賞」は、〈官〉の冠賞のように見えるが、そうではない。というのも、財団の日本美術協会が主催するものだからだ。ただ、協会の歴代総裁が皇族であることから、その総裁名を冠にしているのである。

　さて、自治体が創設・主催する冠賞は、非常に数が多い。特に文学・文芸分野に多いのだが、それだけでなく学術・文化分野や芸術分野にも結構見られる。〈民〉の冠賞もそれらの分野に多く見られる。そこで、以下ではまず分野別に自治体冠賞を考察するが、初めに〈民〉の冠賞との異同について触れておきたい。

　〈公〉の冠賞と〈民〉の冠賞の異同は、一言でいうと著名人の社会的な知名度や貢献度などを活用する冠賞を創設・主催する主体、すなわち地方自治体（地方政府）と企業・会社、財団・社団などが異なるだけで、賞の創設・主催の契機・動機や狙い・目的などは同様であることだ。すなわち、契機・動機と

しては、活用する著名人の生誕・没後周年を契機に、合併・市町村制施行周年記念や美術館などの施設開設周年記念を契機に、あるいは企業・会社の創業周年記念や財団・社団の設立（設立者の生誕・没後）周年記念などで、動機としては著名人の功績・偉業などを顕彰することが掲げられる。そして、狙い・目的としては、自治体や〈民〉の組織・団体の〈安定的・発展的〉な存立・存続の企図を根底にし、顕彰を通じてそれぞれの分野（業界）の新人の発掘、若手の飛躍、有能な人材の育成などを図ること、自治体や企業・会社、財団・社団などの知名度の向上やイメージアップ、あるいは〈公〉の場合には地域おこしやふるさとの創生、地域文化の向上などが、〈民〉の場合には各分野（業界）の振興・発展に寄与することなどが唱われる。

第1節　自治体著名出身者・縁故者の冠賞

第1項　学術・文化・地域活動分野の冠賞

　初めに、学術・文化・地域活動の分野おける冠賞を創設年次順に見ていく。その中には既に終了した冠賞もあるが、次の文学・文芸分野の冠賞に比すると後発で、1980年代以降に創設され始めている。

　①「山片蟠桃賞」―岸昌知事が、大阪府主催の国際的な賞を創設したいとして文化人・学識経験者に創設の検討を委嘱したところ、江戸時代の大阪で浮世草子・人形浄瑠璃作家として活躍した冠賞の「井原西鶴賞」とすることにした。ところが、創設委員の一人であった作家の司馬遼太郎が、日本文学賞ではなく外国人による日本文化の国際的通用性を高めた著作・研究者を顕彰すべきではないかと問題提起し、それを強く主張したことから、やはり江戸時代に大阪在住の商人で特異な思想家として近年評価されることになった冠賞の「山片蟠桃賞」となった。それはともかく、首長の提案（リーダーシップ・権力発動や権威誇示）による賞創設の典型例といえる。1982（昭和52）年の第1回は、ドナルド・キーン（当時、コロンビア大学教授）が受賞した。その後も日本文化研究の外国人に授賞するが、2001（平成13）年に戦後の日本社会を研究した『敗北を抱きしめて』の著者ジョン・ダワー（マサチューセッツ工科大学教授）が受賞した後は、3年に1度の授賞となった。

　②「暁烏敏賞」―石川県白山市が、出身者である明治期の仏教学者で歌人の暁烏敏（あけがらすはや）を顕彰し、未来を担う青少年の健全な育成を図り、

有為な人材の輩出を目的に1984（昭和59）年に創設した。賞は、哲学・思想に関する論文部門と子供の育成に関する論文・実践記録・エッセイの２部門からなり、全国公募の作品を対象にしている。2005（平成17）年には、ジュニア部門—後に「白山ジュニア文芸賞・暁烏敏部門」となる—を設けている。

　③「西宮湯川記念賞」—日本で初のノーベル（物理学）賞を受賞した湯川秀樹博士の西宮市在住時代における業績（中間子理論）を顕彰するとともに、基礎物理学の一層の発展を促すため、西宮市・教育委員会が京都大学基礎物理学研究所の協力を得て1986（昭和61）年に創設した。受賞資格が40歳未満の研究者であることから、若手の理論物理学者の登竜門といえる。各大学・研究機関からの推薦者を選考委員会が審査し、授賞者を決定。

　④「濱田青陵賞」—大阪府岸和田市の出身で科学的考古学研究の先駆者であり、京都帝国大学の総長でもあった濱田耕作（号青陵）の没後50年の1988（昭和63）年、岸和田市文化賞条例に基づき岸和田市と朝日新聞社が創設した。青陵の業績を讃えるとともに、考古学の振興・発展を図るため顕著な業績を挙げた新進の研究者（概ね50歳以下）を日本考古学会が推薦し、主催者が表彰する。

　⑤「和辻哲郎賞」—兵庫県姫路市が、市制100周年と一般に『古寺巡礼』などの著作で知られる和辻生誕100周年を記念して1988（昭和63）年に設けた。賞は、文化一般についての優れた著作を対象とする一般部門と、哲学・倫理学・宗教・思想などの分野における優れた論文に授与される学術部門からなる。自治体の冠賞としては、比較的に名の知られた賞である。自選・推薦を選考委員会が審査・決定する。正賞の「蒔絵源氏絵千姫羽子板」の他、副賞100万円。一般部門における受賞者には万葉学者で元号令和の提唱者とされる中西進や作家の堀田善衛、学術部門には哲学者の大森荘蔵や、政治学者で東大総長に就いた佐々木毅が見える。近年では、一般部門で昭和史研究家の保阪正康が受賞している。

　⑥「岩切章太郎賞」—1988（昭和63）年、宮崎市が、宮崎交通グループの創業者で「観光宮崎の父」とされ日本観光協会副会長などを務めた岩切の功績を称え、岩切の観光哲学や偉業の継承・普及を図るために岩切基金を基に創設した賞である。特に地域の資源や魅力などを活用した観光振興に貢献した個人・団体に授与している。都道府県・市町村や新聞社、観光協会などの推薦を選考委員会が審査・決定。2008（平成20）年に終了したが、この間、特色ある観光

振興を促進したとして小樽市、沖縄県竹富町、長浜市、遠野市、知覧町（現南九州市）、川越市、日南市の他、由布院温泉観光協会、旭川市旭山動物園が表彰された。

　⑦「小泉八雲賞」―小泉八雲（ラフカディオ・ハーン）の業績を顕彰するとともに、日本文化の発展に寄与する日本語・英語の優れた著書を表彰する賞である。1989（平成元）年、八雲と縁の深い島根県松江市が創設。表彰状、楯などに加え、八雲がアイルランド生れであることからダブリン市長賞も授与される。だが、1995（平成7）年の第6回で終了。

　⑧「南方熊楠賞」―博物学者・民俗学者で生態学の先駆者であった南方熊楠（「地方自治と神社の統廃合・合祀―水野錬太郎と南方熊楠」、拙著『日本地方自治の群像・第10巻』成文堂、2019年、を参照）の没後50年を記念し、和歌山県田辺市と南方熊楠顕彰会が1991（平成3）年に創設した。自治体の冠賞としては、やはり名が知られている。博物学や民俗学などの分野で優れた功績を挙げた内外の研究者に対し選考委員会の選考によって授与される。賞は、人文科学部門と自然科学部門および特別賞からなり、2部門には毎年交互に授与されてきたが、2001（平成13）年以降は両部門に授与されるようになった。著名な研究者などが受賞してきたが、1995（平成7）年の第5回には南方を再発見したとされる鶴見和子（上智大学教授）が、人文科学部門で受賞している。

　⑨「織部賞」―古田織部は、美濃国（現岐阜県）に生まれ、安土桃山時代の大茶人である。岐阜県は、その織部の精神にちなみ、自由で革新的な創造活動を育むために1995（平成7）年に「オリベプロジェクト」を立ち上げ、それに貢献した人物を顕彰すると同時に岐阜県の文化振興を図るとして国際賞としての「織部賞」を設けた。アート、デザイン、建築、工芸、映像、音楽、演劇、広告など、あらゆる創造的活動を対象として隔年開催された。第1回は、大賞にイタリアの建築家でインダストリアル・デザイナーでもあるエットレ・ソットサスが受賞したが、映画監督の鈴木清順や漫画家の水木しげるの受賞も見える。しかし、岐阜県は、財政難をもって2007（平成18）年の第6回以降は休止とした。

　⑩「吉田富三賞」―福島県浅川町の出身で、先駆的な癌病理学者として後に癌研究所所長にもなった吉田富三博士を記念し、日本癌学会と浅川町が1992（平成4）年に創設した。浅川町がふるさと創生事業として始めた吉田博士の

顕彰事業を日本癌学会が支援。基礎医学分野で優れた業績を挙げ、日本癌学会の発展に寄与した研究者を候補者として日本癌学会の選考委員会が絞り、同学会理事会が決定する。受賞者には賞状と副賞100万円が授与されるが、受賞者は日本癌学会の総会時に記念講演を行うことが求められている。実質的には学会賞の臭みが強いが、浅川町吉田富三顕彰会（財団）は同賞に協賛する一方、福島県小学校教育研究会理科部会の協力を得て「吉田富三子ども科学賞」を設けている。

　⑪「井上靖文化賞」、「井上靖記念文化賞」─北海道旭川市は、作家の井上靖の生誕地であることから、1993（平成 5）年に「井上靖文化賞」を創設したが、2007（平成19）年をもって終了した。しかし、2016（平成28）年に改めて地域社会や文化活動に貢献し、旭川市のさらなる飛躍と文化の発展に寄与することを目的に個人・団体を対象とする「井上靖記念文化賞」が立ち上げられた。主催は、井上靖記念事業実行委員会（旭川市教育委員会、NPO旭川文学資料友の会、北海道新聞旭川支社）と井上靖記念文化財団である。

　⑫「植村直己冒険賞」─世界的な冒険家であった植村直己の功績を称え、彼のパイオニア精神を継承するため、出身地の兵庫県日高町（現豊岡市）が1996（平成 8）年に創設した。極地や山岳、海洋、空など自然の中で人間の可能性に挑戦し、創造性豊かな行動を取った個人（日本人）、団体（日本人主宰のグループ）で、現存者に授与されている。やはり登山家の受賞が多いが、1998（平成10）年の第 3 回には医師で人類学者であると同時に冒険家でもある関野吉晴が「人類の旅 5 万キロをたどるグレートジャーニーの冒険」で受賞している。

　⑬「渋沢栄一賞」、「渋沢栄一ビジネス大賞」─埼玉県が、深谷市出身で「日本資本主義の父」と称される渋沢栄一の生き方や功績を顕彰し、その精神を継承する全国の企業・企業経営者を対象に表彰する賞として2002（平成14）年に「渋沢栄一賞」を創設した。国や自治体、商工経済団体、社会福祉団体などからの推薦を受け、選考委員会が審査し、知事が決定する。また埼玉県は、2011（平成23）年から、新たな事業展開や革新的な技術開発に挑戦して飛躍を目指す県内中小企業を対象とした「渋沢栄一ビジネス大賞」を設けた。

　⑭「杉田玄白賞」─福井県小浜市は、2002（平成14）年、「解体新書」を著した郷土の偉人である杉田玄白を顕彰し、玄白の「医食同源」の理念に沿い、

食と医療あるいは健康増進に関する進歩的な研究や取り組みを行い、実績を挙げている個人・団体を表彰する全国公募の賞として創設した。

　⑮「安吾賞」――新潟市が、平成の大合併（拙著『新潟県に見る平成の大合併と広域行政』、新潟地域総研ブックレット、2008年、を参照）を契機に新潟の記念事業の一環とし、坂口安吾の生誕100周年となる2006（平成18）年に創設した賞である。国籍・居住地、性別、年齢を問わず様々な社会・文化活動において安吾の反骨精神を体現するように新時代や新分野を切り開き、勇気や元気を与えてくれるような個人・団体に授与される。自薦・他薦を広く募り、選考委員会が選考・決定する。第1回の受賞者は劇作家の野田秀樹であったが、近年では背任・偽計業務妨害によって逮捕・収監されたが、刑期終了後、すさまじい程の執筆・評論活動などを展開している元外務省分析官の佐藤優が受賞している。

　⑯「田中正造記念賞」――足尾鉱毒問題の解決に生涯を捧げた田中正造（「『制度』から『精神』としての自治を歩んだ明治の異端児・田中正造」、拙著『日本地方自治の群像・第9巻』成文堂、2018年、を参照）の偉業を顕彰し、彼の実践と思想を踏まえ環境保全活動に取り組み、顕著な成果をあげた全国の団体が対象の賞として栃木県佐野市が2013（平成25）年に創設した。ただし、営利法人や国・自治体の出資法人、政治・宗教団体は除き、学校の場合は児童・生徒が主体的に取り組んでいる場合とした。第1回は環境大臣賞、栃木県知事賞、佐野市長賞、奨励賞が設けられたが、その後は佐野市長賞（大賞）と奨励賞のみとなった。

第2項　文学・文芸分野の冠賞

　地方自治体（教育委員会も含む）による冠賞で最も多いのが、文学賞である。もっとも文学分野は、小説を中心とする児童文学、随筆、脚本などの狭義の文学分野と、詩、短歌、俳句、川柳も含めた広義の文学分野に分けることができよう。ただ、〈民〉主催の文学賞においては、詩、短歌、俳句、川柳を伝統芸術分野に位置づけた。しかし、ここでは、その位置づけから分離し、それらを文芸という範疇で捉え、狭義の文学と合わせ文学・文芸分野の冠賞として考察することにした。そこで、まず次の諸点に留意しておこう。

　第1に、狭義の文学賞は、公募の新人文学賞か非公募の文学賞のいずれかで

あることだ。第2に、その非公募方式は、一人の作家が幾つかの文学賞を受賞することを可能にしていることだ。第3に、ここでは狭義の文学賞のみならず文芸賞も考察するが、管見の限りでは戦前には〈公〉の文学・文芸賞が見られず、戦後にそれが登場したと見られることだ。早い例では、1947（昭和22）年、岩手県教育委員会が岩手芸術祭を開催し、岩手県芸術文化協会や岩手日報社などの協力を得て県内居住者や県出身者が対象の文学・文芸作品を公募している。また翌1948（昭和23）年に福島県教育委員会が創設し、教育委員会と福島民報社が文芸分野も含む「福島文学賞」を主催している。第4に、自治体が創設した文学・文芸賞のみならず、地方新聞社などの〈民〉主催の文学・文芸賞—それは〈民〉の賞で考察する—まで含めると、文学・文芸賞の存在しない都道府県は無いといってよいほど文学・文芸賞は多いことだ。その理由・要因は後述することにし、ここでは〈公〉主催・後援の文学・文芸賞のうち冠文学・文芸賞が極めて多いので—都道府県レベルから市区町村レベルへ—まずそれに焦点を当て、特色ある賞についてはやや詳しく言及し、それ以外は賞名と要点のみを記すに止める（以下、伝統・新興芸術分野と芸能分野の冠賞、冠賞以外の自治体の賞も同様）。

（1）そもそも都道府県が創設・主催する賞自体の数が少ないので、文学・文芸分野の冠賞も少ない。その理由は、次にあろう。通常、「生まれは？、出身地は？」と問われた場合、都道府県名よりも市区町村名あるいは都道府県名に次いで市区町村名を答える。これが示唆するように、都道府県が著名人の生誕・出身地をもって冠賞を設けても二階から目薬を差すようなものになりかねない。そんなわけで、都道府県レベルの冠賞は次の5件が見られるだけである。

①「若山牧水賞」—これは、かつて短歌研究社が1963（昭和38）年に創設した「短歌研究賞」の大賞である「若山牧水短歌文学賞」とは異なる。この「若山牧水賞」は、牧水の生誕地である宮崎県東郷町（現日向市）のみならず延岡市、宮崎県・教育委員会、宮崎日日新聞社が若山牧水賞運営委員会を構成し、いわば県内総力をあげての主催といえる。前年に刊行された歌集や牧水論の中から短歌文学の分野で傑出した功績と認められる作品を表彰する冠賞として1995（平成7）年に創設された。受賞者の選考は、まず全国の有力歌人にアンケートを行い、それを参考に選考委員会が選考・決定する点などでユニークといえる。

②「大伴家持文学賞」、「高志の国詩歌大賞」—2017（平成29）年、富山県が、高志（越）の国と縁が深く万葉集の編者とされる大伴家持の生誕300年を記念し、世界の優れた詩人の業績を表彰する「大伴家持文学賞」を創設した。各国の文学専門研究者や詩歌の有識者・実作者などからの他薦による公募で、受賞者（1名）にはメダルと賞金が授与されるが、記念講演が求められる。この賞の創設には、元号令和の提案者とされ、万葉学者で高志の国文学館長の中西進が大きな役割を果たしたようだ。また富山県にゆかりのある若手（40歳未満）の詩歌人を発掘するため、あわせ「高志の国詩歌大賞」も設けた。第1回の「大伴家持文学賞」には北アイルランド出身の詩人マイケル・ロンブリーが、「高志の国詩歌大賞」には曽祖父が県出身の歌人である山田航が選出された。

③「斎藤茂吉短歌文学賞」—これは989（平成元）年に創設され、山形県と短歌文学賞運営委員会が主催する。近代短歌文学における茂吉の功績を顕彰するとともに、短歌文学の優れた業績を表彰することにより、文化発信地としての県のイメージ・アップを図ることが目的とされる。歌集・歌論・歌人研究などの刊行著作を非公募で選考・決定し、毎年、茂吉の出身地である上山市の斎藤茂吉記念全国大会で授賞式が行われる。

④「内田百閒文学賞」—岡山県出身の名文筆家である内田百閒の生誕100年を記念し、1990（平成2）年に創設された冠賞である。岡山県と岡山県郷土文化財団が主催し、ベネッセホールディングスと吉備路文学館（財団）が協力している。百閒が岡山をこよなく愛したことから、岡山が舞台となっていることや岡山県出身の人物・自然・文化・風土・物産などを題材にした随筆、短編小説（評伝・紀行文・戯曲を含む）を対象とし、全国公募される。

⑤「樋口一葉記念やまなし文学賞」—1992（平成4）年、樋口一葉生誕120周年を記念して父母の出身地である山梨県と県立文学館が創設した冠賞。やまなし文学賞実行委員会が主催し、山梨県・教育委員会、山梨日日新聞社、山梨放送が後援している。賞は小説と研究・評論部門からなり、前者は全国公募で後者は自薦・他薦による。

（2）数の多い市区町村レベルの冠文学・文芸賞である。まず冠文学賞で特色・特異なものをタイプ別に取り上げ、続いてそれら以外の冠文学賞と冠文芸賞を創設年次順に追ってみる。

　第1のタイプは、自治体内外と自治体内を対象に2つの冠賞を同時主催しているケースである。①それは、比較的に早い1973（昭和48）年から金沢市が主催し始め、地方文学賞としても名の売れた「泉鏡花文学賞」と「泉鏡花記念市民文学賞」である。創設の趣旨は、「金沢市に生まれ、近代日本の文芸に偉大な貢献をなした泉鏡花の功績をたたえ、あわせて鏡花文学を育んだ金沢の風土と伝統を広く人々に認識していただき、文芸を通じ豊かな地域文化の開花を期待」するものだという。非公募で前年刊行の単行本（小説・戯曲など）の中から、鏡花文学のような「ロマンの香り高い作品」を市民参加の方法を取り入れ、推薦による選考委員が選考・決定する。金沢市に在住した作家の五木寛之が、初回から今日まで選考委員の一人となっている。SFあり、時代小説あり、「面白い作品ならジャンルを問わずなんでもありという内容がすばらしい」（大森望・豊崎由美『文学賞メッタ斬り！』PARCO出版、2004年、325～326頁）賞と評されている

　この「泉鏡花文学賞」には、金沢市民の文芸活動の一層の充実を図り、文芸を通じた市民文化の形成を促進するため、「泉鏡花記念金沢市民文学賞」がセットにされている。それは、市に過去・現在において居住歴あるいは通勤・通学歴のある者による日本語の文学・文芸作品（小説・戯曲・評論・随筆などの散文型と詩・短歌・俳句・川柳などの短詩型）が対象。これこそ、「泉鏡花文学賞」の目的の1つである「文芸を通じ豊かな地域文化の開花」を具現化するものといえる。また金沢市は、1997（平成9）年に「泉鏡花文学賞」創設25周年を記念し、5年に1度開催する金沢泉鏡花フェスティバルで上演する戯曲の公募を始めた。

　このように2賞がセットにされたタイプの自治体冠文学賞には、②京都府宇治市と教育委員会が主催する「紫式部文学賞」と「紫式部市民文学賞」がある。もちろん紫式部と宇治との機縁による冠賞であるが、1990（平成2）年に創設された。前者の特色は、女性作家による日本語の文学作品・文学研究を対象にする非公募の賞であることだ。初期には石牟礼道子（「火の国の山と海における〈相剋〉と自治―室原知幸・松下竜一と川本輝夫・石牟礼道子」、拙著『日本地方自治の群像・第8巻』成文堂、2017年、を参照）、吉本ばなな、中期には大庭みな子、俵万智、桐野夏生、川上未映子、近年では多和田葉子、赤坂真理、佐藤愛子など、錚々たる女性作家が受賞している。後者の「紫式部市民

文学賞」は、いうまでもなく市内に在住・在勤・在学する者、または市内を拠点に活動するグループの作品・活動を対象にしている。

　第 2 のタイプは、前者の変形型ともいうべき 2 つの異なる賞の同時表彰タイプである。①その 1 つは、宮沢賢治が生まれ活動した岩手県花巻市が、賢治の業績・精神（彼が求めた理想郷としてのイーハトーブ）の普及を促進し、かつ賢治の里・花巻を全国に発信し、地域の活性化を図るふるさと創生事業として1990（平成 2 ）年に設けた「宮沢賢治賞」と「宮沢賢治イーハトーブ賞」である。前者は、創作・研究・評論で優れた業績を挙げた個人・団体を、後者は賢治の生き方・精神にふさわしい実践活動を行なった個人・団体を対象にし、いずれも宮沢賢治学会イーハトーブセンター会員の推薦を受けて選考委員会が決定する。②もう 1 つは、埼玉県草加市が、松尾芭蕉没後300年の記念事業として開催した「奥の細道国際シンポジューム」を契機に奥の細道のゆかりを大切にしたまちづくりを進めると同時に、市制35周年を記念して1992（平成 4 ）年に創設した「奥の細道文学賞」と2012（平成24）年に追加した「ドナルド・キーン賞」である。前者は、奥の細道の旅、さらには広く日本の旅を対象にした紀行文・評論・随筆を対象に、後者は芭蕉を含めた日本文学の研究者で日本に帰化したキーンを顕彰しつつ、奥の細道や芭蕉、その他近世の俳人やその作品に関する研究論文・評論などを対象とし、ともに公募である。

　第 3 の特異なタイプ例は、自治体が主催者に加わったり離れたりしている冠文学賞である。①その 1 つは、筑摩書房が1965（昭和40）年、雑誌『展望』の復刊を契機にし、同社と縁の深かった太宰治を記念して創設した「太宰治賞」である。それなりに名の知れた純文学系の小説公募（新人）賞であった。ところが、1979（昭和54）年に第15回の作品公募中に筑摩書房が倒産に至ったため、中止を余儀なくされた。その後、再建された筑摩書房に、太宰が居住し亡くなった縁から三鷹市が共同主催者となり、1999（平成11）年より改めて第15回の作品公募が開始され今日に至っている。②もう 1 つは、「島清恋愛文学賞」である。当初、石川県美川町が、町村合併40周年を記念し、同町出身の作家島田清次郎—筆者が高校時代に読んだ杉森久英の評伝では『天才と狂人の間』の人物として描かれていた—を機縁として1994（平成 6 ）年に創設した。恋愛小説が対象の非公募の冠賞である。第 1 回は、高樹のぶ子が受賞。その後、2005（平成17）年に美川町が白山市と合併したので白山市主催となった

が、2011（平成23）年に廃止された。そのため、地元の文学・文芸関係者が日本恋愛文学振興会を結成し、賞の存続を図った。しかし、振興会の運営が困難になったため、2014（平成26）年からは金沢学院大学が主催し、今日に至っている。近年では、山崎ナオコーラや三浦しをんらが受賞している。なお、白山市内に居住・通学する小・中・高校生が対象の「島清ジュニア文芸賞」も設けられ、同時表彰されている。

　第 4 のやはり特異なタイプ例は、前者のように主催者が変転する冠賞ではなく、終止・廃止に追い込まれた自治体の冠文学賞だ。①その代表的事例は、著名な地方文学賞の「伊藤整文学賞」である。同賞は、作家・評論家として活躍し、猥褻罪いかんのチャタレイ裁判に関わった伊藤整の出身地である北海道小樽市などにより伊藤整没後20年を契機に1990（平成 2 ）年に設けられた。主催は、伊藤整文学賞の会、小樽市、北海道新聞社である。非公募で、賞は小説と評論の 2 部門からなるが、受賞者はいずれも主催者が選んだ作家・評論家の推薦によって選考・決定される。第 1 回の受賞は、小説部門が大江健三郎、評論部門が秋山駿となり、以後、両部門とも錚々たる作家、評論家が選出されている。しかし、運営資金の不足などから、2014（平成26）年の第25回をもって幕を閉じた。

　②もう 1 つの事例は、明治期の作家・評論家である斎藤緑雨の出身地の三重県鈴鹿市が1992（平成 4 ）年に創設した「斉藤緑雨賞」である。小説より評論を重視する賞として一定の注目を浴びた。だが、鈴鹿市は、財政難と文化振興政策の費用対効果（市民の関心や市の知名度・イメージのアップなど）が薄いとし、1996（平成 8 ）年の第 4 回をもって早々と廃止した。ここには、冠賞のみならず〈公〉＝自治体が創設・主催する文学・文芸賞や芸術賞などに関する幾つかの問題点が見え隠れしている。その 1 つ目は、前述の岐阜県が創設した「織部賞」もそうなのだが、財政難になると文化事業は不要不急としてまずもって縮減・カットされ、賞も中止・廃止されることだ。 2 つ目は、その裏返しといえるのだが、文学・文芸賞のような文化事業はそう簡単に費用対効果を測定できないにもかかわらず、ともすればそうした施策評価に走りがちなことだ。 3 つ目には、少なくとも特に鈴鹿市は、揶揄的に「文学賞は、作家のためにある（読者のためにあるのではない）」（大森・豊崎、前掲書、332頁）と極言されている側面のあること―特に非公募においては―を読み違えているこ

　と、言いかえれば冠賞ならば市民の関心などを誘引しうると安易に考えた節が見られることである。

　ところで、ほとんどの文学賞は選考・審査委員会を設置し、授賞を非公開で選考・決定しているが、「中山義秀文学賞」は途中から選考委員の公開審査を実施している点でユニークな冠賞といえよう。またほとんどの冠賞が文学作品を対象としているのに、同人誌を授賞対象にしている「富士正晴全国同人雑誌賞」も特異な冠賞といってよい。それらにつては、以下で見るが、まずは冠文学・文芸賞を創設年次順に列挙し、その賞名と主催者、目的などを簡潔に記す。

　①「織田作之助賞」、「織田作之助青春賞」、「U-18賞」──大阪が生んだ作家の織田作之助生誕70年を記念し、大阪府下の文芸団体と有識者の設立による大阪文学振興会が1983（昭和58）年に公募新人賞としての「織田作之助賞」を創設した。その後、2006（平成18）年に制度を変更し、大阪文学振興会に大阪市、関西大学、毎日新聞社が加わった織田作之助賞実行委員会の主催となり、非公募の「織田作之助大賞」と24歳以下による公募短編小説を対象にする「織田作之助青春賞」の二本立てとなった。そして、さらに2014（平成26）年には、18歳以下による公募短編小説を対象にした「U-18賞」を設けた。

　②「坪田譲治文学賞」──岡山県岡山市の名誉市民である作家の坪田譲治の業績を称えるとともに、市民の創作活動を奨励し、市民文化の向上を図るとして1984（昭和59）年に設けられた。岡山市と岡山市文学運営員会が主催する非公募の冠文学賞である。第1回は、太田治子の『心映の記』が受賞した。

　ところで、面白いことに平成時代に入ると、次の4つの冠児童文学賞が創設されている。③「ひろすけ童話賞」──「日本のアンデルセン」と称される山形県高畠町出身の童話作家である濱田廣介の業績を称え、彼の文学精神を継承する優れた童話と絵本が対象の冠賞として1989（平成元）年に創設された。非公募で児童書の出版社などからの推薦を受けて選考・決定される。高畠町などからなる同賞委員会が主催。④「新美南吉童話賞」──1983（昭和58）年に新美南吉著作権管理委員会（赤い鳥の会）が「新美南吉児童文学賞」を主催したが、それとは異なる。童話作家の新美南吉の出身地である愛知県半田市の教育委員会と南吉生誕100周年記念実行委員会が1989（平成元）年から主催し、南吉の業績の顕彰と半田市のアピールを目的にした創作童話が対象の公募新人児童文

学賞である。⑤「椋鳩十児童文学賞」─鹿児島市が、1991（平成3）年、市制100周年を記念し市出身の童話作家である椋鳩十の顕彰と合わせ、児童文学の発展に寄与するために創設した。しかし、2014（平成26）年の第24回をもって終了。⑥「小川未明文学賞」─かつて未明文学会が1958（昭和33）年に「未明文学賞」を設けたが、やはりそれ（第5回で中止）とは異なる。童話作家の小川未明没後30年を記念し1991（平成3）年に創設された。第1・2回は小川未明文学賞委員会と日本児童文芸家協会が主催し、第3回〜7回は文学賞委員会が主催し未明の出身地の新潟県上越市教育委員会が共催、さらに第8回からは文学賞委員会と上越市の共催となった。当初は長編のみであったが、その後短編部門が加えられ、プロ・アマを問わない公募の児童文学賞で、大賞受賞作品は刊行されてきた。

　もとに戻ろう。⑦「菊池寛ドラマ賞」─高松市制100周年と文藝春秋社創立70周年を記念し、高松市出身の作家で文藝春秋社を創立し、「芥川賞」と「直木賞」を設け文学界の発展に貢献した菊池寛の功績を称え、全国から演劇作品（歌舞伎、新派、現代劇の戯曲、テレビドラマのシナリオなど）を公募し、演劇界の活性化に寄与するとして両者が1991（平成3）年に創設した。しかし、大きな期待が寄せられながら、1997（平成9）年の第7回をもって幕が閉じられた。応募作のレベルの低下と応募数の減少が理由だという。

　⑧「小諸・藤村文学賞」─島崎藤村が長野県小諸市に居住していたことの機縁で、小諸市と同市教育委員会が藤村生誕120年、没後50年を記念して1992（平成4）年より主催している。小諸市文化協会と市立藤村記念館が共催し、文化庁、長野県、県教育委員会、明治学院大学、毎日新聞社などが後援。エッセイのみを対象とする数少ない文学賞で、中学生、高校生、一般人に分けて公募されている。

　⑨「中山義秀文学賞」─時代小説作家である中山義秀の出身地である福島県大信村に設立された中山義秀記念文学館の開館を記念して1993（平成5）年に創設され、中山義秀顕彰会と大信村が主催したが、その後、合併した白河市と義秀記念文学館の共催となった。歴史・時代小説が対象の非公募の冠賞であるが、2003（平成15）年から文学賞では唯一の選考委員による公開選考で受賞者を決定している。その点で、先のユニークな冠賞の事例としてよい。

　⑩「坪内逍遙大賞」─日本近代文学の先駆者である坪内逍遥の出身地である

岐阜県美濃加茂市が、市制40周年を記念し、逍遥の功績の顕彰と市民文化の向上を図るためとして1994（平成 6 ）年に創設した。個人・団体による演劇に関する活動や著作（演劇全般や脚本、演技、演出、制作、舞台美術・活動、研究、評論など）を非公募で選考し、表彰する。美濃加茂市は、2007（平成19）年に逍遥が教授であった早稲田大学と文化協定を結び、以後、美濃加茂市と早稲田大学が隔年で主催している。第 1 回は、女型の歌舞伎役者である六代目中村歌右衛門が受賞しているが、その後も前進座や歌舞伎役者の受賞が目立つ。

⑪「木山捷平文学賞」、「木山捷平短編小説賞」—岡山県笠岡市は、1996（平成 8 ）年に市出身の異色の作家・詩人である木山を顕彰するために「木山捷平文学賞」を創設した。小説が対象の非公募の冠賞である。創設時の規定により、2005（平成17）の第 9 回をもって終了し、それを継承・発展する形で同年に「木山捷平短編小説賞」を設けた。そして、文学の振興、芸術文化の高揚を図るため、新人の未発表小説を全国公募し、優秀作品を授賞することにした。

⑫「長塚節文学賞」—茨城県常総市が、同市出身の歌人で小説家の長塚節（たかし）を顕彰し、「節のふるさと常総」をアピールするため1997（平成 9 ）年から節のふるさと文化づくり協議会とともに主催。短編小説、短歌、俳句の 3 部門の作品を公募し大賞・優秀賞・奨励賞を授与するが、小・中・高校生は別枠で表彰している。

⑬「小島信夫文学賞」—岐阜市出身で「芥川賞」の受賞作家である小島信夫を顕彰し、新しい文学を創生するため新人作家を対象に未発表の小説を全国から公募する冠賞として1999（平成11）年に設けられた。小島信夫文学賞の会が主催し、岐阜県、岐阜市、各務原市や優秀作品を出版するために作品社、水声社、鳥影社などが後援している。

⑭「近松門左衛門賞」—兵庫県尼崎市は、江戸時代の劇作家である近松門左衛門とゆかりが深いことから「近松の町・あまがさき」として文化振興に努めてきた。それ故、同市は、近松の功績を顕彰するとともに、次代の演劇界を担う優れた劇作家の育成と新たな演劇作品の発掘を目的に、2000（平成12）年に隔年実施で作品を全国公募し、受賞作を上演する冠賞として創設した。

⑮「富士正晴全国同人雑誌賞」、「文芸誌甲子園」—徳島県三好市は、2001（平成13）年、戦後、島尾敏雄や林富士馬らと関西を代表する同人誌「VIKING」を創刊した富士正晴を顕彰する冠賞の「全国同人雑誌賞」を創設した。三好

市・教育委員会と同賞実行委員会が主催し、全国の同人誌から公募し、3年に
1度、優秀誌へ授賞。また三好市は、2010（平成22）年から全国の高校生を
対象に「富士正晴全国高等学校文芸賞」（通称・文芸誌甲子園）を開催してい
る。いずれも、同人誌・文芸誌を授賞対象にしたユニークな文学賞といえる。

　⑯「北区内田康夫ミステリー文学賞」──かつて文化芸術村があった東京都北
区の知名度と文化的イメージの向上を図るため、北区のアンバサダーを務める
ミステリー作家の内田康夫の協力を得て2002（平成14）年に設けられた。北区
と北区文化振興財団が主催し、短編ミステリー小説を公募している。大賞の
受賞作を文芸誌『月刊ジェイ・ノベル』に掲載するので、同誌の発行元である
実業之日本社が協賛している。受賞作は、演劇化され翌年の授賞式で上演され
る。

　⑰「市川市水木洋子シナリオ賞」──シナリオ作家の水木洋子が市川市に居住
していた機縁で、同市が水木の顕彰と新進のシナリオ作家育成のために2004
（平成6）年に創設した。市川市が、シナリオ作家協会と映画文化協会が主催
する「新人シナリオコンクール」に選考を委託し、同コンクールの特別賞と
して授賞。

　⑱「船橋聖一顕彰文学奨励賞」、「船橋聖一顕彰青年文学賞」、「船橋聖一文学
賞」──作家の船橋聖一は、東京都墨田区に生まれ、東京帝大文学部に入学し、
学生時代から劇団の旗揚げなど演劇に関わっていた。その船橋による井伊直弼
を主人公にした小説「花の生涯」が、1963（昭和38）年にNHKの大河ドラマ
の第1作目となり好評を博した。それを機縁に滋賀県彦根市は、翌年に船橋
へ最初の名誉市民の称号を贈与し「船橋聖一顕彰文学奨励賞」を設けた。そし
て、市制150周年の1986（昭和61）年には、近隣の小・中・高校生の読書・創
作活動を促すため「文学奨励賞」を、1989（平成元）年には全国の青年（30歳
以下）の文学登竜門とするべく「青年文学賞」をいずれも公募の冠賞として設
けた。さらに、同市は、2007（平成19）年、彦根城天守閣完成400年を記念し
文化振興のさらなる発展を期して非公募の「船橋聖一文学賞」を創設した。

　⑲「さばえ近松文学賞」──福井県鯖江市は、メガネフレーム生産の全国一を
誇るが、その鯖江市で幼少期を過ごしたという近松門左衛門にちなみ、2013
（平成25）年に設けた。近松の里づくり事業推進会議が主催し、鯖江市・教育
委員会、福井新聞社、福井テレビが共催者となっている。先の尼崎市の「近松

門左衛門賞」と競合する冠賞だが、この「さばえ近松文学賞」は恋にまつわる短編小説を対象に公募している点で差異化された。受賞作品は、福井新聞に掲載される。

⑳「林芙美子文学賞」——出生地が旧下関市ないしは門司市とされる女流作家の林芙美子とゆかりの深い北九州市が、2014（平成26）年に創設した。第 2 回まで中央公論新社が、その後は朝日新聞出版が協力する女性による中・短編小説が対象の公募冠賞である。北九州市は、松本清張の「芥川賞」受賞作品「或る『小倉日記』伝」が示すように森鷗外が一時居住していたことを機縁に後述の「北九州市自分史文学賞」を1990（平成 2 ）年に創設したが、それが終了したことを機に継承・発展させるとして「林芙美子文学賞」を設けたという。

㉑「新宿区夏目漱石コンクール」——夏目漱石は、森鷗外とともに近代日本文学の第 1 次的なピークを築いた文豪ゆえに、漱石や鷗外の冠賞が〈民〉主催で創設されてもよさそうである。戦後直後の1946（昭和21）年に『夏目漱石全集』を刊行した桜菊書院が「夏目漱石賞」を設けたが、それは 1 回のみで終わった。その後、岩波書店が戦後改めて漱石の全集を出版したので、同社が賞を設けてもよさそうであるが、賞についての独自の考え故か設けていない。そんな中で自治体の新宿区と教育委員会は、区立漱石山房記念館の開館を記念し漱石と機縁のある沢山の自治体の後援——実は岩波書店なども後援に加わっているのだが——を得て2017（平成29）年に「夏目漱石コンクール」を実施し始めた。それは、漱石を知り漱石の作品に触れる機会を創出することを目的に、中・高生が対象の読書感想文コンクール［わたしの漱石、わたしのいちぎょう］と小学生が対象の絵画コンクール［どんな夢を見た？あなたの『夢十夜』］の 2 部門からなる。

（3 ）それでは、市区町村の創設・主催による文芸分野（詩・短歌・俳句・川柳など）の冠賞に目を転じよう。これも結構数が多いのであるが、冠文学賞と同様に賞名や主催者、目的などを創設年順に略述する

①「晩翠賞」、「晩翠わかば賞」、「晩翠あおば賞」——土井晩翠が、仙台市から名誉市民の称号を贈与された第 1 号であることは前記した。その仙台市は、さらに1960（昭和35）年に詩人・晩翠を顕彰するとともに、東北地方——後には東北以外も含む——の詩人の活躍を促すため詩集が対象の公募冠賞を創設した。仙台市長が会長の土井晩翠顕彰会が主催で、後に市立仙台文学館（初代館長が井

上ひさし）も加わった。合わせ、仙台市および姉妹都市の小学生と中学生の詩作品を表彰する「わかば賞」と「あおば賞」も設けた。しかし、本体の「晩翠賞」は、2009（平成21）年の第50回をもって休止となった。

　②「小熊秀雄賞」—北海道旭川市に生まれた詩人・小熊秀雄の詩碑が建立されたことを記念に、旭川市が1967（昭和42）年に詩集が対象の公募冠賞として創設した。当初、主催は旭川文化団体協議会であったが、その後、同賞市民実行委員会と旭川市になった。

　③「伊東静雄賞」—長崎県諫早市が、市制50周年を記念し、市出身の抒情詩人・伊東静雄にちなんで1990（平成２）年に現代詩を対象にする全国公募の冠賞として創設した。伊東静雄顕彰委員会と諫早市が主催している。

　④「富田砕花賞」—兵庫県芦屋市出身の詩人である富田砕花生誕100年と芦屋市制50周年、市教育委員会設置40周年を記念し、優れた現代詩集を表彰する公募の冠賞として1990（平成２）年に創設された。富田砕花顕彰会が主催し、芦屋市・教育委員会が共催していたが、2016（平成28）年以降は芦屋市・教育委員会の主催となった。

　⑤「丸山豊現代詩賞」—福岡県久留米市の出身である丸山豊の顕彰と文学界の振興および地域の芸術文化の向上を図るため、1991（平成３）年、久留米市がその年に発表された現代詩の優秀作品を表彰するために創設した。同賞実行委員会が主催する非公募の冠賞である。第１回は谷川俊太郎が受賞したが、2016（平成28）年の第25回で終了した。

　⑥「萩原朔太郎賞」—群馬県前橋市が、市制100周年を記念し、日本近代詩に多大な貢献をなした市出身の朔太郎の功績を称え、日本文化の発展と市民文化の向上を図るとして1993（平成５）年に設けた。優れた詩集が対象の非公募冠賞である。萩原朔太郎賞の会と前橋市が主催し、新潮社が協力している。第１回には、「丸山豊現代詩賞」を受賞した作品とは別の作品で谷川俊太郎が受賞しているが、その後も例えば辻井喬（堤清二）や大岡信、長田弘、和合亮一などの著名な詩人が受賞や受賞候補となっている。

　⑦「丸山薫賞」—愛知県豊橋市の出身である現代詩作家の丸山薫を顕彰するとともに、新しい詩精神の充実に資するため1994（平成６）年に豊橋市が創設した。優れた現代詩集が対象の非公募の冠賞である。事務局が「文化の街」づくり課に置かれていることからして、まさにまちづくりの一環とととしての文化

事業であることを窺わせる。こうした例が多いことに留意しておこう。

　⑧「中原中也賞」—実は、戦前の1939（昭和14）年に中垣竹之助の出資により、四季社が主催する「中原中也賞」創設されている。それは、新進の詩人による創作詩集を対象にしたが、第3回で幕を閉じた。そこで、山口県山口市は、同市出身で若くして亡くなった中原中也を顕彰すると同時に、戦前の賞と同趣旨の現代詩賞として1996（平成8）年に創設した。山口市と同賞実行委員会が主催し、青土社とKADOKAWAが後援。授賞は、公募と出版社・新聞社などからの推薦作品から選考・決定されている。

　⑨「正岡子規国際俳句賞」—1999（平成11）年の「しまなみ海道国際俳句コンペティション」開催を契機に、俳句文化を世界に発信するとして翌年に俳句の文学的創造力の開発と高揚に貢献した人物を対象に創設された。子規とゆかりの深い松山市、愛媛県、愛媛県文化振興財団が主催者である。同賞の趣旨から、大賞や俳句賞には外国人がかなり受賞しているが、愛媛県の財政難から2009（平成21）年以降は休止状態になっている。

　⑩「中城ふみ子賞」—辛夷社が主催する「中城ふみ子賞」が1965（昭和40）年に設けられたが、それは1984（昭和59）年の第20回をもって終了した。ここでの「中城ふみ子賞」は、北海道帯広市出身の歌人である中城の功績を称えるとともに、地域から新たな文化の創造と発信を図るためにふみ子没後50年の2004（平成16）年に創設された短歌の公募冠賞である。帯広市は市民と協働で同賞実行委員会を立ち上げ、隔年で実施している。短歌研究社が、入選作を雑誌『短歌研究』に掲載する形で協力している。

　⑪「三好達治賞」—大阪市は、同市出身の現代詩の詩人である三好達治の業績を顕彰すると同時に、その年度最優秀の詩集への授賞よって詩人の育成と芸術文化意識の高揚を図るとして2005（平成17）年に創設した。非公募である。大阪市が主催者であるが、三好が一時期、福井県三国町（現坂井市）に居住し、福井県民歌や県立高校の校歌を作詞した縁から福井県が協賛している。

　⑫「相馬御風顕彰ふるさと俳句大会」—新潟県糸魚川市に生まれ、良寛研究の第一人者で全国の多くの校歌の作詞者として著名な相馬御風を顕彰するため、糸魚川市は市の観光協会と2007（平成19）から「ふるさと俳句大会」を開催。一般の部、観光俳句の部、児童・生徒の部からなるが、地域おこしの狙いもある。

⑬「石田波郷俳句大会」—現代俳句に偉大な功績を残した石田波郷が、東京都清瀬市のサナトリュームで療養していた機縁から、清瀬市が波郷没後40周年を記念しつつ、清瀬からの文化の発信とまちおこしを狙い2009（平成21）年から「石田波郷俳句大会」を開催し、全国から参加を募った。俳人協会と現代俳句協会、角川文化振興財団が後援。この大会には、一般、ジュニア、新人の 3 部門に石田波郷賞が設けられた。

　最後に、主として学生を対象にした詩と短歌の 4 つの冠文芸賞を加えておこう。①「前田純孝賞」—郷土の歌人・前田純孝の顕彰により短歌への関心を深めるため、1994（平成 6 ）年から兵庫県温泉町の町立浜坂先人記念館が主催する小・中・高校生が対象の短歌賞。②「小野小町文芸賞」—茨城県土浦市にゆかりの深い小野小町を顕彰し、小・中・高校生が対象の短歌賞。1999（平成11）年より、土浦市と土浦市観光協会が主催。③「原阿佐緒賞」—宮城県宮床町（現大和市）に生まれたアララギ派の歌人である原阿佐緒の記念館開設10周年を記念し、2000（平成12）年に創設された短歌賞。大和市・教育委員会が主催し、中・高生対象の青少年部門と一般部門の 2 部門からなる。④「白鳥省吾賞」—宮城県築館町（現栗原市）出身の白鳥省吾を顕彰するため、2000（平成12）年に自由詩を公募する冠賞として創設された。栗原市と白鳥省吾記念館が主催し、小・中学生と一般の 2 部門を設けた。

　なお、前記の島根県松江市主催の「小泉八雲賞」は1995（平成 7 ）年に終了したが、主として学生が対象の小泉八雲顕彰文芸作品コンクールが八雲と縁がある幾つかの地域に見られる。例えば、八雲（ラフカディオ・ハーン）とゆかりの深い松江市・教育委員会・八雲会が主催の「小泉八雲をよむ」の感想文・詩の公募の他、焼津市教育委員会が主催し小泉八雲顕彰会が後援する八雲作品の読書感想文コンクール、熊本八雲会が主催し熊本アイルランド協会、熊本公徳会と共催、熊本県と熊本市教育委員会など後援のハーン顕彰作品コンクールである。

第 3 項　伝統・新興芸術分野と芸能分野の冠賞

　ここで伝統芸術分野とは、短詩型の文芸（詩・短歌・俳句・川柳）を除く美術（絵画、版画など）、彫塑、陶芸などを、新興芸術分野とは写真、映画、漫画・アニメを指す。また芸能分野の冠賞は、主に音楽分野が見られる。まず、

それらに関する自治体創設の冠賞をやはり創設年次別に追ってみる。

　（1）伝統芸術分野の冠賞から入るが、この分野の場合は、学術・文化賞や文学・文芸賞と異なり、冠賞のみならずそれ以外においてもほとんどが展覧会の開催において賞が設定され、展覧会への応募には参加（応募）料が求められる。

　①「中原悌二郎賞」──北海道釧路市に生まれ、小学時代を旭川市で過ごした彫刻家の中原悌二郎を広く世に知らしめ、かつ日本の彫刻界の発展に寄与するため、1970（昭和45）年、旭川市が開村80周年の記念事業の1つとして始めた彫刻が対象の冠賞である。旭川市・教育委員会の主催で、1999（平成11）年からはビエンナーレ（2年に1度の開催）方式の開催となった。

　②「平櫛田中賞」──彫刻家で岡倉天心を師とした平櫛田中（でんちゅう）の百寿を記念し、彼の出生地である岡山県井原市が彫刻界の振興のため1972（昭和47）年に創設した冠賞である。田中は、井原市・福山市・小平市の名誉市民で、井原市には市立田中美術館が、晩年を過ごした小平市には田中彫刻美術館がある。田中自身は、1979（昭和54）年に数えの108歳で亡くなった。

　③「山口源賞」──版画家の山口源は、静岡県田子の浦村（現富士市）の出身であるが、太平洋戦争中に沼津市へ疎開していた。それを機縁にし、沼津市は山口の顕彰と市民の芸術文化の向上を目指し、1983（昭和58）年に市の芸術文化振興基金を活用して版画展をビエンナーレ方式で開催し、「山口源賞」を設けた。大賞は、木版画、銅版画、リトグラフ、凹版など多様な版画に授与されている。

　④「菅楯彦大賞」、「前田寛治大賞」、「緑の彫刻賞」──これは、鳥取県倉吉市が1988（昭和63）年から実施している三大文化事業である。「菅楯彦大賞」は、日本画家の菅が太平洋戦争中に市に疎開していたことを機縁に、また「前田寛治大賞」は写実主義の洋画家である前田が旧制倉吉中学卒であることを機縁に、彼らを顕彰するために日本画と洋画を対象に設けた。倉吉市と倉吉博物館が3年に1度のトリエンナーレ方式で主催し、ともに大賞、それに佳作賞は推薦委員の指名応募による公募作品から選考され、また市民賞は入館者の人気投票によって授与される。両賞の主催に合わせた「緑の彫刻賞」は、現在、不定期となった。

　⑤「青木繁記念大賞」、「青木繁記念大賞ビエンナーレ」──近代日本の洋画界

に大きな足跡を残した青木繁を顕彰するため、青木の出身地である福岡県久留米市とブリジストン・タイヤの創業（石橋）家創設の石橋財団が中心となって1992（平成4）年に「青木繁記念大賞」を設けた。洋画が対象の全国公募賞だが、2008（平成20）年の第17回で終了した。また西日本新聞社が主催で西日本地域の新人画家の登竜門となっていた「西日本美術展」も、同年の第40回で終了した。そこで2009（平成21）年に両公募展を統合した「青木繁記念大賞西日本美術展」となるが、2014（平成26）年に「青木繁記念大賞ビエンナーレ」と改称。久留米市、石橋財団、西日本新聞社などのビエンナーレ実行委員会が主催している。

⑥「小磯良平大賞」―兵庫県神戸市に生まれ、昭和時代を代表する洋画家である小磯良平の業績を称えるため、1992（平成4）年からトリエンナーレ方式で開催されている公募洋画展の冠賞である。主催は、同賞展運営委員会、神戸市、神戸市市民文化振興財団、読売新聞社で、大賞や新人賞などを設定。

⑦「川上澄生美術館木版画人賞」―川上澄生は横浜市生まれであるが、栃木県の旧制宇都宮中学の英語教師をしながら木版画の制作に取り組んだ。その機縁と、鹿沼市が川上コレクションの寄贈を受けたことから、川上の生誕100年を記念し1995（平成7）年に市立川上澄生美術館を開設した。そして、鹿沼市・教育委員会は、木版画を対象に全国公募展を開催し、木版画大賞を設けた。

⑧「熊谷守一大賞」―岐阜県付知町（現中津川市）出身で、第1部で記したように文化勲章の授与を辞退した孤高の洋画家である熊谷守一を顕彰するため、1997（平成9）年に創設された。中津川市・教育委員会が、洋画の全国公募展を主催し冠賞を設けた。1999（平成11）年からは、ビエンナーレ方式の開催に。

⑨「川上四郎大賞」―川上四郎は、新潟県長岡市出身の童画家で、晩年は新潟県湯沢町に居を構えた。湯沢町・教育委員会は、それを記念して1997（平成9）年から越後湯沢全国童画展を開催し、川上四郎冠賞を設けた。

⑩「武井武雄記念・日本童画大賞」―長野県岡谷市出身の武井武雄は、日本の童画を確立した児童文化のリーダーである。岡谷市と武井の作品を所蔵するイルフ童画館は、武井の偉業を称え、彼の童画精神を継承・発展させ新たな児童文化の創造を促すため1999（平成11）年に日本童画展を開催し、彼を記念する「日本童画大賞」を創設。ビエンナーレ方式の開催であるが、2015（平成

27）年の第9回からはタブロー部門と絵本部門、こども絵本部門の3部門となった。

⑪「円空大賞」―円空は、江戸時代に美濃国（現岐阜県）に生まれ、修行僧として全国を行脚し、各地に円空仏を残したことで著名である。岐阜県は、1999（平成11）年、立体造形、絵画、映像などの分野で円空のような独創性豊かな活動をしている芸術家を顕彰して県の芸術文化・地域文化を振興し、「ふるさとの誇り」や「心の豊かさ」が実感しうる地域社会の創造を目指して「円空大賞」を創設した。年齢や国籍などを問わないことから、外国人も受賞している。

⑫「前田青邨記念大賞」―岐阜県中津川市出身の日本画家である前田青邨の功績を顕彰し、日本画の創作活動を奨励するため、岐阜県先人顕彰事業の一環として2002（平成14）年に創設された。中津川市・教育委員会、中津川青邨記念館などが主催者である。

⑬「佐藤太清賞」―京都府福知山市出身の日本画家である佐藤太清は、画業とともに後進の育成に心血を注いだ。福知山市と佐藤太清記念美術館は、佐藤の功績を称え彼の志を継承するために若年層を中心にする絵画と日本画の一般公募展を開催し冠賞を設けた。若手画家の登竜門となっているという。

⑭「山本鼎版画大賞」―長野県上田市出身の版画家である山本鼎を顕彰し、彼のような創作版画の継承と版画家の育成のため2009（平成21）年に創設された。大賞実行委員会と上田市・教育委員会が、サクラクレパス（kk）の協賛を得てトリエンナーレ方式で版画展を開催し、最優秀作品に大賞を授与。

⑮「川端龍子賞」―川端龍子は、和歌山県和歌山市出身の日本画家である。その和歌山市は、2012（平成24）年、川端龍子顕彰会の事業の一部を引き継ぎ、市内の美術振興のため保育所・幼稚園、小・中・高等学校、特別支援学校を対象にした団体賞としての「川端龍子賞」と、優れた図工・美術作品を制作した幼児・児童・学生個人を対象にした「川端龍子賞」を設けた。

（2）新興芸術分野の冠賞は、伝統芸術分野とは異なり、その数は少ない。
①「那須良輔風刺漫画大賞」―政治風刺漫画を描き続けた那須良輔を顕彰し、彼のユーモア精神を継承する作品を公募し表彰する冠賞。那須の出身地である熊本県湯前町が、1991（平成3）年に創設した一般部門（高校生以上）とジュニア部門（中学生以下）での1コマ〜4コマの自作・未発表作品が対象。

②「豊後水道富永一朗漫画大賞」、「吉備川上漫画グランプリ」—富永一朗は京都市生まれであるが、彼は父の郷里である大分県鶴見町（現佐伯市）へ転居した。それを機縁に1992（平成4）年、鶴見町が富永一朗漫画館を開設し、それを記念にした公募の漫画賞が前者である。大賞の他、ジュニア賞、シルバー賞も設けた。なお、岡山県川上町（現高梁市）は、「漫画文化の町づくり」を掲げ、吉備川上ふれあい漫画美術館を開設して富永一朗を名誉館長に迎えると同時に、彼に名誉町民の称号を贈与した。そして、川上町（現高梁市）は、富永を主宰者とする「吉備川上漫画グランプリ」を1991（平成）年より開催している。

③「土門拳文化賞」—山形県酒田市出身である写真家の土門拳は、戦前・戦後を通じ日本の写真界に多大の功績を残した。酒田市は、土門拳写真記念館を建設したが、1994（平成6）年に開館10周年を契機に写真文化と写真芸術の振興・奨励するためにアマチュアが対象の公募写真展を開催し、「土門拳文化賞」として優秀作品に文化賞と奨励賞を授与している。

④「藤本四八写真文化賞」—写真家で長く日本写真協会の会長を務めた藤本四八は、全ての作品を出身地の長野県飯田市の美術博物館に寄贈した。そこで飯田市は、市制60周年にあたり藤本を顕彰し写真芸術の発展に寄与するため、1997（平成9）年にビエンナーレ方式で写真展を開催し冠賞を設けた。主催は飯田市・教育委員会で、プロ対象の選考委員会推薦の部とプロ・アマを問わない公募の部からなるが、2016（平成28）年をもって終了した。

⑤「熊谷元一賞」—長野県阿智村は、同村出身の写真家である熊谷を顕彰するため、「写真の村を宣言」すると同時に信濃毎日新聞と共催で1999（平成11）年より冠賞を創設した。毎年、テーマを設定して写真を全国公募している。

（3）主に音楽分野に見られる自治体主催の芸能分野の冠賞であるが、やはりその数は少ない。文学・文芸や伝統・新興芸術と異なり専門性が求められるためといえる。①「三木露風賞新しい童謡コンクール」—童謡「赤とんぼ」の作詞者である三木露風の生誕地である兵庫県龍野市は、児童文化の風土づくりを目指し、1984（昭和59）年に「童謡の里宣言」を行なった。それを契機に新しい童謡の創造を促進するため、翌1985（昭和60）年に龍野市・教育委員会は日本童謡協会、龍野文化振興財団、龍野青年議所などと童謡コンクールを開催し、「三木露風賞」を設けた。これまで、入賞作94曲を発信してきたという。

②「古関裕而音楽賞」―福島県福島市は、同市出身で音楽学校を経ず作曲家となり、昭和世代には懐かしい数々の楽曲を発表してきた古関裕而の偉業を記念し、優れた歌唱楽曲の創作を促し音楽文化の振興に寄与するため1990（平成2）年に古関裕而音楽賞基金を設立した。そして、翌1991（平成3）年から福島市・教育委員会と実行委員会が、トリエンナーレ方式で新しい楽曲を創作し発表する「古関裕而音楽賞」を実施し、中間年には記念音楽祭を開催。音楽賞はテーマを決めて案を公募し、入賞作を作詞・作曲家が歌唱楽曲として創作し著名な歌手の歌唱会を催したが、2001（平成13）年以降は音楽祭の開催が中心になったという。

③「江藤俊哉ヴァイオリンコンクール」―東京都小平市は、市に在住するヴァイオリニストの江藤俊哉の協力を得て、若き優秀な音楽家を発見し、世界へ送り出すとともに、音楽文化の普及・向上を目指して1996（平成8）年にコンクールを創設した。小平市と小平市文化振興財団が開催し、ジュニアとヤングの2部門からなるが、2008（平成20）年の第11回をもって幕を閉じた。

第4項　自治体冠賞の簇生要因

以上が地方自治体＝〈公〉が創設・主催する冠賞の全てであるわけではない。筆者が把握していない冠賞が、まだまだ存在すると推察される。それはともかく、かくも多くの冠賞が地方自治体によって創設・主催されているのは、受賞者・応募者側（需要サイド）が要望・欲求していることに起因するというよりも―もちろんそうした要因もあるが―根本的には重視度の如何はあれども、自治体側（供給サイド）が文化政策・施策（文化事業）分野を抱えていることにある。それ故、各自治体は、全国や近隣の自治体のそれに目配りしながら、以下の動機などにより、冒頭で指摘したごとく我が村・町・都市でもというような厳しい〈水平的な競合・競争〉を展開して―もちろん、その根底には他自治体以上に我自治体の〈安定的・発展的〉な存立・存続の企図が潜んで―いることに主要因があるといえる。

第1に、出身地であることや学生時代に過ごした地であるとか、一時居住や疎開先であったなどの機縁を活用して偉人・著名人（知名度の高い人物）を冠にすると賞の知名度や社会的スティタスを高めると考えられ、しかも公募であればあるほど作品などの応募数を確保・拡大させることが期待されることであ

る。

　第2に、自治体冠賞のほとんどは、偉人・著名人の業績・功績などを顕彰することと結びついている。そのように顕彰する形で冠賞を創設・主催することは、地域文化（文学・文芸のみならず学術や芸術なども含む広義の文化）活動を刺激し、その振興・発展を促すと考えられるだけでなく、偉人・著名人を輩出させている郷土の誇りや自尊心を覚自させ、郷土意識（帰属感）を高め、町・村づくりや地域活性化も期待されることである。また、冠賞の里を訪れて見ようというような観光に資する副次的な効果も期待されよう。

　第3に、冠賞をツールにして文化政策・施策（文化事業）を推進・促進することは、文化施設や他の政策・施策分野とりわけ都市・生活基盤施設（インフラ）の建設・整備事業に比して極めて安上がりの事業といえることだ。ほとんどの場合、副賞の賞金は高くても200万円程度である。だから、冠賞の選考・審査委員の人件費などの運営費を加算しても、数千万円に達することはないであろう。かくして、文化事業の推進・促進策として、比較的設定しやすいといえる。しかし、その反面は、イベント事業と同様に安易に流れやすいともいえる。

　第4に、冠賞の創設・主催は、首長などの功績（リーダーシップ・権力発動や権威誇示）となり、賞状には首長名などが記載されることなどから、政治家として名前を売り支持を得ることなどに役立つので、事業案として受け入れられ易いことである。しかし、そうした政治的な機能は副次的なもので、メインは文化政策・施策（文化事業）や地域活性化事業などの推進・促進を図り、ひいては我自治体の〈安定的・発展的〉な存立・存続を狙うことにあることは如上からしていうまでもない。

　もっとも、第2から第4の要因は、前章の自治体文化賞や次節の冠賞以外の自治体の賞を自治体が文化政策・施策の一環として積極的に展開する要因でもあるといえる。ただ、以上のような冠賞に見られたように―もっとも以下の冠賞以外にも見られるのだが―授賞（供給）・受賞（需要）の両サイドにおける〈水平的な競合・競争〉と〈垂直的な競合・競争〉の下において社会的（地域的・全国的、そして業界的）な認知・評価度が比較的に〈高度〉な賞と〈低度〉な賞に分化していることからして、賞行為を規定する構造も〈きつい＝緊縛〉と〈ゆるい＝緩縛〉に分化することになる。従って、特に受賞（需要）サイドに立つと、公募の応募者間や非公募の対象者間の〈垂直的な競合・競争〉

における賞の機能も〈承認欲求〉や〈存在論的な欲望〉を喚起するような賞——例えば、「和辻哲郎賞」や「斎藤茂吉短歌文学賞」、「太宰治賞」、「伊藤整文学賞」など——と名誉欲や差別欲などの〈世俗的な欲望〉の充足要求に止まる賞に分化することになるといえる。

第2節　冠賞以外の自治体の賞

　冠賞以外に自治体（教育委員会も含む）によって創設・主催される学術・文化、文学・文芸、伝統・新興芸術分野などの賞は、冠賞よりも多い。とりわけ、文学・文芸分野の賞が多い。そこで、前節のようにまず各分野ごとの賞を追うことし、最後に何故に文学・文芸の賞が多く創設・主催されるのかを考えてみることにする。そして、追補的に自治体が主催・関与する芸術祭などに触れることにする。というのも、周知のように「あいちトリエンナーレ2019」が、表現の自由問題から政治問題へ発展したからである。

第1項　学術・文化分野の賞

　学術・文化の分野の賞は数は少ないが、以下のようにユニークな賞が見られる。それを列挙しよう。①「福岡アジア文化賞」——福岡市は、福岡よかトピア国際交流財団などとともに、アジアに固有な文化の保存と創造に関し優れた功績を挙げた個人・団体を表彰し、それによりアジア地域の学術・文化の発信地となることをアピールするとともに、アジア地域の学術・文化の交流拠点としての役割を果たしたいとして1990（平成2）年に創設した。自らの地理的位置に即した発想による賞である。大賞、学術研究賞、芸術文化賞の3部門からなり、これまでムハマド・ユヌス（バングラディッシュ、ノーベル平和賞受賞）や莫言（中華人民共和国、ノーベル文学賞受賞）、アフガニスタンで殺害されることになった日本人医師の中村元らが受賞している。

　②「古代歴史文化賞」——日本の古代の歴史文化にゆかりの深い島根県、奈良県、三重県、和歌山県、宮崎県が、国民の古代歴史文化への関心を高めるため、共同して2013（平成25）年に創設した賞である。授賞者は、直近3年間に古代の歴史文化に関する単行本（初版）を出版し、書店などで販売されている書籍の中から専門家・有識者・出版社の推薦に基づいて選定される。権力・呪力の象徴である美保岐玉（青・赤・白の三種の玉の組み合わせ）の正賞と賞金

からなる。

③「NARA万葉世界賞」──これも、古代に関する賞である。奈良県が、世界に誇りうる文化遺産の万葉集に関する研究などで顕著な功績を挙げた者を表彰する賞として2008（平成20）年に設けた。外務省、文部科学省が後援している。資格は、もちろん国籍を問わないが、ビエンナーレ方式の開催である。

④「大阪科学賞」──理学、情報科学、工学、医学、薬学、生物学などやそれらの学際的分野で創造的科学技術の振興を図り、次代への発展と人類社会への貢献を目的に1983（昭和53）年に大阪府、大阪市、大阪科学技術センターが創設・主催。後にともにノーベル生理学・医学賞を受賞した本庶佑が1984（昭和54）年の第2回に、山中伸弥が2007（平成19）年の第25回に受賞している。

⑤「岩宿文化賞」、「岩宿文化研究奨励賞」──日本における旧石器時代の人類の存在を立証したのが、群馬県笠懸町（現みどり市）の岩宿遺跡である。みどり市では、読売新聞社の後援で遺跡の発見・発掘を記念し、かつふるさと創生事業の一環として旧石器時代の文化研究に功績のあった専門研究者・研究団体を表彰する「岩宿文化賞」を1992（平成3）年に創設した。その後、1996（平成8）年には一般の考古学愛好者・愛好団体が対象の「岩宿文化研究賞・一般部門」を、2003（平成15）年にはみどり市・桐生市の小・中・高校生が対象の「岩宿文化研究奨励賞・学生部門」を設けたが、2011（平成23）年以降は、財政難から中止に至った。

⑥「新潟出版文化賞」──新潟県は、文化・芸術振興のため県内在住者が執筆した自費出版図書を表彰する賞を1999（平成11）年に創設した。文学・文芸部門（小説、童話、詩歌など）と記録誌部門（自分史、地域史、郷土史、人物伝など）の2部門からなり、隔年開催で公募し、受賞作品を「新潟文化祭」で発表している。

⑦「自由都市・堺──平和貢献賞」──大阪府堺市は、以下でみる「堺自由都市文学賞」に代わり、2008（平成20）年に「平和貢献賞」を創設した。それは、平和を基礎に発展した歴史と文化のまちの伝統を受け継ぎ、堺市が政令指定都市へ移行することを契機に制定された平和と人権を尊重するまちづくり条例を基礎にして創設された。朝日新聞社が後援している。平和貢献活動を行なった個人・団体を授賞対象とし、広く在日外国大使館、在外日本大使館、内外有識者、学術・研究機関などの推薦を受けたものから選考される。

第 2 項　文学・文芸分野の賞

（1）文学・文芸分野の賞は、非常に数が多いので賞名、創設年度、主催者などの略記に留めるが、文学・文芸賞は大きくは応募者の〈資格限定型〉と〈資格無限定型〉の 2 タイプが見られる。まずは、前者の〈資格限定型〉であるが、その嚆矢は前記したように終戦直後の1947（昭和22）年に始まる「岩手芸術祭文芸集」といってよいであろう。それは、小説、戯曲、評論、随筆、児童文学、詩、短歌、俳句、川柳という文学・文芸作品を公募しつつも、応募資格は県内在住者か県内を本籍地とする者に限定されていた。このように幅広く文学・文芸作品を公募しつつも、〈資格限定型〉の文学・文芸賞—先に見た自治体文化賞の一種ともいえる—がその後も見られるので、まずそれを列記する。

①「群馬文学賞」—1963（昭和38）年、群馬県・群馬県教育文化事業団・群馬県文学会議。②「岡山県文学選奨」—1966（昭和41）年、岡山県・岡山県文化連盟・岡山県民文化実行委員会。③「埼玉文芸賞」—1969（昭和44）年、埼玉県・教育委員会。④「咲くや此の花賞」—1983（昭和53）年、大阪市、美術・音楽・演劇／舞踊・大衆芸能・文芸その他の 5 部門からなり、大阪を拠点に活動していることが資格とされたが、橋下徹市長時代の2012（平成24）年に廃止。⑤「みやざき文学賞」—1997（平成 9 ）年、宮崎県芸術文化協会主催、宮崎県・教育委員会・朝日新聞社・毎日新聞宮崎市局・読売新聞社西部本社、NHK宮崎放送局などが後援。⑥「さいたま市民文芸賞」—2001（平成13）年、さいたま市・さいたま市民文芸運営委員会。⑦「とくしま文学賞」—徳島県立文学書道館の開館を機にそれまでの「とくしま県民文芸」を継承する形で2003（平成15）年に創設、徳島県・県立文学書道館が主催。

（2）次は、年齢や居住地などが限定されない〈資格非限定型〉の文学・文芸賞である。特に文学賞が非常に多い。まずは、その文学賞について創設年次順にやはり賞名、創設年次、主催者などを略記しよう。①「福岡市文学賞」—1970（昭和45）年、福岡県福岡市が主催。小説部門の他、詩・短歌・俳句・川柳の各部門も公募。②「坊ちゃん文学賞」—市制100周年を契機に1988（昭和63）年、愛媛県松山市が創設、小説を隔年公募。2017（平成29）年に松山市出身の俳人・正岡子規と親友の夏目漱石の生誕150年を記念してショートショート部門を設けたが、以後、ショートショート専門の文学賞にリニューアルされ

た。③「堺自由都市文学賞」—市制100周年を記念し1988（昭和63）年、大阪府堺市・堺市文化振興財団の主催、堺市教育委員会・読売新聞大阪本社が後援で〈都市〉小説を公募。④「いろは文学賞」—市制20周年を記念して1990（平成 2 ）年、埼玉県志木市・教育委員会が創設。児童文学作品の公募だが、2001（平成13）年の第12回で終了。⑤「北九州市自分史文学賞」—森鷗外にちなみ1990（平成 2 ）年に福岡県北九州市が創設。自分史か自分に大きな影響・感銘などを与えた人物のノンフィクション作品の公募。前述したように2013（平成25）年で終了し、次年度からは冠賞の「林芙美子賞」となる。⑥「マリン文学賞」—1990（平成 2 ）年、三重県鳥羽市・教育委員会が創設。海をテーマにした文学作品を公募、2004（平成16）年の第10回で終了。⑦「具志川市文学賞」—1991（平成 3 ）年に沖縄県具志川市が、ふるさと創生事業を活用した1000万円の懸賞小説を全国公募した賞。⑧「けんぶち絵本の里大賞」—1991（平成 3 ）年、北海道剣淵町が主催。剣淵町絵本の館の来館者が応募された絵本の中から好きな作品を選択し、その得票数によって授賞が決定される。⑨「一筆啓上賞」—1993（平成 5 ）年、福井県丸岡町（現坂井市）が主催。越前丸岡藩の本多重次に由来する〈日本一短い手紙〉を毎年テーマごとに公募。⑩「板橋国際絵本翻訳大賞」—1993（平成 5 ）年、東京都板橋区・教育委員会の主催。応募は英語部門とイタリア語部門からなり、参加費が必要。⑪「九州さが大衆文学賞」—晩年を郷里の佐賀市で過ごした作家の笹沢左保の提唱により1993（平成 5 ）年、九州電力・佐賀銀行・ミサワホーム佐賀・佐賀新聞社が主催、佐賀県・佐賀市が後援。短編推理小説・歴史小説・時代小説を公募。笹沢の死去により彼の業績を顕彰するため2003（平成15）年の第10回より大賞を「笹沢左保賞」とするが、2017（平成24）年の第24回をもって幕を閉じた。⑫「恐竜文化賞」—1994（平成 6 ）年、福井県勝山市が主催。小・中学生を対象に恐竜を題材にした児童文学や絵本の感想文、恐竜についての体験文を公募。⑬「浦和スポーツ文学賞」、「さいたま市スポーツ文学賞」—1994（平成 6 ）年、旧浦和市は「浦和スポーツ文学賞」を設けたが、大合併で誕生したさいたま市が2002（平成14）年にそれを継承、さいたま市・教育委員会が主催、文化庁・埼玉県・教育委員会が後援。隔年実施でスポーツ文学とエッセイを公募してきたが、2010（平成22）年の第 5 回をもって終了。⑭「函館港イルミナシオン映画祭シナリオ大賞」—映画祭は1995（平成 7 ）年より、シナリオ大賞は翌1996

（平成8）年より。映画祭実行委員会が主催し、函館市とはこだてフィルムコミッションが後援。⑮「沖縄市戯曲大賞」―1997（平成9）年、沖縄市文化協会が主催、沖縄市・琉球新報社が後援。創作戯曲を公募。⑯「伊豆文学賞」―1997（平成9）年、静岡県・教育委員会・伊豆文学フェスティバル実行委員会が主催、文化庁・読売新聞社が後援。小説・随筆・紀行文部門とメッセージ部門からなり、全国公募だが、ともに静岡県の地名・行事・人物・歴史や風景・名所旧跡などを題材にすることが条件。⑰「てんぷす文芸大賞」―1999（平成11）年、沖縄県宜野座村の主催、沖縄タイムスが共催。〈てんぷす・宜野座〉の理念を題材にする短編小説・戯曲を公募。⑱「湯河原文学賞」―2001（平成13）年、神奈川県湯河原町・同賞実行委員会が主催。小説と俳句の公募。⑲「仙台劇のまち戯曲賞」、「せんだい短編戯曲賞」―前者は2001（平成13）年に創設されたが2008（平成20）年で中止、2013（平成25）年に改めて後者が創設される。ともに仙台市・仙台市市民文化事業団が主催し、創作戯曲を公募。⑳「文の京文芸賞」―森鷗外生誕140周年、樋口一葉生誕130周年を記念し2002（平成14）年、同賞実行委員会・文京区・文京アカディミーが主催、文化庁・東京都・教育委員会・講談社が後援。小説・エッセイなどを公募したが2010（平成22）年の第4回をもって休止。㉑「ちよだ文学賞」、「ちよだジュニア文学賞」―2006（平成20）年、東京都千代田区の主催で読売新聞社が共催、小学館の後援。千代田区ゆかりの人物や千代田区の名所・旧跡・歴史などを題材にした小説を公募。あわせ「ちよだジュニア文学賞」も実施。㉒「ばらのまち福山ミステリー文学新人賞」―2008（平成18）年、推理小説作家である島田荘司の出身地・広島県福山市が主催。本格ミステリーを公募し、最終選考は島田自身が行う。㉓「かつしか文学賞」―2010（平成22）年、東京都葛飾区が主催し、葛飾区を舞台にした文学作品を公募。㉔「子どもノンフィクション文学賞」―2010（平成22）年、北九州市・教育委員会が主催、日本児童図書出版協会が協賛、朝日学生新聞社・全国学校図書館協議会などが後援で小・中学生が対象。㉕「浜松市森林のまち童話大賞」―2011（平成23）年、静岡県浜松市における浜松市天竜区の童話コンテストで、3年に1度開催であったが、その後4年に1度の開催へ。㉖「徒然草エッセイ大賞」―2017（平成29）年、京都府八幡市の主催。㉗「宮古島文学賞」―2017（平成29）年、宮古島文化協会主催、宮古島市・教育委員会が共催、沖縄県・沖縄県文化協会・沖縄タイムス・

琉球新報・宮古島新報などが後援。〈島〉をテーマにする短編小説を公募。㉘「千の風になったあなたへ贈る手紙」—2019（令和元）年、愛媛県西条市が主催、愛媛県・教育委員会の他、多くの新聞社・テレビ局などが後援。㉙「北海道戯曲賞」—1998（平成10）年より３年間開催された北海道戯曲コンクール「北の戯曲賞」を前身とし、その後、北海道文化財団が主催し、北海道の後援、北海道演劇財団、日本劇作家協会北海道支部の協力により2014（平成26）年に創設された。㉚1979（昭和54）年より、神奈川県は「神奈川演劇脚本賞」を主催している。㉛神奈川芸術文化財団が主催し、横浜市が共催する「神奈川戯曲賞＆ドラマリーデング」が2001（平成13）年に創設されている。

（3）さて、詩・短歌・俳句・川柳という短詩型の文芸分野の賞であるが、数は少ない。やはり創設年次順に追ってみる。①「詩歌文学館賞」—1986（昭和61）年、岩手県北上市の創設。詩歌文学館は日本で唯一の詩歌専門の文学館であるが、初代館長の作家井上靖によって提唱された賞である。前年における詩・短歌・俳句の優秀作品から非公募・選考。②「現代詩加美未来賞」—1990（平成２）年、宮城県加美町が主催。旧中新田町の憲章精神を継受し現代詩を公募。③「中新田俳句大賞」、「加美俳句大賞」—1996（平成８）年に中新田町が創設。2003（平成15）年に中新田町が加美町と合併して改称、2006（平成18）をもって終了。④「現代短歌新人賞」—1996（平成８）年に埼玉県大宮市在住の歌人・大西民子の遺稿・蔵書・著作権が大宮市に寄贈されたので、大宮市は市制60周年の記念と大宮文学館（仮称）建設の先行事業として2000（平成12）年に創設。その後、大宮市が合併によりさいたま市となったのでさいたま市・教育委員会が主催し、文化庁・埼玉県・教育委員会が後援。歌人約180人へのアンケートによる推薦と選考委員の推薦による非公募の歌人新人賞。⑤「市川市手古奈文学賞」—2000（平成12）年、市川市が創設。詩・短歌・俳句・川柳を全国公募、一般の部と子どもの部からなる。⑥「芦屋国際俳句賞」—2000（平成12）年、俳句祭実行委員会（芦屋市・教育委員会・日本伝統俳句協会・虚子記念文学館）の主催。一般・青少年・外国人部門にわたる俳句の公募。⑦「小野市詩歌文学賞」—兵庫県小野市出身の歌人である上田三四二の没後20周年に当たる2009（平成21）年に小野市が創設。前年出版の詩歌作品からアンケートを参考に選考委員が選定する非公募の文学賞。⑧「さいたま子ども短歌賞」—2013（平成25）年、さいたま市教育委員会の主催。全国の小・中学

生より短歌を公募。⑨「短歌コンクール・八月の歌」―2018（平成30）年に朝日新聞社が主催、岐阜県高山市が共催、高山市教育委員会が後援。

第3項　伝統・新興芸術分野と芸能分野の賞

（1）伝統芸術分野であるが、それを創設年時順に簡単に列挙する。①「青垣日本画展」―1986（昭和61）年、兵庫県青垣町の主催だったが、その後、青垣町を合併した丹羽市が主催。40歳以下の若手画家の登竜門を目指し日本画を公募。②「ヒロシマ賞」―1989（平成元）年、広島市が創設。ヒロシマの心にふさわしい美術分野での優れた作品を表彰するトリエンナーレ。第1回には三宅一生が、第8回にはジョン・レノンの妻オノ・ヨウコが受賞。③「花の美術大賞展」―1990（平成2）年、兵庫県加西市が創設、花の美術大賞展実行委員会が主催、文化庁・兵庫県・NHK神戸放送局、国際花と緑の博覧会協会などが後援。花の美術大賞・ゆめ賞（準大賞）・サルビア賞（新人賞）など。④「飛騨高山臥龍桜日本画大賞展」―樹齢1100年を誇る臥龍桜を記念して岐阜県高山市が1990（平成2）年に開催。2015（平成27）年以降はトリエンナーレ方式の開催となった日本画の公募展。⑤「手づくり絵本大賞」―1997（平成9）年、岐阜県可児市教育委員会が主催。毎年のテーマに即した絵本を公募。⑥「飛騨高山現代木版画展」―1999（平成11）年、岐阜県高山市・教育委員会が主催。ビエンナーレ方式の開催から2018（平成30）年にはトリエンナーレ方式に、一般部門と小中学生部門を公募。⑦「伊丹0号大賞展」―1999（平成11）年、同賞実行委員会が主催、兵庫県伊丹市が共催。0号キャンバスを使用した絵画の公募展。⑧「信州伊那高遠の四季展」―2000（平成12）年、長野県の旧高遠町が主催。その後、合併により伊那市が主催。日本画と洋画の公募展。市民の関心の低さや協賛金不足などで2015（平成27）年に休止。⑨「奈良万葉日本画大賞展」―2002（平成4）年、奈良県・奈良県万葉博物館・万葉文化新興財団が主催。2010（平成22）年の第5回で終了。⑩「あさご芸術の森大賞展」、「あさごアートコンペティション」―1999（平成11）年開催の「野外彫刻展in多々良木」を発展させて2002（平成14）年に「あさご芸術の森大賞展」となる。兵庫県朝来市・あさご芸術の森美術館主催の現代彫刻の全国公募展。2012（平成24）年からは「あさごアートコンペティション」となる。⑪「大分アジア彫刻展」―大分県出身の彫塑家である朝倉文夫を顕彰して2004（平成16）年

に創設され、同展実行委員会・大分県・大分市が主催。アジアの新進彫塑家の登竜門となることを目指す彫刻の国際公募展。

　（2）　新興芸術分野を同じく創設年次順に列挙する。①「〈地方の時代賞〉映像コンクール」——〈地方の時代〉を提唱した神奈川県知事の長洲一二の提案で1981（昭和56）年に創設され、地方の時代映像祭実行委員会・神奈川県・川崎市が主催。大賞の他、新しい自治体賞、草の根市民賞、地域交流賞などを設定。2001（平成13）年に第21回で終了。②「広島国際アニメーションフェスティバル」——後述もするが、被曝40周年を記念し1985（昭和60）年、同実行委員会・広島市・広島市文化財団が主催し、国際アニメーションフィルム協会日本支部が共催する隔年開催の短編アニメーション映画祭。アヌシー、オタワ、ザグレブと並ぶ世界4大アニメフェスティバルの1つで、国際アニメーションフィルム協会の公認フェスティバルである。③「東川賞」——1985（昭和60）年、〈写真の町〉を宣言した北海道東川町の主催。海外作家賞と国内作家賞、新人作家賞、特別賞の他、2010（平成22）年に設けられた飛驒野数右衛門賞からなる。④「全国高等学校漫画選手権大会」（通称・漫画甲子園）——1992（平成4）年、高知県・まんが王国土佐推進協議会が主催。横山隆一やはらたいら、やなせたかし、西原理恵子、黒金ヒロシら高知県出身の漫画家が多ことを契機にする。⑤「全国高等学校写真選手権」（通称・写真甲子園）——1994（平成6）年、北海道の1市4町など（旭川市、東川町、美瑛町、上富良野町、東神楽町、北海道新聞社、全国新聞社事業協会）による写真甲子園実行委員会が主催。毎年、東川町で開催（なお、後述するがスポーツ以外の通称・甲子園は、例えば上記のまんが甲子園を始め、アニメ、クイズ、川柳、短歌、ダンスなど80件強見られる）。⑥「にいがたマンガ大賞」——1997（平成9）年、同大賞実行委員会（新潟市・ガタケット事務局・JAM日本アニメ／マンガ専門学校）が主催。⑦「雪のデザイン賞」——2000（平成12）年、石川県加賀市が同市出身の物理学者である中谷宇吉郎生誕100周年を記念して創設して隔年開催。雪や氷をモチーフにしたデザインの公募。⑧「相模原市総合写真展・さがみはら賞」——2001（平成13）年、フォトシティさがみはら実行委員会（〈フォトシティ〉を宣言した相模原市など）が主催。既発表の写真集・写真展を対象とするプロ部門と公募の一般アマ部門からなる。⑨「アジアデジタルアート大賞展FUKUOKA」——2001（平成13）年、同大賞展実行委員会（九州大学・福岡

県・福岡市・西日本新聞社など）の主催、総務省・文化庁・経済産業省・画像情報教育振興会・デジタルコンテンツ協会・日本グラフィックデザイナー協会など多数が後援、さらに福岡文化財団の助成の他、関連学会の協力、10社以上の企業が協賛。⑩「いわてマンガ大賞」—2010（平成22）年、岩手県主催、盛岡情報ビジネス専門学校の共催。⑪「北九州国際漫画大賞」—2015（平成27）年、北九州市・北九州市漫画ミュージアムの主催で、自由テーマの一般部門とテーマ別のジュニア部門からなる4コマ漫画の公募。

　（3）芸能分野であるが、そのほとんどは広義の音楽（オペラやミュージカルを含む）コンクールである。従って参加費が求められるが、それらを創設年時順に列挙する。①「飯塚新人音楽コンクール」—1981（昭和56）年、福岡県飯塚文化連盟・朝日新聞社・九州朝日放送・福岡県・飯塚市／教育委員会・九州山口音楽協会が主催、NHK北九州放送局・飯塚商工会議所・飯塚観光協会が後援、一番食品（kk）・音楽之友社（kk）・ハンナ（kk）が協賛。ピアノと声楽の2部門からなる②「〈ふるさと〉音楽賞日本創作童謡コンクール」、「とっとり童謡音楽祭」—前者は1989（平成元）年、鳥取県・日本童謡協会が主催。童謡の作詞・作曲を全国公募。その後、2001（平成13）年から2005（平成17）年までは鳥取県主催の「とっとり童謡音楽祭」となる。③「吹田音楽コンクール」—1990（平成2）年、大阪府吹田市・教育委員会・スイタシ文化振興事業団が主催。クラッシック音楽のピアノ・ソロとデュオのコンクールだが、2009（平成21）年の第20回で終了。④「日本木管コンクール」—兵庫県東条町の東条文化会館の建設を記念に1990（平成2）年に創設し、東条町の合併により現在は加東市・NPO新しい風かとうが主催。フルート部門とクラリネット部門を隔年で開催。⑤「浜松国際ピアノコンクール」—浜松市市制80周年を記念に1991（平成3）年に開催。浜松市・浜松市文化振興財団が主催、外務省・文化庁・静岡県の他、新聞社・放送局・音楽書籍出版社などが後援。国際音楽コンクール世界連盟に加盟する国際ピアノコンクールで3年に1度（トリエンナーレ方式）の開催。楽器の街から音楽の町へを目指すために創設。⑥「宝塚ミュージカルコンクール」—1991（平成8）年、宝塚市・たからずか市文化振興財団が主催。市の財政難により2003（平成15）年の第8回で終了したが、たからずか市文化振興財団とJMN日本ミュージカルネットワークのソリオミュージカルシアター製作委員会が継承。⑦「藤沢オペラコンクール」—1973（昭

和48）年創設の「藤沢市民オペラ」の発展形態として1992（平成 4 ）年、藤沢市・教育委員会・藤沢市みらい創造財団が主催し、 2 ～ 3 年間隔で開催。⑧「静岡国際オペラコンクール」—オペラ歌手の三浦環没50周年を記念して1996（平成18）年、静岡県・国際オペラコンクール実行委員会・自治総合センターが主催、浜松市・浜松市文化振興財団が共催、外務省・文化庁の他、新聞社・放送局などが後援。国際音楽コンクール世界連盟に加盟するトリエンナーレ方式で開催される国際オペラコンクールである。⑨「21世紀箱根音楽大賞はこね学生音楽祭」—2001（平成13）年、静岡県箱根町が創設。音楽活動を行っている国内外の学生を支援するものだが、2010（平成22）年の第10回で中止。

第 4 項　自治体文学・文芸賞の簇生要因

　自治体（教育委員会を含む）が創設・主催する各分野の賞の中でも、文学・文芸分野の賞（冠賞とそれ以外の文学・文芸賞）が突出して多かった。文学・文芸分野の賞がかくも多くなる—それは地方自治体＝〈公〉のみならず、第 3 部の〈民〉の賞においてもいえる—要因は、以下のように考えられる。

　第 1 に、最大の理由は、冠賞や冠賞以外であっても、文学・文芸賞が創設・主催しやすい分野であることによろう。というのも、私たちは、児童・学生時代から教育活動の一環として童話・小説や詩歌などに触れ、作文・感想文や詩歌の創作活動を行ってきた体験を有しているため身近な親しみやすい分野となっていることだ。そうであるが故に、文学・文芸分野の賞—さらに教育活動の一環となってきた絵画や音楽などの分野の賞についてもいえる—の授賞側に首長部局外の教育委員会が主催者や後援者として加わることになるわけだ。

　そうして青春期以降になると、文学・文芸に自然や社会の捉え方や生き方を学んだり、文学・文芸を趣味とするだけでなく、人生経験を重ねその蓄積によって逆に文学・文芸の世界へより還帰する人々の層が形成されることになる。その層は比較的に厚く、そうした彼・彼女らが文学・文芸賞にチャレンジする潜勢層となる。だから、文学・文芸賞を創設・主催すれば、冠賞以外でも比較的容易に応募者を確実に確保しうる—特に冠賞は誘引策としてそれを可能にする—ことが期待される。このことが、自治体間における文学・文芸賞の〈水平的な競合・競争〉を熾烈化し、多く創設・主催される最大の要因であるといえよう。

　第２に、既に冠文学・文芸賞で述べたが、文学・文芸賞の対象者層が他の賞よりも広く厚いことが、一方で賞の創設・主催者となる自治体側にとり地域の文化活動を刺激し、その振興・発展を図るという文化政策・施策（文化事業）の促進を、あるいは自治体の知名度やイメージ・アップなどを図るのに好便となる。他方で賞にチャレンジする側にとっては、〈垂直的な競合・競争〉の中で受賞により自尊心や名誉心、優越心などの〈世俗的な欲望〉—仲間や世間などに名前が知られ〈地方名士〉になること—が充足されることやプロへの転身のチャンスにもなりうることが期待されることである。そして、中には「伊藤整賞」や「泉鏡花文学賞」などのように〈承認欲求〉や〈存在論的な欲望〉の充足を喚起する賞も見られることになる。

　第３に、注目しなければならない点は、冠賞にしろ、それ以外にしろ、文学・文芸賞も含めた賞全般にいえるのだが、1989（平成元）年以降における賞の創設・主催が多いことである。そこで想起されることは、バブル経済が崩壊した1990（平成２）年以降、むら・まち起こしや地域活性化が叫ばれ、そして地域創生が中央政府の政策になったことだ。そうした政策・施策（事業）の一環として自治体による賞の創設・主催が、特に文学・文芸賞のそれがツールとして活用されるようになったといえる。このことは、前記の賞の創設・主催の理由・目的に窺えたところである。しかし、やはり冠文学・文芸賞で述べたが、そこには安易に賞を活用しようとする危険性が潜んでいるのである。

　第４に、かかる危険性の現実化が、授賞事業が中途で停止・終止されることである。政策・施策（事業）の実施には、資金、資材、人員などが投入（in put）されるため、どうしても評価（政策評価とか行政評価という）を求める。その評価のレベルには、投入の目的それ自体の達成である結果（output）レベル、投入の社会的な直接的影響としての成果（outcome）レベル、さらに投入の社会的な間接的影響としての効果（impact）レベルがある。しかし、ソフトな文化政策・施策（事業）は、ハードな政策・施策（事業）である土木や箱物などの建設・整備と異なり、いずれのレベルの評価にも馴染みにくいのである。客観的な評価基準を設定しにくいからである。従って、賞全般といってもよいが、とりわけ文学・文芸賞や芸能賞、芸術賞などは、文化政策・施策（事業）の立案・実施とその評価（政策評価・行政評価）がアンビバレントな関係（状況）の中にあることを最初から自覚しておかなけ

ればならないといえる。

第 5 項　自治体芸術祭とあいちトリエンナーレ事件

　そうした評価の問題が表現の（不）自由問題から政治問題に発展したのが「あいちトリエンナーレ2019—〈企画展〉表現の不自由展・その後」であった。ここに、地方自治体（地方政府）が創設・主催する祭典・賞のもう１つの問題点が顕現した。そこで、追補的にその問題を論究する前に、ビエンナーレとかトリエンナーレと称し、自治体（地方政府）が創設・主催する芸術祭や美術展などが結構存在するので、まずはそれを創設年順に列挙してみる。

　①「出石磁器トリエンナーレ」—1994（平成６）年、兵庫県豊岡市・読売新聞社・読売テレビが主催、文化庁・兵庫県・兵庫陶芸美術館・NHK神戸放送局・出石陶礦協同組合が後援。「但馬・理想の都の祭典」における出石地域で開催された磁器の全国公募展に始まる。②「AOMORIトリエンナーレ・棟方志功国際版画大賞」—1998（平成10）年に青森市が市制100周年を記念して主催した「あおもり版画大賞展」が始まりで、2001（平成11）年に現在の形による平面作品展となり同実行委員会・青森市・教育委員会が主催。③「大地の芸術祭越後妻有アートトリエンナーレ」—2000（平成12）年、同実行委員会主催、NPO越後妻有里山協働機構の共催、ベネッセコーポレーションの協賛。新潟県十日町広域市町村圏（１市４町１村）による地域活性化策の「ニューにいがた里創プラン」に基づく国際芸術祭。④「横浜（ヨコハマ）トリエンナーレ」—1999（平成11）年設立の横浜トリエンナーレ組織委員会（国際交流基金・横浜市・NHK・朝日新聞社）が2001（平成13）年から主催する現代美術の国際展覧会。⑤「ビエンナーレうしく」—2003（平成15）年の文化芸術振興条例に基づき2006（平成18）年に創設。同実行員会が主催、茨城県牛久市・教育員会が共催する全公募の絵画展。しかし、2017（平成29）年に中止された。⑥「中之条ビエンナーレ」—2007（平成19）年、同実行委員会の主催で群馬県・中之条町の後援による国際芸術祭。⑦「神戸ビエンナーレ」—2007（平成19）年、同組織委員会・神戸市が主催、兵庫県が共催の国際現代美術展。⑧「亀山トリエンナーレ」—2008（平成20）年開催の「アート亀山」を発展させ2014（平成26）年より現在に至る。同実行委員会・三重県亀山市が主催する現代美術。⑨「水と緑の芸術祭」—2009（平成21）年、新潟市長を実行委員

長とする芸術祭実行委員会が主催。新潟市内の野外空間に美術作品の配置や地域の祭り・神楽などとの連携、文化・産業遺産の再発見の芸術祭。⑩「UBEビエンナーレ」―1961（昭和36）年に山口県宇部市が「宇部市野外彫刻展」を開催し、それを「現代日本彫刻展」へ発展させ、2009（平成21）年に現在へ。同運営委員会・宇部市・毎日新聞社が主催、宇部興産（kk）が協賛する全公募の彫刻展。⑪「金沢・世界工芸トリエンナーレ」―2010（平成22）年、同開催委員会が主催、金沢市・金沢市工芸協会などが共催、総務省・外務省・文化庁・石川県などが後援、金沢商工会議所・北陸銀行・NIKKISO（kk）が協賛。新しい工芸作品のコンペティションである公募展と〈越境する工芸〉をテーマとした企画展からなる。⑫「瀬戸内国際芸術祭トリエンナーレ」―2010（平成22）年、芸術祭実行委員会が主催。瀬戸内海の島々に美術作品の展示、アーティストや劇団・楽団などのイベント開催、伝統芸能・祭事と連携した国際芸術祭。⑬「埼玉トリエンナーレ」―2016（平成28）年、さいたま市・埼玉県などによる同実行委員会の主催。さいたま市内の3箇所を中心にしたアートプロジェクトの展開。

　さて、問題の「あいちトリエンナーレ」であるが、発端は2007（平成18）年に3選を果たした愛知県知事の神田真秋のマニフェスト（リーダーシップ・権力発動や権威誇示）にあった。当初は「あいち国際芸術祭」であったが、それを「あいちトリエンナーレ」として2010（平成21）年に第1回を開催した。知事を会長とする同実行委員会・あいち芸術文化センター・名古屋市美術館が主催し、運営費は愛知県が8.5億円、名古屋市が2.8億円を負担し、残りは事業収入で賄うとしていた。

　事件は、2019（令和元）年の第4回開催で起こった。記憶に新しいところであるが、まず経過を簡単に記す。国内最大級の芸術祭「あいちトリエンナーレ2019」の企画展（ジャーナリストの津田大介が芸術監督）「表現の不自由展・その後」が、8月1日に75日間の予定で開幕したが、わずか3日で中止に追い込まれた。津田監督は、記者会見で中止の最大の理由は「抗議電話が殺到し、対応する職員が精神的に疲弊している」ためとした。また実行委員会長の大村秀章知事も、「安全管理上の問題が大きくなったのがほぼ唯一の理由。想定以上のことが、とりわけ電話で行われた」と語った。抗議は、元慰安婦の写真と彼女らの「苦痛を記憶する」ための象徴として韓国人制作の「平和の少女像」

や、昭和天皇の写真をコラージュし天皇の肖像が燃える映像作品に集中した。日本ペンクラブ（吉岡忍会長）が、中止は「自由の気風も萎縮させてしまう」として展示継続の声明を出したり、ツイッターに継続を求める書き込みもあったが、県庁への電話による抗議（電凸）はすさまじく8月中には1万件以上にのぼったという。

　また旧日本軍による慰安婦への関与を否認する河村たかし名古屋市長（実行委員会長代行）は、税金を使った公共事業なのだから何らかのチェックは当然だとし、そもそも「日本国民の心を踏みにじる行為で、行政の立場を超えた展示」だと断じ、即時の中止を求めた。大阪維新の会の代表で大阪市長の松井一郎も、税金を投入しているイベントなので展示「内容」は無条件ではないとした。さらに、このトリエンナーレの開催事業費は12.65億円（企画展の費用は約420万円）だが、県が6億円、市が約2億円を負担する他、政府（文化庁）が7800万円を助成することになっていたことから、当時の菅義偉官房長官（後に首相）は助成金の交付には「事実関係を確認、精査して」対応するとし、柴山昌彦文部科学大臣も事業目的から「確認すべき点」があるとして、暗に介入する（金を出しているから口も出す）ことを示唆した。こうした河村市長や政治家の批判・介入に対し、津田監督や大村知事は、行政（権力）が展示「内容」に口を出し、認められない表現は展示できないとなれば、それは憲法21条で禁止された『検閲』に当たる」と反論・批判した。こうして「表現の不自由展」は、公的施設や公金を使ったパブリック・アートの在り方やまさに表現の自由問題から政治問題にまで発展し、様々な研究者や評論家などの論評を巻き起こした。

　その後、県の検証委員会が、中止に至った事態を検証し、9月25日にその中間報告を発表した。その翌日の26日、文化庁は、文部科学大臣や文化庁長官、さらには助成金審査委員会に諮ることもなく、「手続上」のミスを理由に一官僚（審議官）の決済—しかもその経過の議事録も作成せず—助成金の全額不交付を決定したと発表した。9月30日、芸術祭実行委員会と企画展実行委員会は、展示内容の補正や会場運営（特にSNS）対策などを踏まえ、展示の再開に合意し、10月8日から1週間だけ再開した。12月18日には検証委員会が最終報告を行い、翌2010（令和2）年に入ると愛知県（実行委員会）が助成金の減額修正案を作成・提示したことを受け、文化庁は助成金の減額交付を行なっ

た。以上の事態は、こうした芸術祭のみならず、自治体（地方政府）が創設・主催する様々な賞・表彰には政治的な権力発動や権威誇示が深く関わっていることを如実に示している。こうした事件の経過を踏まえ、以下、次の4点を指摘したい。

　第1に、検証委員会の中間報告は、現場の展示室内は「おおむね冷静」だったのに、「展示を見ていない人がSNS上の断片的画像」を見て「抗議を寄せ」、「組織的かつ大量の電凸攻撃に及んだ」と分析したことである。このことは、SNSを通じて国民の分断・相互敵対化を煽るトランプ流の政治がわが国でも起こりうることを示唆する。というのも、戦後日本政治の〈質〉が、今や全く変わってしまっているからだ。1955（昭和30）年に誕生した自由民主党による一党優位体制（長期単独政権）の政治は、イデオロギー的には保革対決政治であったが、内実は高度経済成長による膨大な新中間層の形成をベースにした〈取引型〉政治であった。しかし、1993（平成5）年に細川護熙連立政権の誕生によって自民党は野党へ転落し、また高度成長の終焉、バブル経済の崩壊によって国民の格差が拡大し始めた。自民党は、その後、政権復帰するが、2009（平成21）年における民主党政権の誕生によって再び野党に転落する。この頃から、日本政治は〈友（味方）・敵関係〉政治へと変質し始める。それを決定づけたのが、2012（平成24）年に第1次政権に続き明治維新以降の最長期政権となる第2次安倍晋三政権の登場である。北朝鮮のミサイル連発に「国難」を煽った総選挙、街頭演説のヤジ・批判者に対する「こんな人たち」発言などは〈友（味方）・敵関係〉政治—友（味方）の不都合は隠すかウソをもってとり繕う一方、敵の意見・批判などはトランプ流に全てフェイクとする—に変質したことを明示している。

　第2に、文化庁が、事前に不測の事態が生じうることを申告しなかったという「手続上」の理由をあげ、一官僚（審議官）の決済によって助成金の全額不交付を決定したことである。この決定過程において、事務方の官僚と文部科学大臣や文化庁長官との間でヤリトリが無かったわけがない。どんなヤリトリがなされたのかは、当事者同志しか分からない。しかし、この決定が事実上の〈検閲〉に当たることを自覚していたが故に、文部科学大臣も文化庁長官も決定には関わっていないとし、事務方も議事録を作成しなかったのであろう。これは霧の中だが、より重要なことは、前文化庁前長官の青柳正規・東大名誉教

授が指摘する官僚の公然たるルール破り—内閣が上級官僚の人事権を掌握したことにより、安倍政権下で極めて顕著になった〈忖度〉を含めた官僚の劣化—である。

　青柳前長官は、こう指摘する。文部科学大臣や文化庁長官に諮るか否かはともかく、助成金の交付は専門家からなる審査委員会の決定なのであるから、全額不交付や後の減額交付についても審査委員会に諮るべきなのである。ところが、文化庁官僚は、2度ともそれを行わず、デュープロセス（適法手続）を無視した。「これでは、今後もどんどん政治的介入を許すことになりかねない。文化庁は機能不全に陥っています」とした。それだけでなく、青柳前長官は、さらにこうも言う。「僕は（長官に）就任して1ヶ月で辞めたくなった。実質的に（長官は）冠婚葬祭要員でしょう。賞状を渡すことなどは、僕がやらなくともいい」と述べた（以上、「朝日新聞」2019年12月1日と2020年3月31日、括弧内は筆者の補充）。この言辞は、文化庁—他の省庁も同様といってよいであろう—が主催する様々な授賞事業における受賞者の実質的な選考・決定は政治（政党・政治家）をおもんぱかる官僚たちの事務局案を基にして行われ、大臣・長官は賞状を授与するまさに「冠婚葬祭要員」となっている状態を如実に物語っている。

　第3に、展示の中止や政治的介入は、表現の自由の萎縮や自己規制をもたらすと懸念されたが、早速、それが現れたことだ。その1つは、文化庁所管の独立行政法人である日本芸術文化振興会（理事長は元文部科学省官僚の河村潤子）が、2019（令和元）年9月27日付で文化芸術活動への助成につき「公益性の観点から不適当と認められる場合」には内定や交付決定を取り消しうるよう交付要綱を改正したことである。もう1つは、2020（令和2）年4月10日、芸術祭「ひろしまトリエンナーレ2020 in BINGO」の中止を実行委員会が決定したことである。同芸術祭は、広島県、三原市、、尾道市、福山市の他、地元の美術館や経済・観光団体などが実行委員会（会長は湯崎英彦広島県知事）を設け、実施しようというものであった。地域経済や観光の振興が狙いの1つであったことは、実行委員会の構成団体が示している。この芸術祭を中止にした理由は、新型コロナウイルスへの感染拡大にあるとされたが、実際はそうでない。というのも、昨2019（令和元）年の10月～12月にかけてのプレイベントに「あいちトリエンナーレ」への出展作家らの作品が展示されたため、県に多く

の批判・抗議の声が寄せられたことから、2020（令和 2 ）年 2 月に入って県は
外部委員会を設け展示内容を事前に確認するとしたからだ。これに対して、現
代美術のコレクターで総合ディレクターに就任した中尾浩は、経済・観光最優
先に対する批判と事実上の検閲に抗議して 3 月末に総合ディレクターを辞任し
ていたのである。

　このように公益性という曖昧な基準により、政府・自治体が助成金・補助金
を不交付やカットしたりする形での検閲や自治体などの主催団体が事前に展示
内容などを確認（チェック）するような自己規制の風潮は、今後、文化・芸術
の分野のみならず他の分野にも拡大することが危惧される。この流れに歯止め
をかけないと、手に負えない激流になる恐れがある。その歯止めには、 1 つに
メディアが絶えず目をひからせ、報道することが重要であろう。それだけでな
く 2 つに、海外では多く財団などがパブリック・アートを実施していることか
らすれば、我が国のように自治体が主導して創設・主催する芸術祭や授賞を
考え直す必要がありそうだ。というのも、ほとんどの場合、最初から首長が実
行・運営委員会長の座に就き、実行・運営委員会を役所・役人が支え、さらに
実行・運営予算（公費）を議会・議員が審議・議決する政治がらみになってい
るからである。

　第 4 に、この事件には、さらに 2 つの付録が付いたことである。その 1 つ
は、大村知事の責任を問うとし、美容外科院長の高須克弥らが知事のリコール
活動を展開—河村名古屋市長もそれを支援し、自らがかって市で行なったリコー
ルの署名名簿を提出—したのだが、2021（令和 3 ）年に入ると県選管に提出
された43万筆強の署名の80％超が不正・無効（同一筆跡の署名や選挙人名簿に
ない人の署名など）であると発表されたことである。アペンディックスにして
は、あまりにもお粗末であるが、しかし重要で見逃すことのできない事件であ
る。

　あまりにもお粗末なのは、戦後、知事のリコールが成立したケースは一件も
ないこと—成立・議会付議には有権者の 1 / 3 以上の署名が必要で、広域の都
道府県でそれを達成するには莫大な費用と人員の動員が必要となることなど—
を知らず、また署名は全て選管でチェックされることも知らずに始めたリコー
ル活動であることが窺われるからだ。だが、重要で見逃しえないのは、いうま
でもなく実質的には例えば替え玉投票のような不正選挙と同様に民主主義の根

幹を揺るがす行為だからだ。県選管は刑事告発を行い、警察も捜査に乗り出した。結局、リコール運動の事務局長らが名簿偽造で逮捕され、裁判で有罪判決を受けた。

　もう 1 つは、名古屋市が河村市長の判断（展示品の一部が「ハラスメント」になりうる）に基づいて市負担金の支払いを拒否（支払えば「行政の中立性」を侵すことになると）したことに対し、大村知事が会長の実行委員会が支払請求の訴訟を起こしたことである。名古屋地裁は、表現活動とりわけ芸術活動は多様な解釈を可能にし、不快感や嫌悪感を生じさせることもあり得るので軽々にハラスメントと断じえないとした。また市の控訴を受けた名古屋高裁は、さらに公益性に反するとして支払いを拒否した市長の判断は市長の裁量権を逸脱すると断じた。妥当な判決といえよう。ただ、この判決がでた 2022（令和 4）年の末時点で、市側が表現の自由をめぐり最高裁に控訴するか否かは不明である。

第3章　自治体の政策・施策促進型賞

　前章で見た文化・学術・地域活動分野、文学・文芸分野、芸能・芸能分野における冠賞やそれ以外の賞は、自治体における文化の振興・発展を図るという広い意味での文化政策・施策（事業）を促進する手段・手法（誘引・刺激策）の1つであるといえる。しかし、それだけでなく、近年には住民参加型のむら・まち起こし、街づくり、地域活性化・創生化の手段・手法として活用される側面が強くなり始めていた。そこで、ここでは、もともと街づくりや地域活性化・創生化政策・施策（事業）それ自体を補助金がらみで推進するにあたり、それを円滑に進め効果をあげる手段・手法（誘引・刺激策）として創設されている表彰や賞―それを〈主催者＝政策推進型〉賞とした―を取り上げることにする（ただし、基本的に自治体以外の〈民〉が創設・主催する地域の文化振興・活性化分野の賞は、次の第3部第4章に譲る）。このタイプの表彰や賞は、千葉県における先の「地域づくりに関する表彰制度等」の2018（平成30）年版でみると更に2つに分けうる。1つは、「千葉県地域防災力向上知事表彰」、「〈ちばSSKプロジェクト〉高齢者地域支え合い活動団体表彰」、「ちばコラボ賞」のような、団体活動に対する表彰や賞である。もう1つは、例えば、「千葉県環境功労者知事感謝状」、「千葉県循環型社会形成推進功労者等表彰」をはじめ、「千葉県青少年相談員表彰」のような社会活動の功労者への表彰である。

　この千葉県の事例以上に街づくりや地域活性化・創生化の〈主催者＝政策推進型〉賞の典型は、茨城県が1987（昭和62）年から始めた「茨城県うるおいのあるまちづくり顕彰事業」に見られる（以下、ホーム・ページによる）。それは、県民のまちづくりに対する意識の高揚を図り、各地域のまちづくり活動をさらに盛り上げるとともに、県が推進するまちづくりへの理解と協力を得ることを目的にすると唱う。そうして、周囲の景観に配慮した建築物や優れた住環境を整備した個人・団体、各種のまちづくり事業に貢献した個人・団体には「まちづくりグリーンリボン賞」を、また1996（平成8）年度からは景観に配

慮して屋外広告物を設置した個人・団体には「まちづくりグッドデザイン賞」
を授与している。受賞者のほとんどは、民間企業、社団・財団、商店街組合、
NPO法人などの他、多くの県下市町村も含まれている。同様のタイプとして
は、先駆的な次も見られる。愛知県が1993（平成5）年に創設した「愛知ま
ちなみ建築賞」、大阪府・大阪市・大阪府建築士会が1981（昭和56）年と1994
（平成6）年に設けた「大阪都市景観建築（大阪まちなみ）賞」と「大阪・心
ふれあうまちづくり賞」である。また神戸市は、1974（昭和49）年にトリエン
ナーレ方式の「神戸市建築文化賞」と1986（昭和61）年に「神戸景観ポイント
賞」を設けたが、2011（平成23）年にはそれらを統合して「神戸市都市デザイ
ン賞」とした。それは、景観建築物を対象にした「まちのデザイン部門」、環
境建築物対象の「地球にやさしいCASBEE建築部門」、写真による「まちの魅
力発信部門」の3部門からなる。前記した1994年（平成6）年に千葉県が創設
した「千葉県建築文化賞」や、2011（平成23）年に千葉市が創設した「千葉市
都市文化賞」も、このタイプの賞といえる。

　こうした街づくりや地域活性化・創生化の政策・施策分野以外の政策・施策
分野でも、その推進の円滑化を図り効果をあげる手段・手法として表彰や賞を
活用している例は多々ある。また広義の文化政策・施策やそれ以外の様々な政
策・施策分野における表彰や賞の企図が、総じて他自治体以上に我自治体の
〈安定的・発展的〉な存立・存続を根底にしていることはいうまでもない。そ
れらを鳥瞰することは難しい。本節をもって全体像へのアプローチの一助とす
ることにしたい。

　なお、〈民〉の日本広報協会（社団）は、1964（昭和39）年より全国の市町
村が発行する行政広報紙を対象にする「全国広報コンクール」を主催してい
る。それについては、第3部第10章第2節第1項の広告の賞で詳述する。

第3部　〈民〉の賞

〈民〉の賞とは、政府（省庁）や地方自治体（＝地方政府）以外の主体が賞を創設・主催しているケースを、具体的には新聞社、放送局、出版社、社団・財団、協会・連盟、企業・会社、組合、学会などなどが創設・主催している賞を指す。この〈民〉の賞は、これまでの政府（省庁）による〈官〉の賞や地方自治体（＝地方政府）による〈公〉の賞よりもはるかにその数が多いし、多様である。だから、それをどのように整理し、考察・論述するかが難しいところである。基本的には、自治体の冠賞やそれ以外の賞で整理したような各分野（ジャンル）別に考察することにした。

　しかしながら、その前に〈民〉の賞の創設・主催主体別として特に新聞社による賞（ただし後援のケースも含む）を冒頭で扱うことにした。というのも、新聞社は、自然や社会のあらゆる活動に目を注ぎ、幅広く様々な分野の賞に関わりながら―それゆえ〈賞の総合商社〉あるいは〈賞のデパート〉といってよい中で―優れて相互対抗的な競合状況を形成しているからである。と同時に、そのことは、同一の業界や分野における〈水平的な競合・競争〉こそが大量の賞の創設や主催を生み出す主要因であることを明示しているといえる。

　次いで各分野（ジャンル）別に賞の考察を行うが、最も数の多い文学賞については他分野の賞と異なり次のような整理・考察を行うことにした。すなわち、出版社間などによる文学賞をめぐる激しい〈水平的な競合・競走〉状況を明らかにするため初めに文学賞の創設・主催者〈主体〉別に文学賞を整理・鳥瞰することにした。それを受けたジャンル別文学賞の考察は、新人文学賞の受賞者のプロ作家としての生き残り＝〈生存率〉状況に焦点を当てることにしたことである。そうして、以後は伝統・新興芸術分野、芸能分野の各ジャンル別に賞状況を整理・考察することにした。

第1章　新聞社の賞

第1節　新聞社間の〈交差的〉な対抗・競合状況

　第1部の文部科学大臣賞を基軸にした考察では、〈民〉主体の授賞や表彰事業に政府（省庁）が後援しつつも、その後援には大臣賞の〈名義貸し型〉とより積極・自主的に後援する〈官・民協働型〉の2タイプがあることを指摘した。そして、新聞社が創設・主催したり後援したりしている賞への〈官〉の関わりにも、両タイプが見られた。しかも、そうした中で、新聞社同士が対抗・競合的に授賞事業を行なっている〈水平的な競合・競争〉状況が窺えた。その〈水平的な競合・競争〉状況における授賞事業には、画然と区別しうるわけではないが、さらに2つの状況に分けうる。1つは、同一分野での〈直対応的〉な対抗・競合状況で、もう1つは、同一分野で相互に独自性を競う〈交差的〉ないしは〈棲み分け的〉な対抗・競合状況である。後者は、第1部で見た環境分野での読売新聞社と朝日新聞社のそれとして既に示したところである。しかし、環境分野のみならず教育、福祉、医療・保健分野の授賞事業においても、読売・朝日の両新聞社の〈交差的〉ないし〈棲み分け的〉な対抗・競合状況が窺われる。そこで、まずその状況を補充的に散見する。

　（1）まずは教育分野である。①読売新聞社は、早くも1952（昭和27）年に「読売教育賞」を創設した。それは、現在、国語教育、算数・数学教育、理科教育、社会科教育、生活科・総合学習、健康・体力づくり、外国語・異文化理解、児童生徒指導、カリキュラム・学校づくり、地域社会教育活動、NIE、特別支援教育、音楽教育、の13部門からなる。そうして13部門にわたり、国・公・私立の小・中・高、幼稚園、保育所、認定こども園、児童館、学童保育所の長および教職員、スクール・カウンセラー、ソーシャルワーカー、またはPTA、社会教育団体、教育委員会、教育研究所、博物館、科学館、図書館、公民館などの関係者を表彰する。②また読売新聞社は、元社主の顕彰を兼ね、全国青少年教化協議会が1977（昭和52）年から主催する—仏教精神に基づく青

少年育成活動に個人・団体が対象─「正力松太郎賞」を後援している。

　これに対して、③朝日新聞社は、1999（平成11）年、ベルマーク教育助成財団の後援を受けつつ、豊かな心を育み、生きる力を伸ばす活動に貢献した個人・団体を表彰する「朝日のびのび教育賞」を創設した。④また2014（平成26）年には、暗記ではなく、自ら問いを立て答えを導き出す学習活動によって自立的な人間の育成に取り組む団体を表彰するグローバル賞、デジタル賞、新聞活用賞の3賞からなる「朝日みらい教育賞」を創設した。このように、朝日新聞社も、遅ればせながら主に児童・学生の教育を対象にする賞を設けている。

　（2）福祉分野。①朝日新聞社は、戦後間もない1947（昭和22）年に「朝日賞」の1部門として「朝日社会福祉賞」を設けたが、1975（昭和50）年にはそれを独立の賞とし、社会や福祉に著しく寄与した個人・団体を表彰してきた。②また朝日新聞社と朝日厚生文化事業団は、全国ろうあ連盟とともに1984（昭和59）年、旧厚生（労働）省や文部（科学）省、日本手話通訳士協会などの後援を得て「全国高校生手話スピーチコンテスト」を主催してきた。

　これに対して、③読売新聞社と読売光と愛の事業団が主催し、厚生労働省と日本福祉文化学会、プルデンシャル生命保険（その後、降板）が後援する「読売（プルデンシャル）福祉文化賞」を2002（平成14）年に創設した、それは、新しい時代にふさわしい福祉活動へ取り組んでいる団体を表彰するものだ。④また読売新聞社は、2007（平成19）年に子育てに関連した実践活動に取り組んでいるグループ・団体を表彰する「読売子育て応援団賞」を創設した。このように、読売新聞社も遅ればせながら福祉分野に独自の賞を設定し始めた。

　（3）医療・保健分野。①読売新聞社は、1972（昭和47）年から旧厚生（労働）省、日本テレビ放送網の後援と損保ジャパン（kk）、アインホールディングス（kk）の協賛で「医療功労賞」を主催。それは、山間部・離島や発展途上国など、厳しい環境の下で長年にわたり地域に密着している医療従事者や、障害者・難病者の支援を行なっている医療・福祉・介護の関係者を表彰するものだ。②また読売新聞社は、日本医師会と1981（昭和56）年から「〈心に残る医療〉体験コンクール」を主催し、旧厚生（労働）省の後援とアフラック（kk）の協賛を得、よりよい医療環境を確保するため患者やその家族の体験記を公募・表彰。一般と中学生部門からなり、優秀作品に〈名義貸し〉の厚

生（労働）大臣賞などが授与される。③さらに2004（平成16）年には、日本痴呆症（当時は痴呆症と称されていた）ケア学会主催の「日本認知症ケア学会・読売認知症ケア賞」を読売新聞社が特別後援し、厚生労働省が後援、エーザイ（kk）が協賛している。

　これに対して、④1950（昭和25）年、第一生命保険（kk）により劣悪な衛生環境の下で保健衛生環境の向上に取り組む個人・団体を顕彰する「保健文化賞」が創設されたが、旧厚生（労働）省と朝日厚生文化事業団、NHK厚生文化事業団が後援している。⑤また朝日新聞社の支援する日本対がん協会（財団）は、協会創立10周年を記念し1968（昭和43）年に「日本対がん協会賞」を創設したが、2001（平成13）年には朝日新聞社と日本対がん協会の主催する対がん運動に功績のあった個人・団体を顕彰する「朝日がん大賞・日本対がん協会賞」となった。

　このようにして見ると、読売新聞社はどちらかといえば医療分野に、朝日新聞社は保健分野に賞の独自性を求めようとしているようだ。次に、後者の同一分野における〈直対応的〉な対抗・競合状況は、人文・社会科学分野の賞（論壇賞）、文学・文芸分野の賞、新興芸術分野（写真・映画・漫画・広告）の賞、芸能分野（音楽・演劇プラス脚本）分野の賞にみられる。

第 2 節　新聞社間の〈直対応的〉な対抗・競合状況

第 1 項　人文・社会科学分野の賞（論壇賞）

　朝日新聞社は、「朝日賞」、「朝日スポーツ賞」、「大佛次郎賞」、「大佛次郎論壇賞」を朝日 4 賞と称している。当初、「朝日文化賞」としていた「朝日賞」は、戦前の1929（昭和 4 ）年に朝日新聞創刊50周年の記念事業として創設され、その 1 部門として「朝日体育賞」を設けた。①戦後、「朝日スポーツ賞」は1975（昭和50）年に「朝日賞」から独立した賞となり、②「朝日賞」は1992（平成 4 ）年に朝日新聞文化財団に継承され、〈知・芸・技の貢献者〉を顕彰する賞として位置づけられた。だから「朝日賞」は、人文・社会科学・自然科学分野の賞といえるが、戦前の第 1 回の受賞者は、劇作家の坪内逍遥ら 3 人であったが、最近年の2019（令和元）年には作家の多和田葉子、落語家の柳家小三治、細胞学者の斎藤通記、植物学者の東山哲也と特別賞に写真家の田沼武能が受賞している。

③「大佛次郎賞」は、作家の大佛次郎が朝日新聞に連載・完結した「天皇の世紀」（その後、普及版10巻で出版）の業績を称え、優れた散文作品を対象に1973（昭和48）年に創設された。④また「大佛次郎論壇賞」は、政治・経済・社会・文化・国際関係などの分野で優れた研究書を上梓した主に若手研究者を対象として2001（平成13）年に創設された。「大佛次郎賞」の第1回受賞者は、中野好夫『蘆花徳富健次郎』と梅原猛『水底の歌　柿本人麿論』で、「大佛次郎論壇賞」の第1回受賞者は大野健一『途上国のグローバリゼーション』であった。

　この朝日新聞の「大佛次郎論壇賞」と〈直対応的〉な他新聞社の論壇賞であるが、①戦後の論壇賞の先駆けは、毎日新聞社の雑誌『エコノミスト』編集部が1960（昭和35）年に創設し、〈経済論壇の芥川賞を自認〉してきた「エコノミスト賞」である。第1回は、並木正吉の『農村は変わる』と「最近における農村人口の補充傾向」（論文）が受賞。その後、②読売新聞社が、1991（平成3）年に「読売論壇賞」を設け、第1回の受賞者は佐藤隆の『菊と鷺』であったが、また次のように変転する。すなわち、出版社の中央公論社は、大正デモクラシーの旗手だった吉野作造（「民本主義と地方自治─吉野作造と山川均、桐生悠々」、拙著『日本地方自治の群像・第2巻』成文堂、2011年を参照）と縁が深かったことから、その吉野の業績を称えて1966（昭和41）年に「吉野作造賞」を立ち上げたものの、中央公論社は経営悪化から倒産の危機に見舞われた。だが、明治中期に創刊され日本の論壇をリードしてきた雑誌『中央公論』の廃刊などが惜しまれたことから、中央公論社は読売新聞社の傘下で新社として再建され、雑誌『中央公論』も続刊された。そして、読売新聞社は、2000（平成12）年に既存の「読売論壇賞」と「吉野作造賞」を統合して「読売・吉野作造賞」とした。

　こうして、朝日・毎日・読売3新聞社の論壇賞が鼎立・拮抗することになった。そんな中で、2018（平成30）年の第19回「読売・吉野作造賞」の受賞が取り消される事件が惹起したことは、記憶に新しい。当時、東洋女学院大学の教授・院長だった深井智朗の著作『プロテスタンティズム』が受賞したが、その著作の基となる論文には捏造・盗用があるとの指摘から再審査した結果であった。この事件にも、〈世俗的な欲望〉である金銭欲や名誉欲・優越欲などの充足以上に自己の存在価値の確証にかかわる〈承認欲求〉や〈存在論的な欲望〉

の発露が見え隠れしている。すなわち、「読売・吉野作造賞」は、中央公論社による「吉野作造賞」の時代から伝統的な論壇賞であり、社会的（論壇界さらには学術・文化界）な認知・評価度も非常に〈高度〉で、授賞・受賞の両サイドにとって〈重度〉な意味・価値を有する賞と受けとめられてきた。それ故、賞行為を規定する〈二層・二重〉の構造も両者にとって〈きつい＝緊縛〉的なものとなり、その機能も授賞サイドにとっては他の対抗的な論壇賞以上の権威と誉望を維持・向上させ、社の〈安定的・発展的〉な存立・存続を図り、受賞サイドにおいては金銭欲や名誉・優越欲などの〈世俗的な欲望〉の充足以上に〈承認欲求〉や〈存在論的な欲求〉の充足を希求するものとなっていることを暗示している。

第 2 項　文学・文芸分野の賞

　小説を中心にする文学分野と詩歌を中心にする文芸分野の賞は、これまで考察してきた〈官〉（文化庁）主体の文学・文芸に限らず幅広い文化勲章・文化功労者、芸能選奨（芸術選奨）と〈公〉の地方自治体（地方政府）主体の賞を除けば、〈民〉主体のそれは創設・主催者の観点から大きく次の 4 つに分けることができる。すなわち、新聞社、出版社、財団・社団（振興会・協会）、クラブ・結社などである。ここでは、新聞社のそれを取り上げ、残り 3 つの〈民〉主体の文学・文芸賞は後述することにするが、新聞社の文学・文芸賞は大きく全国紙と地方紙のそれに分けうる。そして、地方紙の文学・文芸賞は、さらに全国公募か、それとも地方紙発行地（販売圏域）の道府県在住・在勤者や出身者などに応募資格が限定されている賞かに分けられる。

　（1）大手の全国紙による相互〈直対応的〉といえるような文学賞から見ていく。ただ、その中には、懸賞小説方式の文学賞と中止・終了になった文学賞も結構あるのが特徴的である。しかし、大手新聞社の文学賞などには、小説を含みつつもそれ以外のジャンルも対象にする伝統的な賞があることにまず触れておく。①その 1 つは、毎日新聞社が戦後間もなくの1947（昭和22）年に創設した「毎日出版文化賞」だ。それは、非公募の文学・芸術（小説・随筆・詩歌・文芸学・芸術学）、人文・社会科学、自然科学、企画（全集・辞典・事典）の 4 部門からなる文学賞というよりも出版分野の賞である。毎回、小説などが受賞するわけではないが、第 1 回では宮本百合子『風知草』、『播州平

野』、谷崎潤一郎『細雪』、河上肇『自叙伝』が受賞している。②もう1つは、読売新聞社が戦後の文芸復興と日本文学の振興のために1950（昭和25）年に創設した『読売文学賞』である。それは、当初、小説、文芸評論賞、詩歌賞、文学研究賞、戯曲の5部門からなっていたが、その後、小説、戯曲・シナリオ、随筆・紀行、評論・伝記、詩歌・俳句、研究・翻訳の6部門となった。非公募である。第1回の小説賞は井伏鱒二、文芸評論賞は青野季吉、詩歌賞は斎藤茂吉と草野心平、文学研究賞は日夏耿之介、であった。

　（2）大手新聞社の文学賞に焦点を絞ると、まさに典型的な〈直対応的〉な〈水平的な競合・競争〉状況を呈する中で、それは懸賞小説、中止・終了した文学賞、現存の文学賞の3つに分けることができる。

　第1の新聞社の懸賞小説であるが、管見の限りでは、その最も早い例は1897（明治30）年の「萬朝報懸賞小説」であろう。明治期以来、新聞社に限らず出版社による懸賞小説の募集も多かったのであるが、萬朝報社に次ぐのは大阪朝日新聞社（大朝）が創刊25周年を記念した1904（明治37）年の「大朝懸賞長編小説」であろう。そして、大朝は、その後、戦前において8回程懸賞小説を募集しているのであるが、①戦後のそれは、大学卒の国家公務員の初任給が1.7万円の時代である1963（昭和38）年の「朝日新聞1000万円懸賞小説」である。この懸賞小説に当選したのが、北海道旭川市で雑貨商を営んでいたクリスチャンの三浦綾子の『氷点』であった。その新聞連載が始まると一気に人気を集め、テレビドラマ化もされた（朝日新聞「現代の栞」、2021年8月4日）。

　また大阪毎日新聞社（大毎）も、1926（大正15）年に創刊した「サンデー毎日」の創刊記念として「『サンデー毎日』大衆文芸賞」創設するが、戦前は2回、②戦後も毎日新聞社が1951（昭和26）年と1955（昭和30）年に懸賞小説を募集している。③さらに日本経済新聞社も、1977（昭和52）年に「日経懸賞経済小説」を創設したが、3回目の1982（昭和57）年で中断した。その中断以後、大手新聞社による懸賞小説の募集は見られない。それは、特に出版社を基軸にした小説中心の文学賞が雨後の筍のように簇生することになったためであろう。

　第2は、中止・終了した新聞社の文学賞である。①先の毎日新聞社による1951（昭和26）年の「毎日児童小説賞」と1976（昭和52）年の「毎日童話新人賞」があるが、前者は1979（昭和54）年に、後者は2002（平成22）年に終了し

た。②また「『サンデー毎日』大衆文芸賞」は、1960（昭和35）年に「サンデー毎日小説賞」に改称されたが5回で休止され、1970（昭和45）年に「サンデー毎日新人賞」として復活したが、その後、1977（昭和52）年に中止された。読売新聞社の2つの文学賞も短期間に終わった。すなわち、③「読売新聞小説賞」は1948（昭和23）年から1952（昭和27）年までで、④「読売短編小説賞」は1958（昭和33）年から1966（昭和41）年までで終了となった。⑤朝日新聞社北海道支社が1980（昭和55）年に婦人欄で創設した公募の「女性の小説」は、その後、1990（平成2）年に「らいらっく文学賞」と名称変更したが、2004（平成16）年に中止された。⑥それに、朝日新聞出版社がテレビ朝日の協賛で2009（平成21）年に開始した「朝日時代小説大賞」も2018（平成30）年で終了している。

　このように中止・終了の文学賞が多い要因は、先の出版社による文学賞の叢生に加え、新聞社のそれが新人の発掘を狙った公募文学賞であるにもかかわらず、出版社などの新人文学賞に比してプロの作家を輩出させているとはいえないことにあるとみられる。言いかえれば、応募された作品文学賞の水準―必ずしも高くない―の問題に合わせ、受賞者が出版社の創設・主催する文学賞の受賞者のように次作、次々作を発表する機会に恵まれていないことにあることだ。

　かくして、第3の現在まで継続している新聞社の文学賞は、それまでのような対抗・競合的なものではなく、むしろ独自色を打ち出している次の3賞である。①1つは、後述する「日本ファンタジーノベル大賞」だ。これは、三井不動産販売（kk）が創業20周年記念として創設を読売新聞社にもちかけ、新潮社の後援を得て1989（平成元）年に創設された。しかし、その後、三井不動産販売（kk）が身を引き、代わりに清水建設（kk）が読売新聞社と主催したが、2013（平成25）年に休止された。だが、文学賞の業界で比較的に高い評価を受けてきた文学賞なので、このまま廃止することは忍びないことから、2017（平成29）年に後援の新潮社文芸振興会が主催し、読売新聞社が後援に回り今日に至っている（詳しくは、大森・豊崎、前掲書、261〜262頁）。②2つは、日本経済新聞社が、創刊130周年の記念事業として2006（平成18）年に立ち上げ、日経BPと共催している長編小説の公募新人賞である「日経小説大賞」だ。③3つも、同じく日本経済新聞社が2013（平成25）年に創設した「日経星新一賞」である。これは、日本SF作家クラブ主導の創設を、日本経済新聞社

が引き受けたものである。ショートショートの名手であった星新一の冠を付したことから自明であるが、それはショートショートの公募で一般・ジュニア・学生の3部門からなっている。

（3）地方新聞社の文学・文芸賞であるが、これも典型的な〈水平的な競合・競争〉の展開状況の中でほとんどの地方新聞社が設けている。ただ、創設・主催のタイプとして、前述したように全国公募の賞と新聞発行地（販売圏域）の道府県在住・在勤者や出身者などに応募を限定する賞の2つがある。前者は応募資格〈非限定型〉、後者は応募資格〈限定型〉の賞としうる。いずれにしろ、数が多いので新聞社、創設年次、賞名を略記するに止める。

まずは、前者の全国公募という〈資格非限定型〉の文学・文芸賞—中止・終了のものも結構あるのだが—である。①岩手日報社、1957（昭和32）年に「岩手日報新聞小説賞」、1961（昭和36）年に終了。その後、1986（昭和61）年、「岩手日報文学賞」で随筆賞、宮沢賢治賞と石川啄木賞を創設したが、いずれも2005（平成17）年に終幕。②富山県を拠点にする北日本新聞社、1966（昭和41）年、小説の公募新人賞の「北日本文学賞」を創設。また2003（平成15）年、小学校高学年向けの「北日本児童文学賞」を創設。③埼玉新聞社、1969（昭和44）年に創刊25周年記念として「埼玉文学賞」を創設。1994（平成6）年、旧あさひ銀行（現りそな銀行）との協賛で、名称を「埼玉りそな銀行・埼玉文学賞」へ。④秋田魁新報社が、直木賞受賞作家・渡辺喜恵子の寄託を受け、1984（昭和59）年、「さきがけ文学賞」を創設。⑤中日新聞北陸本社、1990（平成2）年、「日本海文学賞」を創設したが、2007（平成19）年に終了。⑥千葉県の浦安ニュース社、1990（平成2）年、「浦安文学賞」を設けたが、2008（平成20）年に終幕。⑦長野日報社（旧南信日日新聞社）、1990（平成2）年、「長野文学賞」を創設したが、同じく2008（平成20）年に終了。⑧京都新聞社、京都市、大学コンソーシアム京都などとともに2019（令和元）年、「京都文学賞」を創設。

次に応募資格が、多くは道府県（販売圏域）の在住・在勤者や出身・縁故者に限定されている〈資格限定型〉の文学・文芸賞である。北から南へというベクトルで列挙する。①北海道新聞社、1967（昭和49）年、「北海道新聞文学賞」を設けたが、1986（昭和61）年、短歌と俳句を「道新短歌賞」、「道新俳句賞」として独立させ、2001（平成13）年からは創作・評論と詩の2部門か

ならる「道新文学賞」に改変。②青森県の東奥日報社、1957（昭和32）年、「東奥小説賞」を創設。1962（昭和37）年、それを新聞掲載の「十枚小説賞」へ切り替え、2008（平成20）年には改めて「東奥文学賞」へ。秋田県と岩手県については、前記の全国公募の賞として見た。③宮城県の河北新報社・出版社荒蝦夷・プレアート、2017（平成29）年、「仙台短編文学賞」を主催。④山形新聞社、1964（昭和39）年、「山新文学賞」を設け、入選作を毎月第3日曜の朝刊に掲載。⑤福島民報社と福島県、戦後間もない1948（昭和23）年、「福島県文学賞」を創設。⑥新潟日報社、1946（昭和21）年に「日報歌壇賞」と「日報俳壇賞」を、1969（昭和44）年、「日報詩壇賞」を創設（後述）。1966（昭和41）年に「日報短編小説賞」を創設したが、1986（昭和61）年に終了させ翌年に「新潟日報文学賞」へ改変。⑦群馬県の上毛新聞社、1966（昭和41）年より「上毛社会賞」、「上毛芸術文化賞」、「上毛スポーツ賞」の他に「上毛文学賞」を主催。⑧栃木県の下野新聞社、1987（昭和62）年、「下野文学賞」を創設。⑨茨城県・教育委員会、水戸市・教育委員会、いばらぎ文化振興財団、茨城文化団体連合会や茨城新聞社などが、1966（昭和41）年から主催する茨城芸術祭の文学部門に「茨城文学賞」と「茨城新聞社賞」を設定。⑩千葉日報社、1959（昭和34）年に「千葉児童文学賞」を、2006（平成18）年に「千葉随筆文学賞」を創設、さらに日報3賞として1957（昭和32）年より「千葉文学賞」を主催。⑪神奈川新聞社、1971（昭和46）年より「神奈川新聞文芸コンクール」を展開。⑫豊橋市拠点の東愛知新聞社、1990（平成2）年、「ちぎり文学賞」を創設。⑬中日新聞社と日刊県民福井社、2003（平成15）年より「福井文学賞（旧ふくい新進文学賞）」を主催。また福井新聞社、福井県教育委員会の後援を受け、1995（平成7）年より「ふくいジュニア文学賞」を主催。⑭広島県拠点の中国新聞社、1955（昭和30）年、「中国短編文学賞」を創設。⑮鳥取県の新日本海新聞社、2014（平成26）年、「とっとり文学賞」を創設。⑯島根日日新聞社、2008（平成20）年、「山陰文学賞」を設けたが、2013（平成25）年に終了。⑰香川県の四国新聞社、1950（昭和25）年頃から川柳部門の読者文芸欄を設け、その後、短歌・俳句・詩・小説・随筆と部門を拡大し、各部門の年間賞を選定。⑱徳島新聞社、徳島文学協会とともに2018（平成30）年より小説を全国公募する「徳島新聞阿波しらさぎ文学賞」を主催する一方、県内在住者・出身者から選考する文学賞の「徳島新聞賞」と25歳以下の青少年を対象に

する「徳島文学協会賞」を設けた。⑲愛媛新聞社、文化・文芸欄に掲載された年間の優秀作品を表彰する「愛媛新聞短詩型文学賞」を展開しつつ、1985（昭和60）年より愛媛出版文化基金とともに「愛媛出版文化賞」を創設。⑳西日本新聞社、九州文化協会と九州各県・沖縄県・福岡市・北九州市・熊本市が1970（平成45）年から共催している「九州芸術祭文学賞」を後援。㉑長崎新聞社、1978（昭和53）年から郷土文芸欄掲載の短歌・俳句・川柳の年間優秀作品を「長崎新聞文芸賞」として表彰。㉒鹿児島県の南日本新聞社、1973（昭和48）年、「南日本文学賞」を創設。㉓宮崎日々新聞社、歌壇や俳壇などへの投稿優秀作品を表彰する「宮日文芸賞」を設定。㉔熊本日々新聞社、1959（昭和34）年、「熊日文学賞」を創設。㉕琉球新報社、1973（昭和48）年、「琉球新報短編小説賞」、「琉球歌壇賞」、「琉球俳壇賞」の琉球新報文学 3 賞を創設。また同新聞社は、1978（昭和53）年、詩人の山之口貘記念会との共催で「山之口貘賞」を創設。㉖沖縄タイムス社、同社刊行の季刊誌『新沖縄文学』創刊30号を記念して1975（昭和50）年、「新沖縄文学賞」を創設。

　以上のような地方新聞の文学・文芸賞を鳥瞰すると、次のことがいえる。第 1 に、全国公募の賞は数少なく、多くは応募資格を新聞発行の道府県（販売圏域）在住者・在勤者や出身者に限定する〈資格限定型〉の賞となっているが、いずれにしろ両者を合わせるとほとんどの道府県で新聞社が文学・文芸賞を設け、かつそのかなりが戦後の比較的早い時期―1970（昭和45）年頃まで―に創設・設定を見ていることだ。これは、自治体の文学・文芸賞で指摘ように、文学・文芸賞の獲得に応募・投稿する側（需要サイド）の層が比較的に幅広く厚いため、新聞社（供給サイド）が〈水平的な競合・競争〉を展開する中で文学・文芸賞を創設・設定し易いことに起因するといえる。このことは、以下の点と関連する。

　第 2 として、賞の創設・設定には、大きく 2 つのタイプが見られることだ。1 つは、特記はしなかったが新聞の創刊周年記念などを契機に、特に小説や随筆などが対象の文学賞を創設するケースが結構多いこと。もう 1 つは、全国紙・地方新聞のいずれも設けている文化欄や歌壇・俳壇・柳壇への応募・投稿（参加）作品の中から年間の優秀作品を表彰する形で文芸賞を設定するケースである。

　第 3 は、それら 2 タイプの文学・文芸賞を創設・主催する新聞社（供給サイ

ド）の基本的な狙いは、いうまでもなく1つは新聞購読者の確保・拡大にあるといえる。特に前者のケースの場合には、受賞作品を新聞に掲載するという紙面づくりの狙いも窺える。文学・文芸賞の需要層の広さと厚さの下におけるかかる狙いから、〈水平的な競合・競争〉の中でほとんどの地方新聞が文学・文芸賞を創設・主催し、かつ比較的早い時期から展開することになったといえる。もう1つは、新聞社（供給サイド）が文学・文芸賞を創設・設定するに当たっては、地域の文学・文芸あるいは文化の振興・革新・発展を図るという企図を唱っている場合が多いが、特に小説などの公募による文学賞には新人作家の発掘・育成や全国的な文学賞へのチャレンジを促すような企図もあるようだ。

　第4に、受賞を目指して〈垂直的な競合・競争〉を展開する応募・投稿サイド（需要・地域住民）側から見れば—〈官〉〈公〉であれ〈民〉であれ、あらゆる賞行為に通底していることだが—賞行為の2つの機能を指摘しうることだ。1つに、文学・文芸賞の獲得を目指す住民の〈垂直的な競合・競争〉は、応募・投稿者の努力・精進を促し力量・水準を向上させつつ、地域の文化（文学・文芸）の振興・革新・発展に資すること。もう1つは、受賞者にとっては地域社会や同好者仲間などの間における知名度を高め（地方の名士・著名人となる）、かつ金銭欲や名誉欲や優越欲などの〈世俗的な欲望〉を充足せしめつつ、次への飛躍のチャンスにもなること。これら2点は、上記の新聞社（供給サイド）による文学・文芸賞の創設・主催の企図、すなわち購読者の拡大と地域の文学・文芸の新興・革新・発展を充足せしめることになる。

　ただし、こうした地方新聞社が創設・主催する文学・文芸賞は、マクロ（全国規模）とミクロ（地域規模）の観点では賞行為における構造と機能を位相化させるともいえる。というのも、一般にたとえ〈非限定型〉の全国公募の賞であったとしても、マクロ的な観点からすれば社会的な認知・評価度は〈高度〉とはいえず、授賞・受賞の意味・価値も〈重度〉なものにはならないが、ミクロ的な観点からすれば地域社会的な認知・評価度は〈高度〉となり、授賞・受賞の意味・価値も〈重度〉なものになり、賞行為の構造も〈きつい＝緊縛〉的となりうるからである。したがって、賞を創設・主催する新聞社（供給サイド）にとっては選考の厳密性や高度性などが求められたり、応募・投稿する地域住民側（受賞を狙う需要サイド—特に比較的に高齢者が応募・投稿者となる

単価・俳句・川柳などの文芸賞）においては単に〈世俗的な欲望〉に止まらず〈承認欲求〉や〈存在論的な欲望〉の充足欲求を誘引することもありうるといえる。

第3項　新興芸術分野の賞

　ここで新興芸術分野とは、写真、映画、漫画、広告分野を意味するが、それぞれの分野では以下のような特徴的な状況が見られる。

　（1）写真の賞。写真の賞に見られる特色は、新聞社間の〈水平的な競合・競争〉において典型的な〈直対応的〉対抗・競合状況にあることだ。この分野で注視すべきは、まず戦前の1927（昭和2）年にアマチュア写真家の全日本写真連盟（全写連）が結成されたことである。というのも、全写連は、同年にその結成を記念し朝日新聞社とともに①「国際写真サロン」を共催し、機関誌『アサヒカメラ』を発刊したからだ。それは、戦時中は中断したが、戦後は1950（昭和25）年に再開され、コニカミノルタ（kk）やキャノン（kk）などの協賛を得て今日に至っている伝統的な写真賞である。そうして、朝日新聞社は、全写連やその地方本部とともに幾つかの写真展を開催する。すなわち、「読者の新聞写真」への投稿を始め、②1972（昭和47）年には「現代を撮る・全日本写真展」を、③1982（昭和57）年には両者に森林文化協会が加わった「日本の自然写真コンテスト」を開催。④さらに朝日新聞社は、全写連関東支部と2001（平成13）年に「全日本モノクロ写真展」を、⑤2002（平成14）年には「女性写真公募展」を、⑥2008（平成20）年には「人間大好き！フォトコンテスト」を開催するだけでなく、⑦全写連関西本部とは「朝日写真展」や「全日本動物写真コンテスト」を開催したり、⑧全写連都道府県本部とは例えば「千葉県写真展」を実施したりしている。

　ここに朝日新聞社と全写連との深いパートナシップ関係を見るが、両者による写真展・コンテストや以下の新聞社による写真展・コンテストの多さはアマチュア写真（愛好）家がいかに多いかを物語っている。そうして、写真展・コンテストにおける受賞獲得のための激しい〈垂直的な競合・競争〉は、前述したように写真芸術の水準の向上と革新・発展を促すとともに、自らの腕に対する自信や誇り、さらには金銭欲や名誉欲などの充足欲求を誘発する。⑨さらに朝日新聞社は、世界報道写真財団とともに1956（昭和31）年より「世界報道写

真展」を主催し、東京写真美術館が共催、オランダ王国大使館、日本写真協会、日本写真家協会、全写連が後援している。⑩朝日新聞社は、1975（昭和50）年に戦前・戦後における日本を代表する写真家の木村伊兵衛の没直後、朝日新聞出版社とともに彼を顕彰する「木村伊兵衛賞」を創設した。

　木村伊兵衛とともに日本を代表する写真家の双璧をなすのが、土門拳であるが、①毎日新聞社は1981（昭和56）年に彼を顕彰する「土門拳賞」を創設した。「木村伊兵衛賞」が〈写真界の芥川賞〉と称されるのに対し、「土門拳賞」は〈写真界の直木賞〉と称される。②さらに毎日新聞社は、1998（平成10）年から日本報道写真連盟とともに「毎日写真コンテスト」を開催。それは、単写真・組み写真・ファミリー・小中高の 4 部門からなる。

　このような朝日・毎日新聞の両社に対して、①読売新聞社は、1978（昭和53）年に「よみうり写真大賞」を創設し、報道・テーマ・デジタルアート・ファミリー・高校生の 5 部門を設けた。②2000（平成12）年には、厚生年金事業振興団、休暇村協会の後援と富士フィルム（kk）、JA 全農の協賛による「よみうり風景写真コンテスト」を、③また2017（平成29）年からは「生命を見つめるフォトコンテスト」を既述した「〈心に残る〉医療体験コンクール」を吸収して「フォト＆エセー・コンクール」を日本医師会とともに主催している。④この他、産経新聞社は、2003（平成15）年より「フォトコンテスト・美しい日本を撮ろう」を主催している。

　こうして見ると、新聞社による写真展・コンテストの〈直対応的〉な対抗・競合状況において、読売新聞社や産経新聞社は朝日・毎日の両新聞社に後塵を拝しているといえる。その要因は、上記からして読売・産経の両新聞社がプロ・アマの写真団体との提携を有していないことにあるのは自明であろう。逆に、プロ・アマの写真団体と新聞社との提携には、次のメリットがあるといえる。1 つに、写真団体と新聞社側の両者にとり授賞の〈権威化〉を図ることができ、それにより多くの投稿（参加）を獲得しうることだ。2 つに、プロ・アマの写真団体にとっては会員・会費の増大化を図ることがより可能になることである。3 つに、新聞社側にとっても、受賞写真を掲載するすることによって容易に紙面づくりができ—多くが見開き一面を受賞写真の掲載に割いている—この掲載や受賞者一覧などが購読者の拡大につながるという思惑もあろう。しかし、新聞社側にとっては、そうした思惑ばかりではなく、写真展・コンテス

トの開催によって現下の写真文化の振興・革新・発展に寄与したいという企図
もあろう。

（２）映画分野の賞。映画分野での特徴は、新聞社の賞がスポーツ新聞社に
よって主催されていることだ。映画が芸能分野扱いされてきたことによろう。
①戦後の嚆矢は、毎日新聞社とスポーツ日本新聞社が1946（昭和21）年に創設
した「毎日映画コンクール」だが、②次いで1976（昭和51）年に報知新聞社が
「報知映画賞」を、③1988（昭和63）年に日刊スポーツ新聞社が「日刊スポー
ツ映画大賞」を設けた。いずれも監督、作品、主演男優・女優、助演男優・女
優などを表彰する〈横並び〉の賞—典型的な〈水平的な競合・競争〉における
〈直対応的〉対抗・競合の賞—である。後発の「日刊スポーツ映画大賞」は、
その後、年度で最もファンの支持を得た作品や俳優への石原裕次郎賞と石原裕
次郎新人賞を設けている。

（３）漫画の分野の賞。漫画賞の創設は、出版社が先行したことが特徴的で
ある。まず出版社のそれを簡単に追ってみよう。①最も早いのが、1955（昭和
30）年の「小学館漫画賞」で、②次いで講談社創業50周年を記念した1960（昭
和35）年の「講談社漫画賞」となる。③さらに「週刊少年ジャンプ」、「月刊少
年ジャンプ」（集英社）主催の1971（昭和46）年「手塚賞」と1974（昭和49）
年「赤塚賞」（ともに年２回）が続き、④1980（昭和55）年には講談社創業100
周年記念特別賞として「ちばてつや賞」が創設されている。このように出版社
が先行したのは、マンガというサブ・カルチャーの担い手が出版社であったこ
とから当然といえるが、逆に新聞社が後発に回ったのはサブ・カルチャー軽視
のためと思量される。

そうした中で、新聞社が漫画賞を初めて創設したのは、①読売新聞社が1979
（昭和54）年に立ち上げた「読売国際漫画賞」である。それは、世界から１コ
マ漫画を公募するもので、大賞の他、近藤日出造賞、課題別部門金賞、自由部
門金賞、幼児・小・中学生優秀賞からなるが、2007（平成19）年の第29回をも
って幕を閉じた。これに対し、②朝日新聞社は、1997（平成９）年に虫プロの
協力を得て「手塚治虫文化賞」を創設した。それは、非公募の漫画賞で、当
初、マンガ大賞、マンガ優秀賞の他、マンガ文化の発展に寄与した個人・団体
に対する特別賞からなっていたが、その後、マンガ優秀賞は新生賞と短編賞に
変わった。このように新聞社の漫画賞は、読売・朝日の両新聞社が〈直対応

的〉な対抗・競合の中で独自性を競っていたが、惜しくの読売新聞社の降板により、それは終焉した。

　（4）広告分野の賞。ここでの特徴は、新聞社間の〈交差応的〉な対抗・競合状況が窺えることだ。新聞社の広告賞は、基本的には自紙に掲載された広告に対する一般公募部門と広告主参加部門からなる。①その最も古く伝統あるものは、毎日新聞社が既に戦前の1931（昭和 6）年に創設し、現在、経済産業省の後援の下で主催されている「毎日広告デザイン賞」である。広告主のテーマに応じた広告の一般公募部門—プロでも学生、個人、団体でも応募可能で、若手クリエーターの登竜門となってきた—と広告主の参加部門からなっている。次いで、戦後、1952（昭和27）年に「朝日広告賞」と「日経広告賞」が創設された。②「朝日広告賞」は、「毎日広告デザイン賞」と同じく一般公募と広告主参加の 2 部門からなるが、後部門では常連受賞のサントリー、松下電器産業（現パナソニック）、資生堂が〈御三家〉と称されてきた。③日本経済新聞社は、「日経広告賞」の創設後も1970年代には「日経 MJ 広告賞」、「日経サイエンス広告賞」、「日経産業新聞広告賞」を、近年では「日経電子版広告賞」、「日経ヴェリタス広告賞」を設けている。④またフジサンケイグループのマスコミ各社（フジテレビ、BS フジ、産経新聞、サンケイスポーツ、夕刊フジ、文化放送、ニッポン放送、ラジオ大阪、扶桑社）と関西テレビは、1971（昭和46）年、グループのマスコミ（インターネットも含む）に放送・掲載された広告のうち年間優秀作品を各部門ごとに表彰—特にグランプリは 3 媒体以上で広告を展開している企業などを対象に—する「フジサンケイグループ広告大賞」を創設した。

　こうした状況の中で、読売新聞社の展開は、やや特異的である。メインは①1984（昭和59）年に創設した「読売広告賞」で、毎日・朝日新聞社の一般公募に相当する［読者が創る広告の部］と全国公募の読者代表約500人が選考する［読者が選ぶ広告の部］からなる。これは、読者目線による選考を強く打ち出したものといえる。そして、読売新聞社は、この本体の広告賞以前に、既に戦前の1942（昭和17）年に「読売映画・演劇広告賞」（ポスター賞）を創設し、さらに②戦後は1977（昭和52）年に「読売すまいの広告パテオ賞・メトロポリス賞」を設ける一方、③本体創設後の1995（平成 7）年に「読売出版広告賞」を、④2006（平成18）年には読売新聞と日本テレビに出稿された広告から

読者・視聴者の評価が高い１社を表彰する「アドバタイザー・オブ・ザ・イヤー」を、⑤2020（令和２）年に読売新聞社の広告媒体やイベントなどを活用して成果を挙た企業・団体を表彰する「読売マーケティング賞」を設けるなど、多様な展開を行なっている。

　こうして見ると、〈水平的な競合・競争〉状況における新聞社の広告賞は、読売新聞社のそれを合わせ見ると、〈横並び的〉な〈直対応的〉対応・競合状況にあるというより、同一分野で相互が独自性を競う〈交差的〉な対抗・競合状況にあるといえそうだ。そもそも、新聞社の２大収益源は、読者の購読料と広告料である。だから、自紙掲載の広告主から今後もさらに、あるいはそれ以外の広告主からも広告を獲得するための誘引策として広告賞が設けられ、対抗・競合することが〈直対応的〉以上の〈交差的〉な状況を生み出すのであろう。それだけでなく、購読料の確保・拡大には、新聞購読者に対するインセンティブも必要となる。それが、広告主の提示するテーマに応じた広告の一般公募であったり、読売新聞社の読者が創り選ぶという読者目線の賞の設定となったりするといえる。

第４項　芸能分野の賞

　ここで芸能分野とは、新聞社が主催している賞としての音楽と演劇（プラス脚本）を指す。本来ならば、脚本分野は文学の分野に属する。しかし、新聞社に系列化されているテレビ局が脚本賞を設けていることとの関係から、ここに付加することにした。

　（１）音楽分野の賞。第１部第３章第２節の文部科学省後援の２タイプで既述したように読売新聞社は、「全国小中学校作文コンクール」を始め、小・中・高生を対象にした教育分野における作文や文芸活動を重視した賞を設けていた。これに対し、朝日新聞社は、「全日本合唱コンクール全国大会」や「全国高校ギター・マンドリンフェスティバル」の他、音楽教育分野を重視した賞を全日本吹奏楽連盟とともに幾つか主催している。このように、〈交差的〉な対抗・競合状況が見られていた。

　そうした中で、全日本吹奏楽連盟と朝日新聞社との連携（パートナーシップ）関係は、戦前の1939（昭和14）年に大日本吹奏楽連盟が結成され、翌年に朝日新聞社が「全日本吹奏楽コンクール」を創設したことを契機にしているよ

うだ。それは、戦争で中断されたが、①1956（昭和31）年に朝日新聞社は全日本吹奏楽連盟（改称）とともに「全日本吹奏楽コンクール」を再開した。現在は、中学・高校・大学の部、職場・一般の部に拡大している。②その後、両者は、1978（昭和53）年に連盟結成40周年記念事業として「全日本アンサンブルコンテスト」を、③1982（昭和57）年に吹奏楽コンクルール・小学生部門としての「全日本小学校バンドフェスティバル」を、④1988（昭和63）年には同じく連盟結成50周年記念事業として中・高部門からなる「全日本マーチングコンテスト」を開催している。⑤さらに朝日新聞社は、全日本合唱連盟とともに「朝日作曲賞」―合唱部門は1971（昭和46）年から、吹奏部門は1990（平成2）年から―を創設した。⑥また両者は、1978（昭和53）年より「全日本おかあさんコーラス全国大会」を開催している。朝日新聞の大会報道写真を見ると、最近はおかあさんたちのコーラスだけでなく衣装（ファッション）が競われているように見える。

　いずれにしろ、全日本吹奏楽連盟や全日本合唱連盟と連携（パートナーシップ）関係を組んだ音楽分野のコンテスト・コンクールの展開は、朝日新聞社の独壇場となっているいってよい。これは、連盟にとっては、内部・外部に対する連盟自体の組織強化と地位を確固たるものとし、さらなるイベント・事業の展開などを展望させることになる。他方、朝日新聞社にとっては、いうまでもなくそれらコンテスト・コンクールの知名度・評価度を高め、そうして〈権威化〉を促す一方、参加校・団体の拡大・増加を進展させ、より紙面構成や広告機能を容易にして新聞購読の維持・拡大をもたらすことが期待される。

　さらに、〈垂直的な競合・競争〉を展開する参加校・団体側にとっては、継続的な参加のための演奏などのさらなる練習への励みとなり、入賞・受賞の場合にはメンバーの感激・充足感や達成感・自信を感得させるとともにメンバー間のさらなる団結・共同心を促し、内部・外部に対する誇り（名誉・優越など）を誇示しうることになる。そうして、メンバーにおいては、多くが児童・学生時代の参加や入賞・受賞であるがゆえに、人生における良き思い出として語り継がれることになるという効用も付随するであろう。

　（２）演劇分野の賞。①毎日新聞社は、1959（昭和34）年に演劇のみならず幅広く美術・文学・詩歌・音楽・写真・映画などを対象にした「毎日芸術賞」を創設したが、その後、後述のように1998（平成10）年には演出家を対象にす

る「千田是也賞」を設けた。②読売新聞社は、日本テレビ網の後援を受け1994（平成6）年に作品賞、演出家賞、男優賞、女優賞、スタッフ賞の5部門からなる「読売演劇大賞」を創設した。③それを追うかのように、朝日新聞社は、2001（平成13）年にテレビ朝日の後援の下「朝日舞台芸術賞」を設けた。年間の最優秀舞台作品にグランプリ、優れた個人・団体に舞台芸術賞、清新な活躍を見せた個人・団体に寺山修司賞、娯楽性と芸術性を兼備した作品または個人・団体に秋元松代賞、特筆すべき業績を挙げた個人・団体に特別賞を授与する。これも、〈水平的な競合・競争〉における典型的な〈直対応的〉対抗・競合状況といえるが、朝日新聞社は経済情勢の変化による新聞販売と広告収入の減少により授賞事業を見直すとし、2009（平成21）年に「朝日舞台芸術賞」の幕を下ろした。

　以上のような新聞社間の〈水平的な競合・競争〉における典型的な〈横並び的〉対抗・競合状況の最後として、新聞社自体ではないが、新聞社が系列化しているテレビ局の脚本賞をここで取りあげる。①フジ・サンケイグループの中核であるフジテレビが1987（昭和62）年に「フジテレビ・ヤングシナリオ大賞」を、②読売新聞社系列の日本テレビが1996（平成8）年に「日本テレビ・シナリオ登竜門」を創設した。③また2000（平成12）年には、「テレビ朝日新人シナリオ大賞」がテレビ朝日の主催、朝日新聞社、BS朝日、東映、幻冬舎の後援で創設されている。④かつては毎日新聞社系列であったが、その後系列色が薄まったTBSも、2008（平成20）年に「TBS連ドラ・シナリオ大賞」を創設する一方、講談社とともに2007（平成19）年に「ドラマ原作大賞」を設けた。「日本テレビ・シナリオ登竜門」は2005（平成17）年に中止され、「ドラマ原作大賞」も2013（平成25）年に幕を閉じているが、いずれにしろ、このテレビ局によるシナリオ賞は、典型的な〈直対応的〉対抗・競合の〈横並び〉状況を示している。⑤それに新聞社系列にはないWOWOWが、2007（平成19）年に「WOWOWシナリオ大賞」を創設して戦列に加わったが、2016（平成28）年に終了している。

第2章　学術（人文・社会科学と医学・自然科学・科学技術）分野の賞

　学術の分野は、大きく人文・社会科学と医学・自然科学・科学技術の2ジャンルに分けることができるが、一括して学術分野としてみると、そこに2つの特色が浮かび上がる。1つは、冠賞が多いことで、しかも人文・社会科学分野に多いことである。もう1つは、学術分野なので当然といえるのだが、学会主催の賞─冠賞を含めて─の賞が多いことだ。とはいえ、学会賞は、冠賞とは逆に医学・自然科学・科学技術のジャンルに多い。かくして、学術分野の賞は、冠賞と学会賞、それら以外の賞の3つに分けて整理・考察する。

第1節　学術分野の冠賞

　学術分野における人文・社会科学ジャンルの冠賞としては、財団主催による元首相の「吉田茂賞」（終了）、「佐藤栄作賞」、「中曽根康弘賞」、「大平正芳賞」や地方自治体主催の「浜田青陵賞」、「和辻哲郎文化賞」が、はたまた新聞社主催としては朝日新聞社の「大佛次郎賞」、「大佛次郎論壇賞」や読売新聞社の「読売・吉野作造賞」があるが、それらについては既述した。ここでは、人文・社会科学から自然科学・科学技術ジャンルの冠賞を数が多いので創設年次別に追い、主催者などを略記することに止める。

　（1）まずは、人文・社会科学のジャンルである。①「菊池寛賞」─1952（昭和27）年、「芥川賞」・「直木賞」などを主催する日本文学振興会が創設。1938（昭和13）年に作家で文藝春秋社を創業した菊池寛を顕彰し文学賞として誕生するが、戦争で中断。1952（昭和27）年に文学・文芸、演劇、映画、報道など幅広く文化領域で活躍し、実績を挙げた個人・団体が対象の非公募の賞として復活した。戦後の第1回受賞者は、作家の吉川英治、シナリオ・ライターの水木洋子、俳優座（演劇部研究所）、読売新聞社社会部（暗黒界報道）、岩波写真部で、最新の2020（令和2）年には、作家の林真理子、作家・評論家の佐藤優、滋賀県立芸術劇場びわ湖ホール、秋田魁新報（イージス・アショア取材班）、写真家の篠山紀信が受賞。②「石川賞」─1955（昭和30）年、

日本都市計画学会の主催の学会賞でもある。戦後に東京戦災復興都市計画の策定や新宿歌舞伎町、麻布十番の街づくりに携わった石川栄耀（「石川栄耀・都市計画思想の変転と市民自治」、拙著『日本地方自治の群像・第5巻』成文堂、2014年を参照）による学会創設や彼の業績を顕彰し、彼の没直後に創設された。③「渋沢賞」―1964（昭和39）年、日本資本主義の父とされる渋沢栄一の孫で日銀総裁や大蔵大臣の座に就きながら民俗学者でもあった渋沢（敬三）民族学振興基金が主催し、若手の民俗学、文化人類学、社会人類学の優れた研究を公募・選考。④「井植文化賞」―1973（昭和48）年、三洋電機の創業者・井植歳男を顕彰する井植記念会が主催。文化・科学・社会・地域・報道・国際の6部門におき、井植の出身地である兵庫県の在住者か縁故者の研究業績が対象の非公募の賞。⑤「藤田賞」―1975（昭和50）年、財政学者で立教大学教授の藤田武夫による寄託を基にし旧東京市政調査会の後藤・安田東京都市研究所（「C.A.ビーアドの市政学と『東京市政論』」、拙著『日本地方自治の群像・第7巻』成文堂、2016を参照）が主催。地方自治に関する優れた論文・著書が対象で、研究者などへのアンケートによる推薦に基づく選考。⑥「今和次郎賞」―1975（昭和50）年、日本生活学会が主催。考古学に対する考現学や生活学を提唱し、学会を創設し初代会長となった今を顕彰する学会賞。⑦「角川源義賞」―1979（昭和54）年、角川文化振興財団の主催。終戦直後、角川書店を創業した民俗学者・国文学者の源義を顕彰する歴史と文学部門の非公募の学術賞。⑧「中村元東方学術賞」、「中村元賞」、「中村元東洋思想文化賞」―「中村元東方学術賞」は1979（昭和54）年に中村元東方研究所が主催し、「中村元賞」は1993（平成5）年に宝積比較宗教・文化研究所が主催、哲学・宗教などに関する若手研究者の論文・著作を非公募で選考。「中村元東洋思想文化賞」は、2014（平成26）年にNPO中村元記念館東洋思想研究所の主催で、仏教および東洋思想に関する若手研究者の研究業績を公募。⑨「石橋湛山賞」、「石橋湛山新人賞」―「石橋湛山賞」は、1980（昭和55）年に石橋湛山記念財団が主催し、ジャーナリスト（雑誌『東洋経済新報』主筆）で戦後は内閣総理大臣ともなった湛山（「石橋湛山と地方分権改革論」、拙著『日本地方自治の群像・第1巻』成文堂、2010年、を参照）を顕彰する政治・経済・社会・文化に関する優れた学術論文・著書が対象で、政界・財界・学会・マスコミ関係者の推薦公募による。「石橋湛山新人賞」は、2008（平成20）年、やはり石橋湛山記念財

団の主催で、人文・社会科学系の大学院生の研究論文が対象で、推薦公募による。⑩「新村出賞」─1982（昭和57）年、新村出記念財団が主催。国語・言語学者で『広辞苑』（岩波書店）の編者である新村の没15周年を記念して創設され、国語・言語学の優れた研究者・団体を公募・選考し表彰。⑪「渋沢・クローデル賞」─1984（昭和59）、日仏会館が主催。2007（平成19）年まで毎日新聞社と共催し、2008（平成20）年以降は読売新聞社と共催、日仏会館創立60周年を記念し創立者の渋沢栄一とP.クローデルを顕彰する冠賞で、日本人とフランス人による日仏の文化に関する優れた研究（著作・翻訳書）を日仏で同時に非公募・選考。⑫「山本七平賞」─1991（平成3）年、山本書店の店主で著作家・評論家の山本を顕彰するため山本との縁からPHP研究所が主催。人文・社会科学分野の優れた論文・著書が対象の非公募の賞。⑬「井上靖文化賞」─1993（平成5）年、井上靖記念文化財団の主催。先述の旭川市主催の「井上靖記念文化賞」とは異なる。作家の井上靖を顕彰し、文学のみならず歴史・美術などの分野で顕著な功績を示した個人・団体を非公募・選考。⑭「関根賞」─1993（平成5）年、関根慶子基金の主催。平安時代の文学の研究者であった御茶ノ水女子大学名誉教授の関根を顕彰し、平安時代の文学に関する新進・中堅の女性研究者を非公募・選考。⑮「中原賞」、「石川賞」─ともに日本経済学会の主催の学会賞。前者は中原伸之を顕彰し45歳未満の若手研究者が対象で1995（平成8）年に設定、後者は夭逝した石川経夫を顕彰し2006（平成18）年に設定。⑯「桑原武夫賞」─1998（平成10）年、潮出版社の主催。京都大学人文科学研究所教授で戦後に「第二芸術論」を唱えるなどの桑原の功績を称え、人文科学の優れた研究者（詩人・小説家・評論家・哲学者など）を非公募・選考するものだが、2012（平成24）年の第15回で終了。⑰「徳川宗賢賞」─2000（平成12）年、社会言語学会が主催する学会賞。学会誌掲載の優れた論文対象の優秀賞と奨励賞。⑱「井植記念アジア太平洋研究賞」─2000（平成12）年、アジア太平洋フォーラム・淡路会議が主催。井植敏男を顕彰するもう1つの賞で、人文・社会科学に関する日本人・アジア留学生の博士論文が対象で、指導教授の推薦が必要。⑲「小林秀雄賞」─2002（平成14）年、新潮文芸振興会の主催。それまでの「新潮文芸賞」を「新潮ドキュメント賞」と「小林秀雄賞」に分岐し、後者は傑出した評論家の小林生誕100周年を記念し、優れた評論や人文・社会科学系の研究書を非公募・選考し表彰。第1回は、橋本治の『三島由

紀夫とは何者だったのか』と斎藤美奈子の『文章読本さん江』が受賞。⑳「平塚らいてう賞」——2005（平成17）年、平塚の母校である日本女子大学が主催。平塚の卒業100年を記念し、男女共同参画社会の実現や女性解放・世界平和に関する研究・活動で功績を挙げた個人・団体を自薦・他薦の公募により選考・表彰。㉑「河上肇賞」——2005（平成17）年、全集を刊行した藤原書店が主催。経済・文明・思想・歴史などの優れた著作を公募・選考するが、2021（令和3）年の第17回で終了した。㉒「後藤新平賞」——2006（平成18）年、後藤新平の会が主催。行政・政治家として多彩な足跡を残した後藤新平生誕150周年を記念し（「後藤新平の〈文装的武備〉論による大連都市建設をめぐる人びと」、拙著『日本地方自治の群像・第4巻』成文堂、2013年、を参照）、後藤のような業績を示した人物を非公募で選考・表彰。㉓「樫山純三賞」——2006（平成18）年、樫山奨学財団が主催。オンワード樫山を起業した樫山を顕彰するため、財団設立30周年を記念して国際的な視野に立つ優れた学術書を非公募で表彰。㉔「伊丹十三賞」——2009（平成21）年、ITM伊丹記念財団と一六本舗の主催。映画制作やエッセイなどで奇才ぶりを発揮した伊丹を記念し、エッセイ・ノンフィクション部門と映画・ドラマ部門の優秀作を隔年に非公募で表彰。その後、両部門を統合して毎年の表彰に変えた。㉕「河合隼雄賞」——2013（平成25）年、河合隼雄財団の主催。心理学者で京都大学教授から文化庁長官に就いた河合を顕彰するもので、非公募の物語賞と学芸賞の2部門からなる。

（2）次は、医学・自然科学・科学技術分野での冠賞であるが、やはり創設年次別に主催者などを略記する。①「仁科記念賞」——1955（昭和30）年、仁科記念財団の主催。原子物理学者の仁科芳雄を顕彰し、原子物理学とその応用に関する独創的な研究を非公募・選考。②「渋沢賞」——1956（昭和31）年、日本電気協会主催の学会賞。渋沢栄一の甥で東京帝国大学教授、名古屋帝国大学の初代総長だった渋沢元治を顕彰し、電気保安分野で優れた業績を挙げた個人・団体を表彰。③「藤原賞」——1959（昭和34）年、藤原科学財団の主催。王子製紙社長で三井財閥の中軸を担い戦時中には商工・総務・軍需大臣を歴任した藤原銀次郎を顕彰し、科学技術の発展に寄与した科学者を非公募で表彰。④「黒屋奨学賞」、「小林六造記念賞」——ともに日本細菌学会が主催する学会賞。前者は1969（昭和44）年に黒屋政彦を顕彰し、後者は1994（平成6）年に小林を顕彰する学会員対象の学術賞として創設された。⑤「猿橋賞」——1981（昭和56）

年、地球物理学者の猿橋勝子が設立した女性科学者に明るい未来の会が主催
し、自然科学分野で優れた研究業績を挙げた50歳未満の女性研究者を自薦・他
薦で公募・選考。⑥「粟屋潔学術奨励賞」─1983（昭和58）年、日本音響学会
の主催の学会賞。電気音響学者で学会会長を務めた粟屋を顕彰する学会員対象
の研究奨励賞。⑦「上原賞」─1985（昭和60）年、上原記念生命科学財団の主
催。大正製薬社長の上原正吉を顕彰し、創業70周年の記念事業として生命科学
分野の顕著な研究業績を非公募で表彰。⑧「越智賞」─1989（平成元）年、日
本獣医学会の主催。越智勇一を顕彰する学会賞。⑨「小山田記念賞」─1998
（平成10）年、軽金属学会の主催の学会賞。小山田裕吉を顕彰し、軽金属の生
産や製品化に優れた技術を確立した功績者を非公募で表彰。⑩「江崎玲於奈
賞」─2003（平成15）年、茨城県科学技術振興財団とつくばサイエンスアカデ
ミーの主催で茨城県が共催、文部科学省とNHKが後援。ノーベル物理学賞を
受賞した江崎を顕彰し、ナノサイエンスとナノテクノロジーに関する優れた研
究業績が対象。⑪「大高賞」─2005（平成17）年、日本結合組織学会の主催。
学会を創設した大高裕一を顕彰する学会員対象の学会医学賞。⑫「小柴昌俊科
学教育賞」─2008（平成20）年、平成基礎科学財団が主催。ノーベル物理学賞
を受賞した小柴が基礎科学教育を重視し、優れた理科教育を公募し表彰する賞
だが、2017（平成29）年に財団の解散で終了。⑬「三島海雲学術賞」─2011
（平成23）年、三島海雲記念財団の主催。三島記念財団の50周年を記念してカ
ルピスの生みの親である三島を顕彰するために創設。自然科学部門は食に関す
る研究、人文科学部門はアジア地域の歴史を中心にした45歳未満の研究者が対
象で、大学・学会・研究機関の推薦公募。⑭「藤原洋数理科学賞」─2012（平
成24）年、藤原が所長のインターネット総合研究所が主催で日本数学学会が後
援。社会に有用な数学理論や数学の応用に関する優秀な研究を非公募で選考・
表彰。⑮「ロッテ重光学術賞」─2013（平成25）年、ロッテ財団の主催。ロッ
テ（kk）の創業者である重光武雄を顕彰し、特に食と健康分野における若手
研究者育成のための助成（１件1500万円、原則５年間）を行うもので、公募に
よる。

　以上のような学術分野の冠賞については、次のことがいえる。まず、学会主
催の冠賞であるが、学会全てを検索したわけではないので、ここに列記した以
上の冠賞が存在するのだが、それは以下の学会賞に窺われる。それはともか

く、学会間の〈水平的な競合・競争〉──例えば、特に工学とか医学というような同一学術分野で競合・競争が激しい──の中における学会主催の冠賞は、それぞれの学術分野において卓越した研究成果を挙げたり、学会の創設に尽力した功績などを顕彰し、学会会員の研究や技術開発レベルの向上・発展を図るために多くの場合、優秀賞や奨励賞として設けられているようだ。ただ、基本的に授賞対象者が学会会員とされている点では、〈閉鎖的〉な賞であるといえる。

　この学界主催の冠賞以外の冠賞には、前記のように財団や基金主催のそれが多い。それら財団や基金は、各界において優れた功績などを残した人物を顕彰し、その功績などを世に広く知らしめるとともに、遺志などの継承を図り、各界の発展に寄与するために設立される。そして、かかる事業の一環として冠賞が創設される。ただ、その冠賞が学術分野を対象とする点において、学界主催の冠賞に比すれば〈開放的〉ではあるが、全く完全な〈開放〉の一般公募によるものではなく、ほとんどの場合が非公募で専門家からなる選考委員会による選考や研究者・機関などの推薦公募に基づく選考となるのは当然といえる。

第2節　膨大な学会賞（特に医学・自然科学・科学技術系）

　学会賞も、大きく人文・社会科学系学会と医学・自然科学・科学技術系学会のそれに分ける。いずれも、冠賞と同様の狙いを込めて設けられている。すなわち、学会会員の研究や技術開発などのレベル──従って学会それ自体のレベル──の向上・革新を図り、社会の発展に貢献することである。それ故、ほとんどが優秀賞や奨励賞となる。そうした学会賞は、人文・社会科学系学会よりも圧倒的に医学・自然科学・科学技術系学会に多いのだが、いずれにしろ数が膨大であることと、学会賞の名称がどのような研究などを授賞するものであるかを明示しているといえるので、創設年次や賞の内実などは省略し、基本的に学会賞の名称を列記することに留める。

　（1）人文・社会科学系学会の賞。学会機関誌『日本歴史』の掲載論文に対する「日本歴史学会賞」。「ジャポニズム学会賞・奨励賞」。「日本中国考古学会研究奨励賞」。日本古典文学会の「日本古典文学会賞」が2006（平成18）年に停止されたので、国文学研究資料館賛助会が創設した「日本古典文学学術賞」。「社会政策学会賞」。「日本民具学会研究奨励賞」。日本管打・吹奏学会の「日本吹奏アカディミー賞」。「日本心理学会国際賞・研究奨励賞」。「日本地理

学会賞」。「日本犯罪学会賞」。「日本風俗史学会研究奨励賞」。「日本体育学会学
会賞」。「日本都市学会賞」。「日本比較文学会賞」。「日本保育学会研究奨励賞・
保育学文献賞」。「日本色彩学会論文賞」。「日本オリエント学会賞」。「日本経営
士学会賞・特別賞・論文奨励賞」。「日本地域学会学会賞（功績・論文・奨励・
著作・学位論文・論説の各賞）。「日本交通学会賞」。「日本生涯教育学会会長
賞」。「日本児童文学学会賞」。「日本計画行政学会賞・計画賞」。「日本写真学会
賞」。「日本宗教学会賞」。「日本人口学会賞」。「日本照明学会賞」。「日本家政学
会賞」。「日本科学教育学会賞」。「日本印刷学会技術賞・功労賞・論文賞」。「日
本図書館情報学会賞」。「漁業経済学会賞」。「日本建築学会賞・文化賞・作品奨
励」。「日本出版学会賞」。「日本教育行政学会奨励賞」。「日本海洋法学会賞」。
「日本アフリカ学会研究奨励賞」などなどで、もちろん全てを網羅したもので
はない。ただ、ここに見られる学会賞は、会員数の多いという点での〈メジャ
ーな学会〉の学会賞というよりは、会員数が少ないという点での〈マイナーな
学会〉の学会賞である傾向が窺える。

　（2）医学・自然科学・科学技術系の学会賞（冠賞と思えるものも含む）で
あるが、その中でも医学・医療系の学会賞が突出して多いので医学・医療系と
自然科学・科学技術系を分けて列挙する。まずは、医学・医療系の学会賞であ
る。「日本臨床電子顕微鏡学会賞」。「日本臨床細胞学会賞」。「日本薬理学会学
術奨励賞」。「日本薬剤学会賞」。「日本麻酔科学会（山村記念）賞」。「日本感染
病学会（二木／北里記念・学術・JIC・地方）賞」。「日本臨床外科学会賞」。
「日本リューマチ学会賞」。「日本放線菌学会賞」。「日本放射線技師学会賞」。
「日本防菌防黴学会研究奨励賞」。「日本法医学学会賞・学術奨励賞」。「日本病
理学会賞・学術奨励賞」。「日本脳卒中外科学会賞」。「日本脳神経外科学会奨励
賞」。「日本内分泌学会研究奨励賞」。「日本先天異常学会奨励賞」。「日本医科器
械学会賞」。「日本核医学会賞」。「日本プライマリー・ケア学会優秀論文賞」。
「日本泌尿器科学会賞」。さらに、「日本白内障学会学術奨励賞」。「日本農村医
学会賞・金井賞」。「日本乳癌学会奨励賞」。「日本軟骨代謝学会賞」。「日本動
脈硬化学会賞・大島賞」。「日本大腸肛門病学会賞」。「日本神経病理学会賞」。
「日本神経精神薬理学会学術賞」。「日本生薬学会賞」。「日本農薬学会賞」。「日
本獣医公衆衛生学会会長賞」。「日本交通医学会優秀論文賞」。「日本結核病学会
賞」。「日本血液学会奨励賞」。「日本歯周病学会賞」。「日本歯科材料器械学会

賞」。「日本精神神経学会賞」。「日本心臓病学会栄誉賞・上田賞」。「日本腎臓学会大島賞」。「日本神経回路学会賞」。「日本鍼灸学会賞」。まだある。「日本小児腎臓病学会奨励賞」。「日本小児神経学会優秀論文賞」。「日本消化器病学会奨励賞」。「日本消化器内視鏡学会賞」。「日本弱視斜視学会賞」。「日中集中治療医学会優秀論文賞」。「日本獣医畜産学会会長賞」。「日本公衆衛生学会奨励賞」。「日本口腔学会奨励賞」。「日本寄生虫学会奨励賞・小泉賞」。「日本歯科放射線学会賞」。「日本更年期医学会学会賞」。「日本眼光学会奨励賞」。「日本癌学会奨励賞」。「日本眼科学会学術奨励賞」。「日本顎口腔機能学会賞」。「日本解剖学会奨励賞」。「日本疫学会奨励賞」。「日本衛生学会奨励賞」。「日本ウイルス学会杉浦奨励賞」。「日本遺伝学会賞」。「日本医学放射線学会優秀論文賞」。「日本医学写真学会賞」。「内科学会奨励賞」。「日本医用画像工学会賞」。「日本カウンセリング学会記念賞・奨励賞」。「日本呼吸器学会奨励賞・熊谷賞」。「日本骨代謝学会賞」。「日本産婦人科学会賞・奨励賞」。「日本循環器学会八木賞」、などがある。

　これを目にした者は、その数に驚くであろうが、その多さは医学・医療が高度に専門化する中で医学・医療分野の学会間における〈水平的な競合・競争〉の熾烈さに起因しているといえる。しかも、以上をもって全てを網羅したわけでもない。それはともかく、これだけ多くの学会が、自前（学会費のみ）で学会を運営・維持して行くことは、たとえ医学研究者や病院医師・医療技術者、開業医などの収入が他の職業に比して高額であるとしても、困難であろう。医学・医療が製薬・医療機器などの企業や業界と密接な関係を有していることに鑑みれば、そのことがこれだけ多くの学会を設立し、運営・維持して行くことを可能にしていると推察される。この点は、後述に関わる。

　次に、医学・医療系以外の自然科学・科学技術系の主な学会賞を列挙してみよう。「日本バイオマテリアル学会賞」。「日本動物学会賞」。「日本伝熱学会賞」。「日本地球科学賞」。「日本地下水学会賞」。「日本ソフトウエア科学会高橋奨励賞」。「日本草地学会賞・奨励賞」。「日本生物地理学会賞」。「日本物理学会論文賞」。「日本醗酵工学会賞」。「日本粘土学会賞」。「日本燃焼学会賞」。「日本天文学会研究奨励賞・天文功労賞」。「日本鳥学会賞」。「日本地質学会賞・国際賞・研究奨励賞」。「日本畜産学会賞・奨励賞」。「日本造園学会賞」。「日本生態学会賞」。「日本植物学会奨励賞」。「日本人類遺伝学会賞」。「日本進化学会賞」。「日本航空宇宙学会賞」。「日本光学会奨励賞」。「大気循環学会賞」。「日

本魚類学会賞」。「日本実験力学会賞」。「日本地すべり学会賞」。「日本植物病理学会賞・学術奨励賞」。「日本自然災害学会賞」。「日本藻類学会賞」。「日本雑草学会賞」。「日本砂丘学会賞」。「日本火災学会賞・内田奨励賞」。「日本海水学会賞」。「日本鉱物学会賞・櫻井賞・論文賞」。「日本家禽学会賞」。「日本海洋学会賞・岡田賞」。「日本栄養改善学会賞」。「日本育種学会賞」。「無機マテリアル学会賞」。「日本リスク研究学会賞」。「日本農学会賞」。「日本酪農学会賞」。「日本木材学会賞・奨励賞」。「日本水環境学会賞」。「日本林学会賞」。「日本気象学会賞」。「日本数学会（各種）賞」。さらに、「溶接学術振興賞」。「でんきの礎」。「土木学会賞」。「日本鋳造工学会大賞・各種の賞」。「日本造船学会賞・研究奨励賞」。「日本溶接学会賞」。「日本原子力学会賞」。「日本食品科学工学会賞」。「日本食糧保存科学会賞」。「日本高圧力学会賞」。「日本金属学会（各種）賞」。「日本機械学会賞」。「日本化学会（各種）賞」。「日本応用糖質科学会賞」。「電気学会業績賞・功績賞・技術賞」。「日本材料学会学術奨励賞・技術賞」。「日本音響学会技術開発賞・功績賞」。「電子情報通信学会業績賞」。「電気設備学会賞」。「炭素材料学会賞」。「触媒学会賞」。「高分子学会賞・科学奨励賞」。「軽金属学会（各種）賞」。「化学工学会賞」。「石油学会賞」。「地盤工学会賞」。「情報処理学会（各種）賞」、などなど。

　これも、全てを網羅しているわけではない。そうであればこそ、自然科学・科学技術系の学会では、冠賞であれ非冠賞であれ学会賞を設けない学会は無いといっても過言ではなさそうである。そうした事態が生成されるのは、建前的には学会会員（研究者や技術者、従事者など）の研究や職能レベルあるいは技術開発レベルの向上・革新を図り―従って学会の発展を図り―社会に貢献するためとされるであろう。しかし、さらに建前から実態に踏み込むならば、次の要因が大きく作用しているといえよう。

　学会間の〈水平的な競合・競争〉の中で特に医学・医療系の学会賞が多いことの背景には、学会と製薬・医療機器などの企業・業界との密接な繋がり（関係）があると看過した。そうした繋がり（関係）は、自然科学・科学技術系の学会にもあるといえる。少なくとも、自然科学・科学技術系の学会は、人文・社会科学系の学会よりも各種の企業・業界との繋がりが強いことは疑いのないところである。そうした中で、自然科学・科学技術系の基礎科学部門の学会はともあれ、特に応用科学部門や科学技術部門の学会は企業・業界と深い繋がり

にあることは自明である。そして、その繋がり（関係）は、以下のように医学・医療系の学会と同様に〈構造的〉なものである。

　各種の企業・業界は、いうまでもなく市場経済のもとで激しい競争にさらされながら業績・収益の確保・拡大が求められる。それが製薬・医療機器の企業・業界であれば、医師や医療従事者・技師などに自社の製薬・医療機器を導入・使用してもらったり、新しい製薬・医療機器の開発資金を提供したりし、その使用・開発結果（及び成果・効果）を学会発表してもらえば〈役立つ〉あるいは新たに〈すぐ使える〉製薬・医療機器であることの〈証明〉となり、製薬・医療機器の販売拡大に繋がる。その繋がりは、応用科学部門や科学技術部門の研究者・技術者と企業・業界との関係についてもいえる〈構造的〉なものである。そうして、この両者の〈構造的〉な関係の下、学会は企業・業界が生産・開発した製品・技術などが〈役立つ〉あるいは新たに〈すぐ使える〉ことの〈証明〉の場となる。

　企業・業界は、学会が製品・技術の使用・開発の結果（成果・効果）を〈証明〉する舞台であることを強く求める。従って、学会はその役割を果たすため、つまり企業・業界の期待に応えるため学会員（研究者や技術者など）により斬新な発想・指向や実験・試行などを促さなければならない。かくして、学会賞は、そのためのインセンティブの役割を果たすために設定される。そのことは、前記の学会賞名のかなりに奨励賞や技術賞が設定されていることが示している。逆に言えば、学会員にすれば、企業・業界の製品・技術を使用・開発した結果（及び成果・効果）を発表し、受賞する―それは〈役立つ〉あるいは〈すぐ使える〉ことの〈証明〉でもある―ことは、名誉・名声や学会内さらには企業・業界における高い地位の獲得に加え、実利（例えば企業・業界による研究・技術開発の資金助成や特許による所得など）も得られることになる。かくして、学会賞の設定は、その獲得へのチャレンジをより一層刺激し、学会員のより斬新な発想・思考や実験・試行を促すというインセンティブの役割を充足させることになる。

第3節　その他の学術賞

（1）人文・社会科学分野でまず注目されるのは、アジアや発展途上国の研究に関する賞である。それには、「中曽根康弘賞」や自治体主催の賞である福

岡市主催の「アジア文化賞」の他に、前記の冠学術賞である「井植記念アジア太平洋研究賞」があるが、ここでさらに次の 3 賞を追加しうる。①「発展途上国研究奨励賞」―1963（昭和38）年、JETROとアジア経済研究所が主催。発展途上国の研究に関する優れた著書・論文が対象で公募、推薦も可。②「アジア・太平洋賞」―1989（平成元）年、毎日新聞社とアジア調査会の共催、外務省・文部科学省・経済産業省の後援、大正製薬や日本生命などが協賛。アジア・太平洋地域の政治・経済・社会・文化に関する優れた著作や実践者が対象で、非公募の選考。③「日経アジア賞」―1996（平成 8）年、日本経済新聞社の主催。同社創立120周年を記念し、経済・科学技術・文化の 3 部門で優秀な研究業績を挙げた個人・団体を対象にするが、日本人のそれは対象外で、有識者・専門家などの推薦に基づき選考・表彰。

　次に注目したいのは、①サントリー文化財団が、1979（昭和54）年に創設した著名な伝統的学術賞の「サントリー学芸賞」である。政治・経済、芸術・文化、社会・風俗―その後、思想・歴史を追加―の 4 部門からなり、独創的で優れた業績が対象で非公募。サントリーは、創業者の意向もあり、後述のように他にも幾つかの賞を設けている。その他の学術賞を創設年次順に列挙しよう。②「仏教伝道文化賞」―1967（昭和42）年、仏教伝道協会主催。仏教の伝道・普及に功績のあった者に授与。③「沖縄研究奨励賞」―1979（昭和54）年、沖縄協会が主催。沖縄（人文・社会・自然分野）を対象にした若手研究者の優れた研究。④「桜田会奨励賞」―1982（昭和57）年、戦前に立憲民政党が創立し、その後独立した桜田会（財団）の主催。政治学の優れた研究が対象。⑤「正論大賞」―1985（昭和60）年、フジ・サンケイグループが主催。〈自由と民主主義のために闘う〉を掲げた雑誌『正論』の基本理念を発展させた学者・文化人や言論活動でのオピニオン・リーダーが対象。⑥「徳川賞・奨励賞」―2003（平成15）年、徳川記念財団の主催。日本の近世に関する優れた研究が対象。⑦「パピルス賞」―2003（平成15）年、元王子製紙社長の関博雄を顕彰する関科学技術振興記念財団が主催。人文・社会と自然・技術の 2 部門でアカディミズム以外の学問的業績や科学ジャーナリストの業績を対象にしていることが特徴的。⑧「日本学術振興会賞」―2004（平成16）年、日本学術振興会主催。人文・社会・理工・生物の 4 分野における若手研究者育成のための賞。⑨「読売あをによし賞」―2006（平成18）年、読売新聞社の主催、文化財保存修

復学会の協力、文化庁・国立文化財機構の後援。文化財の保護・研究に貢献した個人・団体が対象。⑩「国際宗教研究所賞」─2006（平成18）年、国際宗教研究所の主催。宗教に関する優れた研究が対象。

（2）医学・自然科学・科学技術分野の学術賞は、多くが冠賞も含めた学会賞として設定されているためか数は多くない。そうした中で、まず注目されるのは国際的な規模の賞が創設されていることだ。①その1つは、京セラの創業者である稲盛和夫の稲盛財団が、1984（昭和59）年に日本発の国際賞として創設した「京都賞」である。それは、先端技術、基礎科学、思想・芸術の3部門4賞となっているが、受賞者からノーベル賞の受賞者─例えば、ジャック・キルビーらの外国人の他に山中伸弥、本庶佑、赤崎勇、大隅良典─が輩出してることから「ノーベル賞の先行指標」と称されるまでになっている。②2つに、政府が提唱し、現パナソニックの創業者である松下幸之助による私財30億円の寄付などを基に設立された国際科学技術財団が、1985（昭和60）年に世界の科学技術の発展に寄与するため創設した「日本国際賞（Japan Prize）」である。それは、物理・化学・情報工学と生命・環境・医学の2分野からなる。③3つは、昭和天皇在位60年を記念して1985（昭和60）年に創設された「国際生物学賞」である。日本学術振興会内の国際生物学賞委員会が運営している。

　また、次も注目される。④フランスの化粧品会社であるロレアルと国連のユネスコは、1998（平成10）年より共同プロジェクトとして「ロレアル・ユネスコ女性科学者賞」を展開してきた。そこで日本ロレアル社は、日本ユネスコ国内委員会の協力を得て2005（平成17）年に「ロレアル・ユネスコ女性科学者日本奨励賞」を立ち上げた。大学院博士課程在籍者とそれへの進学予定の女性科学者が対象である。さらに、政財界が総力をあげてバック・アップしている自然科学・科学技術分野の学術賞が2つある。⑤その1つは、戦前の1919（大正8）年から発明協会が主催してきた「全国発明表彰」である。それは、まさに科学技術に秀でた独創性と顕著な効果・実績を挙げている発明を表彰するものだが、現在は同協会主催の他、文部科学省、経済産業省、特許庁、日本経済団体連合会、日本商工会議所、日本弁理士会、朝日新聞社が後援。⑥もう1つは、経済産業省と日本機械工業連合会が2012（平成24）年に創設した「ロボット大賞」である。総務省、文部科学省、厚生労働省、農林水産省、国土交通省が共催する形を取っている。その他、⑦日本IBMが1987（昭和62）年に創設

した物理・化学・コンピューターサイエンス・エレクトロニクスの4部門から
なる「日本IBM科学賞」があるが、2011（平成23）年に終了した。⑧読売テ
クノフォーラム（会員組織で読売新聞社の代表以下、社長、編集主幹などが会
員）が、優れた科学技術者を顕彰するため1995（平成7）年に設けた「ゴール
ド・メダル賞」がある。こうして見ると、冠賞や学会賞以外の学術賞にむしろ
独自性のある賞が見られる。

　ところで、学会賞は、冠賞であれ非冠賞であれ基本的に学会員を対象にする
点で〈閉鎖的〉であり、学会賞以外の学術賞も、冠賞であれ非冠賞であれ学
会賞のように〈閉鎖的〉ではないが、全く〈開放的〉であるわけではないと
した。その意味で、〈準閉鎖的〉といえよう。いずれにしろ、学会賞や学術賞
が、その対象をある特定の職業人（専門人）の活動に限定している意味で〈閉
鎖的〉あるいは〈準閉鎖的〉なのは、極めて専門性の高い人文・社会科学、自
然科学、医療、科学技術などの分野・世界をベースにしていることから必然的
であるといえる。従って、賞行為の構造と機能について、一般的に次のことが
いえよう。

　学会賞や学術賞が、このように極めて専門性の高いいわば狭隘な分野・世
界（人的には特定社会＝一種のコミュニティ）をベースにしていることは、そ
れら各分野・世界での厳しい競争活動を展開する特定の職業人（専門人）から
構成される特定社会＝コミュニティにおける賞の認知・評価度は非常に〈高
度〉なものとなる。というのも、〈垂直的な競合・競争〉を展開する中で受賞
を獲得するか否かは、職業人（専門人）としての内外における評価・地位、さ
らには存立価値（例えば学者・研究者生命）に関わるからである。裏返せば、
〈水平的な競合・競争〉を展開する中で賞を創設・主催する学会や財団・基金
などは、賞の内実である結果（及び成果・効果）によって各分野・世界内外に
ける評価・地位さらには存立価値が左右されることになるからである。このよ
うに授賞・受賞の両サイドにとって賞はそれぞれの存立価値に関わるがゆえ
〈重度〉なものとなり、〈二層・二重〉の構造の下における授賞サイドの〈水平
的〉な、受賞サイドの〈垂直的〉な競合・競争活動を厳しく規定する〈きつい
＝緊縛〉的なものとなる。従って、その機能も、授賞サイドでは、賞とその創
設・主催主体の内外における知名度・評価度そうして権威を一層高める―逆に
低下させる場合もある―ものとなり、受賞サイドにおいては、研究者・技術者

個人の野望を喚起し、物質的な実利・金銭欲や精神的な名誉欲・優越欲などの
ような〈世俗的な欲望〉の充足以上に、職業人（専門人）としての存在価値の
確証を求めるもう一つの精神的な〈承認欲求〉や〈存在論的な欲望〉の充足—
職業人（専門人）としての勲章—を希求させるものとなる。受賞に際に多く見
られる喜悦と充足感の吐露は、前者の欲望以上に後者の欲望の充足を含意して
いる看過しうる。

第3章　社会（市民、女性、人権）と国際関係分野の賞

　ここで社会と国際関係の分野とは、1つの分野として画定し難い分野の賞をとりまとめるために設けたものである。具体的には、市民活動などに対する賞や女性、人権に関する賞、国際理解・協力、国際平和に関する賞である。

　（1）市民賞には、次のようなものが見られる。①シチズン・ホールディングスは、1990（平成2）年に地域社会の発展などに寄与した個人・団体を表彰する「シチズン・オブ・ザ・イヤー」を創設した。②読売新聞社も、厚生労働省の後援の下で2001（平成13）年に70歳以上の自立高齢者を対象にする「ニューエルダーシチズン大賞」を設けた。③日本パブリックリレーションズ協会は、2012（平成24）年に公益活動に活躍・貢献した人を表彰する「PRパーソン・オブ・ザ・イヤー」を創設した。④これらに対して、朝日新聞社は、2004（平成16）年から社会福祉、教育支援、環境保全、国際貢献などに対する企業・会社の貢献（フィランソロピー）を顕彰する「朝日企業市民賞」を展開している。⑤1990（平成2）年には企業メセナ協議会が設立され、2000（平成12）年より文化庁の後援の下で「メセナアワード」を主催している。

　（2）女性に関する賞。①化粧品会社のエイボンは、1979（昭和54）年、女性の社会貢献や教育、芸術、スポーツなどの分野における功績を顕彰する「エイボン女性年度賞（エイボンアワーズ・トウ・ウイメン）」を創設した。第1回の大賞は、市川房枝（「婦選獲得運動と自治政へのコミット—市川房枝を中心に山川菊栄も」、拙著『日本地方自治の群像・第5巻』成文堂、2014年、を参照）が受賞した。②詩人の高良留美子は、女性の文化創造活動を励ますために1997（平成9）年から「女性文化賞」を主催している。③NPOの［わたし、つまりNobody］は、哲学的なエッセイを確立した池田晶子の功績・意思を継ぐ者を対象にする「池田晶子記念・わたし、つまりNobody賞」を彼女の亡くなった2007（平成19）年に設けた。④同じ2007（平成19）年、NPO日本マザーズ協会は、ママたちの憧れや目標となる母親を子供を持つ母親たちの投票で選定する「ベストマザー賞」を立ち上げた。⑤2010（平成22）年、津田塾

大学は、創立110周年を記念し、女性の未来を開く可能性に挑戦する先駆的な活動を対象に個人・団体を顕彰する学祖「津田梅子賞」を創設した。

（3）人権などに関する賞。①東京弁護士会は、人権擁護活動に寄与した個人・団体が対象の「東京弁護士会人権賞」を1986（昭和61）年より展開している。②多田遥子反権力人権基金は、わずか29歳で亡くなった弁護士の多田遥子の遺志を継承し、1989（平成元）年、自由と人権の擁護に貢献した個人・団体が対象の「多田遥子反権力人権賞」を創設した。③1994（平成6）年に全国市民オンブズマン連絡会議が結成されたが、1997（平成9）年に都道府県と政令指定都市への包括的外部監査の義務づけを契機に、優れた監査報告書が対象の「オンブズマン賞」を設けた。④早稲田大学マニフェスト研究所は、2005（平成17）年に各種選挙などでのマニフェストが対象の「マニフェスト大賞」を創設した。

（4）国際理解・協力や国際平和に関する賞。①広島市と広島市文化財団は、1989（平成元）年に美術の分野で被爆地〈ヒロシマの心〉を体現し、人類の平和に貢献した個人・団体を対象にした〈公〉主催の「ヒロシマ賞」を3年に1度ごと開催してきた。第1回は、ファッションデザイナーの三宅一生が受賞した。②白光真宏会の開祖・五井昌久を顕彰する五井平和財団は、2000（平成12）年、教育・化学・文化・芸術などを通じた国際平和への貢献者を対象とする国際賞としての「五井平和賞」を設けた。③既述したところだが、大阪府堺市は、同じく〈公〉主催の賞として朝日新聞社の後援の下で2008（平成20）年に「自由都市・堺—平和貢献賞」を設けた。それは、平和と人権を尊重するまちづくり条例に基づくもので、平和貢献活動を実践した個人・団体を対象にする国際賞である。④日本国際連合協会（財団）は、外務省とともに1954（昭和29）年より「国際理解・国際協力のための主張コンクール」を、1961（昭和36）年より「国際理解・国際協力のための全国中学生作文コンテスト」を開催。⑤独立行政法人の国際交流基金（The Japan Foundation）は、1973（昭和48）年に国際交流による相互理解の促進に貢献した個人・団体が対象の「国際交流基金賞」—文化・芸術交流部門と日本語・日本研究知的交流部門からなる—を創設し、さらに1985（昭和60）年には文化交流により日本と海外の市民との連携・紐帯を深める活動を担っている団体が対象の「国際交流基金地球市民賞」を設けた。⑥拓殖大学は、1999（平成11）年から全国の高校生・留学生

による作文コンクールを主催し、「後藤新平・新渡戸稲造記念—国際協力・国
際理解賞」（新渡戸については「井上円了と新渡戸稲造—田学と地方学を中心
に」、拙著『日本地方自治の群像・第1巻』成文堂、2010年、を参照）を設け
た。⑦国際言語文化振興財団は、2006（平成18）年に「国際理解促進図書賞」
を設けている。

第4章　地域の文化振興・活性化分野の賞

　ここで考察しようとするのは、第2部で考察した〈公〉としての地方自治体（地方政府）が地域の文化振興や活性化などを図る政策・施策の一環として創設した賞ではなく、〈民〉が創設・主催の主体となって地域の文化振興や地域活性化を図るツールとして設けた賞である。もっとも、旧自治省と旧郵政省・総務庁が合体した総務省などや省庁の外郭団体（独立行政法人を含む）といえるもの（〈官〉および〈準官〉）、それに地方自治体が設立した全国団体（〈公〉）も、地域の文化振興や活性化に関わる授賞事業を展開しているので、まずそれを散見することにする。というのも、地域の文化振興や活性化における〈官〉および〈準官〉や〈公〉と〈民〉を比較してみようと思うからである。なお、以下の賞の幾つかは、『郷土・地域文化の賞事典』日外アソシエーツ、2017（平成29）年に拠っているので、受賞者名などについて詳しくは同書を参照されたい。

第1節　〈官〉〈公〉〈民〉の地域分野賞

　（1）まずは、〈官〉および〈準官〉が創設・主催の主体となっている地域賞を列挙する。①都市緑化機構（旧建設省外郭団体）は、1980（昭和55）年に自治体、企業、民間団体を対象にする「緑の都市賞」と公園・広場・遊歩道などの緑化を対象にする「緑のデザイン賞」—1990（平成2）年に「緑の環境プラン大賞」に改称—を創設し、2001（平成13）年には「屋上壁面緑化技術コンクール」を設け、その後、第一生命財団とこの三賞を共催している。②財団のあしたの日本を創る協会（旧総理府外郭団体）は、1986（昭和61）年に「ふるさとづくり賞」を創設したが、2006（平成18）年に「あしたのまち・くらしづくり活動賞」に改称した。独自な発想でまち・くらしづくりに取り組んでいる地域団体や企業が対象。③旧建設省（現国土交通省）は、1990（平成2）年に「都市景観の日」（10月4日）を制定し、「都市景観の日」実行委員会を設置した。そして、2001（平成13）年には「都市景観大賞（美しいまちなみ大

賞）」を設けたが、2011（平成23）年からはそれに代わり「都市空間」と「景観まちづくり活動・教育」の2部門に再編した。④財団の地域伝統芸能活用センター（旧通産省・運輸省外郭団体）は、1993（平成5）年に「高円宮殿下記念地域伝統芸能大賞」を創設した。それは、地域の伝統芸能を活用し、観光・商工業の振興に貢献した個人・団体を対象にし保存継承賞、活用賞、支援賞、地域振興賞を設けた。⑤総務省消防庁と日本防火・防災協会（財団）は、1995（平成7）年より防災に対するハード・ソフトの取り組み、人材育成、普及・啓蒙・情報発信などを実施している優れた団体・組織が対象の「防災まちづくり大賞」を共催している。⑥総務省は、2014（平成26）年に人口減少、少子高齢化、医師不足、災害対応、地域経済の衰退などを解決するためICT（情報通信技術）の利用・活用・普及の促進を図る「地域情報化大賞」を創設したが、2014（平成28）年に「ICT地域活性化大賞」と改称した。⑦国土交通省は、2016（平成28）年に都市問題の解決や次世代型都市の創設に資する手法、先端技術を活用してまちづくりを進めている団体が対象の「先進的まちづくり大賞」を創設したが、2018（平成30）年からは独立行政法人の都市みらい推進機構の主催に。

（2）次は、地方自治体の全国団体（〈公〉）などが主催する地域賞である。①都道府県、市区町村、地方6団体（全国知事会・市長会・町村会、全国都道府県・市・町村議会議長会）、民間団体などによる地域活性化センター（財団）は、1996（平成8）年に「ふるさとイベント大賞」を創設した。②都道府県と政令指定都市が出資して設立した地域総合整備財団（通称ふるさと財団）は、2002（平成14）年にふるさとの振興に貢献している企業・民間事業者を表彰する「ふるさと企業賞」を設けた。③全国知事会・市長会・町村会および関連団体の出資による地域創造財団は、財団設立10周年を記念し、2004（平成16）年に「地域創造大賞」を設けた。地域で創造的かつ文化的な表現活動の環境づくりに功績をあげた公立文化施設（劇場・美術館・文化会館・博物館など）が対象。④全国のすべての地方自治体の出資で設立した地方公共団体金融機構は、2014（平成26）年にファイナンス（資金調達や資金運用など）に関して模範・参考となる取り組みをしている自治体が対象の「地方公共団体ファイナンス賞」を設けた。⑤全国知事会・市長会・町村会が出資する財団の自治体国際化協会（CLAIR）は、総務省と共催で2016（平成28）年に姉妹都市提携など海

外との自治体交流に創意と工夫ある取り組みをしている自治体への「自治体国際交流表彰」を展開している。

（3）以上に対し、〈民〉が主体となって地域の文化振興や活性化のツールとして創設・主催している賞である。歴史あるものとしては、①毎日新聞社が1975（昭和50）年に創設した「毎日郷土提言賞」がある。それは、明日のふるさとづくりのため自治体行政への市民参加や地域の在り方に関する有益な提言を表彰するものだが、1994（平成6）年に幕を閉じた。②新人物往来社が雑誌『歴史読本』の第250号を記念して1976（昭和51）年に「郷土史研究賞」を設けたが、1996（平成8）年に終了した。③これらに対し、現在まで継続している伝統的な賞は、サントリー文化財団が1979（昭和54）年に創設した「サントリー地域文化賞」である。文学・音楽・美術・歴史・伝統継承・環境の美化創造・国際交流・コミュニティ活動など地域の文化の向上に寄与した個人・団体を対象とし、全国の新聞社とNHK支局に推薦を依頼し、財団が現地調査を行って選定。第1回の最優秀賞は、大分県民オペラ協会が受賞している。

その後、創設された賞は、数が多いのでやはり創設年次順に列挙するに留める。④化粧品会社設立のポーラ伝統文化財団は、1981（昭和56）年に伝統工芸・芸能や民俗芸能・行事などの分野で優れた業績を残した人々を顕彰する「伝統文化ポーラ賞」を創設した。⑤NTTは、全国のタウン誌を応援するため、1985（昭和60）年に「NTT全国タウン誌大賞」を設けたが、1998（平成10）年に終了した。⑥それに代わり、地域情報を定期的に発信している個人・団体・企業を会員とする社団の日本地域情報振興協会が、2011（平成23）年に「日本タウン誌・フリーペーパー大賞」を創設した。⑦東京都営バスの黄・赤バスに対する色彩改善運動の会として発足した公共の色彩を考える会が、1986（昭和61）年から朝日新聞社などの後援を得て「公共の色彩賞」を主催。⑧1991（平成3）年、まちづくりを企図する「全国花のまちコンクール」を日本花の会、万博記念協会、日本花普及センター、都市緑化機構からなるコンクール推進協議会が主催。⑨1996（平成8）年、日本経済新聞社と日本インターネット協会（社団）、地域活性化センターが、「日経地域情報化大賞」を創設した。ITを活用した地域の活性化や生活の向上、文化の振興に功績を挙げた団体が対象だが、2008（平成20）年に終了した。⑩1997（平成9）年に制定されたアイヌ文化振興法により設立されたアイヌ文化振興・研究推進機構（財

団）が、アイヌ文化の保存・振興に貢献した個人・団体を表彰する「アイヌ文化賞」を設けた。⑪同じく1997（平成9）年には、全国信用金庫協会（社団）が、地域の確固たる信頼を得るため、信用金庫の地域社会活動を対象にする「信用金庫社会貢献賞」を創設した。

　さらに、21世紀に入ってから創設されたものを、ごく簡単に創設年次順に追ってみる。①2003（平成15）年に照明学会が「照明普及（優秀施設）賞」を創設。②2004（平成16）年、地域創造（JAFRA）財団が、財団創設10周年を記念し「JAFRAアワード」を創始し、地域の芸術環境づくりに功績のあった公立文化施設に総務大臣賞を授与。第1回は、岡谷市のカラノホール他、富良野演劇工房、盛岡劇場、世田谷文化生活情報センター、小出郷文化会館、京都芸術センターなどが受賞。③2005（平成17）年、JTB（日本交通公社）が、地域に根ざした持続的な交流と地域の魅力創出などに寄与した個人・団体が対象の「JTB交流文化賞」を設けた。④ご当地（B級）グルメでまちおこし団体連絡協議会（通称愛Bリーグ）と開催実行委員会が、2006（平成18）年にユニークな「B-1グランプリ」を立ち上げた。⑤2007（平成19）年、日本新聞協会（社団）は、新聞販売所の地域活動を表彰するために「地域貢献大賞」を創設した。⑥日本観光振興協会は、2007（平成19）年に産業観光（産業遺産や現在稼働中の産業施設などの活用）による模範的なまちづくりを実践した団体を表彰する「産業観光まちづくり大賞」を設けた。⑦財団の日本国際交流センター（JCIE）は、2008（平成20）年にアメリカのティファニー財団の協力の下で日本の伝統文化の振興と地域社会の活性化に功績のある団体が対象の「ティファニー財団賞～日本の伝統文化と現代社会」を創設したが、2013（平成25）年の第6回で終了。⑧日本経営者協会（社団）は、2009（平成21）年に〈公〉（自治体行政）と〈民〉（自治会、商工会、地場産業・企業など）との協働のプロジェクトや仕組みで優れたものを表彰する「活力協働まちづくり推進団体表彰」を創始したが、2014（平成26）年に「協働まちづくり表彰」に改称。⑨同じく2009（平成21）年、市民団体の福岡住環境を守る会は、景観に悪影響を与える建築物を逆に表彰するというユニークな「福岡まちこわし大賞」を立ち上げた。これは、COP（気候変動枠組条約締結国会議）の開催中に国際的NGOネットのCAN（気候変動アクション・ネットワーク）が温暖化対策に消極的な国を逆に表彰する「化石賞」—日本は2019（平成元）年と2022（令和4）年

に表彰された─と同様の発想である。⑩日本立地センター（財団）と全国イノベーション推進機関ネットは、2012（平成24）年に地域産業支援プログラムとその支援者の質的向上を図るとして「イノベーションネットアワード」を設けた。⑪日本食糧新聞社は、創刊70周年を記念して2013（平成35）年に地域の社会・経済発展に貢献し、地域の食品業界の地位向上に資する企業が対象の「地域食品産業貢献賞」を創設した。⑫コープみらい社会活動財団は、2014（平成26）年から地域課題の解決のために優れた活動や事業を展開する団体が対象の「コープみらい地域かがやき大賞」を主催。⑬経済・業界・テーマの3団体からなるレジリエンスジャパン推進協議会が、2015（平成27）年に先進エネルギー自治体を表彰する「ジャパン・レジリエンス・アワード」を設けた。⑭2015（平成27）年、地域の将来を支える名品とその市場開拓を支援する表彰制度として「ふるさと名品オブ・ザ・イヤー（地域創生大賞）」が立ち上げられた。J：COM、JTB、TV・TOKYO・COM、ドウ・ハウスの4幹事会社と会員企業6社からなる同賞実行委員会が主催し、内閣府と経済産業省が後援し賞を〈名義貸し〉している。⑮WEBサイトのニッポン・クエストは、2016（平成28）年から日本のふるさと名物の海外販路の拡大や外国人客を誘引するため、ふるさと名物情報を広く海外へ発信する「NIPPON QUEST AWARD」を創始した。⑯2016（平成28）年、サービス産業生産性協議会が、全国のサービス産業の士気向上を図るため政府各省庁などのバックアップの下に「日本サービス大賞」を創設し、〈名義貸し〉の内閣総理大臣賞をはじめとする関係6省大臣賞を設定した。⑰さらに2016（平成28）年、行政と民間が一体となった国民運動の推進を自称するうるおい日本プロジェクト（政府省庁や自治体の行政会員、企業会員、財団などの民間団体会員をもって構成）は、温泉地のある市区町村の取り組みを評価する「温泉総選挙」を開始した。AKB48の総選挙という発想を借用したものであろう。

第2節　〈官〉〈公〉〈民〉の地域分野賞の異同

　以上のような地域の文化振興や地域活性化の分野での〈官〉および〈準官〉や〈公〉創設・主催の賞と〈民〉のそれを比較してみると、第1に、共通点は個人よりもむしろ団体、企業、自治体を授賞対象にしていることだ。この分野で成果をあげるには、個人のみでは困難なことから当然であろう。そうして、

とりわけ地域の活性化を促すための賞が、1990年以降の平成年代に入ると叢生化していることである。それは、第2部の〈公〉の賞で指摘したように、1990（平成2）年のバブル経済の崩壊によって地域経済も大きなダメージを受けたため、全国の市町村が改めてまち・むら起し、地域の活性化、地域創生化に取り組まざろうなくなったことを背景にしている。だが、第2に、異なる点として地域の文化振興や活性化の分野の先端において、〈官〉および〈準官〉や〈公〉と〈民〉の間には、次のような発想の位相が見られることである。

　1つ目に、「都市景観の日」を設定した旧建設省（現国土交通省）の「都市景観の日」実行委員会が「都市景観大賞（美しいまちなみ賞）」を設けたのに対して、福岡市の市民団体である福岡住環境を守る会は逆に都市景観を阻害する建築物を表彰する「福岡まちこわし大賞」を創設したことである。この両者に見られる発想の位相は、次の賞でより鮮明となるが、〈官〉および〈準官〉や〈公〉は後者のような発想に立つことはほとんどあり得ないといえることだ。

　2つ目に、〈民〉主体の「B　1グランプリ」の逆転の発想といえるものである。〈官〉や〈公〉、それに〈民〉も含め全般にそれらによって創設される賞にでは、そもそも賞とは〈美しいもの〉、〈優れたもの〉、〈偉大なもの〉などへ、言いかえれば〈A級レベルのもの〉へ授与されるべきであると観念されているといえる。これに対して「B-1グランプリ」は、まさに〈B級レベルのもの〉に賞を設定している。ここに発想の柔軟性・逆転性が見られる。もっとも、逆転の発想に基づく賞は、後述の文学賞や映画賞にも2～3見られる。

　3つ目に、〈民〉主体の賞ではあるが、政府省庁などの後援を受けているケースとそうでないケースの相違である。その典型は、実行委員会による「ふるさと名品オブ・ザ・イヤー（地方創生大賞）」やサービス産業生産性協議会による「日本サービス大賞」とWEBサイトのニッポン・クエストによる「NIPPON QUEST AWARD」に見られる。前者は、いわば〈お上〉頼みといえるのに対し、後者は〈新手法〉の開発となっていることである。今後、〈民〉に求められるのは、後者の行き方であろう。

第5章　出版文化関係分野の賞

第1節　翻訳分野の賞

　翻訳も出版文化の一環だが、ここでは分離・独立させた。①最も古いのは、日本翻訳家協会（JST）が、1964（昭和39）年に設けた2つの賞、すなわち「日本翻訳文化賞」と「日本翻訳出版文化賞」である。例えば、E.G.サイデンステッカーによる川端康成の『雪国』や『伊豆踊り子』の翻訳などを除けば、ほとんどが外国作品の日本語訳に対する授賞で、前者は翻訳者に後者は出版社に授与される。そして、②1994（平成6）年から、日本語作品の外国語訳に対する「翻訳文化特別賞」と「翻訳出版奨励賞」が設けられた。③なお、1968（昭和43）年に日本翻訳家協会（JST）が分裂し、離脱団体が同名の「日本翻訳文化賞」を設けたが、同団体は1997（平成9）年に解散している。④次に古いのが、バベル社の雑誌『翻訳の世界』が1976（昭和51）年から主催する「バベル翻訳奨励賞」である。大賞の他、エンターテイメントやノンフィクションなどの部門別賞からなるが、1991（平成3）年にはバベル翻訳大賞とバベル新人賞からなる「バベル国際翻訳賞」に変わった。しかし、2005（平成17）年に雑誌の休刊により、賞も幕を閉じた。

　さらに後述のものとして、⑤ロシア文学者で翻訳家の湯浅芳子を顕彰する湯浅芳子記念翻訳劇女性基金は、1994（平成6）年、外国戯曲の翻訳や上演などが対象の「湯浅芳子賞」を創設したが、2008（平成20）年に終了している。⑥また講談社は、創業80周年を記念し、1990（平成2）年に「野間文芸翻訳賞」を創設している。⑦2009（平成21）年、翻訳ミステリー大賞シンジケートが、「翻訳ミステリー大賞」を創設した。

　これに対し、外国の文化会館が設けている翻訳賞がある。①その1つは、イタリア文化会館による賞である。同文化会館は、1978（昭和53）年にイタリアに関する日本の優秀な研究著作を表彰する「マルコ・ポーロ賞」を設けたが、2007（平成19）年の中断を経た後、2013（平成25）年にそれを継承する写真

家・人類学者・東洋学者の「フォスコ・マラティーニ賞」を創設した。②また同文化会館は、イタリア語作品の優れた翻訳を表彰するためルネサンス期の文化人である「ピーコ・デッラ・ミンドラ賞」を創設したが、これも2007（平成19）年の中断後、改めて2014（平成26）年にイタリア文学の翻訳家を顕彰する形で「須賀敦子翻訳賞」を設けた。③もう１つは、ドイツ文化センターが、1998（平成９）年にドイツ語著書の翻訳賞である「レッシング賞」を設けていることだ。

　その他、注目されるのは、日本臓器製薬元社長の小西甚右衛門を顕彰する小西国際交流財団が創設した２つの翻訳賞である。④その１つは、1993（平成５）年に創設された「日仏翻訳文学賞」である。日仏文学作品の仏訳と日本語訳を同時に表彰するものだが、惜しくも2003（平成15）年をもって終了した。しかし、同財団は、⑤もう１つに、代わりとして2017（平成29）年にフランスにおける日本の漫画（アニメ）文化の波及に着目し、日本の漫画の優秀なフランス訳を表彰する「漫画翻訳賞」を創設した。⑥また翻訳家の西崎憲の呼びかけで、外国語作品の優れた日本語翻訳を表彰する「日本翻訳大賞」が創設され、2015（平成27）年から西崎らがメンバーとなった同賞実行委員会によって主催されている。

第２節　出版文化３分野の賞

　この分野（ジャンル）の賞は、以下のように３つに分けて整理・考察する。
　（１）広範囲の分野の出版物を対象とする賞である。既に新聞社の賞で触れたが、①1947（昭和22）年に創設された「毎日出版文化賞」は、文学・芸術、人文・社会科学、自然科学、企画の４部門からなる歴史ある賞だ。ただ、毎日新聞社は、創刊130周年を記念して2003（平成15）年に「毎日書評賞」を設けたが、2013（平成25）年にはそれが「毎日出版文化賞」の一部に吸収され、さらに2016（平成29）年には「毎日出版文化賞」からも姿を消している。②次に古い賞は、1952（昭和27）年に小学館が創設した「小学館児童出版文化賞」である。対象は、創作・写真・科学絵本、童話・文学（フィクション・詩・シナリオ）、その他（ノンフィクション・図鑑・事典）と幅広い。③続いて講談社は、1960（昭和35）年に講談社三賞の「まんが賞」、「さしえ賞」、「写真賞」を創設したが、1970（昭和45）年には創業60周年を記念して「講談社出版文化

賞」に切り替えた。それは、前賞を吸収してまんが賞、さしえ賞、写真賞、ブックデザイン賞、絵本賞、科学出版賞へ拡大されたが、その後、「まんが賞」と「科学出版賞」は独立の賞となった。④2019（令和元）年に野間文化財団が「野間出版文化賞」を創設し、文学作品の他にアニメ・雑誌編集・写真集なども対象としたこと——第2回にはかの吾峠呼世晴「鬼滅の刃」が受賞——により、さしえ賞、写真賞、ブックデザイン賞は終了とされ、絵本賞のみが残ることになった。

　さらに、⑤1987（昭和62）年、鳥取県で「日本の出版文化展」が開催された。それを機に翌年、ブックインとっとり実行委員会は、地方出版書を対象にする「地方出版文化賞」を主催した。⑥1996（平成8）年、新風社が「新風社出版賞」を創設し、まさに出版の〈新風〉を宣伝し始めた。それは、著書を出版したい人の作品を公募し、大賞などの受賞作品を同社の費用負担で出版するという。だが他方で、受賞外の作品も出版するが、その場合は本人と同社の共同（費用負担）出版を奨励するものであったことから、こうした商法には批判の眼が向けられた。⑦1998（平成10）年には、日本グラフィックサービス工業会が朝日新聞社などの後援の下で「日本自費出版文化賞」を創設した。対象は、地域文化、個人誌、小説、エッセー、詩歌、研究・評論、グラフィックなどと幅広い。

　（2）賞の対象が特定の作品・分野に限定されているもの。例えば、①日本経済新聞社と日本経済研究センター（社団）が、1958（昭和33）年に経済・経営・会計分野に限定した優れた著書の著者と出版社を対象に創設した「日経・経済図書文化賞」や、②独立行政法人の労働政策研究・研修機構が読売新聞社の後援の下で1978（昭和53）年に創設した「労働関係図書優秀賞」が、その典型である。③産経新聞社が、1954（昭和29）年に創設し、現在、フジテレビとニッポン放送の後援、JRグループの協賛を得ている「産経児童出版文化賞」もこのタイプといえる。④また日本出版学会は、1979（昭和54）年に出版の調査・研究領域における優れた著書・論文が対象の「日本出版学会賞」を設けたが、それは学会賞であるだけでなく出版文化分野の賞でもある。

　次は、この分野のユニークな賞といえるものである。①丸善雄松堂書店は、雄松堂書店の創業65周年を記念して1997（平成9）年に出版事業に欠かせない目録・索引などの優秀な書誌作品が対象の「ゲスナー賞」を設けた。C.ゲス

ナーは、スイス生まれの博物学、書誌学などの大家である。②さらにWEBサイトの「フットボールチャンネル」や「ベースボールチャンネル」を運営するカンゼン（kk）は、双葉社と白水社の協賛を得て2014（平成26）年にサッカーに関する図書を対象にした「サッカー本大賞」を立ち上げた。それには、優秀作品の中から読者の投票によって授賞作品を決定する読者賞も設けられた。

　（3）出版社を対象にしたり、出版本体に付随する出版作業が対象の賞。出版社の表彰は、「日経・経済図書文化賞」に見られたが、①その典型は1985（昭和60）年に設けられた「梓会出版文化賞」であろう。梓会とは、中小の専門書出版社の約100社もって設立された社団法人である。その梓会は、有意義な出版を行った出版社を顕彰する文化賞や特別賞を設けた他、2004（平成16）年には主要新聞社・通信社の文化部長を選考委員とする「新聞社学芸文化賞」を創設した。後者の出版本体に付随する出版作業が対象の賞とは、「講談社出版文化賞」に吸収された「さしえ賞」や「ブックデザイン賞」のようなものである。その他、ユニークなのは、②雑誌『面白半分』の第4代編集長に就いた五木寛之が1973（昭和48）年に創案したという「日本腰巻文学大賞」である。書物の特色表示や推薦人の推薦文などを記載した紙帯を書物に巻きつけるので、それを業界用語で腰巻というのである。しかし、残念ながら、雑誌社の倒産により賞も消失した。③ブックカバーの書皮友好協会が1984（昭和59）年に創設した「書皮大賞」も、ユニークな賞といえよう。

第3節　「本屋大賞」登場の衝撃

　以下で述べるように、現在も長期の出版不況が続いている。特に専門書の刊行は困難になっている一方、電子書籍化は拡大しつつある。出版科学研究所によると、2020（令和2）年の電子出版の市場規模は3931億円で、前年比28％増となりの出版市場の1／4近くを占めるに至っているが、人文書や専門書の電子化は進捗せず、電子化の90％弱がコミックであるという（「朝日新聞」2021年2月23日）。こうした状況の中で、以上の3つの出版文化分野の賞を見ると、今後の出版文化賞の新しい方向性や在り方は必ずしも窺われない。その点をあぶり出したのが、次の「本屋大賞」の登場であり、それに類似する授賞方式を導入した賞の輩出である。出版分野に限らず、これまでの各分野におけるほとんどの授賞事業は、各分野のプロや識者などから構成される専門選考・審

査委員会による選考・決定方式をとり、それを当然視してきた故に、素人（アマ）やセミプロに選考・決定を委ねるる授賞方式の登場は、衝撃、注目、話題、論議を巻き起こすことになった。

　①それに先鞭をつけたのが、過去1年間に出版された小説を対象に2004（平成16）年に立ち上げられた「本屋大賞」である。NPOの本屋大賞実行委員会が、「売場からベストセラーをつくる」として主催。授賞の選考・決定方式は、全国の書店員が「いちばん！売りたい本」を第1次投票により1人3作品を挙げ、その集計結果における上位10作品につき推薦理由添付の第2次投票を行い、大賞を決定するというもの。第1回の「本屋大賞」第1位は、小川洋子の『博士の愛した数式』で、第2位は横山秀夫の『クライマーズ・ハイ』であった。受賞した小川の小説は、受賞前の発行部数9万4000部が、受賞後は半年で34万部へと一気に拡大した。このように「本屋大賞」は、これまで多くのベストセラーを生み出したり、第2位の横山の小説のように映画やテレビ・ドラマ化されるものをも生み出した。その本屋大賞実行委員会は、②さらに2018（平成30）年には「Yahoo! ニュース本屋大賞・ノンフィクション大賞」を設けた。

　これに続いたのが、2005（平成17）年に創設された3つの文学賞である。③1つは、宝島社が創設した「日本ラブストーリー大賞」である。歌手、俳優、漫画家などの素人（アマ）を選考委員としたことで驚かれた。もっとも、後にプロの作家も選考委員に加わるが、2010（平成22）年に中止となった。④2つは、角川書店とフジテレビによる「雑誌『野性時代』青春文学賞」である。それは、応募作の中から最終候補作を数点に絞り、それをネットで公開して人気投票を行い、その結果を踏まえつつ編集部と書店・読者代表の三者で授賞作を決定するというものであった。⑤3つは、Yahoo! JAPAN（kk）が主催し、小学館の協賛による応募作品をオンラインに乗せて人気投票を行って受賞作を決定するとした「Yahoo! JAPAN文学賞」である。⑥さらに、中央公論新社が2008（平成20）年に創設した「新書大賞」は、1年間に刊行された多種多様で幅広い新書版を書店員や評論家、各出版社の新書編集部、新聞記者が投票で10作品のランク付けして選考・決定する方式をとった。⑦また紀伊国屋書店は、2011（平成23）年に「紀伊国屋じぶん賞」を設け、読者の推薦によって人文書のベスト30書を決定する方式をとり、2014（平成26）年に創設された先の

「サッカー本大賞」もサッカー本の優秀作品の中から読者の投票で決定する読者賞を設けた。

　このように「本屋大賞」に刺激されたためか、授賞作の選考・決定方式に読者（アマ）や書店員（セミプロ）の推薦や投票方式を導入する賞が輩出することになったが、また「本屋大賞」の成功は次の2つの状況を惹起した。1つは、全国ベースの「本屋大賞」をお手本に地方発の「本屋大賞」を生み出したことだ。すなわち、2011（平成23）年以降の、「神奈川本大賞」、「静岡書店大賞」、「京都本大賞」、「広島本大賞」や千葉県の「酒飲み書店員大賞」、東海3県による「日本ど真ん中書店大賞」などである。もう1つは、読者などが推薦や投票によって授賞の選考・決定（手続き）に参加する方式が、文学賞以外にも拡大し始めたことである。例えば、後述の2008（平成20）年に始まった「まんが大賞」や2009（平成21）年に創設された「CDショップ賞」などである。

　それだけでなく、「本屋大賞」の成功は、出版社や文学賞（賞ビジネス）業界にも波紋を広げた。「本屋大賞」を創設する発端・契機は、2002（平成14）年度下半期の「直木賞」が受賞作無しになったことへの書店員たちの不満—自分達だったら推奨したい小説があるのに、どうして!?—にあったという。背景には、1990年代以降の出版不況があった。書籍・雑誌の販売部数のピークが、雑誌は1995（平成7）年、書籍が1998（平成10）で、以後、急速・長期にわたる右肩下がりが続いてきた。そんな中で文学賞の大御所である「芥川賞」と「直木賞」が、特にエンターテイメント性の強い中間・大衆小説を授賞対象としてきた「直木賞」が本を売るチャンスを生かしていないことへの不満・懐疑だったという。

　ここには、文学賞とは何かということと、小説（文学書）を出版し売るという出版・販売ビジネスの在り方という2つの論点が顔を出している。少なくとも出版社間の熾烈な〈水平的な競合・競争〉の中における文学賞の創設・主催には、大きく2つの機能があるといえる。1つは、公募という〈垂直的な競合・競争〉の中で新人・才能の発掘や作品・作家の質の向上・革新を促すこと、非公募のいわば作家として独り立ちした実力作家や大家などの精進や顕彰、さらには大量の出版書数の中における読者へのブックガイドのような機能である。もう1つは、〈賞ビジネス〉の機能である。出版社は、当然、小説（文学書）を出版して、言いかえれば〈商品化〉して収益を最大化するため小

説（商品）をできる限り多くの読者に購読してもらいたい。だから、新聞・雑誌などへの出版広告を行ったり、推薦や書評などによる〈権威化〉を図ったりする。この〈権威化〉の中で最強の手段こそが、〈賞ビジネス〉であるといってよい。そうして、この〈賞ビジネス〉の競合・競争が、大量の文学賞生み出しているのである。

「本屋大賞」は、実は出版・販売ビジネスの一環である〈賞ビジネス〉の在り方に一石を投じたのだ。従来、多くの文学賞は、公募の場合、候補者選考段階で一般読者の声（推薦など）を取り入れるものもあるが、ほとんどはプロの作家、評論家や新聞・雑誌の編集者などからなる専門選考・審査委員会が選考・決定を行ってきた。しかも、選考・決定の基準は一応示されながらも、そのプロセスが完全にオープン化されることはほとんどない。もっとも、完全なブラックボックスでもない。というのも、受賞後の講評などで選考・決定のプロセスが一定程度明らかにされるからだ。その意味では、パラオープン（半開き）型といえよう。とはいえ、パラオープン（半開き）型であるゆえに、実は「芥川賞」や「直木賞」にもあるとされる選考・決定プロセスにおける〈すり合わせ〉や〈根回し〉など—そうした点については、さしあたり川口則弘の『芥川賞物語』と『直木賞物語』ともにバジリコ、2013〜2014年、を参照されたい—は、一般の読者には見えない。そこで「本屋大賞」が〈賞ビジネス〉の在り方に一石を投じた点は、2点ある。1つは、受賞作品の選考・決定プロセスに書店員というセミプロを参加させ、彼・彼女らの投票（点数）に委ねるという〈客観化〉の方式を導入したこと。もう1つは、書店員の第1次・第2次投票ともにネット上で行うことによって選考・決定プロセスを完全オープン化したことである。

ところで、「直木賞VS本屋大賞」という対談において、文芸評論家で『本の雑誌』の創刊・発行人であった北上二郎は、この「本屋大賞」の選考・決定システムを画期的であると支持し、他の文学賞への拡大を期待している（実は、北上は本屋大賞実行委員会の理事長であり、「打倒！直木賞」を呼号し本屋大賞の提案者であった浜本茂も『本の雑誌』の発行人であった）。これに対して、直木賞選考委員会の司会役を務めた元『文藝春秋』編集長で常務取締役の鈴木文彦は、「直木賞はあくまで作家、実作者の直感を信頼しています」と応答している（「朝日新聞」広告特集、2014年2月26日）。この鈴木の対応は、

「本屋大賞」のセミプロ参加と投票（点数）による選考・決定の〈客観化〉、それに選考・決定の完全オープン化を否定し、従来の選考・決定のプロ委嘱とそのパラオープン（半開き）型を支持するものといえる。

　しかし、この両者の位相は、見方を変えれば〈賞ビジネス〉の立ち位置を〈商品化〉重視に置くか〈権威化〉重視に置くかの相違といえる。それを文芸評論家の大森望は、授賞の選考・決定プロセスにおける従来の「エリート主義」対「民主主義」の位相と捉え、「本屋大賞」によって「文学賞の世界にポピュリズムが導入された」という。そして、セミプロの書店員が、「読者の立場に立って選ぶという意味では民主的です。文学賞をビジネスと見なす人たちにとっては、五千部とか一万部とかの玄人ウケする小説じゃなくして、十万部百万部売れる可能性のある受賞作を出したい。そのためには玄人より素人の選考委員が望ましい」わけだとし、〈賞ビジネス〉としての「本屋大賞」に寛容である。これに対し、対談相手の文芸評論家の豊崎由美は、それに懐疑的でかくいう。「そもそも多数決から一番遠いところから生まれるのが、文学なんじゃないか……それなのに、本屋大賞とか新設の読者投票で選ばれる賞では、多数決で均されたものが受賞してしまう。多数決はいかにもダメなものをはじく程度の良識は持ち得ても、突出した作品を評価できるほどの見識は持ち得ませんよね」と、〈賞ビジネス〉よりも文学賞のもう1つの機能を対置する（以上の引用は、大森望・豊崎由美『文学賞メッタ斬り！リターンズ』PARCO出版、2006年、18〜23頁による）。

　確かに、歌手や俳優など素人（アマ）や書店員というセミプロの投票による選考・決定方法は、既述した文学賞のもう1つの機能である新人・才能の発掘、作品・作家の質の向上・革新、実力作家・大家などの精進や顕彰を軽視しがちになる（ただし、ブックガイドという文学賞の機能には新生面を開いたといえる）。それどころか、かかる機能には関心がなさそうに見える。そうした中で、出版社の販売戦略も売上重視の観点から読者参加や話題性などを重視し、新聞・雑誌やテレビ・ネットを巻き込み素人（アマ）やセミプロの選考・決定方式を利用することになると、単なる面白さが先行したり、人気投票へ傾斜したりする恐れがある。「本屋大賞」は、そうした現象を生み出したという批判の声も聞かれる。

　そうした点について、「三島由紀夫賞」の選考委員を務める作家の島田雅彦

は、文学の文化機能の観点から「著者の成熟や挑戦、たくらみを読み取る能力は作家（プロ）に分がある。（プロ外しの選考・決定という）新しい賞は短期的にビジネスになっても、日本語の富を蓄積することはできないでしょう」（「朝日新聞」［文学賞異変］、2005年6月11日、括弧内は引用者の補充）と、〈賞ビジネス〉の立場にネガティブである。しかし、そうだとしても、現在ある大量の文学賞は、選考・決定においてプロ重視の〈権威化〉に安住することはできないであろう。というのも、小説（文学書）の出版という〈商品化〉あっての文学賞であるといえるからだ。そして、〈商品化〉された以上、大量の文学賞が競合する中で、販売・収益の確保・拡大のため、いわば本能的に読者・タレントのような素人（アマ）や書店員のようなセミプロの活用、いや、それ以上の新たな手段・手法を探し求めることは避けられないであろう。

　かくして、筆者の当面の結論は、文学賞の選考・決定プロセスが、アマかプロかの一極に収斂されることはあり得ないということである。おそらく純文学系の文学賞は〈権威化〉─文学の文化機能─を重視し、プロに選考・決定を委ね続けるであろう。これに対して、エンターテイメント系の文学賞は〈商品化〉─〈賞ビジネス〉─を重視し、素人・セミプロ参加方式や投票方式、ネット・SNSなど活用するさらに新しい選考・決定手法を模索するであろう。それは、特に後述のラノベ（ライトノベル）の文学賞や漫画分野の賞に既に顕著に顕れている。

第6章　マス・メディア分野の賞

　マス・メディアは、大きく活字（紙）媒体、電波（放送）媒体、電子（デジタル）媒体に分けることができる。これは、媒体の歴史的な発展順でもある。そうした媒体別に〈水平的な競合・競争〉を繰り広げる中での賞の設定状況を見ると、活字（紙）媒体の賞が最も多く、次いで電波（放送）媒体となるが、媒体の歴史的発展順に追うことにしよう。

第1節　活字（紙）媒体の賞

　新聞・雑誌が創設・主催する賞の最大の特色は、個々の新聞社が〈水平的な競合・競争〉の中で創設・主催する賞が極めて多いことだが、それについては既に第1章の新聞社の賞で考察したので割愛する。それを除くと、新聞・雑誌媒体の賞は、創設・主催別に次のように分けることができる。第1は、個々の新聞社や通信社の連合団体が創設・主催する賞。第2は、ジャーナリストの団体・組織が創設・主催する賞。第3は、優れた功績を残したジャーナリストを顕彰したり、ジャーナリズムを振興するための基金や財団などが創設・主催する賞である。

　（1）個々の新聞社や通信社の連合団体には、戦後間もない1946（昭和21）年設立の日本新聞協会（社団）と、その後1950（昭和25）年結成の日本新聞労働組合連合がある。両連合団体は、ともにメディア賞を創設・主催しているが、前者の日本新聞協会のそれはさらに連合体の構成内部（新聞人）が対象の賞と連合体の構成外部（一般人）が対象の賞に分けうる。そして、ともに新聞・通信組織・団体の〈安定的・発展的〉な存立・存続の企図を根底にする。

　まずは、日本新聞協会の構成内部（広義の新聞人）を対象に設定された賞である。こうした賞は、一般に組織のメンバーや部局のモラール（意欲）を喚起・高揚させ、組織の活性化・立て直しや拡大・発展を狙いにする。それを創設年次順に列記してみよう。①「ボーン・上田記念国際記者賞」。親友同士で、ともに遭難死したUP通信社のM.ボーンと電通社長の上田碩三の業績を

顕彰し、国際報道に業績をあげたジャーナリストを対象に1950（昭和25）年に創設された。②新聞界の発展に尽力し、新聞文化の向上に貢献した功労者を表彰するために1951（昭和26）に設けた「新聞文化賞」。③新聞全体の信用と権威を高める活動による功績を編集、技術、経営・業務の3分野で挙げた新聞人が対象で、1957（昭和27）年に創始された「新聞協会賞、新聞経営賞、新聞技術賞」。④優れた新聞広告活動を展開した広告主と新聞社企画部門を対象とし1981（昭和56）年に設けた「新聞広告賞」。⑤1964（昭和39）年の「新聞技術賞」と1967（昭和42）年の「報道通信技術賞」を統合した1994（平成6）年の「技術委員会賞」。⑥新聞製作技術展に展示された新聞製作機器・システムの優秀作を表彰する1995（平成7）年の「技術開発賞・奨励賞」。⑦新聞の未来を探る提言を行った新聞社（部局）を対象に2000（平成22）年に設けた「私の提言—明日の新聞広告・新聞ビジネス」。

　このような内部向けの賞の展開状況を見ると、特に1900年代半ばからの「技術委員会賞」、「技術開発賞・奨励賞」、「私の提言—明日の新聞広告・新聞ビジネス」の設定は、まさに活字（紙）媒体としての新聞の衰退、生き残りのための苦悩が浮き彫りにされている。最後の「私の提言」の表彰作品を見ると、生き残りのため紙とデジタル（電子媒体）との融合・連携やSNSなどソーシャルメディアの活用などが提唱されているのが眼につく。現在は、朝日・読売・毎日新聞などは、記事の一部がデジタル版（ネットやスマホ）で読めるようになった。ただ、かなり前だが、アメリカのヘラルドかトリビューンかポストかは忘れたが、ペーパーを全廃しデジタル版のみにするという記事を読んだ記憶があるが、日本の新聞にはそうした気配はまだ見られない。

　次は、日本新聞協会が構成外部（一般人）を対象に創設・主催している賞である。この場合は、新聞への支持や期待の調達・顕在化などが企図される。全国の新聞販売所の地域活動を対象に2007（平成19）年に創設した「地域貢献賞」は、第4章の地域の文化振興・活性化分野で既述したので、それ以外を年次順に列記する。①1948（昭和23）に毎年10月15日から一週間を新聞週間とし、それに合わせて募集・表彰を始めたのが「新聞週間標語・新聞配達標語」である。この他は、すべて2000年以降の創設・主催である。②上記の「新聞広告賞」に対し、外向けの広告賞として2002（平成14）年に日本新聞協会の広告委員会が全国のプロ・アマの若手クリエーターを対象に設けたのが「新聞広告

クリエーティブコンテスト」である。③2004（平成16）年には毎年4月6日を〈新聞をヨム日〉とし、それに合わせて新聞を媒介にした出会いや発見のどの体験を一般人・大学生から公募する「HAPPY NEWS賞」を創設した。

　ここにも、新聞の苦悩が見え隠れしている。すなわち、第1部第3章第2節で文部科学省後援の2タイプで既述したが、朝日新聞社主催の「朝日・新聞スクラップコンクール」が2015（平成27）年をもって終了したことは、特に若年層が新聞を読まなくなったことを象徴するとしたが、まさにかかる状況への苦悩が「HAPPY NEWS賞」にも現れている。もっとも、若年層が新聞を読まなくなってきたのは事実だが、作家・評論家の佐藤優が次のように言うことには筆者もいささか共感する。「日本の場合、一般紙のほとんどが高級紙ですから、新聞を読んでいる＝アッパーミドル以上です。それに対してネットとスマホに頼ってる人は将来のプロレタリアート（下層階級の意味）予備軍。つまり上（上層階級）に行きたかったら新聞を読めということ。その点をよ〜く考えた方がいいと思う」（佐藤優『知の教室―教養は最強の武器である』文春文庫、2015年、32頁、括弧内は筆者の補充）。

　①さらに日本新聞労働組合連合は、遅ればせながら1997（平成9）年に平和・民主主義の発展、言論・報道の自由の確立、人権擁護などに貢献した記事・企画・キャンペーンを表彰する「新聞労連ジャーナリスト大賞」を創設した。それは、大賞の他に、後に朝日新聞の論説・編集委員を経て「天声人語」を執筆した疋田桂一郎を顕彰する賞を設けている。

　（2）ジャーナリストの団体・組織が創設・主催するメディア賞であるが、いうまでもなく、ジャーナリスト団体としての発信・アピールに合わせ斬新なジャーナリストの創生やジャーナリストの資質向上などを企図している。創設年次順に列記しよう。①最も古いのは、1955（昭和30）年に結成された日本ジャーナリスト会議（JCT）が1958（昭和33）年に創設した「JCT賞」である。新聞・放送・著作・写真などの分野で優れたジャーナリズム活動や作品発表を行ったジャーナリストおよびグループ（取材班）を表彰する。②日本記者クラブ（社団）が日本新聞学会の元会長である千葉雄次郎の寄託金を基に1972（昭和47）年に設けた「日本記者クラブ賞」。報道・評論活動を通じてジャーナリズムの信用と権威を高めた記者クラブ会員や法人会員社に属するジャーナリストが対象。③農業ジャーナリストの会は、農業・食糧・自然環境の改善などに

優れた功績を挙げた新聞社・放送局の報道や映像を表彰するために1986（昭和61）年に「農業ジャーナリスト賞」を設けた。④日本科学技術ジャーナリスト会議（JASTJ）は、2006（平成18）年に科学技術に関する報道・出版・映像などで優れ成果を挙げたジャーナリストや研究者、グループ（取材班）を表彰する「科学ジャーナリスト賞」を創設。⑤NPOの日本医学ジャーナリスト協会は、協会設立25周年を記念し、質の高い医学・医療ジャーナリズムを根付かせるために医学・医療に関する新聞・テレビ・雑誌などの報道を表彰する「日本医学ジャーナリスト協会賞」を2012（平成24）年に設けた。

（3）ジャーナリストの顕彰やジャーナリズムの振興のため設けられた財団・基金などによるメディア賞であるが、財団・基金それ自体の存立顕示や伸長・発展の企図を根底にユニークなものが目立つ。①元毎日放送社長の坂田勝郎の坂田記念ジャーナリズム振興財団は、1994（平成6）年、「坂田記念ジャーナリズム大賞」を設けた。スクープ報道や企画の部門と国際交流報道部門からなり、関西を拠点にする新聞・放送のジャーナリスト、取材班、ディレクター、プロデューサーが対象。②市民の寄付による平和・協同ジャーナリスト基金は、1995（平成7）年にネット以外の各種メディア（新聞・雑誌・ミニコミ誌からビデオ・DVDまで含む）において反戦・平和・反核・軍縮・協同・連帯・人権擁護などにつき優れた活動や作品発表を行ったジャーナリストが対象の「平和・協同ジャーナリスト基金賞」を創設した。③新潮社、講談社、文藝春秋社などの7出版社の編集者が世話人となり、1955（平成7）年に「編集者が選ぶ雑誌ジャーナリズム賞」を立ち上げた。それは大賞、スクープ賞、作品賞などからなるが、それらの部門の選考は新聞社、出版社、フリーランスの編集者約100名が参加費の1万円を払って投票を行い、上位の2作品を表彰するユニークな方式をとった。④早稲田大学は、2001（平成13）年、同大学を卒業しジャーナリスト（『東洋経済新報』の記者・編集長）になった石橋湛山を顕彰する―第2章の学術分野の「石橋湛山賞」とは異なる―「石橋湛山記念早稲田ジャーナリズム大賞」を設けた。それは、ジャーナリストやグループ（取材班）が公共奉仕・草の根民主主義・文化貢献の3部門で発表した優れた作品（新聞記事・テレビ番組・書籍・写真・Webなど）を対象にする。⑤貧困問題に取り組む市民団体、労働組合、法律家、学者などは、2007（平成19）年に反貧困ネットワークを立ち上げ、貧困問題とその解消に関する報道に大きく貢献

したジャーナリストが対象の「貧困ジャーナリズム大賞」を設けた。⑥近年の
メディアスクラム（集団的過熱取材）を批判する一方、強力な権力監視やメディア環境の改善を目指すという趣旨に賛同する市民、法律家、学者などが北海道で結成したメディア・アンビシャスは、2009（平成21）年に活字と映像部門で会結成の趣旨を具現するジャーナリストやディレクター、取材班などを表彰する「メディア・アンビシャス賞」を創設した。⑦シリアで取材中に銃弾に倒れた山本美香を顕彰する山本美香記念財団は、2013（平成25）年に彼女の遺志
―ジャーナリスト精神とヒューマニズム精神の具現―を継承するジャーナリストが対象の「山本美香記念国際ジャーナリスト賞」を創設した。⑧最近のものとしては、2018（平成30）年に創設された「むのたけじ地域・民衆ジャーナリズム賞」がある。むのたけじ（武野武治）は、朝日新聞の記者であったが、戦中の新聞報道を自己批判して終戦の年に朝日新聞社を退社した。そして、故郷の秋田県横手市で1948（昭23）年に週刊新聞『たいまつ』を創刊し、地域と民衆に根ざした報道・評論活動を行ってきた反骨のジャーナリストであったが、2016（平成16）年に101歳で大往生した。反戦・平和・民主主義という彼の遺志を継承するため鎌田慧（ノンフィクション作家）、鑢田隆史（ジャーナリスト）、佐高信（作家・評論家）、落合恵子（作家・アナウンサー）らとむのの次男の武野大策が共同して同賞を創設した。さらに、⑨広告代理店として出発した電通が、1950（昭和25）年に創設した「マスコミ功労者顕彰」がある。それは、5年ごとに新聞、放送、広告の3部門で功績を残した故人を顕彰するものだ。⑩ミズノスポーツ振興財団とミズノ国際スポーツ交流財団が、1990（平成2）年にスポーツ・ノンフィクションとスポーツ報道で優れた作品・制作を提示したジャーナリストや新聞社を表彰するため設けた「ミズノスポーツライター賞」もある。

　以上のいずれも、新聞・雑誌あってのジャーナリストあり、ジャーナリストあっての新聞・雑誌媒体であるといえる。かくして、賞の創設・主催側においては、新聞・雑誌間の〈水平的な競合・競争〉の中でジャーナリストの発掘・育成からその水準・質の向上を目指し、新聞・雑誌媒体の評価・地位を高めることなどが企図される。他方で対象となるジャーナリスト側においては、〈垂直的な競合・競争〉の中で受賞を名誉・優越欲などの充足となし、新聞・雑誌などの業界内における自己の評価・地位を高め、さらなる向上・発展や新天

地・分野—例えば、後述のノンフィクション・ドキュメンタリー小説系の受賞者に見られるフリーランスの作家—への転機の契機にしたりすることになろう。

第 2 節　電波（放送）と電子（デジタル）媒体の賞

　電波（放送）媒体が創設・主催する賞として、まず〈民〉ではなく〈半官半民〉の日本放送協会（NHK）が創設・主催する賞を取り上げる。というのも、単独の放送局として放送やジャーナリストのみならずスポーツ分野での授賞事業も含めると—ここでそれはカットするが—沢山の賞を創設・主催しているからだ。NHK は、次の 3 つの放送コンテストを主催している。①1954（昭和29）年に全国放送教育研究会連盟とともに開始した「NHK 杯全国高校放送コンテスト」である。アナウンス、朗読、ラジオとテレビのドキュメント、ラジオとテレビのドラマ、校内放送研究発表の 7 部門で、都道府県大会から地区大会を経て全国大会に臨む。②高校生のコンテストに中学生を招待する準備期間を経て1984（昭和59）年に開始された「NHK 杯全国中学校放送コンテスト」である。アナウンス、朗読、ラジオ番組、テレビ番組の 4 部門で、都道府県大会から全国大会へと歩む。③1956（昭和31）年に関西学生放送連盟が主催し、NHK や民放各局の後援で発足したが、1984（昭和59）年からは大学生の実行委員会と NHK 京都放送局が主催する「NHK 全国大学放送コンテスト」である。アナウンス、朗読、音声 CM、ラジオドラマ、映像番組、Live などの部門からなり、2003（平成15）年からは文化庁、京都府、京都市が後援。

　この放送コンテスト以外で挙げられる賞は、④NHK が放送開始25周年を記念して1949（昭和24）年に設けた「日本放送協会放送文化賞」であろう。放送文化への功労者を顕彰するもので、第 1 回の受賞者は声優・作家の徳川夢声、箏曲家の宮城道雄、作曲家の山田耕筰であった。⑤次いで1964（昭和39）年には、NHK の呼びかけでアジア地域放送会議を母体にアジア太平洋放送連合（ABU）が結成され、アジア太平洋諸国のテレビ・ラジオ番組が対象の「ABU 賞」を設けた。⑥翌1965（昭和40）年には、世界ラジオ・テレビ学校放送会議での NHK 会長・阿部真之助の提唱で「日本賞（教育番組国際コンクール）」を創設。それは、世界の教育テレビ・ラジオ番組—後には Web サイトも—を対象に番組部門（幼児・児童・一般・クリエイティブフロンティア）、企

画部門、Web 部門の 3 部門からなる。だが、1989（平成元）年には、ラジオ番組が廃止され、2007（平成19）年から経済産業省主催の総合エンターテイメント・イベントの「JAPAN 国際コンテンツフェスティバル」の一環として開催されることになった。

　こうした NHK は、賞の創設・主催により公共放送として教育・文化のみならず様々な社会分野の活動を刺激・活性化しながら、最終的には受信料の確保・拡充を図ろうとしているといえる。これに対して、民放（民間放送局）も第 1 章の新聞社の賞において見たように各放送局が単独で〈横並び的〉に脚本賞を競うような状況にはあるが、単独で放送文化賞の類を創設・主催はしていない。その類は、民放の連合体や基金・財団などが行っている。それを創設年次順に追ってみよう。

　①最も古いのは、社団の日本民間放送連盟（JBA ＝民放連）が1953（昭和28）年に創設した「日本民間放送連盟賞」である。テレビ・ドラマやテレビ・ラジオ部門における報道・教養・エンターテイメント番組が対象。②次いで、放送評論家やメディア研究者などが任意団体として結成し、その後、NPO 法人となった放送批評懇談会が創設した「ギャラクシー賞」である。テレビ番組を対象とする月間賞とテレビ・ラジオ・CM・報道の 4 部門で年間を通じた優秀番組を対象にする大賞、優秀賞、フロンティア賞、DJ パーソナリティ賞の他、放送批評家の志賀信夫を顕彰する「志賀信夫賞」や「マイベスト TV 賞」を設けている。③1973（昭和48）年に結成され、現在は NPO の日本女性放送者懇談会は、女性ディレクターなどを顕彰する「女性放送者懇談会賞」を設けたが、1996（平成 8）年に「放送ウーマン賞」と改称した。④1974（昭和49）年に放送文化基金が設立され、「放送文化基金賞」が創設された。対象は、テレビ番組（ドキュメント・ドラマ・エンターテイメント）とラジオ番組の優秀作品および放送文化、放送技術分野において優れた業績を挙げた個人・団体である。⑤1984（昭和59）年には、全日本テレビ番組制作者連盟（ATP・社団）が、ドラマ・ドキュメンタリー・バラエティの 3 部門における優れたテレビ作品をプロデューサーやディレクターが審査員となって選考・決定する「ATP 賞テレビグランプリ」を設けた。⑥21世紀に入った2005（平成17）年、民放連はテレビの視聴率不正操作事件を反省し、放送文化の向上を図るため良質なテレビ・ラジオ番組を表彰する「放送文化大賞」を創設した。⑦2011（平成23）

年には、衛星放送協会（社団）が「衛星放送オリジナル番組アワード」を立ち上げ、大賞の他にドラマ、ドキュメンタリー、中継、バラエティ、情報・教養、アニメ、ミニ番組・番組PRの7部門に最優秀賞を設定した。⑧最近年の2015（平成27）年には、オリコン・エンターテイメント社発行の週刊エンターテイメントビジネス雑誌『コンフィデンス』が「コンフィデンスアワード・ドラマ賞」を創設し、テレビ・ドラマを対象に作品賞、主演男優・女優賞、助演男優・女優賞、脚本賞、新人賞を設けた。

　最後に、電子（デジタル）媒体の賞だが、①まず海外のニュースデザイン協会（SND、本部アメリカ）による優れたデジタル報道デザインを表彰する「ベスト・オブ・デジタル・デザイン」や世界新聞ニュース発行者協会（WAN—IFRA）による「アジア・デジタル・メディア賞」に、日本の朝日デジタルやよみうりオンライン・データベースサービスなど受賞していることを記す。というのも、日本国内の電子（デジタル）媒体の賞は、調査不足かもしれないが数少ないからだ。②その少数例として2014（平成26）年のYahoo! JAPAN（kk）による「Yahoo! 検索大賞」がある。それは、パーソン、カルチャー、プロダクト、ローカルの各部門（各部門はさらにカテゴライズされる。例えば、パーソン部門では俳優、女優、お笑い芸人、アスリート、モデル、ミュージシャン、アイドル、声優、作家のように）ごとに前年度に比し検索数が急上昇したものを表彰している。③またオープン＆ビッグデータ活用・地方創生推進機構（VLED）が、2012（平成24）年から始めた「VLED勝手表彰」もある。それは、オープン・ビッグデータの活用などで新たな優れた開発を行っている政府省庁、地方自治体、会社、文化施設などを勝手に表彰するもので、優秀賞、貢献賞、コンプリート賞などの他、日本マイクロソフト、富士通、日本IBMなどのスポンサー賞を設けている。

第3節　3媒体の賞にみる特色

　3つの媒体（メディア）が創設・主催している賞を見ると、次のことが言えそうである。第1に、媒体別の賞の数が、活字（紙）→電波→電子の順に少なくなるのは、既述した我が国における媒体の発展史、すなわち新聞・雑誌→無線通信→ラジオ→テレビ→デジタルという展開に即していることだ。

　第2に、活字（紙）媒体による賞の創設・主催が量的に最も多いのは、社会

的機能（役割）の長い歴史の厚みに起因しよう。活字（紙）媒体とりわけ新聞は、社会の木鐸として様々な社会問題への照射や権力監視の報道を賞の創設・主催対象とする性向が見られる。その典型が、ともに市民団体などが創設した「平和・協同ジャーナリスト基金大賞」と「貧困ジャーナリズム大賞」、「メディア・アンビシャス賞」である。だが、電波（放送）媒体にはその類の賞が見られない。放送法による放送の免許制により政府（権力）の管理下にある─電波（放送）管理する総務省（旧郵政省）への映画製作・電波会社の東北新社による買収に近い最近の接待・癒着事件は、それを窺わせる─側面が強いためであろう。

　第 3 に、また活字（紙）媒体と電波媒体との相違は、読者・視聴者との関係にも見られる。例えば、活字（紙）媒体には一般読者を念頭にした賞、すなわち日本新聞協会により「新聞週間標語・新聞配達標語」や「HAPPY NEWS 賞」などが創設・主催されているのに、電波（放送）媒体にはそうした類の賞はない。このことは、活字（紙）媒体が購入行為を通じて読者と結びついているのに対し、電波（放送）媒体は購入行為なし─確かに NHK には受信料を支払っているが、新聞・雑誌のような購入行為とはいえなし、民放には購入行為がない─で視聴者と結びついていることの相違が背景にあるといえよう。

　第 4 に、活字（紙）媒体による賞においては、先に特に若い世代の新聞離れの状況への苦悩が窺われるとした。それだけでなく、NHK 放送文化研究所の調査では、2015（平成27）年から2020（令和 2 ）年の 5 年間で「テレビ離れ」がさらに進行し、特に若い世代（10代、20代）のテレビ視聴率は20ポイントも減少して今や50%強しかテレビを見ない状況に至っている。その要因として、夜はネット（電子媒体）活用の拡大、朝は男女を問わず身支度などに振り回されることが挙げられている（「朝日新聞」2021年 5 月22日）。しかし、電波（放送）媒体の賞には、この状況への苦悩などを窺わせる気配が見られない。

　第 5 に、今後、電子（デジタル）媒体への移行がさらに急速に拡大することは必須であろうが、現在ではその賞が極めて少ないため、電子（デジタル）媒体と利用者との関係が今後どんな展開を見せるのかも窺われないことである。ここにも、我が国がデジタル化に極めて遅れをとっていることが読みとれる。

第7章　創設・主催者別の文学賞・児童文学賞

　本研究の最大の難関は、文学分野の賞である。というのも、文学分野の賞は、非常に数が多いだけでなく、創設・主催者もジャンルも極めて多様だからだ。ただ、〈官〉としての文部科学省・文化庁の文学賞関係や〈公〉としての地方自治体の文学賞（冠賞とそれ以外）は、既に考察したところである。従って、本章が対象とするのは、〈民〉が創設・主催者である文学賞である。その〈民〉の文学賞は、〈官〉〈公〉の文学賞より多いだけでなく、様々な〈民〉の賞の中でも文学賞が最も多い。具体的には、新聞社、出版社、財団・社団（基金、振興会・協会など）、NPO法人、学会、クラブ・会、企業・会社、労働組合、政党などが創設・主催する文学賞であるが、そのうち全国紙と地方紙の新聞社による文学賞と文学・文芸関係学会の賞もやはりすでに考察したので、ここでは割愛する。

　だが、文学賞の創設・主催者より難題なのは、文学賞のジャンルである。文芸評論家の大森望・豊崎由美による**図表−2**のような「ひと目でわかる文学賞マップ」（以下、「マップ」とする）は、横軸にエンターテイメント系と純文学系のベクトルを取り、縦軸に新人（公募新人賞）と中堅・大御所作家（非公募）を取って各種の文学賞の位置づけをしている。しかし、この図には、エッセイ・コラム系やノンフィクション・ドキュメンタリー系が設けられていない。またこの「マップ」に位置づけられている各文学賞は、いわば〈成人〉文学賞であって〈児童〉文学賞が含まれていない。さらに、近年、氾濫気味な〈青少年少女〉向けのライトノベル（ラノベ）・ジャンルも、別立てで散見されているが、マップには設けられていない。

　そこで、大森・豊崎が「マップ」で設定したジャンルにエッセイ・コラム系やノンフィクション・ドキュメンタリー系および児童文学とライトノベル（ラノベ）のジャンルを追加し、〈民〉の文学賞をジャンル別に考察することにしたい。しかし、エンターテイメント系ベクトルにおける中堅どころの作家・作品（非公募）が対象の「直木三十五賞」と、純文学系ベクトルにおける中堅

図表-2　ひと目でわかる文学賞マップ

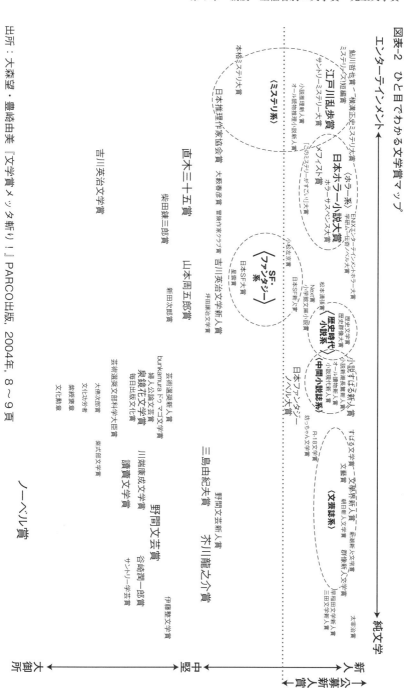

出所：大森望・豊崎由美『文学賞メッタ斬り！』PARCO出版、2004年、8〜9頁

どころの作家・作品（非公募）が対象の「芥川龍之介賞」は、例えば戯曲分野の「芥川賞」、「直木賞」や写真界の「芥川賞」、「直木賞」などのように他のジャンルにおける最高賞のパラメーターのようになっているほど高名・権威ある賞と評価されているが、除外する。というのも、両賞については、これまで既に研究・評論がかなり見られるからである。例えば、川口、前掲書2冊の他、筆者が目にした著書には次がある。長谷川泉編『芥川賞事典』、『直木賞事典』（『国文学　解釈と鑑賞』臨時増刊）至文堂、1977（昭和52）年1月と6月。永井龍男・他『芥川賞の研究—芥川賞のウラオモテ』日本ジャーナリスト専門学院出版部、1979（昭和54）年。豊田健次『それぞれの芥川賞直木賞』文春新書、2004（平成16）年。鵜飼哲夫『芥川賞の謎を解く・全選評完全読破』文春新書、2015（平成27）年。

　しかしながら、またジャンル別の考察に入る前に、文学賞の創設・主催者（主体）別の整理と若干の考察を行なっておきたい。というのも、ジャンル別の考察は、各ジャンルの著名な公募新人賞を2～3取り上げ、その受賞者のその後、すなわちプロの作家としての〈生存率〉に焦点を当てることにしたからだ。このように、ジャンル別は賞を絞って考察するので、戦後、極めて数の多い〈民〉の文学賞の簇生をもたらしてきたことの主要因といってよい出版社間などの〈賞ビジネス〉をめぐる激しい〈水平的な競合・競争〉状況を明らかにするため、まずは初めに創設・主催者（主体）別に簡単に整理・鳥瞰することにした。

　その創設・主催者（主体）別の整理は、複数の文学賞と単一の文学賞のみを設けているケース（ともに終了の場合も含む）に大別し、〈水平的な競合・競争〉状況を次のように鳥瞰する。第1は、出版社や財団・社団などが複数の文学賞を創設しているケース。それは、さらに大手出版6社とその関係財団による複数文学賞と、財団を有しない大手・中堅・新興出版社や出版社と関係のない財団・社団による複数文学賞に大別できる。第2に、その他の出版社や財団・社団、クラブ・会、企業・会社、労働組合、政党、などが単一の文学賞を創設しているケース。第3に、以上にはラノベと児童文学のジャンルにおける文学賞も含むが、改めてそれら以外の創設・主催者による児童文学賞とラノベ文学賞を散見する。

第1節　出版社と財団・社団などの複数文学賞

第1項　大手出版6社と関係財団の複数文学賞

（1）1896（明治29）年の新聲社を前身とする新潮社と新潮文芸振興会である。文学賞は、1904（明治37）年創刊の文芸誌『新潮』と戦後の1947（昭和22）年に創刊した中間小説誌『小説新潮』、および1967（昭和42）年設立の新潮文芸振興会をもって展開される。その戦後的展開は、戦前の「新潮社文芸賞」が1954（昭和29）年に「同人雑誌賞」、「新潮社文学賞」、「小説新潮賞」に分化したことに始まる。

第1の「同人雑誌賞」（〜1967・昭和42年）は、①文芸振興会による「新潮文学新人賞」（1968・昭和43年）―1988（昭和63）年からは小説の他に評論・ノンフィクションも対象―を経て、②再び新潮社による小説のみの公募新人賞である「新潮新人賞」（2008・平成20年）となった。

第2の「新潮社文学賞」は、①その後、文芸部門と学術部門からなる「日本文学大賞」（〜1968・昭和43年）に発展し、さらに文芸振興会に引き継がれて2つに分化した。すなわち、文芸部門は、文藝春秋社の「芥川龍之介賞」と「直木三十五賞」に対抗する②「三島由紀夫賞」と③「山本周五郎賞」（ともに1987・昭和62年）に分化し、④それと同時に創設された学芸部門の「新潮学芸賞」（1987・昭和62年）は、その後、⑤評論・エッセイが対象の「小林秀雄賞」と⑥「新潮ドキュメント賞」（ともに2002・平成14年）に分化した。

第3の「小説新潮賞」（1954・昭和29年）は、①短編小説公募の「小説新潮新人賞」（1973・昭和48年）から②「小説新潮長編新人賞」（1995・平成7年）となり、③その後、「新潮エンターテイメント新人賞」（2005・平成17年）へとジャンル幅を広げ、④さらにフジテレビとの共催による「新潮エンターテイメント大賞」（2012・平成24年）に転じた。

ミステリー・ジャンルでも、①日本テレビの主催に新潮社が協力した「日本推理サスペンス大賞」（1988・昭和63年）は、「新潮ミステリー倶楽部賞」（1996・平成8年）から新潮社・幻冬舎・テレビ朝日共催の「ホラーサスペンス大賞」（2000・平成12年〜2005・平成17年）へと相貌を変え、さらに東映の後援を得た新潮社の「新潮ミステリー大賞」（2014・平成26年）に転じている。また新潮社後援のものとして、②既述の「新潮ファンタジーノベル大賞」

や③後述の「川端康成賞」があり、④協力のものとして既述の「萩原朔太郎賞」がある。その他、⑤「女による女のためのR-18文学賞」（2002・平成14年）や⑥ラノベ・ジャンルの「新潮文庫×LINEノベル青春小説大賞」（2019・令和元年）もみられる。

　この新潮社・新潮文芸振興会の文学賞には、「三島由紀夫賞」や「山本周五郎賞」、「小林秀雄賞」の創設に顕著なように老舗の文藝春秋社や講談社への対抗意識が強くみられる。そして、新潮社が中間小説系からエンターテイメント系へジャンルを広げて行くに当たって他のメディアなどと提携している—そのため賞名の相貌が変転する—ことが特色といえよう。そのことは、まさに〈賞ビジネス〉をめぐる厳しい〈水平的な競合・競争〉状況を顕著に示しているといえる。

　（2）1909（明治42）年に大日本雄弁会として設立された講談社と1939（昭和14）年発足の野間奉公会を前身とする野間文化財団。講談社は、まさに総合出版社に発展したが、文学・文芸関係の雑誌としては1911（明治44）年に創刊された大衆文芸誌の『講談倶楽部』（1962・昭和37年に廃刊）の他、1946（昭和21）年に創刊の純文学系文芸誌『群像』、1963（昭和38）年に創刊された中間小説対象の『小説現代』とその増刊号（エンタメ分野が対象）として刊行される『メフィスト』がある。

　そうした講談社の文学賞を年次別に列挙しよう。①「講談倶楽部賞」（1946・昭和26年〜1962・昭和37年）。②「群像新人文学賞」（1958・昭和33年）。③「講談社児童文学作品」（1969・昭和34年）は「講談社児童文学新人賞」（1964・昭和39年）へ。④「小説現代新人賞」（1963・昭和38年〜2005・平成17年）は「小説現代長編新人賞」（2006・平成18年）へ。⑤読者の投票によって決定される「小説現代ゴールデン読者賞」（1970・昭和45年〜1974・昭和49年）。⑥当初は平林たい子記念文学会主催の「平林たい子賞」は、1989（平成元）年より講談社主催（昭和48年〜1997・平成8年）に。⑦「群像新人長編小説賞」（1978・昭和53年〜1982・昭和57年）。⑧「講談社ノンフィクション賞」（1979・昭和54年）。⑨「講談社絵本新人賞」（1979・昭和54年）。⑩選者が星新一の「星新一ショートショート・コンテスト」（1979・昭和54年〜1985・昭和60年）。⑪創業80周年を記念し日本語作品の外国語翻訳を対象にする「野間文芸翻訳賞」（1990・平成2年）。⑫「時代小説大賞」（1990・平成2年〜1999・平成11年）。

⑬「メフィスト賞」（1996・平成 8 年）。⑭「大江健三郎賞」（2006・平成18年〜2014・平成26年）。⑮決戦をテーマにする歴史時代小説の「決戦！小説大賞」（2016・平成28年）。⑯「青い鳥文庫小説賞」（2017・平成29年）。⑰プロの作家を対象にする「講談社NOVEL DAYSリデビュー賞」（2019・令和元年）。

　さらに、講談社X文庫をベースに、ライトノベル（ラノベ）・ジャンルにも手を広げている。すなわち、①1994（平成 6 ）年に「ホワイトハート大賞（長編新人賞）」を設けるとともに、②2002（平成14）年に「ティーンズハート大賞」を中断し、③2004（平成16）年に「X文庫新人賞」を設けている。

　次は、野間奉公会・野間文化財団である。野間奉公会は、1941（昭和16）年に「野間賞」（文芸賞・美術賞・学術賞）と「野間奨励賞」（文芸奨励賞・挿画奨励賞・美術奨励賞）を創設したが、終戦で全てを中断した。戦後は、①野間文化財団が「野間文芸賞」（1953・昭和28年）を復活させ、②次いで「野間児童文芸賞」（1963・昭和38年）、③「野間文芸新人賞」（1979・昭和54年）を設け、野間 3 賞と称せられる。なお、④既述した「講談社出版文化賞」（1970・昭和45年）は、「野間出版文化賞」（2019・令和元年）に衣替えした。

　このように講談社と野間文化財団の文学賞は、数が多くその変遷も激しい。そして、特に講談社は総合出版社として純文学系からエンターテイメント系、ノンフィクション・ドキュメンタリー系、さらには児童文学系、ライトノベル（ラノベ）に至る幅広いジャンルで賞を設定しているのが特徴といえる。

　（3）1923（大正12）年創業の文藝春秋社と、創業者の菊池寛社長が文学賞を創設し文芸の向上と文化の発展を図るとして設立した日本文学振興会。その日本文学振興会設立の契機は、周知のように純文学が対象の「芥川龍之介賞」と大衆文学が対象の「直木三十五賞」という 2 つの冠賞の創設（ともに1935・昭和10年）であった。この両賞は、戦後、高度成長期に入ると文学〈賞〉の〈show化〉—特に1955（昭和30）年における石原慎太郎の『太陽の季節』の受賞を契機にした過剰報道—を促したといえる。それだけでなく、その後、両賞は前記のように各分野・世界における最高賞のパラメーターとなった。かくして両賞と文藝春秋社は、〈賞ビジネス〉の王座を占めているといえる。それはともかく日本文学振興会は、この両賞の他、菊池寛の提唱により先輩作家を顕彰する「菊池寛賞」（1938・昭和13年）を設けたが、①それは戦後の1952（昭和27）年に文学のみならず演劇、映画、新聞、雑誌を対象に再開された。さら

に、文学振興会は、文藝春秋社と縁が深い2人の冠賞、すなわち②「大宅壮一ノンフィクション賞」（1990・平成2年）と③「松本清張賞」（1994・平成6年）を創設した。

　本体の文藝春秋社は、創業時に『文藝春秋』を創刊したが、その後、大衆文学雑誌の『オール読物』（1930・昭和5年）と純文学雑誌の『文學界』（1936・昭和11年）を発刊した。そして、文学賞としては、戦前、菊池寛の提唱により小説・評論などが対象の「池谷信三郎賞」（1936・昭和11年～1942・昭和17年）を創設した。戦後には、①「オール読物新人賞」（1952・昭和27年）と②「文學界新人賞」（1955・昭和30年）から次のようにジャンルを拡大した。すなわち、③「オール読物推理新人賞」（1962・昭和37年～2007・平成19年）、④「Numberスポーツノンフィクション新人賞」（1993・平成5年～2005・平成17年）の創設である。⑤その他、『オール読物』の主催で、東京都内の書店に授賞作品を選考させる「本屋が選ぶ時代小説大賞」（2011・平成23年）がある。

　以上3つの大手出版社と関係財団の文学賞には、また次の特徴が顕著である。すなわち、出版社が刊行する文学・文芸誌の競合・競争をベースにした文学賞の創設・主催は多くが公募新人賞であるのに対し、関係財団が創設・主催する文学賞は非公募・冠賞が多くなることである。前者は刊行する文学・文芸誌が新人作家の発掘・育成を企図していることにより、後者は出版社に機縁のある作家や大御所作家を顕彰しつつ、独り立ちしたプロの作家のさらなる研鑽・成長を企図していることによろう。ただ、一般的に後者の文学賞は持続性・安定性を有するのに対し、前者のそれは後者に比して持続性・安定性を欠くといえる。

　（4）終戦の年に創業された角川書店を基軸に、その後形成されたKADOKAWA、角川春樹事務所、富士見書房、メディア・ファクトリー、メディアワークス（→エンターブレイン）、それに角川文化振興財団からなる角川グループ。以下では、それらのいずれが創設・主催者であるかを基本的に省略し、また短詩型文学（短歌・俳句）の賞は後述に譲り、グループによる文学賞を創設年次順に列記する。ただ、①〈民〉の学術分野の賞で前記したが、文学賞というより国文学（国語学）と国史学（民俗学を含む）が対象の文化賞といえる創業者顕彰の「角川源義賞」（1979・昭和54年）を角川文化振興財団が財団設立と合わせ創設し、②2003（平成15）年には「角川財団学芸賞」を創設したこ

とを記しておこう。

　さて、グループによる文学賞の創設・主催は、①1974（昭和49）年の創業30周年と文芸誌『野生時代』の発刊を記念した「角川小説賞」、②「野性時代新人文学賞」、③「日本ノンフィクション賞」の３賞（いずれも1986・昭和61年に終了）を創設したことに始まる。そして、ミステリー・ブームを惹起する④「横溝正史賞」（1981・昭和56年）は、「横溝正史ミステリ大賞」（2001・平成13年）に改称され、⑤その後、角川書店とフジテレビが主催した「日本ホラー小説大賞」（1994・平成６年）と統合されて⑥「横溝正史ミステリ＆ホラー大賞」（2019・令和元年）となる。ところで、⑦雑誌『野性時代』をベースにする角川書店とフジテレビ共催の「野性時代青春文学賞」（2005・平成17年〜2008・平成20年）は、⑧その後、「野性時代フロンティア文学賞」（2010・平成22年）、⑨さらに「小説野性時代新人賞」（2020・令和２年）に改称している。他方、⑩メディア・ファクトリー刊行のエンターテイメント系雑誌『ダ・ヴィンチ』がベースの「ダ・ヴィンチ文学賞」（2006・平成18年）は、「ダ・ヴィンチ〈本の物語〉大賞」（2013・平成25年）に変わり、⑪「ダ・ヴィンチ電子書籍大賞」（2011・平成23年）も設けた。また富士見書房は、⑫文庫本のレベルをベースに「ファンタジア（長編小説）大賞」（1989・平成元年）を創設したが、⑬そのラノベ部門から「富士見ラノベ文芸大賞」（2012・平成24年）が独立し、⑭「富士見ヤングミステリー大賞」（1999・平成11年）は「ネクスト・ファンタジア大賞」（2008・平成20年）に継承された。

　さらに、次のような冠文学賞を創設している。すなわち、①角川春樹事務所が主催の「角川春樹小説賞」（2000・平成12年〜2001・平成13年、2010・平成22年）、②「小松左京賞」（2000・平成12年〜2009・平成21年）と、角川文化振興財団が主催する③「山田風太郎賞」（2010・平成22年）、④「城山三郎賞」（2014・平成26年）である。⑤児童文学ジャンルの「角川学芸児童文学賞」（2009・平成21年）は、その後、子ども・一般・イラスト部門からなる「角川つばさ文庫小説賞」（2012・平成24年）に衣替えしている。

　進出著しいラノベ・ジャンルの文芸賞に目を転じ、前記の富士見書房主催の賞以外のそれを列記する。①文庫本レーベル・ベースのラノベ文芸賞として「角川スニーカー大賞」（1996・平成８年）、②「エンターブレインえんため大賞（ライトノベルファミ通文庫部門）」（1998・平成10年）、③ボーイズラ

ブ（若い男性同士の恋愛）が対象の「角川ルビー小説大賞」（2000・平成12年）、④「角川ビーンズ小説大賞」（2002・平成14年）、⑤「電撃ゲーム小説大賞」（1994・平成6年）が2003（平成15）年に電撃3（小説・イラスト・コミック）大賞に分化する中での⑥「電撃小説大賞」、⑦「MF文庫ライトノベル新人賞」（2004・平成16年）、⑧ボーイズ・ラブ文庫の「B-PRINCE文庫新人賞」（2007・平成19年）、⑨「角川文庫キャラクター小説大賞」（2015・平成27年）、⑩「次世代官能小説大賞」（2015・平成27）を改称した「eロマンスロイヤル大賞」（2018・平成30年）、など。その他、⑪月刊誌『ドラゴンマガジン』の「龍皇杯」（1998・平成10年）、⑫「角川学園小説大賞」（1997・平成9年〜2011・平成21年）、⑬月刊誌『電撃hp』の「電撃hp短編小説賞」（2000・平成12年〜2006・平成19年）、⑭「カドカワエンターテイメントNEXT賞」（2002・平成14年〜2003・平成15年）、⑮ゲーム雑誌『ファミ通』の「ファミ通アワード」（2005・平成18年）の後継である「ファミ通・電撃ゲームアワード」（2019・令和元年）、⑯雑誌『幽』の「〈幽〉怪談文学賞」（2006・平成18年〜2015・平成27年）、⑰角川グループによる「ライトノベルアワード」（2007・平成19年限り）、⑱「カクヨムWEB小説コンテスト」（2015・平成27年）、などがある。

　こうして見ると、角川グループの文学・文芸賞の創設は、1990年代、平成時代に入り多産されている。そして、エンターテイメント系から特に青少年少女を読者とするラノベ・ジャンルへ手を広げつつ、比較的に短期間の主催に終わる賞—営業上、〈賞ビジネス〉効果が見られなければ身を引くスクラップ・アンド・ビルド策をとっているためか—が結構あるのが特徴といえるだろう。それに、ここでは触れず後述に譲ったが、短詩型の文芸賞を幾つか創設・主催していることも、前記の出版社・関係財団には見られない角川グループの特色である。

　（5）、やはり終戦時創業の光文社と後の光文（シェラザード）文化財団は、次の3賞を創設したが、現在は1つだけ存続している。すなわち、①存続のそれは「日本ミステリー文学大賞新人賞」（1997・平成9年）で、②新書ブームを生み出したカッパ・ブックスが基軸の「KAPPA-ONE登竜門」（2002・平成14年〜2007・平成19年）と、③中間小説雑誌の『小説宝石』がベースの「小説宝石新人賞」（2007・平成19年〜2017・平成29年）は終了した。

（6）同じく終戦時に創業された早川書房と創業者を顕彰する早川清文学振興財団。それぞれミステリやSFなどに特化された雑誌や文庫である『ハヤカワ・ポケット・ミステリ』、『悲劇喜劇』や『ハヤカワ文庫SF』などがベースの賞を創設したが、その後、①「ハヤカワ・SFコンテスト」（1961・昭和36年〜1992・平成4年）と②「ハヤカワ・ミステリ・コンテスト」（1990・平成2年〜1992・平成4年）は、幕を閉じた。しかし、代わりに③「アガサ・クリスティ賞」（2010・平成22年）と④雑誌ベースの「ハヤカワ悲劇喜劇賞」（2014・平成26年）を創設した。

　最後に、刊行雑誌や文庫、新書などがベースの〈賞ビジネス〉の〈水平的な競合・競争〉について付言しておく。〈賞ビジネス〉として創設・主催される文学賞の多くは、公募新人賞である。それは、有能な新人作家の発掘・育成を企図しているとした。だが、それだけでなく、受賞作品や優秀作品（佳作）などを刊行雑誌に掲載したり、文庫や新書化したりするケース—自社への囲い込みといえる—も多い。まさに、それこそが〈賞ビジネス〉であるといえる。その企図が、刊行雑誌や文庫、新書などの社会的（業界的）な認知・評価・スティタスの向上を図る—そのための過剰な宣伝・報道が文学〈賞〉の〈show化〉を促す—とともに、購読者の拡大を図ることにあることは自明といえよう。従って、このことは、次項においても同様である。

第2項　大手・中堅・新興出版社と財団・社団などの複数文学賞

（1）最老舗で大手の中央公論社。主な雑誌として1896（明治29）年に総合（論壇）雑誌『中央公論』、1916（大正5）年に総合婦人雑誌の『婦人公論』を創刊しているが、戦前には短期間で終了した「中央公論文芸賞」（1942・昭和17年〜1943・昭和18年）を設けている。①終戦後まもなく創設された「女流文学者賞」（1946・昭和21年）は、「女流文学賞」（1961・昭和36年）、「婦人公論文芸賞」（2001・平成13年）、「中央公論文芸賞」（2006・平成18年）へと姿を変えている。②また「中央公論新人賞」（1956・昭和31年）は、「谷崎潤一郎賞」（2001・平成13年）に発展した。このように最老舗の出版社でありながら意外と文学賞が少ないのは、文芸誌ではなく論壇誌を基軸にしてきたことによろう。なお、既述したように経営危機から1999（平成11）年に読売新聞社の傘下で再建され、中央公論新社となった。それ以降の創設された文学賞は、③ファ

ンタジー作品を対象とする「Ｃ☆ＮＯＶＥＬＳ大賞」（2005・平成13年）である。

　（２）前身は戦前にあるが、終戦時に株式会社化された小学館の文学賞である。それを創設順に列記すれば、①戦後まもなく創設した「小学館児童出版文化賞（文学・絵画部門）」（1952・昭和27年）は、その後、1960（昭和35）年に「小学館文学賞」と「小学館絵画賞」に分立されたが、1996（平成８）年は両者を統合した「小学館児童出版文化賞」に回帰した。②婦人雑誌『マドモアゼル』創刊５周年を記念した「マドモアゼル女流短編新人賞」（1965・昭和40年～1968・昭和43年）、③「小学館ノンフィクション大賞」（1993・平成５年）、④児童文学ジャンルの「おひさま大賞」（1995・平成７年）、⑤「小学館文庫小説賞」（2002・平成14年～2019・令和元年）、⑥小学生が対象の「12歳の文学賞」（2006・平成18～2017・平成29年）、⑦文芸誌『きらら』をベースにした「きらら携帯小説大賞」（2005・平成17～2009・平成21年）、「きらら文学賞」（2006・平成17年～2013・平成25年）、⑧ラノベ・ジャンルの「パレットノベル大賞」（1989・平成元年～2005・平成17年）、⑨「小学館ライトノベル大賞」（2006・平成17年）、⑩ルルル文庫ベースの「ルルルカップ長編チャレンジ」（2010・平成22年）、⑪「81ルルルドラマチック小説賞」（2010・平成22年）、などである。

　小学館は、児童・青少年少女を主な読者層としてきた雑誌の出版から出発しているだけに、それらを対象にする文学賞がメインとなり、そこからラノベ分野に触手を延ばしているのが特徴的である。列記した賞は、１例を除きすべて1990年代、平成時代以降の創設となるが、比較的短期間で終了する賞が目立つ。ただ、最近年には、エンタメ系の⑫「警察小説大賞」（2019・令和元年）と⑬「日本おいしい小説大賞」（2020・令和２年）を創設している。

　（３）小学館から1949（昭和24）年に分離・独立した集英社。集英社４賞と言われているのが、文芸誌『すばる』と『小説すばる』がベースの①「すばる文学賞」（1977・昭和52年）と②「小説すばる新人賞」（1988・昭和63年）の公募新人賞、それに冠賞としての③「柴田錬三郎賞」（1988・昭和63年）と④「開高健ノンフィクション賞」（2003・平成15年）であるが、⑤その後、冠賞の「渡辺淳一賞」（2016・平成28）も創設した。このいわば〈成人〉が対象の文学賞以外に集英社が主催する文学賞は、すべて雑誌『少年ジャンプ』や文庫レベルを基軸にした〈青少年少女〉が対象のラノベ・ジャンルの小説賞である。

このように種差化・両極化が明瞭なのが集英社の特色といえるが、後者を列記してみよう。

　先駆は、①雑誌『小説ジュニア』がベースの「青春小説新人賞」（1968・昭和43年〜1982・昭和57年）であった。②その後、1991（平成３）年に『少年ジャンプ』の増刊として発刊した『ジャンプノベル』がベースの「少年ジャンプ小説ノンフィクション賞」（1991・平成３年）を創設し、それは③「ジャンプ小説大賞」（1999・平成11年〜2007・平成19年）へ、さらに④「ジャンプ小説新人賞」（2008・平成20年）と⑤「ジャンプホラー小説大賞」（2015・平成27年）に分かれた。またラノベ文庫『コバルト』の読者が対象の⑥長編小説部門の「ファンタジー・ロマン大賞」と⑦中編小説部門の「コバルト・ノベル賞」（ともに1992・平成４年）は、「ロマン大賞」と「ノベル大賞」（ともに1996・平成８年）に改称しつつ、⑧その後、両者は「ノベル賞」（2014・平成26年）に一本化された。⑨さらにWEBの投稿サイトであるマガジン・コバルトは、「コバルト短編小説新人賞」を設け、⑩ダッシュエックス文庫ベースの「スーパーダッシュ小説新人賞」（2001・平成13年）は、「集英社ライトノベル新人賞」（2013・平成25年）に姿を変えた。

（４）中堅どころの出版社に転ずるならば、まず挙げられるのは河出書房（新）社であろう。河出書房の創業は明治期だが、戦後倒産の憂き目にあい1967（昭和32）年に河出書房新社として再建された。そして、①戦前に改造社から版権を買い取っていた文芸誌『文藝』により1962（昭和37）年に「文藝賞」を創設。②続いて1965（昭和40）年に「河出長編小説賞」を創設するが、その後、「文藝賞」に解消された。③また創業80周年を記念し、同社に貢献した作家などを顕彰する「河出文化賞」（1966・昭和41年〜1967・昭和42年）を設けたが短命に終わった。

（５）学習研究社（現学研ホールディングス）は、1947（昭和22）年に学習参考書中心の出版社として出発した。①「学研児童ノンフィクション文学賞」は、「学研児童文学賞」（1969・昭和44年〜1973・昭和48年）として終了した。その後、刊行雑誌の『歴史群像』、『ムー』やラノベ文庫のメガミ文庫がベースの②「歴史群像大賞」（1994・平成６年）、③「学研ムー伝奇ノベル大賞」（2001・平成13年〜2005・平成17年）、④「メガミノベル大賞」（2008・平成20年）を設けている。

（6）東京創元社は、前身は大阪にあったが、1948（昭和23）年に東京で独立した。①「創元推理短編賞」（1994・平成6年）は、「ミステリーズ！短編賞」（2004・平成16年）から「ミステリーズ・新人賞」（2005・平成17年）へ変転した。この他、②「創元SF短編賞」と③「鮎川哲也賞」（ともに2010・平成22年）を創設している。これらは、いずれも刊行雑誌『創元推理』や『鮎川哲也と十三の謎』、創元推理文庫、創元SF文庫をベースにし、先の早川書房と競合・競争している。

（7）ポプラ社は、児童文学書や絵本が中心の出版社として1947（昭和22年）に創業された。そうした性格を反映し、文学賞は児童・青少年対象のラノベ文芸賞がメインとなっている。①そのラノベ・ジャンルの「ジャイブ小説大賞」（2003・平成15年）は、「ピュアフル小説大賞」（2010・平成22年〜2011・平成23年）に改変・終了。②「Dreamスマッシュ！大賞」（2005・平成17年）は、「ポプラズッコケ文学賞」（2008・平成20年）から「ポプラズッコケ文学新人賞」（2011・平成23年）へ変転した。③またエンターテイメントを狙いにした「ポプラ社小説大賞」（2006・平成18年）は、「ポプラ社小説新人賞」（2011・平成23年）へ転じ、④後述の日本児童文学者協会と共催で「新・童話の海」（2008・平成20年〜2014・平成26年）を展開した。

（8）最後に、戦後における以下の3つの新興出版社に触れておく。まずは徳間書店で、1954（昭和29）年に朝日芸能出版社として出発したが、週刊誌『アサヒ芸能』などの他、①大衆文芸誌『問題小説』を創刊し、「問題小説新人賞」（1975・昭和50年〜1984・昭和59年）を立ち上げた。しかし、その後、もっぱら文学賞の後援に回っている。すなわち、②日本SF作家クラブ主催の「日本SF大賞」（1980・昭和55年）、③「日本SF新人賞」（1999・平成11年〜2009・平成21年）、④「日本SF評論賞」（2006・平成18年〜2014・平成26年）の後援と、⑤日本にハード・ボイルド小説を根付かせた大藪春彦を顕彰する選考委員会主催の「大藪春彦賞」の後援である。だが、⑥ようやく同社の賞としてトクマノベルズEdgeとデュアル文庫をベースにしたラノベ・ジャンルの「エッジdeデュアル新人賞」（2005・平成17〜2010・平成22年）を創設したが、短期間で幕を閉じた。従って、徳間書店からは、自社制の文学賞が再び姿を消すことになった。

（9）1971（昭和46）年創業の宝島社は、晶文社から版権を買い取った月刊

誌『宝島』の復刊や『別冊宝島』の創刊などを通じて急成長し、出版業界や〈賞ビジネス〉などに注目と話題を提供してきた。その文学賞には、①これまでの賞名にはなかった奇抜な「このミステリーがすごい！大賞」（2002・平成14年）を創設した。②また既述した授賞の選考・決定からプロを外して話題を呼んだ「日本ラブストリー大賞」（2005・平成17年〜2010・平成22年）を主催する一方、③柳の下を目論むかのように「このライトノベルがすごい！大賞」（2009・平成21年〜2014・平成26年）を設けた（なお、この「すごい！賞」は、他に「この映画がすごい！」と「この漫画がすごい！大賞」がある）。いずれも、青少年少女―21世紀（Z）世代―をターゲットにし、次の幻冬舎と同様の〈賞ビジネス〉の立ち位置にあるといえる。

（10）近年の1993（平成5）に年創業され、次々にベストセラーを生み出し興隆が著しいのが幻冬舎である。その創設・主催する文学賞を年次順に列挙すれば、①コミックス誌ベースの「リンクス新人大賞（小説部門）」（1999・平成11年）、②文庫ベースの「幻冬舎アウトロー大賞」（2003・平成15年〜2009・平成21年）、③「パピルス新人賞」（2007・平成19年〜2011・平成23年）、④コミックス誌ベースの「幻狼大賞（小説部門）」（2008・平成20年〜2012・平成24年）、⑤「感動ノンフィクション大賞」（2012・平成21年〜2012・平成24年）、⑥「幻狼ファンタジアノベルス学生新人賞」（2009・平成21年限り）、⑦10代のみ対象の「蒼き賞」（2009・平成21年）、などである。そのほとんどがラノベ・ジャンルのエンタメ小説を対象とし、極めて短期間に賞の幕引きをしているものが多い。同社の〈賞ビジネス〉の立ち位置が奈辺にあるかを、すなわち文学賞の創設・主催をもって文学・文化の向上・発展に寄与することよりも作品の〈商品化〉に寄与せしめることが優先されていることを窺わせる。

（11）財団・社団などが創設・主催する複数文学賞に眼を転ずると、いずれも作家などの冠賞を創設・主催しているのが特徴的である。すなわち股旅物を中心にした大衆小説作家の長谷川伸らが結成した新鷹会は、①「新鷹会賞」（1954・昭和29年〜1960・昭和35年）を、②長谷川の没後に一般公募作品に対する「長谷川伸賞」（1966・昭和41年）を、③同人誌『大衆文芸』に掲載された作品に対し編集者であった池内を顕彰する「池内祥三文学奨励賞」（1971・昭和46年）を設けた。

野村胡堂が中心となって結成した捕物作家クラブは、①その後、社団の日本

作家クラブとなり「日本作家クラブ賞」（1973・昭和48年〜1977・昭和52年、1980・昭和55年復活後に中断）と、②「野村胡堂文学賞」（2014・平成26年）を創設している。

　日本随筆家協会は、エッセイストの渋沢秀雄を顕彰する①「渋沢秀雄賞」（1976・昭和51年〜1982・昭和57年）と、②「日本随筆家協会賞」（1977・昭和52年〜2009・平成21年）を主催した。

　終戦後まもなくの1947（昭和22）年、江戸川乱歩が中心となって結成した探偵作家クラブ（乱歩が初代会長）は、①「探偵作家クラブ賞」（1948・昭和23年）を、続いて推理（ミステリー）小説分野における最も権威ある賞となる②「江戸川乱歩賞」（1954・昭和29年）を創設した。そして、③「探偵作家クラブ賞」は、関西探偵作家クラブとの合同によって「日本探偵作家クラブ賞」（1955・昭和30年）となり、④乱歩の寄付金を基に日本探偵作家クラブが社団の日本推理作家協会へ転じたことにより「日本推理作家協会賞」（1963・昭和38年）へと改称した。

　吉川英治は、戦前に『宮本武蔵』や『新書太閤記』、戦後に『新・平家物語』や『私本太平記』などを刊行し国民文学作家と称された。1967（昭和42）年、彼を顕彰する吉川英治国民文化振興会が設立され、吉川と縁の深かった講談社の後援を得て同年から主眼の①「吉川英治文化賞」と②「吉川英治文学賞」を主催し、その後、③「吉川英治文学新人賞」（1979・昭和53年）と④文庫のシリーズ物が対象の「吉川英治文庫賞」（2016・平成28年）を創設した。

　また浄土宗本山・本願寺の文化振興財団は、教祖や偉大な普及者を顕彰する文学賞としての①「蓮如賞」（1994・平成6年）と②「親鸞賞」（2000・平成12年）を創設している。

　（12）　児童文学（絵本を含む）ジャンルでは、日本児童文学者協会（初代会長は小川未明）と日本児童文芸家協会（初代会長は浜田廣介）という2つの社団が拮抗しているのが特徴的である。前者の日本児童文学者協会は、児童文学作家の団体で1946（昭和21）年に設立された。これに対し、後者の日本児童文芸家協会は、作家の他、評論家や研究者なども会員とした団体で1955（昭和30）年に設立された。そうして、児童文学分野における〈水平的な競合・競争〉の中で、両社による厳しい競合・競争が展開されてきた。以下の賞は、それを如実に示している。

　日本児童文学者協会の創設した文学賞は、極めて多い。列挙してみよう。①「児童文学者協会新人賞」（1951・昭和26年〜1960・昭和35年）、②「日本児童文学者協会賞」（1961・昭和36年）、③児童文学評論家の高山毅を顕彰する「高山賞」（1962・昭和37年のみ）、④「日本児童文学者協会短編賞」（1966・昭和41年〜1967・昭和42年）、⑤「日本児童文学者協会新人賞」（1968・昭和43年）、⑥「北川千代賞」（1969・昭和44年〜1982・昭和57年）、⑦「〈日本児童文学〉創作コンクール」（1979・昭和54年〜1985・昭和60年）、⑧「長編児童文学新人賞」2002・平成14年）、⑨童心社と共催の「絵本テキスト賞」（2004・平成16年）、⑩前掲したポプラ社と共催の「新・童話の海」、「子どものための感動ノンフィクション大賞」（2008・平成20年）、である。

　これに対する日本児童文芸家協会は、多彩な展開を示している。すなわち、①「児童文化功労賞」（1959・昭和34年）の他、文学賞として②「児童文芸新人賞」（1972・昭和47年）、③会員の作品が対象の「日本児童文芸家協会賞」（1976・昭和51年）、④文化庁後援の「創作コンクールつばさ賞」（1987・昭和62年）、⑤山形県高畠町とともに初代会長を顕彰する「ひろすけ童話賞」（1990・平成2年）、⑥「児童文芸ノンフィクション（福田清人）賞」（2006・平成18年〜20015・平成27年）、⑦「児童文芸幼年文学賞」（2016・平成28年）、を主催している。

　なお、1955（昭和30年）設立の日本青少年文化センター（財団）は、①初代会長を顕彰する「久留島武彦文化賞」（1960・昭和35年）の他、②児童・青少年文化に貢献した巌谷小波を記念・顕彰する「巌谷小波文芸賞」（1978・昭和53年）を設けている。

　ところで、いうまでもなく財団は特定の個人や企業・会社などが拠出した基本財産を基に設立・運営される団体で、社団は個々の個人や団体が会員となって会費を拠出し設立・運営される団体である。それが法人として認められるには登記が必要であるが、2008（平成20）年以降は内閣府の公益等認定委員会と知事による認定を受けた場合のみ公益財団法人、公益社団法人になりうる。それらが文学・文芸分野での授賞事業を行う企図は、次にあろう。

　まず、財団の授賞事業であるが、建前的にいえばそれは財団の設立目的の具現化にあるといえる。周知のように財団は、一般に基本財産を拠出した個人や企業・会社などの業績・功績・偉業などを記念・顕彰し世に広く知らしめると

ともに、その精神や功労などの継承・発展を図るために設立されるわけであるから、文学・文芸賞の創設・主催も、他の資料収集・保存などのような事業とともに、そうした財団設立の目的を担うことになるわけである。すなわち、賞の創設・主催を通じて業績・功績・偉業を世に知らしめる一方、精神・功労の継承・発展のために新たな才能の発掘・育成や有能な人材のさらなる研鑽・称揚を図り、総じて文学・文芸界―広義の文化―の一層の向上・発展に寄与するということになろう。裏返せば、広義の文化財団にとって文学・文芸賞の創設・主催は、財団の〈安定的・発展的〉な存立・存続に欠くことのできない重要な事業となるのである。

　また社団の授賞事業も、やはり社団の設立目的に沿うことになる。すなわち、社団は、クラブ・結社と同様に会員によって構成されるわけであるから、まずは会員相互の交流・親睦・研鑽などを目的とすることになり、授賞事業もその目的を担うことになる。社団の文学・文芸賞には、会員のみを対象にするものが結構見られるが、それはこの設立目的に起因する。しかし、内向きのそれだけでは社団（会員や運営資金）の拡大・発展を図ることができないので、出版・講演会・トークショーなどの外向けの事業も展開され、そうした外向けの事業の１つとして文学・文芸賞が創設・主催される。建前的には、やはり新人の発掘・育成や有能な人材の一層の研鑽・称揚を図り、総じて文学・文芸の発展・向上への貢献が唱われる。裏返せば、社団の社会的あるいは業界的な認知度や評価度を高め、より会員拡大や運営資金の増大に繋げたいということになろう。

　かくして、財団・社団も、同分野・世界における他の財団・社団の事業などに目配りする〈水平的な競合・競争〉を展開しながら、文学・文芸賞を創設・主催しているといえる。このことは、また文学・文芸分野以外の他分野における財団・社団についても、同様であるといえる。

第２節　出版社と財団・社団などの単一文学賞

　以上のような複数の文学・文芸賞ではなく、単一の文学・文芸賞を様々な創設・主催別に見てみることにするが、その創設・主催団体を次のように分ける。すなわち、出版社、財団・社団・任意団体（クラブ・会など）、企業・会社、労働組合、政党、である。

（1）出版社による文学賞。①古くは、同人誌『近代文学』を発刊した近代文学社の「近代文学賞」（1959・昭和34年〜1964・昭和39年）がある。②純文学系の著名な「太宰治賞」（1965・昭和40年〜1978・昭和53年）は、筑摩書房により創設されたが、同書房の経営危機によって中断し、その後、太宰没50周年を記念し筑摩書房と太宰が亡くなるまで居住していた三鷹市との共催で1999（平成11）年に再開された。このように、中止・終了の文学賞が結構多いのが特徴である。例えば、③新人物往来社「歴史文学賞」（1968・昭和43年〜2007・平成19年）、④新評社・評論新社の「新評賞」（1971・昭和46年〜1982・昭和57年）、⑤潮出版社の「潮賞」（1982・昭和57年〜2001・平成13年）、⑥文芸誌『海燕』を創刊した福武書店の「海燕新人文学賞」（1982・昭和57年〜1996・平成8年）がある。⑦またダイヤモンド社は、「ダイヤモンド経済小説大賞」（2004・平成16年〜2006・平成18年）を「城山三郎経済小説大賞」（2009・平成21年〜2012・平成24年）に改称したが、終了している。以上は、言うまでもなく〈賞ビジネス〉が出版社の経営に左右され、既述した財団・社団の賞に比して持続性・安定性を欠くことを示している。

　現存のものとしては、①雑誌『週刊金曜日』を発刊する金曜社の「ルポルタージュ大賞」（1997・平成9年）、②双葉社の「推理小説新人賞」（1979・昭和54年）、③60歳以上の高齢者の作品を対象にする平凡社の「晩成文学賞」（2013・平成25年）、④産業編集センターによる「暮らしの小説大賞」（2014・平成26年）、⑤文芸社の「歴史文芸賞」（2018・平成30年）、などがある。

（2）財団・社団・任意団体（クラブ・会など）の単一文学賞である。数が多いので、主催者と賞名のみを記す。①既述した後に講談社主催に代わる平林たい子記念文学会「平林たい子賞」（1972・昭和47年〜1997・平成9年）。②ノーベル文学賞受賞の賞金を基金にした川端康成記念会「川端康成賞」（1974・昭和49年〜2019・令和元年、2021・令和2年再開）。③新田次郎記念会「新田次郎賞」（1982・昭和57年）。④町田昌直（高知市）の寄付金を基にした椋庵文学賞財団「椋庵文学賞」（1967・昭和42年）。⑤ミズノスポーツ振興財団「ミズノスポーツライター賞」（1990・平成2年）。⑥司馬遼太郎記念財団「司馬遼太郎賞」（1997・平成9年）。⑦日本財団・日本海事広報協会「海洋文学大賞」（1997・平成9年〜2006・平成18年）。⑧三浦綾子記念文化財団・北海道新聞社・朝日新聞社「三浦綾子文学賞」（2014・平成26年限り）。⑨雑誌『家の光』

を発行する現JAグループの家の光協会による「地上文学賞」（1953・昭和28年）。⑩日本エッセイスト・クラブ「日本エッセイスト・クラブ賞」（1954・昭和29年）。⑪日本農民文学会「日本農民文学賞」（1955・昭和30年）。⑫大衆文学研究会「尾崎秀樹記念・大衆文学研究会賞」（1987・昭和62年）。⑬やはり既述の中山義秀顕彰会・白河市が共催の「中山義秀賞」（1993・平成5年）。⑭本格ミステリ作家クラブ「本格ミステリ賞」（2001・平成13年）。⑮歴史時代作家クラブ「歴史時代作家クラブ賞」（2012・平成24年〜2018年）は、日本歴史時代作家協会の「日本歴史時代作家協会賞」（2019・令和元年）に変わった。⑯新日本文学会「新日本文学賞」1961・昭和36年）。⑰第8次早稲田文学会「早稲田文学新人賞」（1984・昭和59年）。⑱三田文学会は、かつて「水上滝太郎賞」や「三田文学賞」を設けていたが、その後、休刊から1985（昭和60）年に復刊して「三田文学新人賞」（1995・平成7年）を創設。⑲女流作家が対象の田村俊子会「田村俊子賞」（1961・昭和36年〜1977・昭和52年）。⑳塚原健二郎賞児童文学振興会「塚原健二郎賞」（1978・昭和53年〜1991・平成2年）。㉑吉野せい賞運営委員会による福島県いわき市の在住・通勤・出身のみが対象の「吉野せい賞」（1978・昭和53年）。㉒大阪市・大阪文学振興会・関西大学・パソナグループ・毎日新聞社からなる「織田作之助賞」（1984・昭和59年）。㉓北海道弟子屈町の更科源蔵の会「更科源蔵文学賞」（2007・平成19年）。㉔大阪樟蔭女子大学・田辺聖子文学館「田辺聖子ジュニア文学賞」（2009・平成21年）。㉕ギャラリー藤本義一の書斎「藤本義一文学賞」（2014・平成26年）。

　さらに、㉖日本シャーロック・ホームズクラブが会員の投票で選考する「日本シャーロック・ホームズ大賞」（1985・昭和60年）。㉗将棋の記者・評論家・棋士などの将棋ペン倶楽部「将棋ペンクラブ大賞」（1989・平成元年）。㉘ジャーナリストらによるフォーラム神保町「田原総一郎ノンフィクション賞」（2009・平成21年）。㉙ジェンダーSF研究会「センス・オブ・ジェンダー賞」（2001・平成13年）。㉚江古田文学会（日大芸術学部が事務局）「江古田文学賞」（2002・平成14年）。㉛翻訳ミステリー大賞シンジケート「翻訳ミステリー大賞」（2009・平成21年）。㉜写真家の高松英昭や作家の星野智明らとボランティアからなる路上文学実行委員会「路上文学賞」（2010・平成22年〜2018・平成27年）。その他、㉝NHK厚生文化事業団（社会福祉法人）「NHK銀の雫文芸賞」（1988・昭和63年〜2019・令和元年）。㉞明治大学（学校法人）の文学賞

第 1 部門「倉橋由美子賞」と第 2 部門「阿久悠作詞賞」（ともに2010・平成22年）。㉟日本医師会（社団）「日本医療小説大賞」（2011・平成23年〜2016・平成28年）、などがある。

　（3）企業・会社による単一文学・文芸賞である。数は少ない。①サントリー・文藝春秋社・朝日放送による「サントリーミステリー大賞」（1981・昭和56年〜2003・平成15年）。②当初、1989（平成元）年に三井不動産販売（kk）が創設した既述の「日本ファンタジーノベル大賞」。③東急グループの総合文化施設である東急文化村「Bunkamura ドウマゴ文学賞」（1990・平成 2 年）。④JTB（日本交通公社）は、雑誌『旅』主催の「パイオニア旅行記賞」、「日本旅行記賞」、「紀行文学賞」を展開してきたが、1992（平成 4 ）年に創業80周年を記念して「JTB旅行文化賞」、「JTB旅行記賞」、「JTB旅行写真賞」の他「JTB紀行文学大賞（2003・平成15年終了）を設けた。その他、⑤ヤフー・パブリッシングリンク・小学館「YAHOO! JAPAN文学賞」（2006・平成18年〜2009・平成21年）、などがある。

　（4）労働組合や政党による単一文学賞である。①最も古いのは、国鉄労働組合（国労）の「〈国鉄文化〉文芸年度賞」（1952・昭和27年〜1982・昭和57年）で、②次いで日本労働組合総評議会（総評）の「総評文学賞」（1964・昭和39年〜1989・平成元年）であるが、ともに主催母体の変転・解体により消滅した。他に、③日本教職員組合（日教組）「日教組文学賞」（1969・昭和44年）や、④全日本自治団体労働組合（自治労）が自治研全国集会で文学賞ではなく自治体改革や地域づくりなど研究・実践を表彰する「自治研究賞」（1989・平成元年）、⑤部落解放同盟中央本部「部落解放文学賞」（1974・昭和49年）、がある。政党としては、⑥日本社会党「社会新報文学賞」（1966・昭和41年〜1967・昭和42年）や⑦日本共産党中央委員会「多喜二・百合子賞」（1969・昭和44年〜2005・平成17年）があるが、いずれも停止・終了している。

　以上の単一文学・文芸賞については、次のことを付言しておく。先に指摘したところであるが、財団・社団による文学・文芸賞は継続性・安定性があるが、出版社の場合はそれに欠けることである。ここで見られたような出版社の文学・文芸賞は中止・終了が多く、そのことを照明している。出版社にとっては、文学・文芸賞の創設・主催はあくまで出版ビジネスの一環であるからだ。これに対して、財団・社団などの場合は、その設立目的からして文学・文芸賞

の創設・主催が財団・社団などの存立・存続の一環となるゆえに継続性・安定性が高くなるとともに、ここで見られたように財団・社団の設立に関わる者を顕彰する冠賞が多くなるわけである。また企業・会社の文学・文芸賞は、やはりビジネスと関わっているゆえに継続性・安定性が低くなりがちである。ただ、その数は多いとはいえないものの、意外にも次の児童文学ジャンルでは企業・会社による児童文学賞の創設・主催が結構見られることに留意しなければならない。組合・政党による賞は、いうまでもなく組合員や党員・党友という組織内メンバーが対象となる。

第3節　児童文学賞とラノベ分野の文学・文芸賞

　前節までに整理・考察した文学・文芸賞の中で、児童文学賞とラノベの文学・文芸賞も取り上げた。にもかかわらず、さらに児童文学（絵本を含む）とラノベ・ジャンルの文学・文芸賞を設けたのは、その数が結構多いので、創設・主催者別においてその全てを取り上げると極めて煩雑になるからだ。その煩雑さを回避するため、前節までで扱った児童文学とラノベ・ジャンルの文学・文芸賞以外のそれを改めて別立てにして整理・散見することにした。

第1項　児童文学（絵本を含む）ジャンルの賞

　それを創設年次順に挙げる。毎日新聞社による2つの児童文学賞①「毎日児童小説賞」（1951・昭和26年）と②「毎日童話新人賞」（1971・昭和46年）は、新聞社の文学賞で既述した。③それに続くJXTGホールディングス「JXTG童話賞」（1970・昭和45年）は、企業形態の変化からENEOS（kk）による「ENEOS童話賞」と「ENEOS音楽賞」（2020・令和2年〜2023・令和5年）へ名称変更し終了した。④坪田譲治を世話人として鈴木三重吉を顕彰する赤い鳥の会「赤い鳥文学賞」（1971・昭和46年〜2010・平成22年）は、残念ながら終了した。⑤またアナウンサーで作家の落合恵子が創業した厳選された絵本やおもちゃの取扱店であるクレヨンハウスは、児童・絵本出版社が選考する「クレヨンハウス絵本大賞」（1979・昭和54年）を創設。⑥児童出版社である偕成社刊行の雑誌『月刊MOE』ベースの「月刊MOE童話大賞」（1980・昭和55年〜1991・平成3年）は、版元が白泉社に移ったので「MOE絵本屋さん大賞」（2008・平成20年）に改変した。⑦雑誌『ミセス』を発刊する文化学園・文化

出版局が主催し、化粧品会社のカネボウ（kk）が協賛の「カネボー・ミセス童話大賞」（1981・昭和56年）。⑧児童出版社の岩崎書店と創作集団プロミネンスが創設した編集者・SF評論家を顕彰する「福島正美記念SF童話賞」（1983・昭和58年）。⑨タカキベーカリー（kk）創業35周年を記念したアンデルセン・グループ「アンデルセンのメルヘン大賞」（1983・昭和58年）。⑩ニッサン（kk）主催の「ニッサン童話と絵本のグランプリ」（1984・昭和59）。⑪小樽市のNPO児童文学研究センターによる「児童文学ファンタジー大賞」（1995・平成 7 年）。⑫さらに中部電力（kk）の「中部電力児童文学賞」（1998・平成10年）は、ちゅうでん教育振興財団「ちゅうでん児童文学賞」（2001・平成13年）に名称を変更。⑬キッズエキスプレス21「創作童話・絵本・デジタル絵本賞」（1999・平成11年）。⑭岩崎書店と創作集団プロミネンス「ジュニア冒険小説大賞」（2002・平成14年）。⑮北日本新聞社「北日本児童文学賞」（2003・平成15年）。⑯日本新薬（kk）による「日本新薬こども文学賞」（2008・平成20年）。⑰Be絵本大賞実行委員会（フジテレビKIDS・BCフジ・ポニーキャニオン・扶桑社）による「Be絵本大賞・創作童話」（2008・平成20年）。⑱静山社「静山社五つの童話賞」（2009・平成21年）。⑲山田養蜂場（kk）による「ミツバチ童話と絵本コンクール」（2009・平成21年）、などが見られる。

　このようにして見ると、児童文学（絵本を含む）ジャンルにおける文学賞の創設・主催に、児童（絵本）図書・雑誌を刊行する出版社が関わっているのは当然といえるが、それ以上に前項末尾で留意を促したごとく、ここには企業・会社がかなりの児童文学・文芸賞を創設・主催していることが明白に見てとれる。それは、幼児・学童を抱える両親—特に母親—を念頭にした企業・会社の知名度やイメージ・アップを狙っているためと思量する。

第 2 項　ライトノベル（ラノベ）ジャンルの文学・文芸賞
　そもそもライトノベルとは、それまではティーンズノベルとかヤングアダルトとかジュブナイルと称されていたが、1990（平成 2 ）年にNIFTY-ServeのSFフォーラムで初めて使われ、「基本的には電撃、スニーカー、富士見ファンタジア、スーパーダッシュ、コバルト、ティーンズハートetc・のレーベルで出ている本を指す言葉」であるという（大森・豊崎、前掲書、213頁）。しかし、今やそれらのレーベルに止まらないくらい数が多いことと、筆者には極め

て不案内な分野なので、創設・主催者と賞名のみを記する。ただし、中断・終了したものもある。

①スターツ出版「日本ケイタイ小説大賞」。②ジョルダン「10分で読める小説大賞」。③エニックス「ENIX エンターテイメントホラー大賞」。④スクウエア・エニックス「スクウエア・エニックス小説大賞」は「スクウエア・エニックスライトノベル大賞」に。⑤一迅社「一迅社文庫大賞」は「New Generation Award」に、⑥「一迅社文庫大賞アイリス部門」は「New Generation アイリス少女小説大賞」に改変。⑦ホビージャパン「ノベルジャパン大賞」は「ホビージャパン（HJ）文庫大賞」に改変。⑧アルファポリス「Web コンテンツ大賞（ぽっこり・じんわり大賞、ファンタジー小説大賞、ドリーム小説大賞、歴史時代小説大賞）」。⑨星海社の Web 小説「星海 FICTIONS 新人賞」。⑩公募ガイド社「YA 文学短編小説賞」。⑪京都アニメーション「京都アニメーション大賞（小説部門）」。⑫エンターブレイン「えんため大賞（小説部門・ガールズノベル部門）」。⑬ソフトバンククリエイティブ「ソフトバンククリエイティブ GA 文庫大賞」。⑭白泉社によるボーイズラブ対象の「花丸新人賞」は「花丸 WEB 新人賞」に改変。⑮二見書房「Charade 新人小説賞」。⑯ビジュアルアーツ「キネティックノベル大賞」。⑰コーエー「コーエー GAMECITY 文庫賞」。⑱マックガーデン「プレイド小説賞」。⑲心交社「小説ショコラ新人賞」。⑳プランタン出版「プラチナ文庫小説大賞」。㉑新書館「ウイングス小説大賞」、「ビブロス小説大賞」、ボーイズラブ対象の「ディアプラス小説大賞」、など。

　ここに列挙したラノベ賞が、その全てではない。まだ他にもありそうだ。というのも、ラノベ賞は〈賞ビジネス〉性が一層強いため、停止や新設が激しく変転の著しいジャンルの賞といえるからだ。しかし、主催者も賞名も、なんとカタカナが多いことか。いずれにしろ、青少年少女を読者（購買）対象とするこのジャンルは不案内なのだが、幾つかの特色が窺える。その最大の特徴の1つは、文庫レーベルも賞も男女別に画然と二分化—例えば、講談社の X 文庫や集英社のコバルト文庫は女子向けで、角川グループのスニーカー文庫やファンタジア文庫は男子向けのように—されていることだ（大森望「ライトノベルの賞事情」、大森・豊崎、前掲書、234頁）。その他、2つに、ボウイズラブ（BL）小説という特異な部門があり、その賞が設けられていることだ。その騎

手の一人である一穂ミチは、ボーイズラブ小説と一般文芸を体操の「規定競技」と「自由演技」に喩え、「BLは読者に望まれるお約束（ハッピーエンドの結末）が明確に存在するジャンル。一般文芸はそれを全部取り払った」ジャンルだとする（朝日新聞、2021年 8 月11日、括弧内は筆者の補充）。 3 つに、作品の募集・応募に携帯やWEBサイトの活用が進んでいること。 4 つに、後述する漫画（コミック）を手がけている出版社によるラノベ文学賞が多いこと。 5 つに、各出版社の文庫レーベルに応じて賞が創設・設定され、ほとんどがエンターテイメント（エンタメ）小説をイラストとセットで公募していること、などである。

第8章　ジャンル別文学賞と受賞者の〈生存率〉
　　　　状況

　ジャンル別の文学賞の考察に着手するが、まず確認しておきたいことは、賞の創設・主催者間の〈水平的な競合・競争〉に対し、意図的・非意図的に賞の獲得を目指したり想念したりする応募者や対象者の間では〈垂直的な競合・競争〉が激しく展開されることである。しかし、そうした中における各ジャンルの文学賞へ網羅的に目を通すことは困難なので、著名な特定の文学賞のみに限定して考察することにしたい。その理由は、次にある。

　上智大学教授で文芸評論家の村松定孝は、かつてこう述べていた。戦前の1953（昭和10）年から戦後の1976（昭和51）年までの間にかの「芥川賞」を「受賞した作家の数は七十一名に登る。しかし受賞以後、今日に至るまで作家的生命を保ち、文芸雑誌に作品を発表しつづけているのは、わずか二十名足らずである。／このことは、受賞者といえども、永く文壇に名声を持続しうる保証は何ら与えられていないことを意味するばかりか、むしろ文壇的には脱落者となる場合の方に比重がかかっていることを示しているものといってよい。それは、なにも芥川賞だけの問題ではなく、懸賞小説や他の新人文学賞にも共通していることかもしれない。いわば、文学賞にまつわる宿命だとも考えられる」（村松定孝、「『芥川賞』と商業ジャーナリズム」、長谷川泉編、前掲『芥川賞事典』、34頁）としていた。

　それだけではない。近年、文学・文芸界において新人としての「デビューは簡単になったけれど、そのぶん、三十年前とかと比べて生き残り競争は十倍くらい厳しくなっているかもしれない」。というのも、謀作家が、「新人賞の受賞は癌告知と同じ」、そのココロは「五年生存率が問題」だとして、今日における〈生き残り〉の厳しさを暗喩しているからだという（大森・豊崎、前掲書、75頁）。

　このことが、受賞者の、とりわけ公募新人文学・文芸賞の受賞者（および候補者）のその後の〈生き残り〉状況を考察してみたいと思った理由だ。そして、それには、各ジャンルにおける著名で特定の文学・文芸賞に限定する必要

があるわけである。そのためには、先の大森・豊崎による「マップ」を活用するが、各ジャンルの冒頭で文学・文芸賞の極々簡単な状況について—現存の賞に停止・終了した賞（この場合は賞名の後に終と付す）も加え—触れることにする。なお、各ジャンルは「マップ」に依拠し、まずは大きく純文学文芸誌系、中間小説誌系、エンターテイメント系、児童文学（絵本を含む）系に４分する。そして、エンターテイメント系は、さらに歴史時代小説系、SF・ファンタジー小説系、ホラー小説系、ミステリー小説系、「マップ」には無いノンフィクション・ドクメンタリー小説系に細分化して考察する。さらに、以上のジャンル以外をカバーするため、エッセイ・コラム系と戯曲・脚本系を取り上げることにする。

第1節　純文学文芸誌系の〈生存率〉

「マップ」は、純文学系ベクトルにおける最も純文学的な公募新人賞として「太宰治賞」、「早稲田文学新人賞」、「三田文学新人賞」を挙げ、次いで文芸誌系（ジャンル）の典型的な公募新人賞として「すばる文学賞」、「文學界新人賞」、「新潮新人賞」、「群像新人文学賞」、「朝日新人文学賞」（終）、「文藝賞」を挙げている。そして、「女による女のためのR-18文学賞」と愛媛県松山市が隔年で主催する「坊ちゃん文学賞」を文芸誌系（ジャンル）と中間小説誌系（ジャンル）の公募新人賞の中間に位置づける一方、文芸誌のみならず単行本も対象にし、近年は「芥川賞」の前段階的な性格を強めている「野間文芸新人賞」を中堅作家への非公募新人賞と捉えている。また中堅からベテラン作家が対象の非公募文学・文芸賞には、「芥川龍之介賞」、「三島由紀夫賞」の他、「伊藤整文学賞」（終）、「野間文芸賞」、「川端康成賞」、「谷崎潤一郎賞」、「読売文学賞」、「サントリー学芸賞」、京都府宇治市など主催の「紫式部文学賞」を挙げている。

　この文芸誌系（ジャンル）の純文学的な文学賞には、公募新人賞としては「江古田文学賞」の他、福武書店が文芸誌『海燕』を発刊して創設した「海燕新人文学賞」（終）を加えうる。また非公募文学賞としては、女流作家が対象のかつての「女流文学賞」（終）や「田村俊子賞」（終）、「平林たい子賞」（終）の他、やはり近年幕を閉じた「大江健三郎賞」（終）も加えることができよう。

　それでは、純文学ベクトルの文芸誌系（ジャンル）における公募新人賞の受

賞者・候補者のその後の〈生き残り〉状況であるが、それを5大文芸誌の「文
學界新人賞」、「新潮新人賞」、「群像新人文学賞」、「文藝賞」、「すばる文学賞」
で見ることにする。ただ、初回の受賞者・候補者にまで遡るのは大変なこと
と、近年とみに〈生き残り〉が厳しくなっているとされていた故、1995（平成
7）年前後から最近年までの受賞者・候補者に絞って見ることにした。

第1項　文藝春秋社の「文學界新人賞」

　それは、年2回（上・下半期）―ただし2015（平成27）年の第120回以降は
年1回となる―授賞されるが、審査委員の奨励賞などもある。受賞作が複数
の時もあれば、受賞作無しの時もある。そうした中で、1995（平成7）年から
2020（令和2）年までの26年間における新人賞の受賞者は52名、奨励賞などの
受賞者は22名、合計74名となっている。そこで、今、この「文學界新人賞」の
新人賞や奨励賞などの受賞によってデビューし―もっとも、それ以前に別の文
学賞を受賞してデビューしているケースも含め―以後、他の文学賞も受賞や候
補となりながら、最近まで単行本を10冊前後以上を刊行し、かつ単品作品やア
ンソロジー、エッセイなどを発表し続けている作家をプロとして一人立ちし、
その地位を確立したもの、言いかえればプロとして〈生き残り〉ができた作家
と看過することにする（以下の考察においても、基本的に同じくこれを差し当
たりの目安・インジケーターとする）。

　この目安（インジケーター）で見ると、「文學界新人賞」では、1995（平成
7）年以降、〈生き残り〉の作家として12名を数えうる。その彼・彼女らの氏
名・受賞作品と他の文学賞の受賞・候補歴は紙幅の関係から基本的に省略す
るが、新人賞・奨励賞などの受賞者総数74名のうち12名がプロの作家として一
人立ちして〈生き残った〉といえる〈生存率〉は16%となる。もっとも、2010
（平成22）年以降の受賞者は、2020（令和2）年までの10年間に基準となる目
安（インジケーター）をクリアすることは期間の短かさからして極めて厳し
い。それ故、2010（平成22）年以降の受賞者22名を差し引いた52名を母数とす
ると、〈生存率〉は23%とになる。それにしても、この〈生存率〉状況は、受
賞者がプロの作家として〈生き残る〉ことが厳しく狭き道であることを示す。

　もっとも、新人賞・奨励賞の受賞者の多く、とりわけ〈生き残った〉と看過
しうる受賞者は、その後、他の文学賞にノミネイトされたり、その受賞を獲得

している。なかでも、「芥川賞」へのノミネイトや受賞が目立つ。この受賞歴
からすると、プロの作家として〈生き残る〉には、新人賞・奨励賞の受賞後も
作家活動を続け、他の定評ある非公募の幾つかの文学賞─「芥川賞」のみなら
ず「三島由紀夫賞」、「川端康成賞」、「谷崎潤一郎賞」や「野間文芸新人賞」な
ど─にノミネイトされたり、その受賞を獲得することが必須であることを示す。

第 2 項　新潮社の「新潮新人賞」

　既述のごとく当初、新潮文芸振興会による小説の公募新人賞である「新潮文
学新人賞」であったが、その後、評論とノンフィクションが加わって 2 部門
制になり、2008（平成20）年の第40回からは再び小説のみの「新潮新人賞」
となる。従って、「マップ」では「新潮新人文学賞」となってるが、ここでは
「新潮新人賞」とする。それはともかく、「文學界新人賞」と同様に1995（平成
5）年から2019（令和元）年までの25年間に同新人賞を受賞した応募者は31名
であるが、近年に受賞し作家活動期間が短い受賞者を除くため2010（平成22）
年までの16年間にするとその数は21名となる。この受賞者に先の目安（インジ
ケーター）を当てると、プロの作家として一人立ちし〈生き残った〉といえる
作家は、僅か次の 4 名に過ぎない。すなわち、2000（平成12）年の佐川光晴、
2002（平成14）年の中村文則、2005（平成17）年の田中慎弥、それに小説単行
本の刊行数は少ないが、エッセイ、翻訳、電子書籍を多産しているので〈生
き残り〉に含めた2007（平成19）年の高橋文樹である。この 4 名は、受賞後に
おける単行本の刊行数や他の文学賞の受賞・候補歴からして先の「文學界新人
賞」の〈生き残り〉作家と同様の特徴を示している。しかし、その〈生存率〉
状況は 4 /31の12%、期間の短縮年を母数にした場合でも 4 /21の19%と「文
學界新人賞」以上に厳しい狭き道となっている。

第 3 項　講談社の「群像新人文学賞」

　この公募新人賞は、2014（平成26）年までは小説部門と評論部門の二本立て
であったが、翌年からは評論部門が分離され「群像新人評論賞」となった。
「群像新人文学賞」は、当選作（新人賞受賞作）の他に優秀作（新人賞候補
作）を設けているが、考察の対象年度をやや繰り下げて1991（平成 3）年か
ら2020（令和 2）年度までの30年間とする。というのも、1991（平成 3）年

に「かかとを失くして」で同新人賞を受賞し、デビューを果たした多和田葉子（現在はドイツに在住）が、その後、すさまじい活躍を見せていることを記しておきたいからだ。その状況は、佳作（候補）なしの全て本賞を受賞するという次の受賞歴が示している。すなわち、1993（平成5）年「芥川賞」、1994（平成6）年のドイツ「シャミッソー文学賞」、2000（平成12）年「泉鏡花文学賞」、2002（平成14）年「Bunkamuraドゥマゴ文学賞」、2003（平成15）年「伊藤整文学賞」と「谷崎潤一郎賞」、2005（平成17）年のドイツ「ゲーテ・メダル」、2009（平成21）年「早稲田大学坪内逍遙大賞」、2011（平成23）年「紫式部文学賞」と「野間文芸賞」、2013（平成25）年「文藝賞」と「読売文学賞」、「芸術選奨文部科学大臣賞」、2016（平成28）年のドイツ「フライスト賞」、2018（平成30）年「国際交流基金賞」とアメリカ「全米図書館賞（翻訳部門）」、2020（令和2）年「朝日賞」。まるで純文学系ベクトルの文学賞の総ナメ様相である。

　この多和田以降、2020（令和2）年までの30年間で46名が当選作（新人賞）と優秀作（新人賞候補）を受賞している。ただし、最近年の5年間を除けば、40名となる。この40名に、これまでと同様の目安（インジケーター）の網をかけてみると、プロの作家として〈生き残り〉活躍しているといえるのは、多和田も含め8名が数えられる。この受賞・候補者による他の文学賞の受賞・候補者歴をみると、前2新人賞と同様に「芥川賞」と「野間文芸新人賞」の受賞・候補歴が相対的に多い。そうして、その〈生存率〉も8／46の17％、ないしは8／40の20％とやはり前2新人賞と同程度の狭き門となっている。

第4項　河出書房新社の「文藝賞」

　それは、新人賞と優秀作（新人賞候補作）からなり一般に若手作家の登竜門とされてきたが、1995（平成7）年から2020（令和元）年までの26年間における両者の受賞者は44名である。その44名は、やはり前3賞と同様の特徴を見せている。すなわち、従前の目安（インジケーター）からすると、44名のうちプロとしての地位を確立して〈生き残り〉を果たしたと看過しうる作家は9名で＜生存率＞は9／44の20％、最近年の5年間（8名）を除いた場合のそれは9／36の25％になり、前3賞と大差ないことである。それに、この〈生き残り〉作家が受賞でデビューした後における他文学賞の受賞・候補歴でも相対的

に多いのが、やはり「芥川賞」と「野間文芸新人賞」であることだ。その典型例は、次の「文藝賞」の特色例に見られる。

　この「文藝賞」が、前 3 賞とは異なる特色を見せているのは中・高生が受賞していることだ。2001（平成13）年に高校生の綿谷りさが「インストール」で、2003（平成15））年には同じく高校生の羽田圭介が「黒冷水」で―他の 2 名と同時に―新人賞を受賞した。綿谷の同作は「芥川賞」の候補になるとともに、70万部のベストセラーになった。そして、2003（平成15）年に「野間文芸新人賞」にノミネイトされた「蹴りたい背中」が、2004（平成15）年に金原ひとみ（20歳）が「すばる文学賞」を受賞した作品「蛇にピアス」とともに若い女性による「芥川賞」の同時受賞となって話題をさらった。また羽田も、受賞後、2008（平成20）年から2015（平成27）年まで 4 回「芥川賞」にノミネイトされ、2015（平成27）年の下半期についに「芥川賞」を射止め、その間の2012（平成24）年と2014（平成26）年には「野間文芸新人賞」の候補になっていた。

　ところで、綿谷りさと羽田圭介の高校生受賞の先駆けになったのが、1981（昭和56）年に高校生の堀田あけみが「1980アイコ十六歳」で新人賞を獲得したことにあったと記憶している。それだけでなく、2005（平成17）年には「窓の灯」の青山七恵とともに「平成マシンガンズ」で新人賞を受賞した三並夏（女性でペンネーム）が当時15歳の中学生だったことは、驚きとともに話題となった。このように中・高生の受賞者が少なくないのが前 3 賞と異なる「文藝賞」の特色であるが、その背景には雑誌の読者層が若い世代であることがあるようだ。

第 5 項　集英社の「すばる文学賞」

　同賞の対象期間は、1992（平成 4 ）年から2018（平成30）年までの28年間とする。この期間における複数受賞者や佳作受賞者は延べ44名で、最近年の 5 年間の受賞者 9 名を除くと35名である。それらに、従前の目安（インジケーター）の網をかけると、プロの作家として〈生き残り〉を果たしたと看過しうる作家は 8 名で、〈生存率〉は 8 /44の18％強ないしは 8 /35の23％弱と、やはり前 4 賞と同程度の水準を示す。また他文学賞の受賞・候補歴も、前 4 賞と同様の傾向を示している。

第6項　純文学系公募新人賞から見えてくること

　5文芸誌に見られた純文学系（ジャンル）の公募新人賞からは、次のことが見えてくる。第1は、受賞者・候補者の性別・年齢である。年齢については、特に「文藝賞」に中・高生の受賞者が少なくないことは前述したが、考察対象期間における性別はこうである。「文學界新人賞」は男性43人、女性31人。「新潮新人賞」は男性21人、女性10人。「群像新人文学賞」は男性26人、女性17人。「文藝賞」は男性23人、女性21人。「すばる文学賞」は男性17人、女性27人、である。「すばる文学賞」は女性が男性を圧倒しているが、他は男性が優位である。因みに、これを総計すると男性が130人で、女性は106人と男性がやや優位の55％である。しかし、逆に女性が45％と男性に迫る比率を占めていることは、一時代前のいわゆる〈女流〉作家・志望者が極めて多くなり、現在では〈女流〉は死語になったといえる。

　ところで、最近、表現の現場調査団が、文化・芸術界の主要な賞（2011〜2020年）を調査した結果、選考・審査員と受賞者が極めて男性優位のジェンダー・アンバランス状況にあることを発表した（朝日新聞、2022年8月25日）。しかし、少なくとも純文学系文学賞の新人賞受賞者においては、ジェンダー・アンバランスが解消し始めていることが窺われる。

　第2は、男性にとっても女性にとっても、前記の考察からすると、よしんば新人賞を獲得したとしても、純文学系（ジャンル）におけるプロ作家としての地位を確立して〈生き残り〉を果たすことは厳しい狭き門であることだ。5つの文学賞とも、〈生き残り〉を果たしたと看過しうる作家は、新人賞の受賞者・候補者の20％前後、母数年を短縮しても30％を超えることはなかった。従って、差し当たりとした目安（パラメーター）は、有効・妥当なそれであるといえる。とはいえ、かかる狭き門をかいくぐるには、新人賞の受賞・候補後にも作家活動を続け、他の文学賞とりわけ非公募の「芥川賞」や「野間文芸新人賞」、はたまた「川端康成文学賞」、「三島由紀夫賞」、「谷崎潤一郎賞」などを受賞したり、それらにノミネイトされることが必須条件—そのことは、またプロの作家としての地位確立ないしは成熟度のメルクマール—になっているといえる。

　第3は、考察対象期間における5つの公募新人文学賞への応募数、すなわち〈垂直的な競合・競争〉状況である。応募数でそれをみると、大雑把にいって

「文學界新人賞」は、上・下半期とも1500編前後、年１度になった2015（平成27）年以降は2500編前後である。「新潮新人賞」は、1000編強から2005（平成17）年以降には2000編前後に増加している。「群像新人文学賞」は、毎回1500編前後から最近年は2000編強へやはり増加している。「文藝賞」への応募数は、1500編から2000編へ増加、「すばる文学賞」は毎回1500編前後の応募数となっている。「すばる文学賞」はやや少なめだが、近年における他の４賞への応募数は2000編から2500編と大差ない。この数の多さに驚かされるとともに、次が想い描かれる。

　一方で、選考委員による最終選考まで雑誌編集部の編集員などにより下読みがなされ、篩に掛けられる。その中には、原稿用紙を２～３枚めくっただけで屑篭行きになる応募作品もあろう。しかし、いずれにしろ、毎回、少なくても1500編以上の応募作品から二桁台くらいの最終選考作品が絞られ、新人賞や候補作の優秀賞などが決定されることなる。デビューしてプロの作家としての地位を確立し〈生き残り〉を果たすことは、実は賞の獲得を目指す〈垂直的な競合・競争〉の熾烈さと、そうした状況における賞の獲得自体が前記以上に厳しいものであることを示す。少し誇張していえばラクダが針の穴を通り抜け出来ないくらいの狭き門、あるいは宝くじの特等に当たるくらいの確率といえよう。

　他方、それでも５つの新人文学賞を目指し、毎回、それぞれに少なくとも1500編以上の作品が応募しているわけである。その中には、社会（人間）関係の不適応ゆえに文章の世界にのめり込んだ者や遊び心、腕試しでチャレンジする応募者もいようが、そうではなく「無料の通信添削講座だと思って何度も書き直して」毎回のように応募している作家志望者がかなりいると想われる。純文学系（ジャンル）の文学は「フリーター文学」であるとされること（大森・豊崎、前掲書、57～58頁注記と239頁）は、それを裏づける。

　とにもかくにも、動機は様々であろう。だとしても、毎回、各賞において1500編以上の応募作品が乱舞する背後には、授賞・受賞の両サイドにとって５つの新人文学賞の社会的（文学界的）な認知・評価度が〈高度〉であるゆえ授賞・受賞自体も非常に意味・価値ある〈重度〉なものとなる事態が潜んでいるといえる。すなわち、授賞側にとっては、どんな作品・作家を世に送り出すかが文芸誌の沽券あるいは存亡に、さらに大袈裟にいえば出版社の命運を左右しかねない重大な案件となる。他方、応募側にとっては、受賞するか否かは作家

として生きてゆくか、それともそれを諦めるかという今後の人生を左右するものとなる。このように5つの新人文学賞の賞行為における授賞・応募サイドの〈二層・二重〉の構造と機能は、授賞・応募の両サイドを強く規定する〈きつい＝緊縛〉的なものとなる。

　かくして、授賞側には、選考・受賞の厳密性や展望性などが強く求められ、それらを具現するすることにより一層出版社・文芸誌と賞の評価・地位、そうして権威を高め、〈賞ビジネス〉における文芸誌や出版物の販売拡大にも寄与することになる。他方、応募側には、新人賞を獲得してプロを目指し、さらには作家として世に知られ、売れっ子になりたいというような〈世俗的な欲望〉である金銭欲や優越欲・差別欲・名誉欲などの充足以上に、作家としての存在や作品を後世にを残したいというような〈承認欲求〉や〈存在論的な欲望〉の充足欲求が渦巻き、その達成の渇望を湧出させられることになるといえる。

第2節　中間小説誌系の〈生存率〉

　「マップ」は、中間小説誌系（ジャンル）の公募新人賞に「小説すばる新人賞」、「小説新潮長編新人賞」（終）、「オール讀物新人賞」、「小説現代新人賞」、「日本ファンタジーノベル大賞」を配している。そして、非公募の賞としては、「芸術選奨新人賞」、「Bunkamuraドウマゴ文学賞」、「婦人公論文芸賞」、「毎日出版文化賞」、「芸術選奨文部科学大臣賞」、「大佛次郎賞」、さらに「文化功労者」、「紫綬褒章」、「文化勲章」を挙げている。もっとも、純文学の文芸誌系であれ中間小説誌系であれ、次のエンターテイメント小説誌系であれ、新人賞と「謳っていても、自作の未発表作品でさえあれば、プロ・アマを問わない賞が大多数。キャリアのある中堅作家やすでに別の賞でデビューしている作家が受賞するケースも珍しくないから、正しくは『新作小説賞』と呼ぶべきかもしれない」（大森・豊崎、前掲書、6頁）とされている。

　それはともかく、中間小説の定義は難しい。旧来は純文学に対して大衆文学や大衆小説と称されていたが、エンターテイメント（エンタメ）・ベクトルの文学・小説の興隆により純文学とエンタメ文学とのまさに〈中間〉として位置づけられることになった。それ故、中間小説とは、排除法的にエンタメ・ベクトルに配置されているミステリー、ホラー、SF・ファンタジー、歴史時代小説やノンフィクション・ドキュメント、エッセイなど以外の小説を指す。そ

うすると、次の賞も含めてよいだろう。公募新人賞では、「小説宝石新人賞」
（終）、「幻冬舎パピルス新人賞」（終）、「角川春樹小説賞」、「野性時代青春文
学賞」（終）、「野性時代フロンティア文学賞」、「織田作之助賞」が2006（平成
18）年から始めた公募の「青春賞」、60歳以上の者による作品が対象の「晩成
賞」、7000円の投稿料を支払って応募可能な「ボイルドエッグズ新人賞」、プロ
のみが応募可能な「リデビュー小説賞」、など。非公募としては、「日本文芸大
賞」（終）、「潮賞」（終）、「織田作之助賞」、「中央公論文芸賞」、「蓮如賞」、「親
鸞賞」、「渡辺淳一賞」、などである。

　それでは、中間小説誌系（ジャンル）における文学賞の受賞者のその後の
状況である。「マップ」は、老舗の講談社と文藝春秋社の雑誌『小説現代』と
『オール讀物』による「小説現代新人賞」や「オール讀物新人賞」より、集英
社の『小説すばる』による「小説すばる新人賞」と新潮社の後援から新潮文
芸振興会の主催となり賞の基盤となる雑誌を有しない「日本ファンタジーノ
ベル大賞」を評価しているようだ。そこで、両賞の〈生存率〉に照明を当てる
ことにするが、その目安（インジケーター）は、前節の純文学文芸誌系（ジャ
ンル）で設定したものと同一とする。というのも、この目安は前節の考察で明
らかになったように基準として有効・妥当であると看過されたからだ。そうし
て、この目安（インジケーター）をクリアし、プロの作家としての地位を確立
し〈生き残り〉を果たしたと看過される作家は、純文学文芸誌系（ジャンル）
で明白だったように、その後、他の文学賞の幾つかを受賞したりそれにノミ
ネイトされている。ところが、中間小説系と純文学系の受賞・候補者の＜生存
率〉とその後の文学賞の受賞・候補歴には、大きな相違が見られるのである。
以下では、それらの諸点を明らかにする。

第1項　「日本ファンタジーノベル大賞」と「小説すばる新人賞」

　「日本ファンタジーノベル大賞」は、既述のごとく1989（平成元）年に創設
されたものの2013（平成25）年に休止され、2017（平成29）年に新潮文芸振興
会の主催、読売新聞社の後援で再開されて今日に至っているが、考察期間は、
創設時から2020（令和2）年までの通算28年間とする。そして、同賞は大賞と
優秀賞（次席）を設けてきたが、この28年間において両賞の受賞者は53人に上
る。その53人に目安（インジケーター）の網をかけると、プロの作家としての

地位を確立し〈生き残り〉を果たした見られる作家は24人となる。従って、プロの作家としての〈生存率〉は、24/53の45％強となる。受賞回と大賞・優秀賞の作品、氏名、その後の受賞歴（候補を含む）の明記は、紙幅の関係からやはり基本的に省略する（以下、同様）が、前節の純文学文芸誌系（ジャンル）よりもはるかに高い〈生存率〉である。もっとも、例えば、恩田陸は、大賞や優秀賞は受賞しなかったが、第3回と第5回に候補にノミネイトされていた。彼は、その後、プロとしてすさまじい作品数を発表・発刊する売れっ子作家となっている。そして、「吉川英治文学新人賞」、「日本推理作家協会賞」、「山本周五郎賞」、「直木賞」を受賞した他、「本屋大賞」も受賞している。この恩田のようなケースも含めると、〈生存率〉は50％に迫る。

　次に、「小説すばる新人賞」の対象期間は、1992（平成4）年から2020（令和2）年までの29年間とする。この29年間における受賞者は、複数同時受賞も含めて39人である。この39人に先の目安を当てると、それをクリアしていると看過しうる作家は18人である。だから、「小説すばる新人賞」の授賞者がプロの作家として生き残った〈生存率〉は、18/39の46％となり、「日本ファンタジーノベル大賞」とほぼ同じ水準となる。

第2項　純文学文芸誌系と中間小説誌系の賞にみる相違

　このように「日本ファンタジーノベル大賞」においても「小説すばる新人賞」においても、プロとして〈生き残り〉を果たしたと看過される作家は、受賞者の45％前後を占め、かつ受賞前も含むが、多くは受賞後、他の文学賞の受賞者・候補者となっている。ただ、両者の間の相違は、「日本ファンタジーノベル大賞」の応募数が毎回500編前後—近年は600編以上に増加—を推移しているのに対し、「小説すばる新人賞」の応募数は1000編から1500編と前者の約2倍程度になっていることだ。これは、前者が受賞作の単行本化や文庫化を行いつつも、継続的な発表誌を有して来なかった—固定的な読者層を確保しえてこなかった—ことに起因していると考えられる。この応募数に見られる〈垂直的な競合・競争〉状況は、先の純文学系のそれと比すると厳しさがやや弱いといえる。それはともかく、この両賞に代表させた中間小説誌系（ジャンル）の新人賞と純文学の文芸誌系（ジャンル）の新人賞との間には、次のような相違点が見られる。

　第1に、「マップ」において中間小説誌系（ジャンル）は、純文学系ベクトルに配置され、両賞のみならず「オール讀物新人賞」や「小説現代新人賞」も純文学系ベクトルに位置づけられているにもかかわらず、両賞受賞者の受賞・候補歴は「マップ」においてエンターテイメント・ベクトルに位置づけられている非公募の「直木賞」、「吉川英治文学新人賞」（ここでの新人は新鋭作家の意である）、「山本周五郎賞」、「柴田錬三郎賞」、「新田次郎賞」、さらには「日本推理作家協会賞」などの受賞・候補者歴がほとんどであることだ。この両棲的な状況は、中間小説誌系（ジャンル）の作品は実は純文学的作品（小説）であるよりも、エンタメ作品（小説）的な性格が強いことを示唆する。

　第2に、純文学的な文芸誌系（ジャンル）の新人賞受賞者には、それ以前、既に他の文学賞を受賞しプロの作家として歩み始めているケースはほとんど見られなく、まさに受賞がデビューとなっているといえた。これに対して、中間小説誌系（ジャンル）の新人賞受賞者には、以前に他の文学賞などの受賞者・候補者となったり、既にプロの作家活動に入っているケースが幾人か見られる。ここにも、作品の企図や抽象度などにおける小説（文学）の性格の差異が、従って作家活動への着手における硬軟のようなものが窺われる。

　第3は、既に指摘した点であるが、文芸誌系における新人賞の受賞者の〈生存率〉は、20％前後から高くても30％を超えない厳しい狭き門であったのに対し、中間小説誌系の新人賞の受賞者の〈生存率〉はその倍以上の45％前後、50％に迫るまで増大していることだ。このことは、中間小説誌系（ジャンル）の小説は、実はエンタメ小説的な性格が強いとしたことに関わっている。すなわち、中間小説誌系（ジャンル）の雑誌や文庫・新書・単行本の読者数は、文芸誌系（ジャンル）のそれらよりもはるかに多く、かつ読者層も文芸誌系よりも幅広い。激しい〈水平的な競合・競争〉を展開する出版社間の出版・販売ビジネスからすれば、当然、中間小説誌系（ジャンル）の雑誌や文庫・新書・単行本の刊行をより重視することになる。それ故、このジャンルにおける新人賞の受賞・候補を契機に、賞主催の出版社のみならず他社も彼・彼女らに次の、さらに次の作品（小説）の執筆を強く依頼する。彼・彼女らは、プロの作家としての地位を確立するためにも出版社の依頼を積極的に受容して多作となり、他の文学賞の、とりわけ非公募の文学賞の受賞チャンスも拡大する。こうして純文学文芸誌系（ジャンル）の新人賞の受賞者・候補者よりも、彼・彼女らは

〈生き残り〉の目安をクリアし易くなり、〈生存率〉を増大させることになると推察される。

第3節　エンターテイメント小説系の〈生存率〉

第1項　歴史時代小説系の「歴史文学賞」

　「マップ」は、このジャンルの公募新人賞に『歴史読本』を刊行してきた新人物往来社の「歴史文学賞」（終）、『歴史群像』を刊行する学研パブリッシングの「歴史群像大賞」（終）、文藝春秋社をバックにする「松本清張賞」を配し、非公募の賞は挙げていない。それ故、もっと追加しよう。公募新人賞には、講談社の「時代小説大賞」（終）と朝日新聞出版の「朝日歴史時代小説大賞」（終）の他、最近では文芸社の「歴史文芸賞」が挙げられよう。非公募には、「歴史時代作家クラブ賞」を改変した「日本歴史時代作家協会賞」が設けた新人賞（新鋭賞）やシリーズ賞、作品賞、功労賞の他、顕彰会と白河市が共催する「中山義秀文学賞」、日本作家クラブの「野村胡堂文学賞」、文藝春秋社の『オール讀物』がベースの「本屋が選ぶ時代小説大賞」もある。

　終了した公募新人賞の「朝日歴史時代小説大賞」の受賞者からは、ほとんどプロの作家が育っていないのに対し、「歴史群像大賞」（最優秀賞の他、優秀賞、佳作、奨励賞を設けた）の受賞者からは、結構プロの作家が輩出している。前者は、発表誌が季刊の『小説トリッパー』であり、対象が歴史時代小説のみであるのに対し、後者は発表誌が月刊の『歴史群像』で、対象も歴史時代小説のみならずシュミレーション小説や戦記小説も含むラノベ小説作品であることが両賞の相違をもたらしているといえる。実際、後者の「歴史群像大賞」の受賞者のかなりが、その後に他の文学賞を受賞するという受賞歴が無いにもかかわらず、受賞者の中には、僅かだが二桁以上の作品を文庫や単行本で刊行している。例えば、第1回の仲路さとるは、学研M文庫でシリーズ物を展開し、第4回の冨樫倫太郎は、売れっ子作家となってトクマ・ノベルス（徳間文庫）、中公文庫などで各種のシリーズ物を70冊以上刊行している。同様の状況は、第5回の岩井三四二や第12回の仁木英之、第16回の藤村与一郎などにも見られる。ただ、「歴史群像大賞」には、最優秀賞・優秀賞・佳作などを設定し、その受賞者をもって学研M文庫などの分野拡大と出版増加を図るという〈賞ビジネス〉の一環として主催されていることが窺われる。

　こうした中で、この歴史時代小説系（ジャンル）でのオーソドックスな賞は、惜しくも2008（平成20）年に募集停止となった新人物往来社の「歴史文学賞」であるといってよいであろう。それが創設された第1回の1976（昭和51）年から2007（平成19）年までの32年間における同賞の受賞者は、28人であった。この28人に先の純文学文芸誌系および中間小説誌系で設定した目安（インジケーター）を当てると、プロとして〈生き残り〉を果たしたと看過される作家は12人である。従って、プロの作家としての〈生存率〉は、12/28の43%となる。

　この「歴史文学賞」の特色は、プロとして〈生き残り〉得たと見れる作家12人のうちの1/3（4人）が二足草鞋作家であることの他、受賞以前に他の文学賞を受賞して既に作家としてのデビューを果たしている者も結構見られることである。その点では、公募新人賞というよりは、公募新作賞あるいは公募新進作家賞といったほうがよいであろう。ただ、そうであれば、既に一定の力量をそなえた作家の受賞であるゆえに、その後の受賞歴も定評のある非公募の文学賞を受賞あるいは候補となっている者が多いことは頷けるところである。

第2項　SF・ファンタジー小説系の「日本SF新人賞」と「創元SF短編賞」

　「マップ」は、SF・ファンタジー小説系（ジャンル）における公募新人賞に角川グループの「カドカワエンタテイメントNext賞」（終）と「小松左京賞」（終）、「小学館文庫小説賞」（終）、日本SF作家クラブの「日本SF新人賞」（終）を挙げ、非公募には日本SF作家クラブの「日本SF大賞」と日本SF大会（詳しくは、大森・豊崎、前掲書、300〜305頁を参照されたい）主催の「星雲賞」（大会参加者の投票で決定）を挙げている。これら以外を追加するならば、公募新人賞としては「ハヤカワSFコンテスト」（終）、日本SF作家クラブの「日本SF評論賞」（終）があり、「創元SF短編賞」、中央公論社の新書をベースにした「C☆NOVELS大賞」（終）、宝島社の「日本ラブストーリー大賞」も加えてよいであろう。非公募としては、国内・国際部門からなる「日本冒険小説協会大賞」がある。

　終了した賞が多いことが目につくが、ファンタジー小説系（ジャンル）の「カドカワエンタテイメントNext賞」は、注目を浴びた後述の「メフィスト賞」の後追いで始められ大きな話題となった。「ライトノベルを読んで育った

人が大人になって読みたいもの？」を提供すれば売れるという目論見があった
のかもしれないという。ところが、第1回の受賞作が出た途端、その受賞作
がなんでもありの「極端過ぎた」ものであったため「クソミソに言われはじ
め」、結局、失敗に終わったとされている（大森・豊崎、前掲書、238〜244頁）。

　そうした中でライトノベルのファンタジー賞といってよい「C☆NOVELS
大賞」には、興味深い特色がみれる。その1つに、大賞・特別賞・佳作の受賞
者は、2005（平成17）年から2014（平成26）年まで25人となっているが、その
うち女性と思われる受賞者が17人も占めていることだ。新書のC（中公）・ノ
ベルズが対象として女性を重視しているためか。2つに、キラキラ・ペンネー
ムが多いことだ。例えば、九条菜月（菖蒲）、篠月美弥（清水春多）、天堂里沙
（さとみ桜）、葦原青（氷川青）、涼原みなと、黒川裕子（吾火裕子）、あやめゆ
う、尾白未果、鹿屋めじろ（桜井こゆび）、戒能靖十郎（卯薙靖十郎）、沙藤菫
（鈴木すみれ）、松葉屋なつみ、和多月かい、王城夕紀（王城夕輝）、くれや一
空、などである。まさにファンタジー・ノベル賞のためと思われるが、これら
のペンネームが暗示するように受賞後の改名・改題が非常に多い。

　このファンタジー小説ジャンルが新興分野であるに対し、SF小説ジャンル
の歴史は古い。早川書房が、1959（昭和34）年に月間の専門誌『SFマガジ
ン』を創刊し、1961（昭和36）年には「ハヤカワSFコンテスト」を主催してい
る。ところが、1990（平成）年代に入るとコンテストが中止となり、「SF冬
の時代」とか「氷河期」などと言われるようになる。そして、1999（平成11）
年、従来なかったSFの長編新人賞が同時に2つも誕生し、SF小説ジャンルが
再び息づき始めた（大森・豊崎、前掲書、286〜288頁）。それは、角川春樹事
務所の「小松左京賞」と日本SF作家クラブの「日本SF新人賞」である。「小
松左京賞」は、本格的なSF小説を対象にした賞であるが、終了した。他方の
長編を対象にした「日本SF新人賞」（後援の徳間書店による『SF Japan』が
発表誌）も終了したが、今、それと2010（平成22）年に始まった「創元SF短
編賞」（刊行・発表誌が創元SF文庫『Genesis』）を対比すると、対称的な特
色が注目される。

　「日本SF新人賞」は、終了の11回までに新人賞と佳作を合わせ21人が受賞
している。この21人にこれまでの目安（インジケーター）を当てると、プロの
作家として〈生き残り〉得たとみれる〈生存率〉は、6/21の30％弱である。

しかし、その6人の受賞後における他の文学賞の受賞・候補歴は見られるものの、その数は多くない。これに対し、「創元SF短編賞」は、創設から2020（令2）年までの11回で新人賞・佳作（優秀賞）の他、審査員特別賞を合わせると49人が受賞している。この49人にやはり同じ目安（インジケーター）を当てると、プロの作家としての〈生存率〉は7／49の14％と極めて低い。ところが、その7人はもちろん、目安（インジケーター）から外れた受賞者でも他の文学賞の受受賞・候補歴が目立つのである。

　ところで、「小松左京賞」に対して「応募されてくる原稿で見ると、日本SF新人賞のほうが明らかにライトノベル寄り」だとされている（大森・豊崎、前掲書、292頁）。そのことは、他賞の受賞・候補歴からも窺える。そして、「日本SF新人賞」の受賞作家はライト・ノベル作家的傾向を有しているのに対し、「創元SF短編賞」の受賞作家は文芸小説作家的傾向を有している相違も浮かび上がる。それを典型的に示しているのが、「創元SF短編賞」の第1回特別賞受賞者である宮内悠介のその後の受賞歴である。それを列挙すると「星雲賞」に2度ノミネイトされつつ、その後「星雲賞」を獲得。3度の「直木賞」候補。「日本SF大賞」、「日本SF大賞特別賞」そして2度の「芥川賞」候補。さらに「わたし、つまりNobody賞」、「日本推理作家協会賞」、「山本周五郎賞」の候補、「吉川英治文学新人賞」、「三島由紀夫賞」、「芸術選奨新人賞」と、10指以上に上っている。

第3項　ホラー小説系の「メフィスト賞」と「日本ホラー小説大賞」

　このホラー小説系（ジャンル）は、先のファンタジー小説系（ジャンル）と同様にエンターテイメント・ベクトルにおける新興文学分野である。ホラー小説は、もともと伝統的なミステリー小説系（ジャンル）に含まれていた—後述の「日本ホラー小説大賞」の受賞者にミステリー小説の賞受賞者が多いことは、その証左といえる—が、ホラー小説ブームによってミステリー小説の延長上に一つのジャンルを形成するに至った。

　「マップ」は、公募新人賞としてKADOKAWAと角川文化振興財団主催の「日本ホラー小説大賞」—既述したように2019（令和元）年には「横溝正史ミステリ＆ホラー大賞」に変転した—を高く評価している。そして、その他に、旧ゲーム・メーカーのエニックス（kk）の「ENIXエンターテイメントホラ

ー大賞」、オカルト雑誌『ムー』がベースの「学研ムー伝奇ノベル大賞」（終）、幻冬舎の「ホラーサスペンス大賞」（終）、講談社の文芸誌『メフィスト』による「メフィスト賞」、宝島社の「このミステリーがすごい！大賞」を公募新人賞として挙げている。それに、角川書店の怪談専門誌『幽』による「〈幽〉怪談文学賞」も加えられようが、このジャンルのみを対象にした非公募の賞は挙げられていない。これらの賞の中で、まずもって「メフィスト賞」を取りあげなければならないであろう。それは、ホラーのみならず、ミステリー、ファンタジー、SFなど、広くエンターテイメント作品を対象にするが、次の３点で「メフィスト賞は、型破り」（大森・豊崎、前掲書、232頁）な賞として斯界に衝撃を与えたからだ。

　第１の「型破り」は、他の新人賞のように一年１回あるいは２回の公募方式ではなく、締め切りがなく、いつでも応募（投稿・持ち込み）することでき、かつ他の公募などでダメだった作品の再挑戦もOKであることだ。従って、一年に数回も授賞しうる。また他の新人賞のように選考委員が選考するのではなく、雑誌『メフィスト』の編集者が直接に作品を読了して選考するとともに、注目した作品は編集者が座談や寸評形式で紹介する。それに、授賞パーティはないし、賞金も賞状もない。もっとも、受賞した作品は、講談社ノベルスとして必ず出版され—その印税が賞金代わりとなる—文庫化もされるのである（大森・豊崎、前掲書、198～200頁、208頁）。

　第２の「型破り」は、少し大げさにいえば誇大妄想的な世界観、破天荒なプロット、特異なキャラの主人公・人物、ごちゃ混ぜ的な文体・表現—他の作品の断片やスタイルを模倣したパスティーシュな作品（大森・豊崎、前掲書、204頁）—などの点からして、他の文学賞では、少なくともオーソドックスな文学賞では授賞されることが絶対にありえないような作品に続けて賞を授けたことである。それが、話題や注目以上に文学賞の業界に衝撃を与えた。

　かくして、第３の「型破り」は、受賞者のほとんどが受賞（デビュー）後に作家活動に入り、シリーズ物を執筆・刊行するなどして単行本10前後以上というこれまでの目安（インジケーター）を容易にクリアしていることである。その嚆矢となったのが、「メフィスト賞」の創設前に持込み原稿が採用され、その後に売れっ子作家となる京極夏彦であった。その２年後の1996（平成８）年に「メフィスト賞」は正式に誕生するが、それから2021（令和３）年の25年間

に63人が受賞している。もっとも、流石に近年になると受賞後間もないため、単行本10冊前後以上という目安（インジケーター）のクリアにはまだ時間を要するようで、2014（平成26）年以降の受賞者で目安をクリアした者はいない。

　そこで、2013（平成25）年までの受賞者48人—京極夏彦を加えれば49人—を母数にすると、プロの作家として〈生き残った〉と看過しうる〈生存率〉は36/48（36/49）の75％（73％）という驚異的な高さを示す。これは、プロの作家を育て講談社ノベルスや文庫の増大を図るという〈賞ビジネス〉を背景にした講談社のバックアップがあってのことだろう。ただ、これらの作家の受賞後における他の文学賞の受賞・候補歴が極めて少ないことは、その作品にラノベ的な色彩・臭味がある—例えば、第1回の森博嗣（当時、名古屋大学工学部助教授）の「すべてがFになる」や第2回の清涼院流水の「コズミック世紀末探偵神話」のように受賞作のタイトルにもそれが窺われる—からかもしれない。

　ただ、賞行為における授賞・応募（受賞）サイドの〈二層・二重〉の構造と機能という点では、「メフィスト賞」は先の純文学系のような〈き・つい－緊縛〉性はないといえよう。確かに、授賞・応募（受賞）の両サイドにとって賞の社会的（文学界的）な認知度—注目度・知名度—は〈高度〉であるが、評価度は評価の分かれるところであろう。新しい〈タイプ〉ないしは〈質〉の文学作品分野を切り開いたと捉えれば、評価は〈高度〉となろう。しかし、受賞者による他の文学賞の受賞・候補歴が極めて少ないことは、受賞者の作品が文学界に受容されていないと看過されうるし、その意味で評価も〈高度〉とはいえなくなるからだ。従って、授賞（講談社）・応募（受賞）の両サイドにおける賞行為の〈重度・軽度〉も分かれよう。すなわち、授賞（講談社）側は、「メフィスト賞」の位置づけで文学作品としての小説のいわば斬新・革新化を目指しているのか、それともヒット作の連発という作品の〈商品化〉に狙いを定めているのか、また応募（受賞）側では「メフィスト賞」に〈承認欲求〉や〈存在論的な欲望〉の充足まで誘引されるのか、それともヒット・メーカーとしての名声や多作化による稿料（所得）の急増などのような〈世俗的な欲望〉の充足で満足するかである。まさに「メフィスト賞」は、賞名のごとく誠に〈悪魔〉的である。

　それでは、次に本格的なホラー小説が対象の「日本ホラー小説大賞」に移ろう。同賞は、原則2年に1度の大賞の他、長編賞と短編賞および両賞の候補作

からなるが、2012（平成24）年からは長編賞と短編賞を廃し、代わりに2年に1度の大賞と優秀賞（佳作）、候補作の他、一般から選出されたモニター審査員が選定する読者賞を設けた。この「日本ホラー小説大賞」は、ホラー・ブームを巻き起こすが、それに火をつけたのが第2回に大賞を受賞した瀬名秀明の「パラサイト・イブ」であった。そして、賞の知名度を高め、2000年代に入ると「結果的に、二年に1回しか大賞出さないっていう戦略（?）が成功」してか、「今では、江戸川乱歩賞くらいに大きな賞の印象があります」とか、乱歩賞を凌駕するかのような感じがするとまでされる。それは、受賞者の作品が次々ヒットしたり大ヒットになるという「ヒット率」や「長打率」の高さにあるようだ（大森・豊崎、前掲書、181〜185頁における豊崎の評価）。

　この賞の次の特色が、かかる印象や評価を生み出しているといえよう。その1つは、豊崎が指摘するように、大賞を原則2年に1度にしたことで、結果的にその受賞作の質を高めたことだ。2つに、数度にわたって候補作に選定されたり、候補作から各賞（長編・短編賞、優秀賞）の受賞へ至るケースがかなり見られるが、それが示す〈チャレンジ精神〉がやはり作品の質を高めたといえる。こうして「日本ホラー小説大賞」では、大賞や各賞の受賞者のみならず候補作に選定された作家も、その後の作家活動において単行本10冊前後以上の刊行という目安（インジケーター）をクリアし、他の文学賞の受賞・候補歴を有する者がかなり見られることになる。そうした状況を、受賞者・候補者の数が多いのでまずは10回単位で区切り、〈生存率〉で窺うことにする。

　最初は、1994（平成6）年の第1回から2003（平成15）年の第10回まで。この10年間で各賞や候補に選定された作家は84人で、そのうち目安（インジケーター）をクリアしたと目される者は19人である。従って、プロ作家としての〈生存率〉は、19/84の23％強である。ただ、目安はクリアしないが、数度にわたり候補に選定された作家や、その後に他の文学賞の受賞・候補となっている作家のケースも結構見られる。次は、2004（平成16）年の第11回から2013（平成25）年の第20回まで。この10年間における受賞・候補者は83人で、目安（インジケーター）をクリアしたといえるものは16人である。従って、プロの作家としての〈生存率〉は16/83の19％で、前10年と変わらない。。最後は、2014（平成26）年の第21回から2018（平成30）年の第25回までの5年間であるが、目安（インジケーター）をクリアしたと看過される受賞者は2人に過ぎな

い。対象期間が５年と短いので少ないのは当然である。

　ところで、この「日本ホラー小説大賞」の10回までの10年間と20回までの10年間における〈生存率〉、すなわちプロの作家として〈生き残り〉得たと看過される割合は20％前後と大差なかったし、１〜20回の通算でも21％である。その〈生存率〉は、この賞への評価の高さからすると意外にもその割合は低い。しかしながら、目安（インジケーター）をクリアしたと看過される受賞・候補者のみならず、クリアしなかった受賞・候補者においても、この「日本ホラー小説大賞」の受賞・候補以前や以後において他の文学賞の受賞や候補となる受賞歴を有するものが多いのである。このことは、この賞が新人の登竜門としてではなく、既にプロ化した作家が競う舞台となっていることを意味する。そうして、この「日本ホラー小説大賞」の社会的（文学界的）な認知・評価度は、先の「メフィスト賞」のように特に評価度において割れることはなく掛け値なしに＜高度＞であるといってよい。従って、授賞・応募（受賞）の両サイドにおいて価値ある〈重度〉な賞と位置つけられているといえる。そうした点で、賞行為における授賞・応募両サイドの〈二層・二重〉の構造と機能は、次に見る「江戸川乱歩賞」のそれと同様であると看做しうる。

第４項　ミステリー小説系の「江戸川乱歩賞」と「このミステリーがすごい！大賞」の対照性

　ミステリー小説は、戦前は探偵小説、戦後は推理小説として独自な文学ジャンルを形成してきた。読者層も、広く多様である。「マップ」は、かかるジャンルの公募新人賞の中軸に日本推理作家協会主催で講談社後援の伝統ある「江戸川乱歩賞」を据え、その周囲に東京創元社の「ミステリーズ！短編賞」（前身が「創元推理短編賞」）、「鮎川哲也賞」、KADOKAWAの「横溝正史ミステリ大賞」（終）―既述のように「日本ホラー小説大賞」と合体して「横溝正史ミステリ＆ホラー大賞」に変転した―さらにサントリー・文藝春秋社・朝日放送の「サントリーミステリー大賞」、宝島社の「このミステリーがすごい！大賞」、双葉社の「小説推理新人賞」、文藝春秋社の「オール読物推理小説新人賞」を配している。そして、非公募としては、「日本推理作家協会賞」と本格ミステリ作家クラブの「本格ミステリ大賞」を挙げている。

　前述のように、このジャンルは従前から独自の文学ジャンルとして広く多様

な読者層を擁してきたため、このように賞も多いが、また次も挙げうる。公募新人賞としては、日本テレビ主催で新潮社協力の「日本推理サスペンス大賞」（終）、新潮社の「新潮ミステリー倶楽部賞」（終）とその後継である「新潮ミステリー大賞」、光文（シェラザード）文化財団の「日本ミステリー文学大賞（新人賞）」、台湾の出版社である皇冠出版の「島田荘司推理小説大賞」、ハヤカワ書房・早川清文学振興財団の「アガサ・クリスティー賞」。非公募としては、翻訳家の大賞シンジケートによる「翻訳ミステリー大賞」、日本シャーロックホームズ・クラブの「日本シャーロックホームズ大賞」、などである。

　これらの中で、最も伝統と権威を有する「江戸川乱歩賞」を概観してみよう。同賞は、一次選考、二次選考を経て受賞者を決定する（複数のケースもある）他、毎回、複数（２〜５人程度）の候補作も選定している。そこで、さしあたり1995（平成７）年の第41回から2020（令和２）年の第66回までの25年間・25回における受賞・候補者を見ると次のような特色が浮かび上がってくる。

　第１に、「江戸川乱歩賞」の受賞後や候補作への選定後も作家活動を続け、単行本10冊前後以上を刊行し、他の文学賞もそれなりに受賞・候補者となっていることを目安とし、それをクリアしたした者を従前と同様にプロの作家として〈生き残り〉得た度合いの〈生存率〉とすると、受賞者の〈生存率〉は候補者のそれよりはるかに高い。すなわち、第41回から第50回までの受賞者12人のうちクリアは７人の58％、第51回から第60回までの受賞者13人のうちクリアは８人の60％と極めて高く、第41回から第60回までの通算〈生存率〉も60％と高くなる。ただ、第61回以降は５回でしかないので、その割合が受賞者５人のうち１人の20％に過ぎなくなるのは当然といえる。これに対して、候補作品が非常に多いことにもよるが、第41回から第50回までの候補者37人のうちクリアは３人の約８％、第51回から第60回までの候補者35人のうちクリアは５人の14％と低い。このことは、「江戸川乱歩賞」がまさにプロの作家への登竜門となり、受賞はそれをいわば保証しているような状況を示す。例えば、第44回に受賞した池井戸潤は、テレビ・ドラマ化されて高視聴率をあげた半沢直樹シリーズを始め売れっ子作家となっている。しかし、もちろん候補者からプロの作家として活躍する者もいる。その典型は、1999（平成11）年の第45回に候補となった堂場瞬一――翌年に「小説すばる新人賞」を受賞した――である。

　第2の特色は、「日本ホラー小説大賞」以上に再チャレンジ組が多いことだ
が、それは次のような3パターンに分けうる。第1パターンは、一次・二次選
考を通過し、候補者となるケース。このパターンでは、候補者となる以前・以
後に5回以上の多チャレンジをしているケースが6人おり、それ以外にも10人
程度がこのケースに該当している。第2パターンは、候補者から再候補・再々
候補者となるケースで、5人いる。第3パターンは、候補者からついに受賞を
獲得したケースである。その6人を列記してみよう。第41回の候補だった野沢
尚は、第42回の候補を経て第43回に「破線のアリス」で受賞。第45回に候補の
首藤瓜於は、第46回に「脳男」で受賞。第51回で候補の早瀬乱（前年に「日
本ホラー大賞」の長編・佳作）は、第52回に「三年坂火の夢」で受賞。第52回
の候補であった横関大は、第53回と第54回の候補を経て第56回に「再会」で受
賞。第53回で候補の下村敦史は、さらに第54・57・58回の3回にわたり候補と
なり、ついに第60回に「闇に香る嘘」で受賞を獲得。第56回で候補の川瀬七緒
は、翌第57回に「よろずのことに気をつけよ」で受賞した。

　ところで、この「江戸川乱歩賞」への応募作品は、毎回300〜400編と意外と
少ない。そうした中で、このように再チャレンジ組が多いことは、賞獲得の
ための熾烈な〈垂直的な競合・競争〉の展開状況にあることを示す。そして、
「日本ホラー小説大賞」でも指摘したが、この激しい〈垂直的な競合・競争〉
と再チャレンジはプロの作家への意欲と努力、そして作品の質をより一層向上
させる。以上で例示したように、「日本ホラー小説大賞」以上の、さらに言え
ば尋常ではない再チャレンジ組の多さの要因には、1000万円という賞金（副
賞）の魅力もあろう。だが、それだけでなく、再チャレンジ組の多さには、応
募者が「江戸川乱歩賞」をプロの作家への登竜門として捉え、なんとしてもプ
ロの作家になり成功したいという執念が窺える。

　かくして、「江戸川乱歩賞」における〈二層・二重〉の構造と機能は、純文
学文芸誌系の5つの新人文学賞で指摘したそれと同様であるといえる。すな
わち、ミステリー小説賞をめぐる出版社や財団・社団間の〈水平的な競合・
競争〉のみならず、「江戸川乱歩賞」への応募者間の熾烈な＜垂直的な競合・
競争〉の背後には、繰り返してきたような〈世俗的な欲望〉である物質的な金
銭・実利欲や精神的な名誉欲・優越欲・差別欲などの充足欲求から作家として
の自己の存在価値に関わるもう一つの精神的な欲望である〈承認欲求〉や〈存

在論的な欲望〉の充足欲求が渦巻いていると看過しうる。それは、授賞・応募
（受賞）の両サイドにとって賞の社会的（文学界的）な認知・評価度が極めて
〈高度〉であるため、両サイドにとって賞の意味・価値も〈重度〉化する。そ
れ故、授賞（日本推理作家協会）側は、第一次・第二次選考を行って候補を絞
り授賞者を決定するという慎重で厳密な選考プロセスをとり、それによって主
催者のスティタスと賞の〈権威化〉を高め、応募（受賞）側ではプロの作家へ
の登竜門であるとともにプロの作家としての生涯を左右するものと捉えられ、
〈世俗的〉と〈存在論的〉な二重の欲望の充足欲求に駆り立てられる。このよ
うに「江戸川乱歩賞」という賞行為における〈二層・二重〉の構造と機能は、
授賞・応募（受賞）の両サイドを強く規定する〈きつい＝緊縛〉的なものとな
っているといえる。

　第3の特色として、「江戸川乱歩賞」は「メフィスト賞」と異なり、「日本
ホラー小説大賞」と類同的であることだ。すなわち、「江戸川乱歩賞」の受
賞・候補者は、他の文学賞の受賞・候補歴をかなり有しつつ、受賞・候補者に
は「日本ホラー小説大賞」の受賞・候補者が目立ち、逆に「日本ホラー小説大
賞」の受賞・候補者には「江戸川乱歩賞」の受賞・候補者が目立つという交
錯状況を示している。そして、非公募の賞の受賞・候補歴では、両者の共通性
が強い。すなわち、両者とも、「直木賞」、「吉川英治文学賞新人賞」、「日本推
理作家協会賞」、「山本周五郎賞」、「大藪春彦賞」の受賞・候補歴を有する作家
が多いのである。これは、両者が文学ジャンルとして同根であることから当然
といえよう。だがまた、「日本ホラー小説大賞」と「江戸川乱歩賞」の受賞・
候補における他の文学賞の受賞・候補歴は、エンターテインメント・ベクトル
の各賞に共通する側面も見られる。すなわち、ミステリ系やホラー系、さらに
SF・ファンタジー系、歴史時代小説系の公募新人賞の受賞・候補者が、プロ
の作家として地位を確保し、優れた作品を発表した場合に授与される非公募の
文学賞は、「新田次郎賞」、「柴田錬三郎賞」、「坪田譲治文学賞」などであるこ
とだ。

　ところで、伝統と権威を誇る「江戸川乱歩賞」に対抗するかのように創設
された新興の宝島社が初期的にNECや三菱商事などの協力を得て主催した「こ
のミステリーがすごい！大賞」を取り上げることにする。というのも、同賞に
は次の特色が見られるからだ。第1に、大賞の賞金を「江戸川乱歩賞」の1000

万万円を超える1200万円としたことだ。「乱歩賞」への対抗意識のように見える。第2に、旧来の賞の世界には見られない「このミステリーがすごい！」という奇抜なネーミングとしたことだ。第3として、選考過程をネット上で全て見せることにしたうえでの奇抜な賞の設定である。その1つは、一次選考の通過作品の冒頭と選考委員の講評をネットで公開し、続いて読みたい作品を読者の投票で決定する読者賞である。もう1つは、落選はしたものの宝島社の編集部が出版したいと企図した作品を「隠し玉」として実質的な授賞にしたことである。第4に、大賞、読者賞（優秀賞）の受賞作品と「隠し玉」作品は、全て宝島社が出版するのであるが、それら作品のメディア・ミックス（映画化やアニメ化など）─他の出版社も行なっているのだが─をより一層積極的に進め、いわば一粒の飴で2度も3度も美味しさを味わう〈賞ビジネス〉を図ったことである。

　さて、「このミステリーがすごい！大賞」は、大賞、読者賞（優秀賞）、「隠し玉」賞の他、最終候補も発表しているが、最終候補を除いた受賞のみを対象にする。第1回の2002年から第2019年の18回までの受賞者は86人である。1回あたりの平均受賞者は約5人で、「隠し玉」賞の獲得者が多いことを暗示する。それはともかく、この86人に従前と同様の目安の網をかけると、プロの作家として〈生き残り〉得たと看做しうる〈生存率〉は23/86の21％で、極めて低い割合である。「隠し玉」賞の獲得者を除いた52人を母数にすると11/52の21％で、やはり低い割合は変わらない。ただ、2014年の第13回以後は目安をクリアする者が全くいないので、2014年の第13回までに絞り受賞者数48人を母数にすると〈生存率〉は18/48の約38％へ上昇する。同じく「隠し玉」賞の獲得者を除いた34人を母数とすると11/34の約32％へ上昇する。だが、先の「江戸川乱歩賞」と比較すると、この〈生存率〉はかなり低い。

　「このミステリーがすごい！大賞」には、再チャレンジないし再々チャレンジ組が非常に少ないことや受賞者の他の文学賞の受賞・候補歴も少ないことが、「江戸川乱歩賞」との〈生存率〉のかかる差異に関連しているといえる。すなわち、「このミステリーがすごい！大賞」は、実は主催者側が必ずしもプロの（ミステリー）作家の新たな登竜門として─「江戸川乱歩賞」との対抗を─意識し設定されたわけではなく、むしろベストセラーづくりに狙いがあったのではないか。実際、第1回の銀賞・読者賞である東山彰良の「逃亡作法

TURD ON THE RUN」は20万部突破、第3回の大賞である深町秋生の「果てしなき渇き」は50万部突破、第10回の「隠し玉」であった岡崎琢磨の「珈琲店タレーランの事件簿・また会えたなら、あなたの淹れた珈琲を」が40万部突破、第11回の大賞である安生正の「生存者ゼロ」が50万部突破というベストセラーを生み出してきたことは、その感を強める。その点を強意すると、「このミステリーがすごい！大賞」の特色は、競馬に喩えるならば穴馬狙いの賞といえよう。

　専門家にいわせると、「単行本で十万部以上売れたら元はとれる」という。すなわち、「千六百円の本を十万部売ったとして、利益率が三十パーセントなら五千万円近い利益が出る（返品ゼロの場合）。賞金以外に選考経費（五百万円前後）や人件費、広告費を勘案しても利益が残る計算。他業種のスポンサーを引き入れることができれば、さらにリスクは下がる。もっとも実際は十万部売れることなどめったいなく、実売三万部なら大成功の部類なので、（宣伝効果等を無視して）単独でペイしている公募新人賞はそう多くないだろう」というのである（大森・豊崎、前掲書、189頁の大森）。このように「実売三万部なら大成功」で、「十万部以上売れたら元はとれる」ことからすると、「このミステリーがすごい！大賞」が20万部から40〜50万部の超ベストセラーを生み出してきたことは、〈賞ビジネス〉としての同賞の狙いが奈辺にあったのかをより一層鮮明にしている。

第5項　ノンフィクション・ドキュメンタリー小説系の「小学館ノンフィクション大賞」と「開高健ノンフィクション賞」

　ノンフィクション・ドキュメンタリー小説系は、「マップ」が考察対象にしていない分野である。その公募新人賞には、文藝春秋社のスポーツ・グラフィック誌がベースの「ナンバースポーツノンフィクション賞」（終）、幻冬社の「感動ノンフィクション賞」、潮出版の「潮賞（ノンフィクション部門）」（終）、小学館の「小学館ノンフィクション賞」、集英社の『小説すばる』を発表誌とする「開高健ノンフィクション賞」がある。非公募には、講談社の「講談社ノンフィクション賞」、新潮社と新潮文芸振興財団の「新潮ドキュメント賞」、文藝春秋社の日本文学振興会による「大宅壮一ノンフィクション賞」、フォーラム神保町の「田原総一朗ノンフィクション賞」、出版社金曜日の「週刊金曜日

ルポルタージュ大賞」、などがある。

　それに、非公募の角川文化振興財団による「城山三郎賞」や司馬遼太郎記念財団の「司馬遼太郎賞」も、受賞作品が次のような評伝的作品が多いことからするならば、ノンフィクション小説の分野に含めることができよう。すなわち、「城山三郎賞」の受賞作品は、第1回が中村哲の『天、共にあり—アフガニスタン三十年の闘い』と堀川惠子の『教誨師』。第2回が瀬木比呂志の『ニッポンの裁判』。第3回が辺見庸の『1★9★3★7』と北野慶の『亡国記』。第4回は無し。第5回が安田峰俊の『八九六四「天安門事件」は再び起きるか』。第6回が佐々木実の『資本主義と闘った男—宇沢弘文と経済学の世界』。第7回が三上智恵の『証言 沖縄スパイ戦士』、である。また「司馬遼太郎賞」は、第8回以後に作品への授賞となるが、その数例を例示してみよう。第10回の長谷川毅「暗闘スターリン、トルーマンと日本降伏」。第12回の原武史「昭和天皇」。第14回の揚海英「墓標なき平原（上・下）」。第15年の伊藤之雄「昭和天皇伝」。第16回の赤坂真理「東京プリズン」。第17回の沢木耕太郎「キャパの十字架」。第18回の伊集院静「ノボさん 小説正岡子規と夏目漱石」。第20回の葉室麟「鬼神の如く黒田叛臣伝」。第21回の奥山俊宏「秘密解除ロッキード事件」。第23回の林新・堀川惠子「狼の義 新 犬養木堂伝」。第24回の佐藤賢一「ナポレオン」。

　それでは、本来のノンフィクション・ドキュメンタリー小説ジャンルの賞に目を向けよう。そこで、まず2つのことについて触れておく。

　第1に、第1回の「講談社ノンフィクション賞」を立花隆の『日本共産党の研究上・下』とともに『ガン回廊の朝』で受賞した柳田邦男は、その後、ノンフィクション作家の大家となり、賞の選考委員を務めたりしている。その彼が、ノンフィクション小説の様変わりを次のように指摘していることだ。すなわち、テーマの多様化、素材の豊富化、書き手の広範化、作品スタイルの二様化—取材・調査と自己体験を基軸に—などである（柳田邦男『続フェイズ3の眼』講談社文庫、1988年、250〜251頁）。

　第2に、書き手がジャーナリストやプロのフリーライターのみならず、様々な職業人や主婦などに広範囲化してはいるが、そうした中でやはりジャーナリスト—新聞・書籍・諸雑誌・放送などの記者や編集者・ディレクターおよびそれらの経験者—の受賞者が顕著であることだ。ジャーナリストこそが、取材・

調査のスペシャリストといってよい。だから、彼・彼女らが、ノンフィクションやドキュメンタリーの世界で事件・事案、人物・団体・組織、自然・科学現象などを追い求め、それを小説化するすることから当然といえる。かかる顕著な傾向は、公募新人賞のみならず、非公募の歴史が古い「講談社ノンフィクション賞」、「大宅壮一ノンフィクション賞」や歴史の浅い「新潮ドキュメント賞」についてもいえる。

第3に、非公募の賞はプロとしての地位を確立したと評価される作家の作品を対象にするが、その歴史が古い「講談社ノンフィクション賞」と「大宅壮一ノンフィクション賞」には、受賞作品の出版社に若干の相違が見られることだ。1979（昭和54）年の第1回から2020（令和2）年の第42回までに「講談社ノンフィクション賞」の受賞者の作品出版社が講談社である自社割合が29/71の40%であるのに対し、1970（昭和45）年の第1回から2021（令和3）年の第52回までに「大宅壮一ノンフィクション賞」の受賞者の作品出版社が文藝春秋社である自社割合は44/86の50%強とワンランク高い。だが、営業方針の相違によるものか否かは不明である。

さて、ここではノンフィクション・ドキュメンタリー小説分野の登竜門とされてきた「小学館ノンフィクション大賞」と「開高健ノンフィクション賞」の2つの公募新人賞を取り上げることにする。まずは、その両賞の受賞者におけるジャーナリストの割合である。大賞と優秀賞を授与している「小学館ノンフィクション大賞」は、1994（平成6）年の第1回から2019（令和元）年の第26回までの大賞・優秀賞の受賞者は49人で、うちジャーナリストといえる受賞者は26人を数える。従って、その割合は、26/49の53%となる。他方、「開高健ノンフィクション賞」の受賞者は、2003（平成15）年の第1回（この回のみがトリプル受賞）から2020（令和2）年の第18回まで20人で、うちジャーナリストは11人である。従って、割合は11/20の55%と「小学館ノンフィクション大賞」とほぼ同様である。そして、両者において、ともにジャーナリストに次ぐのがフリーライターの受賞者である

次に、これまでの目安（インジケーター）に準拠した両賞の〈生存率〉である。「小学館ノンフィクション大賞」の場合は、受賞者49人のうち目安をクリアしたといえる作家は23人で、23/49の47%である。これに対して、「開高健ノンフィクション賞」の場合は、受賞者20人のうちクリアしたと看過しうる

作家は6人で、6/20の30％と前者に比するとかなりに低い。これは、「開高健ノンフィクション賞」が「小学館ノンフィクション大賞」から約10年遅れで創設されたことによろう。それは、両賞の受賞者による他の文学賞などの受賞・候補数にも表れている。「小学館ノンフィクション大賞」の受賞・候補歴数は19/49の39％であるに対し、「開高健ノンフィクション賞」の場合のそれは7/20の35％とやや低めになるからだ。

　しかし、そうした両賞の受賞者による他の文学賞（受賞・候補）などの受賞・候補歴数に見られる両賞の若干の相違よりも、むしろ注目しなければならないことは両賞に共通する重要な特色が見られることだ。すなわち、両賞の受賞者が、それ以前・以降に他の文学賞の受賞・候補となっている事例が、これまで考察してきた文学賞の受賞者の事例に比して基本的に少ないことである。それは、このノンフィクション・ドキュメンタリー小説系（ジャンル）の性格が特定的である―例えばこのジャンルの専門雑誌が無いことがその証左となる―ため、創設・主催されている文学賞が相対的に少ないことによろう。だから、その受賞歴は、公募新人賞の両賞の他、非公募の「講談社ノンフィクション大賞」と「大宅壮一ノンフィクション賞」、「新潮ドキュメント賞」に集約されることになるといえる。

第4節　児童文学（絵本を含む）系の〈生存率〉

第1項　「講談社児童文学新人賞」と「日本児童文学者協会新人賞」、日本児童文芸家協会の「児童文芸新人賞」

　この児童文学（絵本を含む）ジャンルの文学賞も、「マップ」には位置づけられていない文学賞であるが、第7章第3節第1項で列記したこのジャンルの文学賞のほとんどが公募新人賞である。そこで、非公募のみを改めて列記しよう。それらは、赤い鳥の会の「赤い鳥文学賞」（終）、講談社三賞の1つである野間文化財団の「野間児童文芸賞」、山形県高畠町の浜田広介記念館などの「ひろすけ童話賞」、それに日本児童文学者協会の「日本児童文学者協会賞」、「日本児童文学者協会新人賞」と日本児童文芸家協会の「日本児童文芸家協会賞」、「児童文芸新人賞」、「児童文芸ノンフィクション賞」、「児童文芸幼年文学賞」である。

　ここでは、純公募新人賞である「講談社児童文学新人賞」と非公募の新人賞

である―既に単行本を出版している新人作家の発掘・育成を主な狙いとする新鋭作家賞といえる―日本児童文学者協会の「日本児童文学者協会新人賞」と日本児童文芸家協会の「児童文芸新人賞」を取り上げて考察することにしたい。「講談社児童文学新人賞」は1995（平成7）年の第36回から2019（令和元）年の第60回までを、「日本児童文学者協会新人賞」は1993（平成5）年の第26回から2021（令和3）年の第53回までを、そして「児童文芸新人賞」は1993（平成5）年の第22回から2020（令和2）年の第49回までを対象期間とする。それには、次の特色が見られる。

　第1に、いずれの賞でも複数受賞のケースがあるのだが、女性作家の受賞比率が極めて高いことである。その割合は、「講談社児童文学新人賞」では、新人賞の受賞者18人のうち15人の83％、佳作者34人のうち28人の82％となっている。また「児童文芸新人賞」は、新人賞の受賞者44人のうち34人の77％とやや低くなるが、逆に「日本児童文学者協会新人賞」は受賞者39人のうち36人の92％と、新人賞の受賞者のほとんどが女性いうジェンダー・アンバランス状態を呈している。このように、これまで考察の文学賞に比して女性の受賞者比率が著しく高くなるのは、女性の母性的要因がこの児童文学系（ジャンル）文学の作家志望へ向かわせるためであろうか。いずれにしろ、女性受賞者の高い比率は、児童文学とそれ以外の小説文学との位相性の大きさを示している。

　第2に、この3賞の受賞者における他文学賞などの受賞・候補歴数は、他の文学賞とりわけエンターテイメント・ベクトルの諸文学賞の受賞者にひけをとらない高さである。すなわち、「講談社児童文学新人賞」の新人賞受賞者における他賞の受賞・候補歴は13/18の72％、佳作者のそれは15/34の44％である。また「日本児童文学者協会新人賞」と「児童文芸新人賞」の他賞の受賞・候補者歴は、21/39の54％と22/44の50％を示す。そうした中での特徴的なことは、純公募新人賞である「講談社児童文学新人賞」の受賞が「日本児童文学協会新人賞」（以下、「協会新人賞」と略）と「児童文芸新人賞」（以下、「文芸新人賞」と略）を受賞（候補も含む）する登竜門となっていることだ。それは、次の3プラス1のパターンに分けられ、そのほとんどは従前の目安（インジケーター）に準拠するならば、それをクリアしてプロの児童文学者としての地位を確立するケースとなることが示している。

　第1パターンは、「講談社児童文学新人賞」の受賞者が「協会新人賞」と

「文芸新人賞」のダブル受賞をしているケースで2人いる。1995（平成7）年の第36回に「ジャンボ・ジェットの飛ぶ街」（佳作）の笹生陽子と、1997（平成9）年の第38回に「蝶々、飛んだ」（佳作）の河原順子である。第2パターンは、「講談社児童文学新人賞」の受賞者が「協会新人賞」を受賞しているケース。8人いるが、その受賞年と作品名は、1996（平成8）年の第37回「クマゲラの眠る夏」（佳作）の岡田依世子、2005（平成17）の第46回「ソニンと燕になった王子」（新人賞）の菅野雪虫、2006（平成18）年の第47回「ファントムペイン」（佳作）の樫崎茜、2007（平成19）年の第48回「ユリエルとグレン」（佳作）の石川宏千花、2008（平成20）年の第49回「サナギのしあわせ」（佳作）の如月かず。2009（平成21）年の第50回「Our Smallest Adventures」（新人賞）の有沢佳映、2011（平成23）年の第52回「よるの美容院」（新人賞）の市川朔久子、2015（平成27）年の第56回「さっ太の黒い仔馬」（佳作）の小俣麦穂、2016（平成28）年の第57回「ラブリイ！」（新人賞）の吉田桃子、である。第3パターンは、「講談社児童文学新人賞」の受賞者が「文芸新人賞」を獲得したケースで、これは3人。同じく受賞年と作品名は、1999（平成11）年の第40回「透きとおった糸をのばして」（新人賞）の草野たき、2000（平成12）年の第41回「ボーソーとんがりネズミ」（新人賞）の渡辺わらん、2004（平成16）年の第45回「走れ、セナ！」（佳作）の香坂直、である。

　さらに、第3パターン・プラス1のケースとは、「講談社児童文学新人賞」は受賞していないが、「協会新人賞」と「文芸新人賞」の両賞を獲得している場合である。湯本香樹実は、1993（平成5）年に「夏の庭The Friends」で両賞を獲得し、「講談社出版文化賞」を受賞した他、「芥川賞」と「織田作之助賞」の候補となっている。朽木祥も、2006（平成17）年に「かはたれ散在ガ池の河童猫」で両賞を受賞しつつ、次の文学賞などを多く受賞している。「児童文学ファンタジー大賞」の佳作、「産経児童出版文化賞」に入賞、「日本児童文芸家協会賞」と「日本児童文学者協会賞」の獲得、「福田清人賞」と「小学館児童出版文化賞」の受賞である。

　最後に第3の特色として、以上の「講談社児童文学新人賞」、「協会新人賞」、「文芸新人賞」以外の他の文学賞の受賞・候補歴を見ると、大部分が児童文学関係の賞や児童出版文化賞の受賞・候補歴で、小説文学賞の受賞・候補歴は稀なほど少ないことである。こうした受賞歴状況も、児童文学賞と小説文学賞の

位相性の大きさを示している。

第5節　エッセイ（随筆）と戯曲・脚本系の賞の相貌

第1項　エッセイ（随筆）系の「日本エッセイスト・クラブ賞」と「講談社エッセイ賞」にみるエッセイストの諸タイプ

　この系（ジャンル）も、「マップ」では取り上げられていないが、まずはエッセイ（随筆）分野の賞である。そのため創設・主催されてきた賞の数が極めて少ないのが特徴の1つとなる。例えば、「小林秀雄賞」のように、エッセイも対象にするような賞もないではない。しかし、エッセイのみを対象にする賞は、日本エッセイスト・クラブが戦後間もない1954（昭和29）年に創設し、今日まで継続されている伝統ある「日本エッセイスト・クラブ賞」（以下、「クラブ賞」と略）の他、その後、講談社が1985（昭和60）年に「講談社エッセイ賞」（以下、「エッセイ賞」と略）を創設したが、2018（平成30）年を持って終了したなどと数少ない。

　このようにエッセイ（随筆）分野の賞が僅少である理由は、「クラブ賞」と「エッセイ賞」という2つの文学賞から浮上してくるエッセイストのタイプが示唆する。そのタイプは、両賞の受賞者から見ると大きく2つに分けうる。1つは、エッセイ（随筆）の執筆をいわば〈本業〉とする〈プロ・エッセイスト〉であるが、その受賞者数は極めて少ない。もう1つは、前者の裏返しといってよいのだが、大部分の受賞者は〈本業〉を別に有していた、あるいは現に有しエッセイをいわば〈副業〉とする〈バイ・エッセイスト〉である。その〈バイ・エッセイスト〉の〈本業〉は、非常に多様であることが特徴的である。そうして、前者の〈プロ・エッセイスト〉が少ないことが、エッセイ（随筆）分野の賞が僅少であることの背景となっているといえる。

　それでは、エッセイ（随筆）の執筆・発表を〈本業〉とする〈プロ・エッセイスト〉としては、例えば、近年では2012（平成24）年に「野蛮な読書」で「エッセイ賞」を受賞した平松洋子や、2001（平成13）年に「そっと耳を澄ませば」で「クラブ賞」を受賞した三宮麻由子を挙げることができよう。また古くは、同じく2人の女性を挙げうる。すなわち、森鷗外の長女の森茉莉と萩原朔太郎の長女の萩原葉子で、2人とも〈プロ・エッセイスト〉として出発—森は「父の帽子」で1957（昭和32）年に、萩原は「父萩原朔太郎」で1960（昭和

35）年に「クラブ賞」を受賞―したが、その後、小説家にも転じている。

　他方、エッセイ（随筆）の執筆・発表を〈副業〉とする〈バイ・エッセイスト〉の〈本業〉は、非常に多様であるとしたが、それは大きく次の4つに分類しうる。第1は、小説家・脚本家・翻訳家である。「エッセイ賞」の第1回から第6回までは、野坂昭如、沢木耕太郎、吉行淳之介、影山民夫、尾辻克彦（赤瀬川原平）、嵐山光三郎、永倉万治、早坂暁と、小説作家・脚本家が受賞している。それだけでなく、これまで考察してきた各文学賞の受賞者（作家）のかなりは、エッセイ（随筆）を執筆・発表している。このように小説家・脚本家・翻訳家などを〈本業〉とする〈バイ・エッセイスト〉は、〈本業〉と〈副業〉が一体化しているといっても過言ではない。第2は、人文・社会科学から医学・自然科学などの様々な専門分野における学者・研究者で、その多くが大学教員を〈本業〉とする〈バイ・エッセイスト〉である。第3は、現ジャーナリストあるいは元ジャーナリストであったが、その後評論家などに転じた〈バイ・エッセイスト〉である。第1回の「クラブ賞」受賞者は、数学者の吉田洋一と動物学者の内田亨、ジャーナリストの市川謙一郎であったが、この「クラブ賞」の受賞者には、学者・研究者（大学教員）と現・元ジャーナリスト（評論家などへの転業）を〈本業〉とする〈バイ・エッセイスト〉がかなり多い。第4は、〈本業〉が以上の1〜3タイプ以外の〈バイ・エッセイスト〉であるが、その〈本業〉は多種多様である。すなわち、画家、彫刻家、詩人・歌人・俳人、俳優・女優、映画・テレビのプロデューサーやディレクター、写真家、建築家、指揮者、ピアニスト、声楽家、歌手、デザイナー、漫画家、タレント、落語家など、要するに〈本業〉が芸術家である者や、〈本業〉が医師、実業家（経営者）、外交官、政府官僚などの〈バイ・エッセイスト〉である。

　このようにエッセイ（随筆）分野の賞は、社会の広範な分野で活動・活躍する人々を対象にしているのだが、次の2点を付言しておこう。第1点は、興味深いことに「クラブ賞」と「エッセイ賞」の受賞者には、1人の政治家も見られないことだ。日本の政治家には、エッセイ（随筆）を物にする能力もないためか。第2点は、以上4つの職業を〈本業〉とする〈バイ・エッセイスト〉を見ると、エッセイ分野の賞は〈文化人賞〉であると言ってもよさそうなことだ。

第2項　戯曲・脚本系の「日本劇作家協会新人賞」と「岸田國士戯曲賞」

　戯曲・脚本系（ジャンル）は、台本として演劇や映画・アニメ、テレビ・ラジオのドラマと一体であることからして、次の芸能分野の賞として扱ってもよさそうである。しかし、台本それ自体は、セリフという文章表現であるので、小説文学や児童文学とは異なる台本（セリフ）文学と捉え文学賞の別建ての分野として扱うことにした。ただ、既に第2部〈公〉の賞と表彰で見たところの地方自治体が創設・主催に関わっている「泉鏡花戯曲大賞」、「函館港イルミナシオン映画祭シナリオ大賞」、「水木洋子シナリオ賞」、「沖縄市戯曲大賞」、「せんだい短編戯曲賞」、「坪内逍遥大賞」、「近松門左衛門賞」、「北海道戯曲賞」、「神奈川演劇脚本賞」、「神奈川戯曲賞＆ドラマリーデング」は、除く。また新聞社系列のテレビ局によるシナリオ賞が対抗的競合状況を呈していることは、新聞社の賞において指摘したところである。これらを踏まえて、まず演劇・脚本系（ジャンル）の賞を整理してみよう。

　第1は、演劇部門の戯曲賞である。その公募新人賞としては、①演劇雑誌『テアトロ』主催の「テアトロ新人戯曲賞」（1990・平成2年）、②日本劇作家協会の「日本劇作家協会新人賞」（1995・平成7年）、③愛知県芸術劇場の「AAF戯曲賞」（2001・平成13年）がある。また④光文（シェラザード）文化財団は、1998（平成10）年に新聞・通信社の演劇担当記者が選考する「鶴屋南北賞」を創設している。非公募としては、⑤日本児童青少年演劇協会が、1961（昭和36）年に初代会長の斎田喬を顕彰する「斎田喬戯曲賞」を創設しているが、飯沢匡、井上ひさし、水上勉、谷川俊太郎、別役実、福田義之ら、著名な作家がそれを受賞している。⑥1979（昭和54）年には、演劇界の「芥川賞」とされる白水社の「岸田國士戯曲賞」が、同社による1955（昭和30年）の「新劇戯曲賞」に1961（昭和36）年の新潮社による「岸田演劇賞」を吸収して創設された。

　第2は、映画部門の脚本賞である。公募新人賞としては、シナリオ作家協会と映画文化協会が、1951（昭和26）年と1963（昭和38）年に創設した①「新人映画シナリオコンクール」と「新人テレビシナリオコンクール」が1991（平成3）年に統合された「新人シナリオコンクール」（1992・平成4年）──シナリオ講座の学内コンクールには「大伴昌司賞」が設けられた──の他、②日本映画製作者連盟（松竹、東宝、東映、角川の4社）が、1974（昭和49）年に若手シ

ナリオライターを発掘・育成するために創設した「城戸（四郎）賞」がある。非公募としては、③シナリオ作家協会の「日本シナリオ大賞」（1997・平成9年）や、④日本アート・シアター・ギルドと映画文化協会が1961（昭和36）年に創設した「ATG脚本賞」がある。後者からは、大手映画会社、ドキュメンタリー、テレビ、演劇、アングラ・ピンクなど出身の数々の著名な監督が育った。⑤その後、シナリオ作家協会は、主に黒澤明監督作品のシナリオを担ってきた菊島隆三を顕彰する「菊島隆三賞」を1992（平成4）年に創設している。

　第3は、テレビ・ラジオドラマの部門の脚本賞であるが、新聞社系列の各テレビ局がテレビドラマの脚本をめぐり対抗的に脚本賞を創設し競合していることは既述した。その他に、①日本放送作家協会（TRWA）の「創作ラジオドラマ大賞」（1972・昭和47年）と「創作テレビドラマ大賞」（1975・昭和50年）がある。②その日本放送作家協会は、かつて初代会長を顕彰する「久保田万太郎賞」（1964・昭和39〜1969・昭和44年）を主催していたが、③現在は地方支部が「北のシナリオ大賞」や「南のシナリオ大賞」を設けている。④『週刊TVガイド』発行の東京ニュース通信社が、1982（昭和57）年にテレビドラマの脚本家を対象とした「迎田邦子賞」を、⑤市川森一賞財団が2013（平成25）年に新進の脚本家を対象とする「市川森一賞」を創設している。⑥さらに、橋田（壽賀子）文化財団は、1993（平成5）年に「橋田賞」を創設し、脚本家の他にテレビ番組や俳優を表彰すると同時に、新人脚本賞も設けた。⑦JAPAN国際コンテンツフェスティバルの一環とし、2008（平成20）年から総務省と経済産業省が国際ドラマフェスティバル in TOKYO実行委員会と共催する「東京ドラマアウォード」は、連続・単品のテレビドラマ作品賞、俳優賞の他、脚本・演出賞も設けている。ラジオドラマの脚本賞としては、⑧またNHK大阪放送局の「BKラジオドラマ脚本賞」（1980・昭和55年）が見られる。

　第4は、演劇や映画、テレビ・ラジオドラマ以外の脚本賞などである。①松竹と松竹大谷図書館は、1972（昭和47）年に新作歌舞伎の脚本が対象の「大谷竹次郎賞」を創設した。②また国立劇場（日本芸術文化振興会）は、1978（昭和53）年にやはり新作歌舞伎のための「国立劇場新作歌舞伎脚本」と1997（平成9）年に「大衆芸能（漫才・コント）脚本」の募集・表彰を行っている。③さらに、2012（平成24）年には、日本演劇興行協会が「日本演劇興行協会脚本（歌舞伎・ミュージカル・現代劇・時代劇）賞」を創設した。

　この整理の上で、映画・アニメやテレビ・ラジオドラマの脚本分野においては、新人賞の受賞からプロの作家への足取りの状況を追うことができなかったので、ここでは演劇部門に焦点を絞る。そして、新人賞の受賞からプロへの上昇状況を把握するため、プロの戯曲作家への登竜門とされている公募新人賞の「日本劇作家協会新人賞」と演劇界の「芥川賞」と称されてきた公募の「岸田国士戯曲賞」を取り上げることにする。前者は、1995（平成 7）年の第 1 回から2018（平成30）年の第24回を、後者は、1955（昭和30）年から2020（平成 2）年までを対象とする。

　新人からプロへの上昇という状況を把握する都合から、先に「岸田国士戯曲賞」を概観する。それは、初期（第 1 回から第20回）においては宮本研、八木柊一郎、山崎正和、福田善之、別役実、唐十郎、佐藤信、井上ひさし、つかこうへいなど錚々たる作家が受賞し、その後も著名な劇作家である野田秀樹、川村毅、柳美里（最年少）、鴻上尚史、平田オリザらが受賞している。そして、1999（平成11）年の第43回以降における受賞者と候補者を見ると、大きく次の 2 つのケースに分かれる。 1 つは、候補作にノミネイトされた作者の多くが、その後も候補作にノミネイトされながら、本賞を受賞するケース。もう 1 つは、候補作にノミネイトされることなく、ハナっから本賞を受賞するケースである。特に、後者の最初から本賞を受賞した作家を列記すると、今や売れっ子作家となっている第45回の三谷幸喜、第48回の倉持裕、第49回の宮藤官九郎と岡田利規、第50回の佃典彦と三浦大輔、第56回の藤田貴大、第57回の岩井秀人、第58回の飴屋法水、第61回の上田誠、第63回の松原俊太郎、第64回の谷賢一である。ベテラン作家もかなり受賞していることから、このケースは前者に比しプロとしての評価や地位を確立した作家に授賞される状況を示している。

　次に、「日本劇作家協会新人戯曲賞」に転じると、なるほど同賞は劇作家への登竜門とされることが明白になる。というのも、同賞では、最終選考作品の中から佳作と受賞作が選考されるのであるが、その最終選考作品（佳作・受賞作）のかなりに、「岸田國士戯曲賞」の受賞者と候補者が見られるからだ。それを列挙すると、第 1 回に受賞した長谷川孝治は第46回の岸田賞候補に、第 2 回に最終選考に残った長谷基弘は第47回の岸田賞候補に、同じく第 2 回に最終選考に残った佃典彦は第50回の岸田賞を受賞。第 4 回に佳作の角ひろみは第59回の岸田賞候補に、第 6 回に受賞の小里清は第58回の岸田賞候補に、第 9 回の

最終選考に残った松井周と詩森ろばは松井が第53回の岸田賞候補、詩森が第63回の岸田賞候補に、第16回に受賞した平塚直隆は第61回の岸田賞候補に、第19回の最終選考に残った山田百次は第63回の岸田賞候補に、というようになる。こうして、「日本劇作家協会新人戯曲賞」が、プロの劇作家への登竜門となっていることは明らかだが、反面で岸田賞の候補にとなった作家たちが、先に見られた本体の「岸田國士戯曲賞」に幾度かノミネイトされたり、ついには本賞を獲得する状況—第2回に最終選考に残った佃典彦を除き—が見られないことが不思議である。岸田賞それ自体が、前記したように既にプロの劇作家としての地位にある作家やベテランの劇作家へ授賞する傾向を有しているためといえようか。

第9章　伝統芸術分野の賞

　文学の世界から芸術の世界に入るが、それを大きく伝統芸術と新興芸術に分ける。そして、伝統芸術とはいっても明治以降の近代芸術となるが、明治以前の伝統芸術の影響と連続・不連続的な関係にあると捉え、それをさらに2分する。1つは、漢詩の伝統と不連続的な影響からの離脱がなされたと捉える近代・現代詩と連続性のもとで影響の離脱が図られた短歌、俳句、川柳という短詩型文学の〈文芸〉分野である。もう1つは、〈非文芸〉分野の創作である絵画、彫刻、工芸、陶芸、書、建築などである。

第1節　詩・短歌・俳句・川柳の賞

　伝統文芸ジャンルの賞は、創設・主催者の観点から5つに分けうる。第1は、地方自治体が創設・主催者の賞。特に詩に関する賞が多いのだが、既に第2部の自治体の文学・文芸の賞で考察したので割愛する。第2は、伝統文芸誌の発刊出版社が創設した賞。第3は、専門の文芸誌は刊行していないが、伝統文芸に関わる出版社や財団などが主催する賞。第4は、伝統文芸に関わる社団・結社（協会、クラブなど）が主催する賞。第5は、新聞社、とりわけ地方新聞社が設けている伝統文芸分野の賞。しかし、これもやはり第3部冒頭の新聞社の賞で既に考察したので、それへ譲る。かくして、ここでは第2から第4タイプまでを考察する。

第1項　伝統文芸誌出版社の短詩型文学賞

　（1）詩文芸誌発刊の出版社が創設した賞。①『現代詩手帖』と『現代詩ラ・メール』を発行する思潮社は、それぞれ「現代詩手帖賞」（1960・昭和35年）と「ラ・メール新人賞」（1989・平成元～1993・平成5年）を創設している。②詩人が編集者となる『詩と思想』誌を発刊する土曜美術出版社は、「詩と思想新人賞」（1980・昭和55～1988・昭和63年）を1999（平成11）年に再開した。③『詩と創造』誌を刊行する書肆青樹社は、「詩と創造賞」と「現代ポ

イエーシス賞」（ともに2002・平成14〜2011・平成23年）を創設したがともに終了した。なお、④PR誌の『花椿』を発刊する資生堂（kk）は、「現代詩花椿賞」（1983・昭和58〜2017・平成29年）を設けた。こうして詩専門の文芸誌を発行する出版社による現存の詩の賞は、「現代詩手帖賞」と再開された「詩と思想新人賞」の２つだけである。

　（２）短歌の専門文芸誌を発行する出版社が創設・主催する賞。①短歌で最も古いのは、『短歌研究』誌発行の短歌研究社が創設した公募新人賞の「現代短歌評論賞」（1954・昭和29年）と同じく公募新人賞の「短歌研究新人賞」（1958・昭和33年）、それに各歌誌に掲載された短歌を対象にする「短歌研究賞」（1963・昭和38年）である。さらに短歌研究社は、2020（令和２）年に「塚本邦雄賞」を創設した。②それに次ぐのが、『短歌』誌と『俳句』誌を発刊する角川学芸出版（後に角川文化振興財団）の公募新人賞である「角川短歌賞」と「角川俳句賞」（ともに1955・昭和30年）である。③『歌壇』誌、『俳壇』誌を刊行する本阿弥書店は、「歌壇賞」（1990・平成２年）と「俳壇賞」（1987・昭和62年）を主催している。④月刊コラム誌の『灯台守便り』を発行する砂子屋書房は、未来短歌会が1991（平成３）年に創設した「河野愛子賞」の終了後を継承し、中堅男性歌人の歌集が対象の「寺山修司短歌賞」（1996・平成８年）と中堅女性歌人の歌集が対象の「葛原妙子賞」（2005・平成17年）を主催したが、その後いずれも終了した。⑤『現代短歌』誌を発刊し『現代短歌新聞』を発行する現代短歌社は、「現代短歌社賞」（2015・平成25年）、「佐藤佐太郎短歌賞」（2014・平成26年）、「BR（ブックレビュー）賞」（2019・令和元年）という３つの賞を創設した。⑥『短歌往来』誌発行のながらみ書房は、「ながらみ書房出版賞」（1993・平成５年）の他に、「ながらみ現代短歌賞」（1993・平成５〜2002・平成14年）を創設し、後者を「前川佐美雄賞」に継承させている。

　（３）俳句専門誌発刊の出版社の賞としては、①『俳句研究』誌発刊の富士見書房が公募新人賞の「俳句研究賞」（1986・昭和61〜2006・平成18年）を創設。②『短歌四季』誌と『俳句四季』誌を発刊する東京四季出版は、「短歌四季賞」（2001・平成13〜2004・平成16年）と「俳句四季賞」（2001・平成13年）、公募新人賞の「俳句四季新人賞」（2013・平成25年）を創設した他、「俳句四季全国俳句大会賞」（2000・平成12年）を設けた。③『俳句界』誌発行の文学

の森社は、俳句の公募新人賞である「北斗賞」（2010・平成22～2019・令和元年）の他、当初の詩・俳句・評論部門から後に俳句部門のみの賞となった「山本健吉文学賞」（2001・平成13年）も創設した。④会員向けの会報誌『ふらんす堂通信』発刊の出版社ふらんす堂は、45歳以下の若手俳人を育成するために「田中裕明賞」（2010・平成22年）を設けた。

　（4）川柳分専門の文芸誌を刊行する出版社による賞は極めて少なく、管見の限りでは次の2社の賞のみのようだ。すなわち、①高校生対象の投句会「川柳甲子園」と誌上で「川柳全国大会」を開催している『現代川柳』誌と、②『川柳マガジン』発刊の新葉館出版が2003（平成15）年に創設した「川柳マガジン文学賞」である。

　いずれにしろ、短詩型文学（詩・短歌・俳句・川柳）の専門文芸誌を発刊している出版社が創設・主催する賞においては、一般的にいえば出版社間が〈水平的な競合・競争〉を展開しながら、小説を中心にする文学賞の賞行為と同様の授賞・応募（受賞）サイドにおける〈二層・二重〉の構造と機能を有しているといえる。すなわち、一方で、賞の社会的（伝統芸術界・短詩型文学界）な認知・評価度が〈高度〉な場合、授賞サイドの出版社側では雑誌・出版社のスティタスや命運を左右しかねないゆえに、短詩型文学の向上・発展を唱えながら、新人の発掘・育成や中堅・ベテランの顕彰・称揚に選考の慎重・厳密・説得性を図り、賞の〈権威化〉を高めようとする。そうして購読者の増大を、従って雑誌の販売数の拡大による収益の増大という〈商品化〉のより強化を図ることに精励するという〈賞ビジネス〉の論理を作動させる。他方、〈垂直的な競合・競争〉を展開する応募（受賞）側は、公募新人賞の場合は購読者・応募者サイドに、非公募の場合は既に〈本業〉や〈副業〉的に短詩型文学活動を行なっている作家サイドとなるが、新人賞の受賞によりデビューから本格的な作家活動への転機となったり、既成作家の場合は受賞によってより一層斯界の作家としての知名度や地位・評価を高めたりすることになる。そして、特に短歌・俳句・川柳分野では比較的に壮・高齢の公募・非公募者が多いので、賞の社会的な認知・評価度が〈高度〉であるほど、〈世俗的な欲望〉である金銭・実利欲や名誉欲、優越欲などの充足以上に、作家としての存立を意識し〈承認欲求〉や〈存在論的な欲望〉の充足欲求が渇望される。

第2項　一般の出版社、財団などの短詩型文学賞

（1）詩歌の賞としては、①高村光太郎記念会は、『高村光太郎全集』の印税を基に詩と造形部門からなる「高村光太郎賞」（1958・昭和33〜1967・昭和42年）を主催。②文化学園文化出版局は、婦人雑誌の『ミセス』創刊15周年を記念し1976（昭和51）年に「現代詩女流賞」、「現代短歌女流賞」、「現代俳句女流賞」の３賞を創設したが、いずれも1989（平成元）年に終了した。③岩手県北上市にある日本現代詩歌文学館は、名誉館長の井上靖の提唱で1986（昭和61）年に詩・短歌・俳句部門からなる「詩歌文学館賞」を創設した。

詩のみが対象の賞としては、①詩人の室生犀星が、1960（昭和35）年に「室生犀星詩人賞」を創設し、彼の死後は遺族が主催したが1967（昭和42）年に終了した。②高見順文学振興会は、優れた詩人が対象の「高見順賞」（1971・昭和46〜2020・令和２年）を、③福田正夫詩の会は、新人発掘のために創作詩集が対象で公募の「福田正夫賞」（1987・昭和62年）を、④さらに鮎川信夫現代詩顕彰会は、詩集・詩論が対象で非公募の「鮎川信夫賞」（2009・平成21年）を創設している。

（2）短歌・俳句では、①角川文化振興財団が、釈超空と飯田蛇笏を顕彰する冠賞で非公募の歌賞「迢空賞」と句賞「蛇笏賞」（ともに1967・昭和42年）を創設した。歌壇・俳壇では権威ある賞とされている。②北海道遠軽町のオホーツク文学館は、「オホーツク短歌賞・俳句賞」（1996・平成８〜2005・平成15年）を創設・終了。③村上鬼城顕彰会は、「村上鬼城賞」（1987・昭和62年）を主催し、④［（尾崎）放哉］南郷庵友の会は、自由律俳句の「放哉賞」（1999・平成11〜2014・平成26年）を主催。⑤国際科学技術振興会は、本阿弥書店などの後援で60歳以上の歌人・歌集が対象の「筑紫歌壇賞」（2004・平成16年）を設けた。⑥かつて出版社の北溟社は、歌賞「石川啄木賞」（2008・平成20年〜2009・平成21年）と句賞「与謝蕪村賞」（2012・平成24〜2015・平成27年）の冠賞を設けたが、倒産により短命に終わった。しかし、その後、東京都俳句連盟が、改めて両賞を設けた。⑦福岡市で歌人・歌集シリーズなどを刊行する書肆侃侃房は、早逝の歌人・笹井宏之の没後10年を記念し公募新人賞の「笹井宏之賞」（2018・平成30年）を創設した。⑧新潟市の雪梁舎美術館は、「雪梁舎俳句大賞」（2000・平成12年）を創設したが、その後、「宗左近俳句大賞」（2007・平成19年〜2012・平成24年）へ改称し終了した。⑨兵庫県伊丹市の柿

衛文庫は、投句が対象の「鬼貫賞」（1991・平成３年）と若手の俳句研究者が対象の「柿衛賞」（1992・平成４年）、15歳以上30歳未満が対象の「鬼貫青春俳句大賞」（2004・平成16年）の他に、優れた女性俳人が対象の「桂信子賞」（2009・平成21年）を設けた。⑩愛媛県文化財団は、公募新人賞の「芝不器男俳句新人賞」を2002（平成14）年から４年毎に展開したが、県財政の窮迫により2018（平成30）年に中止。⑪上広倫理財団は、鎌倉（高浜）虚子・立子（虚子の次女）記念館の協力で女性俳人の句集が対象の「星野立子賞」（2013・平成25年）を創設した。

その他、特異例といえるのだが、①伊藤園（kk）は1989（平成元）年に「伊藤園お〜いお茶新俳句大賞」を、2019（令和元）年には亡くなった俳人の金子兜太を顕彰する「金子兜太賞」を設けた。②日本赤十字社は、2006（平成18）年から「いのちと献血俳句コンテスト」を展開。③NPOの俳句＆連句と其角は、「宝井其角大賞」（2014・平成26年）を創設・主催。④東洋大学は、高校生が対象の「東洋大学現代学生百人一首」（1987・昭和62年）を主催し続けているが、⑤龍谷大学の「龍谷大学青春俳句賞」（2003・平成15〜2018・平成30年）は終了した。⑥それにNHK学園は、2000（平成12）年よりNHK全国俳句大会を開催し「大会賞」を設ける一方、2014（平成26）年には俳句講座を創設した飯田龍太を顕彰する「飯田龍太賞」を設けた。

以上は、伊藤園（kk）の賞を除き、専門の文芸誌を刊行する出版社が創設・主催する賞のように、〈賞ビジネス〉を狙いにするものではない。やはり先の文学の世界における財団などが創設・主催する賞で指摘したように、特異な団体・組織がその存立・存続と知名度アップなどのための諸事業の一環として短詩型文学賞を創設・主催しているケースといえよう。

第３項　伝統文芸の社団・結社（クラブ・同人など）の短詩型文学賞

（１）詩の分野（詩壇）であるが、①初めに挙げられるべきは平澤貞二郎の基金で創設された日本現代詩人会が、平澤の頭文字をとり戦後間もなく創設した「H氏賞」（1951・昭和26年）であろう。新人も含めた詩集が対象の非公募の賞で詩壇の「芥川賞」と称され、授賞者は会員の投票と選考委員の推薦で選定される。その現代詩人会は、また1983（昭和58）年に中堅以上の詩人が対象の非公募の「現代詩人賞」を創設。②次は、戦前の1935（昭和10）年に草野

心平、中原中也らが創刊し、1947（昭和22）年に復刊された詩同人雑誌の『歴程』が1963（昭和38）年に「歴程賞」を創設し、1984（昭和59）年に島崎藤村を記念して名称変更した「藤村記念歴程賞」であろう。その『歴程』同人は、1990（平成 2 ）年に新詩集の発表が対象の新人賞である「歴程新鋭賞」を創設した。③1950（昭和25）年に西条八十を会長にして発足した日本詩人クラブは、1968（昭和43）年に「日本詩人クラブ賞」、1991（平成 3 ）年に「日本詩人クラブ新人賞」、2001（平成13）年に「日本詩人クラブ詩界賞」の 3 賞を創設した。そして、2016（平成28）年には、「新しい詩の声賞」を設けるとともに、2020（令和 2 ）年、クラブ創設70周年を記念する特別企画として小・中・高生が対象の「カナリア賞」を設けた。④1962（昭和37）年に壺井繁治を発起人として発足した詩人会議—坪井が発起人であったことから戦前のプロレタリア文学系の詩人同人会といえる—は、1967（昭和42）年に「詩人会議新人賞」を創設し、続いて1973（昭和48）年に「詩人会議賞」を設けたが、1978（昭和53）年にそれを「壺井繁治賞」と改称した。⑤遺族から基金寄託を受けた日本児童文学者協会は、1997（平成 9 ）年に新人・中堅の詩人による少年少女詩集が対象の「三越左千夫少年詩賞」を設けた。

（ 2 ）歌壇であるが、①戦後間もなく設立され、現在、会員3000名を誇る日本歌人クラブは、次の 4 賞を主催している。1955（昭和30）年の「日本歌人クラブ推薦歌集」を前身にし、会員を対象に中央・地方の役員のアンケートをもとにして選定する「日本歌人クラブ賞」（1974・昭和49年）と「日本歌人クラブ新人賞」（1995・平成 7 年）、それに「日本歌人クラブ評論賞」（2003・平成15年）と短歌文学の貢献者を対象にした「日本歌人クラブ大賞」（2010・平成22年）である。そして、朝日新聞社の後援を得て1980（昭和55）年より全国短歌大会を、文化庁・毎日新聞社・東京都教育委員会の後援で2007（平成19）年から日本学生・ジュニア短歌大会を開催。②これに対して1956（昭和31）年設立の現代歌人協会は、会員の投票と選考委員の合議により選定する会員対象の「現代歌人協会賞」（1957・昭和32年）と 1 年間に刊行された会員の優れた歌集・評論が対象の「現代短歌大賞」（1978・昭和53年）を創設した。そして、やはり朝日新聞社の後援を得て、1972（昭和47）年より全国短歌大会を開催している。その他、③関西を拠点にする最も新しい歌人結社の現代歌人集会は、1975（昭和50）年に会員の新人歌集が対象の「現代歌人集会賞」を創設した。

④1993（平成5）年に大西民子と持田勝穂により結成された波濤短歌会は、亡くなった大西を顕彰する「大西民子賞」（2000・平成12年）を立ち上げた。⑤角川春樹は、2007（平成19）年に日本一行詩協会を立ち上げ、読売新聞社の後援で「日本一行詩大賞」、「日本一行詩大賞新人賞」を設けた。⑥2006（平成18）年に設立されたNPOの日本詩歌句協会は、詩・短歌・俳句部門からなる「日本詩歌句大賞」と「日本詩歌句協会賞」を創設したが、その後、それを「日本詩歌句随筆評論大賞」と「日本詩歌句随筆評論賞」へ切り替えた。

（3）俳壇であるが、①1947（昭和22）年に関東の石田波郷、関西の西東三鬼らが設立し、現在、会員9000名を擁する現代俳句協会は、基本的に会員が対象の数々の賞を設けている。1948（昭和23）年の川端茅舎を顕彰する「茅舎賞」は1954（昭和29）年に「現代俳句協会賞」へ、1982（昭和57）年には「現代俳句評論賞」、翌1983（昭和58）年には「現代俳句新人賞」を創設し、後者は2019（令和元）年に「兜太現代俳句新人賞」へ名称変更した。また1989（平成元）年には、会員の句集が対象の「現代俳句協会大賞」を、2000（平成12）年には「現代俳句協会年度作品賞」、2001（平成13）年には現代俳句の発展への貢献者が対象の「現代俳句大賞」を設けた。そうして、文化庁、朝日・毎日・読売・産経・東京の各新聞社の後援で1964（昭和39）年より全国俳句大会を開催している。②これに対し1961（昭和36）年には、中村草田男ら有季定型派が現代俳句協会から分離・独立した俳人協会も数々の賞を設けた。いずれも会員が対象だが、1961（昭和36）年に「俳人協会賞」、1976（昭和51）年に「俳人協会新人賞」、1985（昭和60）年に「俳人協会評論賞」、1987（昭和62）年に「俳人協会評論新人賞」、1994（平成6）年に「俳人協会俳句大賞」、2014（平成26）年に「新鋭評論賞」、そして2017（平成29）年には会員外をも含む「新鋭俳句賞」を創設し、やはり朝日新聞社の後援で1972（昭和47）年から「全国俳句大会（一般・ジュニア部門）賞」を展開している。その他、③新俳句人連盟は、1972（昭和47）年に「新俳句人連盟賞」と「新俳句人連盟賞評論賞」を、④全国俳誌協会は、2016（平成28）年に「全国俳誌協会賞」と「全国俳誌協会新人賞」を、⑤日本伝統俳句協会は、1990（平成2）年に「日本伝統俳句協会賞」を創設している。

第4項　詩壇・歌壇・俳壇の賞に見えること

　以上のような詩壇、歌壇、俳壇の各賞には、次のことが窺える。第1に、例えば日本現代詩人会と詩人会議、日本歌人クラブと現代歌人協会、有季・無季の現代俳句協会と有季の俳人協会のように芸術観の相違—それに人的派閥も加わっていると推察される—が、当然ながら社団・結社の分立をもたらしていることだ。第2に、特に詩や短歌においては、地方結社の賞も見られることである。例えば北海道詩人協会の「協会賞」（1964・昭和39年）、青森県詩人連盟の「詩人連盟賞」（1979・昭和54年）、横浜詩人会の「詩人会賞」（1968・昭和43年）、福岡詩人会の「詩人賞」（1965・昭和40年）、かつては中部日本詩人連盟の「詩人賞」であったが、その後、中日詩人会主催の「中日詩賞」（1965・昭和40年）などや、北海道歌人会の「歌人会賞」（1957・昭和32年）、青森県歌人懇話会の「歌壇新人賞」（1964・昭和39年）や「短歌賞」（1975・昭和50年）などである。かつては、もっと地方結社の賞が存在していたようである。

　第3に、詩壇・歌壇・俳壇の各賞は、基本的に結社の会員が対象であることだ。それは、授賞側の各結社間における〈水平的な競合・競争〉の中で、受賞側の〈垂直的な競合・競争〉が会員に限定された優れて〈仕切られた競合・競争〉を展開していることを示す。そして、これまでも指摘してきたが、一方で授賞サイドは、結社のスティタスと賞の〈権威化〉を高め、会員数（勢力）の拡大、結社の運営力の増大などを図り、他方で応募（受賞）サイドは、特に結社内での名声・名誉などを誇ったり残したいとする〈世俗的〉と〈存在論的〉な欲望の充足欲求を掻き立てることになる。第4に、特に短歌・俳句の賞の応募・選考には、独特の条件が見られることである。例えば、新人賞の場合には、第一歌集・句集を対象にする賞と公募の投歌・投句が対象の賞があり、特に俳句においては投句数（10句以内や10句以上）が設定されたり、年齢によって新人賞と称揚賞を分けたりすることである。

第5項　特異な柳檀と川柳賞

　柳壇は、詩壇・歌壇・俳壇と趣を異にする。その特色の第1は、川柳結社といえば、戦前来の番傘が著名である—それを組織し社長となった岸本水府時代を描いたのが川柳愛好作家である田辺聖子の『道頓掘の雨に別れて以来なり』である—が、現在、全国結社は1974（昭和49）年設立の全日本川柳協会（173

社が加入）の一社だけといってよいことだ。それには47都道府県と台湾の地方
結社が加入しているのだが、例えば北海道では札幌川柳社、小樽川柳社、北海
道川柳研究会、オホーツク文庫、川柳あきあじ社、北海道川柳連盟が加入して
いる。そうして、かつては例えば札幌川柳社が「あかしあ賞」を、小樽川柳社
が「冬眠子賞」を、北海道川柳連盟が「北海道川柳年度賞」などのように、地
方結社自体が川柳賞を設けていた。しかし、全日本川柳協会の結成後、それら
が中止・終了され、1977（昭和52）年から全日本川柳大会を開催する中で新人
発掘のため1983（昭和58）年に「川柳Ｚ賞」を設けたが、惜しくも2007（平成
19）年にそれも終了した。その後継として、同年には1年間に刊行された個人
川柳句集のうち優れた句集を表彰する「川柳文学賞」を設けた。

　特色の第2は、詩壇・歌壇・俳壇と異なり、企業・会社や業界団体などが創
設・公募している川柳賞が多いことである。著名なのは、①第一生命保険の
「サラリーマン川柳」（1987・昭和62年）や、②日本通信販売協会の「通販川
柳」（2005・平成17年）などだが、他にも多々ある。例えば、③オリックス・
グループの「働くパパママ川柳大賞」、④遺産相続コンシェルジェ・プロサー
チの「相続川柳」、⑤住友不動産販売の「住まいの川柳」、⑥キッチン・バス工
業会の「台所・お風呂の川柳」、⑦全国浴場組合の「銭湯川柳」、⑧全国有料老
人ホーム協会の「シルバー川柳」、⑨コンサルティング会社エクスの「ものづ
くり川柳」、などである。

　ところで、児童文学のジャンルで、企業・会社が児童文学賞を創設・主催し
ている事例が結構見られた。それは、無垢で未来ある幼児・児童をいわばダシ
にして企業・会社の知名度やイメージ・アップを図る狙いがあると捉えた。か
かる児童文学賞への応募者には一定の文学的専門性が求められるが、川柳賞へ
の応募者にはそうした専門性が求められない。むしろ庶民の日常生活おける小
さな笑い、悲しみ、諧謔、怒りなどをウフフとかナルホドとして消化させる機
智やユーモア精神が求められる。だから、仰々しくでは無く、気軽に誰にでも
作れて応募しうる賞として企業・会社なども創設・主催し易い。それに企業・
会社などの知名度やイメージ・アップよりも企業・会社や業界を知ってもら
い、親しみを持って欲しいという企図が大きいように思える。これらが、企
業・会社や業界などによる川柳賞の多さの要因になっているといえる。

第 2 節　美術（絵画など）・彫刻・陶工芸・書・建築の賞

　基本的に〈非文芸系〉（ジャンル）の伝統芸術である美術（絵画・版画など）、彫刻、陶芸、工芸、書など—これらは美術・書のような平面芸術と彫刻・陶工芸のような立体芸術とに類別されたりする—や建築については、次のように整理する。まず、伝統芸術系（ジャンル）にも、研究・評論のような〈文芸系〉の作品もあるが、大部分は〈非文芸系〉の平面・立体作品である。それらは、基本的に一人の作家（芸術家）によって創造されるのに対し、建築物は複数の制作・製造者の共同・連携によって創造され、かつ〈官・政府省庁〉や〈公・地方自治体〉と深い関連にあるので建築の賞は別立てで考察する。

　次に、伝統芸術の平面・立体作品の賞は、公募による賞と非公募の賞に分けて考察する。その理由はこうだ。公募・非公募の賞—非公募は少なく圧倒的多数は公募であるが—のいずれも、単一部門（例えば絵画のみ）が対象か、それとも複数部門（例えば絵画と彫刻というような平面・立体作品）が対象の相違がある。あるいは、非公募の単一・複数部門の授賞対象が、平面・立体の創作作品なのか、それとも研究・評論などのような〈文芸系〉なのかの相違も見られる。しかし、それらの相違よりも、注目されるべきは、圧倒的多数の公募の賞に見られる次の点にある。すなわち、公募の単一・複数部門の賞は、賞の創設・主催団体の〈権威賞〉のみが設定されているケースと、あわせ内閣総理大臣賞、文部科学大臣賞、知事賞、議長賞などのような〈権力賞〉—新聞社の賞で付称した〈名義貸し型〉の賞といってよい—が設定されているケースに二分されることだ。それ故、公募の伝統芸術賞は、この二分に従って考察することにしたい。なお、伝統芸術の公募・非公募の賞には、写真や映画作品も含めるケースもあるが、写真や映画作品のみが対象の場合は伝統芸術ではなく新興芸術なので次章で扱うことにする。

第 1 項　非公募の伝統芸術賞

　（1）伝統芸術分野における非公募の賞は極めて少ないが、まずは単一部門の平面・立体作品賞である。それには、①日本経済新聞社の「東山魁夷記念日本画大賞」（2002・平成14年）、②日本陶磁協会の「日本陶磁協会賞（鑑賞・茶陶と実用・クラフトの2部門からなるが、陶磁単一部門とみなす）」（1954・昭

和29年)、③損保ジャパンの「(損保ジャパン)東郷青児美術館大賞」(1978・昭和53年)、が見られる。最後の賞の旧名は「安田火災東郷青児美術館大賞」であった。2002(平成14)年、その賞が和田義彦へ授与されたが、盗作の疑いで授賞を取り消す事件を引き起こしていたことは、既述したところである。

単一部門の研究・評論などの〈文芸系〉の賞には、次が見られる。①日本と東洋美術の論文・著書を対象にする国華社と朝日新聞社の「国華賞」(1989・平成元年)。②河北倫明・雅枝夫妻の公益信託・倫雅美術奨励基金による美術評論・美術史が対象の「倫雅美術奨励賞」(1989・平成元年)。③西洋美術の理解と研究の業績に対する学術賞(個人)と文化振興賞(団体)を設けた西洋美術振興財団の「西洋美術振興財団賞」(2006・平成18年)。④鹿島美術財団による日本・東洋・西洋美術に関する優れた研究論文が対象の「鹿島美術財団賞」(1994・平成6年)。⑤全国124の公立美術館からなる美術館連絡協議会が、学芸員の企画・図録(カタログ)・論文を対象にする「美連協大賞」(1999・平成11年)。⑥公益信託のタカシマヤ文化基金が、新鋭美術作家や美術文化の発展に寄与した団体を助成する「タカシマヤ美術賞」(1990・平成2年)、がある。

(2) 伝統芸術における非公募の複数部門の賞。①吉田秀和芸術振興基金の「吉田秀和賞」(1991・平成3年)は、美術のみならず音楽、演劇、映画などの芸術評論を対象にしている。②稲盛和夫財団が1984(昭和59)年に創設した「京都賞」は、既述のように先端技術、基礎科学、思想・芸術部門からなるが、思想・芸術部門はさらに音楽・美術、映画・演劇、思想・倫理の3部門に分けられている。このような複数部門からなる「京都賞」の中の美術分野におけるこれまでの日本人の受賞者は、染色家の志村ふくみ、デザイナーの三宅一生、建築家の安藤忠雄、彫刻家のイサム・ノグチと多様である。その他、③VOCA(Vision Of Contemporary Art)実行委員会は、第一生命保険の後援を受け、毎年、上野の森美術館で全国の美術館学芸員や美術記者・評論家の推薦による40歳以下の若手の平面芸術作品が対象のVOCA展(1994・平成6年)を開催し、「VOCA賞・VOCA奨励賞・佳作・大原美術館賞」を設けた。平面芸術作品としては単一部門といえるが、内実は絵画や版画、写真などが対象なので複数部門と見做した(以下、同様)。④日産自動車(kk)は、平面作品の他、映像、音楽、インスタレーションなどの分野での次世代を担う現代アーティストを発掘するため、2013(平成25)年に「日産アワード」を創設し

た。⑤キリン・ホールディングスは、1990（平成2）年の「キリンプラザ大阪コンテンポラリイ・アワード」、1993（平成5）年の「キリンコンテンポラリイ・アワード」、2000（平成12）年〜2003（平成15）年の「キリンアワード」の公募展を展開しつつ、2005（平成17）年からの「キリンアートプロジェクト」は非公募に転じ、美術（絵画・版画）、写真、映画などの多部門で優れた人材を表彰している。

第2項　伝統芸術分野の公募賞とその特徴

　以上のように非公募の伝統芸術賞は、その数が少ない。それを裏返すと、伝統芸術賞のほとんどは公募によるものであることだ。この対称性は、その内実においても対照的である。すなわち、非公募の伝統芸術賞は数少ないながらも、前記のように、そのかなりは伝統芸術の研究・評論のような〈文芸系〉（ジャンル）の賞である。これに対し、圧倒的に多い公募の伝統芸術賞は、その全てといってよいほど平面・立体作品という〈非文芸系〉（ジャンル）の賞であることだ。

　その公募の伝統芸術賞には、次の特徴がみられる。第1は、前述のように極めて数が多いことである。その要因は、賞の創設と公募が激しい〈水平的・垂直的な競合・競争〉の展開の中で設定されることにあるといってよい。第2に、いま、伝統芸術の陶芸・工芸・書を除く平面（日本・東洋・西洋絵画や版画、写真など）作品と立体（彫刻や塑像など）作品に関して賞を創設・主催している職能的あるいは同好的な芸術団体を数えてみると、ざっと100件強ある。これが全てではなく、調べればもっと存在すると思われる。それはともかく、かかる芸術団体は、前節で見た詩壇・歌壇・俳壇・柳檀における社団・結社に相当するといえることだ。

　第3に、かかる社団・結社的な芸術団体は、〈水平的な競合・競争〉を展開する中で賞を創設して作品を公募し、入選・受賞作品の展覧会を開催する。そこで注意点の1つは、展覧会は本展（例えば東京や地方圏域の中核都市における春秋展）の他に選抜展、地方展、巡回展なども展開されることだ。もう1つの注意点は、展覧会場には、多くの場合、美術館の他にデパート、画廊などが活用され、その活用には主催者団体側と会場側の相互にとってメリット（ウイン・ウイン関係）があることだ。会場側の美術館やデパート、画廊にとって

は、来館者・来訪者の拡大につながり、主催者団体側にとっては、例えばとりわけ国立・新国立・東京都美術館などの著名美術館や大手デパートのように知名度や格式などの高い会場で開催するほど、展覧会と主催者団体自体の知名度、格式、社会的地位のアップに繋がるといえるからである。

　第4に、公募制を取りながら、ほとんどの場合は完全公募制にほど遠いことである。1934（昭和9）年に第1回展を開催した「汎美展」は、現在、作品の出品者は会員と会員の推薦する作家を原則とし、一般公募も推薦制を取っているが、出品作品に対する審査や賞の設定・授与を行なっていない。それは、主催者団体である汎美術協会（会員約60名）が、「権威主義的な階層制や審査制度を否定し、全ての作家は対等な立場に立つべき」ことを理念としているからだ。多くの美術団体、広くは芸術団体は、設立趣旨に自由や民主的などを掲げるが、管見の限りでは汎美術協会のような理念を掲げている無賞・無審査の展覧会は、職場の美術サークルからなる全日本職場美術協議会の「職美展」（1947・昭和22年）や1884（明治17）年にパリに始まって世界に広がり、日本でも戦後に設立された日本美術会の「日本アンデパンダン展」ぐらいであろう。

　汎美術協会が理念的に否定する「権威主義的な階層制や審査制度」とは、こうである。ほとんどの美術団体、そして芸術団体は、会員制を取りながら、その会員は役員、幹事会員、平会員、準会員、会友のように階層化されている。そして、役員や幹事会員の作品は無審査であったり、平会員には入選や設定された様々な賞への推薦権のような特権が与えられる一方、一般公募者が会友となるには入選5回程度を要するとされる。この狭き門を通過して、会の中での昇格競争が始まる。一般公募者が、あちこちの展覧会への出品に食指をのばせば、なかなか会友にもなれない恐れがあるから、自らの美術・芸術観に即した美術・芸術団体の展覧会の公募に応募することになろう。こうして美術・芸術団体は一般公募制を取ってはいるものの、受賞など獲得のための〈垂直的な競合・競争〉は極めて閉鎖的で、前節の詩壇・歌壇・俳壇で指摘したように会員・会友による極めて狭く〈仕切られた競争〉の展開となっているのである。

　第5に、作品の出品には一般に自己負担金が求められることである。会場設営になどの費用がかかることからすれば当然といえるが、これまでの文学・文芸賞や学術賞などにはないことである。もっとも、以下で考察する芸能分野の舞踊（特にダンス）や音楽のコンクールで賞を獲得するには、そもそもコンク

ールへの応募（参加）費が求められる。そこにビジネスが顔を覗かせていることについては、後述する。

　第6に、非公募における単一部門と複数部門の区別は、公募の展覧会・賞にも見られるのだが、後者の複数部門の数が非常に多い。他方、単一部門といっても、その内実は多彩である。例えば、絵画という単一部門であっても、それは洋画・日本画や版画（木版、銅版、リトグラフなど）であったり、油彩・水彩・水墨・パステル・テンペラ・ボールペン・鉛筆画であったりする。また平面作品という単一部門の場合でも、絵画や版画の他に写真・デザインなどが加えられる。立体作品の場合には、彫刻（木彫・石彫など）、塑像、陶磁器などとなり、さらに平面・立体作品以外の工芸の場合も、その内実は極めて多彩である。すなわち、陶磁器、漆器、銅器、鋳物、染織、蒔絵、人形、刺繍、絹織物、七宝、硝子、竹工、籐工、和紙絵、押し絵、宝飾、革工などである。〈非文芸系〉（ジャンル）の伝統芸術は、このように多彩な芸術から構成されているのである。

　第7として、諸々の美術・芸術団体は、激しい〈水平的な競合・競争〉を展開しながら様々な賞を設定し、入選・入賞者を展覧会で公表する。この賞行為における〈二層・二重〉の構造と機能は、賞の社会的（美術・芸術界）の認知・評価度の〈高・低〉により授賞・授賞サイドを強く規定する〈きつい＝緊縛〉的なケースと規定性が〈ゆるい＝緩縛〉的なケースに別れる。ただ、一般的にいえば、賞の創設・主催は、他のジャンルの賞と同様に授賞側の主催者団体にとって団体メンバー（会員・準会員・会友）の拡充を図るインセンティブであり、斯界での団体の地位・勢力の向上を促進することになる。そのためには、次に述べる賞の〈権威賞〉化や〈権力賞〉化が図られる。他方、受賞側の応募者側にとっては、入選・入賞は自らの力量の証と自尊になり、さらなる研鑽・精励を促すとともに、繰り返し指摘してきた内部的な仲間や外部的な世間における物質的・精神的な〈世俗的な欲望〉や〈存在論的な欲望〉の充足をもたらすことになる。例えば、「日展」や「院展」、「二科会」などにような伝統的で高名な展覧会おける受賞は、賞の認知・評価度の〈高度〉からしてより〈承認欲求〉や〈存在論的な欲望〉の充足欲求を掻き立てるであろう。

　そこで第8に強調したい点は、この美術・芸術団体の賞は、前述したように他のジャンルの賞以上に明確に2区分されていることだ。1つは、主催者団体

賞、団体の発展などに貢献した故人を含む役員・幹事会員賞、会員賞や奨励・努力賞、新人賞などのようないわば作品・作者に〈権威〉を付与する賞—その意味で〈権威賞〉と付称する—で、ほとんど全ての美術・芸術団体が設定している。もう１つは、その上に内閣総理大臣賞、文部科学大臣賞、衆・参両院議長賞、知事賞・議会議長賞、教育委員会長賞などを設定するケースである。これは、前者の内部的な〈権威賞〉を外部の政治的権威や権力によって賞の重み・格式を強化するという意味で〈権力賞〉と付称する。後者の〈権力賞〉は、新聞社の賞で類型化した〈名義貸し型〉の賞と同様といってよい。従って、〈権力賞〉は、主催者団体側のみならず〈名義貸し〉をする側、すなわち政治家たちにとっても名前を売るというメリットがあるわけである。ただ、この〈権力賞〉は、主催者団体の申請・認可によって設定される。だから、申請を受けた政府省庁や都道府県当局などは、主催者団体の活動歴や規模などを調査し、審査をクリアし政治家にお伺いを立てたうえ主催者団体を後援する形で〈権力賞〉の設定を認可する。それ故、当然、活動歴が長く、それなりの規模などを有する団体、すなわち戦前に設立された団体や戦前に起源を有する団体、あるいは戦後間も無く設立された団体が、〈権力賞〉を設けている傾向が顕著となる。

第3項　伝統芸術分野の公募展覧会——〈権威賞〉と〈権威賞＋権力賞〉

（１）まずは、平面作品（単一部門）の絵画の公募新人賞である。①安井曾太郎記念会が1957（昭和32）年に創設—その後、毎日新聞社とセゾン美術館が後援—した「安井賞候補新人展」は、若手洋画家の登竜門とされたが、惜しくも1997（平成9）年に幕を閉じた。そうした新人の発掘・育成のみを企図している賞には、②銀座の獺廊による「かわうそ新人賞」や、③『月刊美術』誌が主催する「美術新人賞・デビュー」が見られる。

　この平面作品の絵画展覧会で〈権威賞〉が最も多いのは、美術団体のそれである。そして、その多くが基本的に団体名の展覧会を開催し、前述したように団体名の大賞・優秀賞、名誉・顧問・幹事会員賞、スポンサー賞、会員・準会員・会友賞、奨励・努力賞、新人賞などを設定している。そうした美術団体を列挙すると、独立美術協会、大潮会、NPO法人の日本芸術家協会（JAG）、主体美術協会、大洋会、日本国際水墨画協会、行動美術協会、蒼鳩会、日本画

院、一陽会、日本表現派、新作家美術協会、全国サムホール公募展協会、創画会、女流画家協会、日洋会、国際現代美術家協会、白土会、などがある。

　さらに、平面作品の版画のみを対象にした展覧会と〈権威賞〉には、①土佐和紙国際化実行委員会の「高知国際版画トリエンナーレ」がある。その他、美術館や企業・会社などが主催する展覧会の〈権威賞〉もある。美術館のそれとしては、①上野の森美術館の「上野の森美術館大賞」、②千葉市に在る「ホキ美術館大賞」、③奈良市に在る「松柏美術館花鳥画展」、④日本芸術センターによる「絵画公募展」と「彫刻コンクール」が見られる。また企業・会社などの主催としては、①出光興産が1956（昭和31）年に始め、若手の登竜門となってきた「シェル美術賞」、②ART BOX インターナショナルによる「ART BOX大賞」、③美術商の毎日アートプランニングが主催する「プラチナ大賞展」と「アートの広場展」、④画材などの会社であるバニーコルアートの「リキテックス・ビエンナーレ」、⑤北星鉛筆（kk）の「鉛筆画・色鉛筆画コンテスト」、が見られる。

　次に、単一部門としての立体作品（彫刻・塑像）や書、陶芸、工芸の展覧会で、〈権威賞〉のみのものを列挙する。立体作品では、①先の日本芸術センターの「彫刻コンクール」の他、②鹿島建設による「KAJIMA 彫刻コンクール」がある。書部門では、①「東洋書芸院公募展」、②「読売書法展」が、また陶芸部門では、①INAXの創業者である伊奈長三郎を顕彰する「長三賞」、②朝日新聞社の「朝日陶芸展」、③古磁器研究者の小山富士夫を顕彰する公益信託基金による「小山冨士夫記念賞」、④西日本新聞社の「西日本陶芸美術展」がある。さらに、工芸部門では、①朝日新聞社の「朝日現代クラフト展」、②富山ガラス大賞実行委員会・富山市・富山市ガラス美術館の「富山ガラス大賞展」、③マガジンランド（kk）「マガジンランド・手芸＆クラフト展」、④新匠工芸会の「新匠工芸会展」、⑤小田原・箱根［木製品フェア］実行委員会による「全国木のクラフトコンペ」、などが見られる。

　（２）単一部門の公募展覧会で、〈権威賞＋権力賞〉を設定しているケースである。これも、平面作品、立体作品、書・陶芸・工芸部門に分けてみるが、〈権力賞〉で最も多いタイプは内閣総理大臣賞、文部科学大臣賞、都知事賞である。それに外務大臣賞、厚生労働大臣賞や衆・参両院議長賞、知事賞、市長賞、地方議会議長賞などが加わる。そして、〈権威賞＋権力賞〉タイプは、

やはり平面作品展に多い。それ故、このタイプの賞を設定している美術団体を列挙すると、近代日本美術協会、美育文化協会（「世界児童画展」）、現代童画会、水彩連盟、旺玄会、一線美術会、創型会、元陽会、白亜美術協会、新世紀美術協会、現代水墨画協会、中央美術協会、新芸術協会、日本現代美術協会、国際文化カレッジ（「日美展」）、創元会、日春会・新日春会、東光会、示現会、日本南画院、日本書道研究所、日本自由画壇、大調和会、等迎会、一期会、IAC美術会、現創会、現代パステル協会、光陽会、朱葉会、新興美術院、青枢会、全日本美術協会、創作画人協会、双樹会、創彩会、創作騎会、国際墨画会、日本新水墨派、日本水彩画会、日本選抜美術家協会、日本版画院、遥玄水墨画協会、などである。この数の多さには驚かされる。先の〈権威賞〉のみを設定して展覧会を開催している美術団体をこれに加えると優に50団体を超え、さらに後述する美術団体を加えると100団体近くになる。

　それはともかく、この〈権威賞＋権力賞〉を設定しつつ、賞のオンパレードのような展覧会がある。その典型例は、現代童画会の「現代童画展」にみられる。1976（昭和51）年の第1回展では、現代童画大賞と現代童画賞、出版美術賞の金・銀・銅賞、それに佳作のみであったが、漸次、設定される賞が拡大し、第5回には文部大臣奨励賞、都知事賞、都教育委委員長賞が加わる。そして、最近年の第45回展における賞は更に拡大している。すなわち、文部科学大臣賞、都知事賞、坂出市長賞、牛久市長賞、かぬま市長賞、在日セルビア共和国大使館賞、現代童画大賞、第45回記念会委員賞、弥生美術館賞、出版美術会員賞、出版美術会友賞、出版美術新人賞、会員佳作賞、会友作家賞、第45回記念会会友賞、坂出市民美術館賞、上野の森美術館賞、銀座アートホール、会友奨励賞、現代童画会賞、第45回記念賞、ナイーブアート賞、パジコ賞、志村記念賞、奨励賞、新人賞、それに2桁以上の作品が会員賞候補、会友賞候補、一般賞候補となっている。

　ここに、会員の階層性が賞の階層化と連動していることが如実に示されている。それだけでなく、設定された賞の多さに加え、春秋季の本展の他、受賞作家展、選抜展、関西展、さらに数カ所の支部展を開催している。このことは、作品の応募者数と会員数の拡大を図るためであることが自明である。しかし、「現代童画会は、その本源が童心（ナイーブな心）にあると考え、現代絵画がともすれば忘れがちな絵画の純粋さ、素朴さ、詩情などを改めて追求しようと

する絵画運動です」という趣旨が、何かシックリと胸におさまらず、むしろビジネスの臭味がする。美術あるいは芸術の〈オリンピック化〉とでも言おうか。

　平面作品の絵画以外で、〈権威賞＋権力賞〉を設定している展覧会の数は少ない。例えば、平面作品の版画では、①日本版画会の「日本版画会展」と②日本版画院の「版画展」が、立体作品の彫刻では、①1947（昭和22）年の日本彫刻家連盟から日本彫塑会を経て日本彫刻会主催となった「日彫展」がある。また書部門では、①毎日書道会の「毎日書道展」、②書道同文会の「書道同文展」が、陶芸部門では、①毎日新聞社が1971（昭和46）年からビエンナーレ方式で始めたが、2019（令和元）年に終了した「日本陶芸展」の他に、②女流陶芸の「女流陶芸展」、③陶芸文化振興財団の「陶芸財団展」、が見られるだけである。工芸部門はやや多くなる。①伝統工芸品産業振興会の「全国伝統的工芸品公募展」、②工業美術日工会の「日工会展」、③日本手工芸文化協会の「日本手工芸美術展」、④新美工芸会の「新美工芸展」、⑤日本工芸会の「日本伝統工芸展」、⑥日本七宝作家協会の「日本七宝作家協会展」、⑦現代手工芸作家協会の「ニュークリエイティブ展」、などである。

　（3）平面作品と立体作品を合わせた複数部門で公募し、展覧会を開催するケースにおいては、〈権威賞＋権力賞〉を設定している展覧会がかなり多いのだが、まずは〈権威賞〉のみ設定の展覧会を挙げてみる。①川崎市に在る岡本太郎美術館「岡本太郎現代芸術賞」、②日動画廊「昭和会展」、③1918（大正7）年の国画制作協会を淵源とし、絵画・版画・彫刻・工芸・写真の5部門からなる国画会「国展」、④新生派美術協会・日本作家協会（洋画部）・現代美術研究会を統合して1954（昭和29）年に結成された現代美術協会の「現展」、⑤よみうりカルチャー「よみうり美術展」、⑥創造美術協会「創造展」、⑦女性作家の団体であるベラドンナ美術協会「ベラドンナ・アート展」、⑧春陽会「春陽展」、⑨モダンアート協会「モダンアート展」、⑩自由美術協会「自由美術展」、⑪日本文人画府「日府展」。さらに、⑫第一美術協会「第一美術展」、⑬1937（昭和12）年に結成され絵画部と彫刻部の他、戦後に建築部を設けた新制作協会「新制作展」、⑭国際現代美術協会（International Modern Artist）「ima展」、⑮AJAC（all nations & Japan artist co–operation）「AJAC展」、⑯群炎美術協会「群炎展」、⑰新協美術会「新協美術展」、⑱NAU（New Art Unit）「NAU21世紀美術連立展」、⑲風子会「風子会展」、⑳1939（昭和14）

年に独立美術協会や二科会などの前衛作家が結成した美術文化協会「美術文化展」、㉑その美術文化協会の分裂により丸木位里らが結成した前衛美術会が1975（昭和50）年の改組後に開催する「齣展」、などである。

　ここでも、美術団体の多さに驚かされる。それはともかく、この〈権威賞〉のみを設定する展覧会に対し、〈権威賞＋権力賞〉を設定している展覧会には、戦前に結成された団体を淵源にする美術団体のそれが顕著である。例えば、①現在の「日展」である。それは、1907（明治40）年の文部省美術展覧会（文展）から1919（大正8）年の帝国美術院展覧会（帝展）、1936（昭和11）年の新文展、さらに15年戦争による中断から終戦後には文部省の主催から日本芸術院主催の「日本美術展覧会」（日展）となる。そうして、1958（昭和33）年に社団法人の日展設立後における「日展」は、現在のような日本画、洋画、彫刻、工芸美術、書の5部門となった。②また「日本美術院展覧会」（院展）は、周知のように東京美術学校校長の岡倉天心が退職し、橋本雅邦、横山大観、菱田春草らとともに設立した日本美術院によって主催されていたが、それを継承しているのが現在の「院展」である。かつては洋画部、彫塑部、日本画部の3部門であったが、現在は日本画部だけという単一部門の展覧会になってしまった。③1914（大正3）年、有島生馬らが「文展」から分離して結成したのが二科会であり、それが主催するのが「二科展」である。④ところが、有島は、1936（昭和11）年に二科会から分離・独立し一水会を結成して「一水展」を主催する。⑤その二科会の会員だった熊谷守一、宮本三郎らは、戦後間もなくの1947（昭和22）年に「第二の紀元を画する」として二紀会を結成し「二紀展」を主催した。

　さらに、戦前に起源を有する美術団体と展覧会には、次が見られる。①1926（昭和元）年の構造社を前身として1936（昭和11）年に再建された新構造社「新構造展」、②同じく1924（大正13）年の槐樹社を前身とし1958（昭和33）年に再建された新槐樹社「新槐樹社展」、③黒田清輝が中軸にあった白馬会の解散を受け、1912（明治45）年に光風会が結成され「光風会展」を開催、④大正デモクラシーの影響を受けた中沢弘光と川島理一郎が1924（大正13）年に結成した白日会「白日会展」。以上は、現在までも引き継がれている。また⑤太平洋美術会「太平洋展」や、⑥朔日会「朔日会展」も、戦前に淵源を有している。

　その他、戦後に結成された美術団体が、〈権威賞＋権力賞〉を設定している

展覧会を列挙する。①三軌会「三軌会展」、②流形美術会「流形展」、③新美術協会「新美術展」、④蒼樹会「蒼樹展」、⑤たぶろう美術協会「たぶろう展」、⑥亜細亜美術協会「亜細亜現代美術展」、⑦新生美術会「新美展」、⑧ローマン派美術協会「ローマン展」、⑨サロン・デ・ボザール「サロン・デ・ボザール展」、⑩創彩会「創彩展」、⑪日本表象美術協会「日象展」、⑫日輝美術協会「日輝展」、⑬新日本美術協会「新日美展」、⑭新創美術協会「新創美術展」、⑮新洋画会「新洋画会展」、⑯日本清興美術協会「清興展」、⑰NPO法人の国際美術協会「国際藝術展」、⑱全日本アートサロン絵画大賞実行委員会（代表・サクラクレパス会長）「全日本アートサロン絵画大賞」、⑲アート未来「アート未来展」、などである。

第 4 項　建築分野の賞の 4 タイプ

　伝統芸術系（ジャンル）の中で、建築を他の部門から分離した。それは、本章の冒頭で述べたように、平面作品・立体作品や書・陶芸・工芸作品などの伝統芸術作品は、基本的に一人の制作者が創造するのに対し、建築作品は建築主の他に設計者と施工者—様々な業種業者—の複数が協同・連携することで制作される芸術作品だからだ。それ故、そうした観点から建築の賞を別立てにしたが、それを建築の賞の創設・主催者別に建築関係学会、建築関係職能団体、それら以外の財団・社団や企業・会社の 4 つに分けて見ることにする。

　（1）建築関係学会の賞。代表的な学会は、1886（明治19）年に創立され、現在、会員約3.5万人を有する日本建築学会と、1879（明治12）年の工学会を前身に1914（大正 3）年に創設され、現在、会員約3.9万人を擁する土木学会である。この会員数の膨大さは、他の学会と異なり、言うまでもなく大学以外に建築・土木業界の企業や研究所などの従事者・研究者が学会員となっていることを示す。従って、学会というより業界団体と言った方がいいかもしれない。その他、①2009（平成21）年の建築新人戦を契機に2014（平成26）年に設立された日本建築設計学会がある。それは、庭園・インテリア・リノベーションなどを含む建築作品が対象の「日本建築設計学会賞」を設けたが、前 2 学会は様々な学会内賞を設定している。そのことが、特色である。

　②日本建築学会は、戦後間もなくの1949（昭和24）年に学会内公募の研究論文と制作作品に対する賞を設けた。次いで、1963（昭和38）年には、論文・作

品・技術部門以外における学会員の優秀な業績——例えば都市やまちづくり、建築遺産、建築保全など——に対する賞を、1968（昭和43）には推薦による学会員個人への「日本建築学会大賞」を創設した。さらに、その後も1986（昭和61）年には学会員以外が対象の「日本建築学会文化賞」を、1989（平成元）年には独創性・萌芽性・将来性のある研究論文に対する「日本建築学会奨励賞」を、1995（平成7）年には「日本建築学会作品選奨」、2002（平成14）年には国内で竣工した建築で芸術・技術の発展への寄与を対象にする「技術賞」を設けた。また2007（平成19）年には、建築教育に関する2つの賞、すなわち学会員の優れた建築教育（推薦）と高等・中等・初等・幼児や市民・専門家への優れた教育実践（公募）への表彰を設けた。2013（平成25）年には、学会員の建築に関する優れた著作を表彰する「日本建築学会著作賞」と「作品選奨新人賞」を創設した。

　③次の土木学会は、そもそも土木とはCivil Engineeringすなわち「市民のための土木」であるとする。そうした理念を掲げる土木学会は、戦後まもない1949（昭和24）年に戦前の「土木賞（論文）」を「土木学会賞（論文奨励賞）」として再出発するが、建築に直接関わる賞は次の3つであろう。1つは、コンクリート界の父と言われた吉田徳次郎を顕彰し、コンクリートに関する研究業績・論文が対象の「吉田賞」。2つは、ハード・ソフトの土木技術、土木プロジェクトが対象の「技術賞」や新技術が対象の「技術開発賞」。3つは、環境の保全・創造のための新技術・先進的研究が対象の「環境賞」、である。その他、土木工学・土木事業・学会への貢献に対する「功績賞」、橋梁・鋼構造工学の権威であった田中豊博士を顕彰する「田中賞」、「著作賞」（後に「出版文化賞」）、「国際貢献賞」、「技術功労賞」、「国際活動奨励賞」、「国際活動協力賞」が見られるが、日本建築学会の賞と異なり、土木業界の活動が国際的活動にまで拡大していることを受け、国際賞を設けていることが土木学会の特徴といえそうだ。

　いずれにしろ、建築・土木の両学会が、基本的に学会員を対象に多数・多様な賞を設けていることの要因は、第1に、まさに建築・土木事業が複合的事業として成立していることにある。第2は、建築・土木業界やそれをベースにする学会への貢献・功労者を顕彰する一方、学会員（学者・研究者や企業・業界）の技術開発や知識・技能向上などを促すことにあろう。第3は、付随的か

もしれないが、学会員の社会貢献や国際貢献を促すためである。

（２）建築関係の職能団体が創設・主催する賞である。①日本建設業連合会（日建連）の初代会長である竹中藤右衛門（竹中工務店社長）の提唱により、1960（昭和35）年に始まった「BCS（Building Contractors Society）賞」は、まさに建築主、設計者、施工者の連携による優秀な建築作品を対象にする。例えば、正倉院の校倉造りを模した国立劇場のような著名な公共施設の受賞も多い。②1952（昭和27）年設立の東京建築士会は、1984（昭和59）年に建築士の登竜門とされている「東京建築士会住宅建築賞」を創設した。その後も、2010（平成22）年に高校生の建築技術が対象の「建築甲子園」を、2011（平成23）年に建築系大学の設計カリキュラムが対象の「住宅課題賞」を、2015（平成27）年に都市と建築に関わり未来の社会貢献につながる活動や業績が対象の「これからの建築士賞」を設けた。③東京建築士事務所協会は、1975（昭和50）年に都知事登録の建築士事務所のみを対象に優れた建築作品を表彰する「東京建築賞」を設け、④日本建築士事務所連合会は、1977（昭和52）年に全国が対象の「日事連建築賞」を創設した。⑤1987（昭和62）年に設立の日本建築家協会（The Japan Institute of Architects）は、1989（平成元）年に新進の建築家を発掘・育成するために「JIA新人賞」を創設。そして、2000（平成12）年には「JIA環境建築賞」を、2005（平成17）年には「日本建築大賞」を設けるとともに「JIA日本建築家協会優秀建築選」を始め、2014（平成26）年には「JIA優秀建築賞」を設けた。後発の日本建築家協会は、先発の東京建築士会を追走、対抗しているかのようだ。その他、⑥日本建築構造技術者協会（Japan Structural Consultants Association）は、1990（平成２）年、構造デザイン・設計者の優れた作品が対象の「JSCA賞」を設け、翌1991（平成３）年には「松井源吾賞」と改称した。⑦それが2005（平成17）年に終了すると、同賞を継承する形で日本構造倶楽部が2006（平成18）年に「構造デザイン賞」を設けた。⑧国土交通省関係の業者個人を会員とする業者団体である公共建築協会は、その後、社団化して1998（平成10）年に行政・文化・生活施設の３部門にわたる「公共建築賞」を設けた。同賞では地方自治体施設（庁舎、学校、体育、文化施設など）の表彰が多く見られるので、建築分野の賞は地方自治体と深い関わりがあるとしたわけである。

　このように建築関連職能団体が創設した賞は、学会賞のように研究論文・業

績や著作出版に関する賞が全くなく、建築物、設計、デザインなどの現物作品のみを対象にしているのが特徴的であるが。それは職能団体として当然のことである。その狙い・目的は、一方で建築関連従事者の〈世俗的な欲望〉である名誉・優越欲や金銭・物欲の充足欲求を刺激して〈垂直的な競争・競合〉を促すことにより発想・技術などの革新・向上を現物をもって確証し、他方でもって職能団体（その構成員である建築主・設計者・施工者など）の伸長を図ることにあろう。

（3）それら以外の財団・社団や企業・会社などが創設している建築関連の賞である。①和風の数寄屋建築を近代化した吉田五十八を顕彰する吉田五十八記念芸術振興財団は、1976（昭和51）年に建築と建築関連美術が対象の「吉田五十八賞」を創設したが、1993（平成5）年に幕を閉じた。②財団の旧建設省エネルギー機構が、1985（昭和60）年と1992（平成4）年に創設した「サスティナブル建築賞」と「サスティナブル住宅賞」は、2005（平成17）年に「建設省エネルギー賞」、「建設省住宅エネルギー賞」に改称。③建築の中に美術・工芸・造園などを取り入れ、人間性の豊かな都市・地域のデザイン化を図ろうという発想から設立された社団の日本建築美術工芸協会（AACA）は、1991（平成2）年に「AACA賞」を、2002（平成14）年には新人賞の「芦原義信賞」を設けた。④現代建築の大きな足跡を残した村野藤吾を顕彰するため、村野藤吾記念会（任意団体）は、1988（昭和63）年、過去3年間における最も優れた建築作品に授与する「村野藤吾賞」を創設した。第1回の原広司以来、著名な建築家が受賞している。⑤建築雑誌『新建築』の創刊者である吉岡保五郎を顕彰するため、同誌は1987（昭和62）年に「吉岡賞」を創設したが、それは『新建築』、『住宅建築』の両誌に掲載された住宅建築作品を対象とした建築設計の新人登竜門となってきた。さらに、⑥日本経済新聞社とニューオフィス推進協議会は、1988（昭和63）年に「日経ニューオフィス賞」を創設した。⑦雑誌『SD』を発刊する鹿島出版会は、建築家の槇文彦の提案で建築、模型、模型インテリアのドローイングが対象の「SDレビュー」を始めた。⑧石川県小松市と小松市立宮本三郎美術館は、2015（平成27）年、建築などのデザインやドローイングが対象の「宮本三郎デッサン大賞」を創設。⑨インテリア雑誌『モダンリビング』は、2005（平成17）年に読者のアンケートで選考する「モダンリビング大賞」を、2016（平成28）年に「モダンリビング・スタイリングデザイ

ン賞」を設けた。

　最後に、建築コンペについて触れておく。①新建築社・吉岡文庫育英会は、1966（昭和41）年から世界的な建築家を審査員にした「新建築住宅設計競技」を主催し、第1回は丹下健三が、第2回は西山夘三が審査員であったが、第11回で初めてリチャード・マイヤーが外国人審査員として登場している。②日本電気硝子（kk）は、1994（平成6）年から各年度ごとにテーマを設定した「空間デザインコンペティション」を開催している。その他、③高校生や専門学校生、大学・大学院生が対象の建築設計・デザインコンペとして、全国高等専門学校連合会は2004（平成16）年より空間・構造・創造・AM部門などの「全国高等専門学校デザインコンペティション」を、④東京電力（kk）は2003（平成15）年より「TEPCOインターカレッジデザイン選手権」、⑤長谷川コーポレーション（kk）も2007（平成19）年より「長谷工住まいのデザインコンペティション」を開催している。

　ところで、伝統芸術系（ジャンル）における平面・立体作品などと建築作品との間には、冒頭で指摘した相違の他にもう1つの相違があるようだ。それは、作品と芸術鑑賞者との心理的疎遠感の相違ともいうべきものである。絵画、版画、書のような平面作品にしろ彫塑、陶芸、工芸などのような立体作品にしろ、それらを鑑賞する我々との間の心理的距離感は大きくなく、むしろ作品への親密感がある。これに対して、建築物に対する心理的疎遠感は大きく、我々はむしろ作品から鑑賞されているような錯覚に囚われたりする。そこで鑑賞する我々の主体性を取り戻そうとすると、作品の芸術性いかんのみならず実用性いかんを問い、賞にもそうした観点から接近し、理解しようとすることになる。これは、著者の単なる感性の偏りに過ぎないわけではない。というのも、建築作品は地方自治体と深く関連しているのだが、よく市民の公共施設（建築物）に対する不評判を耳にするからだ。それは、どうも芸術性よりも実用性の観点からの不満らしい。とすれば、少なくとも庁舎、学校、市民会館、市民体育館、図書館・博物館などの文化・スポーツ施設の建築主である地方自治体（地方政府）は、コンペを導入しても設計主や施工主にお任せするのではなく、事前に市民へ説明（広報）し、パブリック・コメント（広聴）を受けるような機会をもっと設けるべきであろう。

第10章　新興芸術分野の賞

　新興芸術とは、近代以降すなわち明治以降に登場し、時代とともに勃興してきた芸術を意味する。そうした芸術を2つに分けて考察したい。1つは、新しい機器・技術の発明や開発に伴って誕生した写真、映画、アニメーションで、アニメの母体ともなった漫画—伝統芸術とは不連続的な近代・現代漫画—もここに含める。もう1つは、特に商業文化の発展に伴う広告、建築デザイン以外のデザイン、ファッションである。

第1節　写真・映画・漫画・アニメの賞

第1項　写真分野の創設・主催別の賞

　前章の伝統芸術分野（ジャンル）では写真を平面作品として扱い、公募・非公募の賞の対象に含めるケースも結構見られた。だが、ここでは、基本的に写真のみを対象にする賞を取り上げる。それは創設・主催者や後援者の観点から、新聞社、地方自治体、写真家（フォトパーソン）や写真記者（フォトジャーナリスト）の団体、写真機・フィルムの製造・販売会社を中心にした企業・業界による賞へ分けうる。しかし、新聞社が創設・主催している著名な写真賞は、ともに非公募で写真界の「芥川賞」とされる朝日新聞・朝日新聞出版の「木村伊兵衛賞」（1975・昭和50年）や写真界の「直木賞」とされる毎日新聞の「土門拳賞」（1981・昭和56年）があり、それに読売新聞を加えた新聞社相互が〈水平的な競合・競争〉を展開する中で対抗的に公募の写真展や写真コンテストを主催している状況は、第3部第1章の新聞社の賞で考察したので割愛する。また地方自治体による写真賞は、第2部で山口県周南市文化振興財団による「林忠彦賞」や、フォトシティとか写真の町・村の宣言による「さがみはら写真賞」、「東川賞」、「熊谷元一賞」などを見たので、それに譲る。そうすると写真賞の創設・主催者や後援者は、写真家・写真記者団体とカメラ・フィルムの製造・販売を中心に創業された企業や業界に2分される。

　（1）まずは、写真家・写真記者団体が創設・主催する賞。①プロの写真

家団体である社団・日本写真家協会（Japan Professional Photographers Society）は1951（昭和26）年に設立され、現在1400人の会員を擁し、次の4つの賞を設けている。1つは、写真技術に関する発見・発明・開発が対象の「日本写真家協会賞」（1967・昭和42年）。2つは、1976（昭和51）年より一般公募を始め、文部科学大臣賞、都知事賞、金・銀・銅賞などを設けるとともに、1991（平成3）年より学生対象のヤングアイ部門も設けた「JPS展」である。3つは、戦前の著名な写真家で編集者でもあった名取洋之助を顕彰し、35歳以下の新進カメラ・パーソンの発掘を狙う「名取洋之助賞」（2005・平成17年）。4つは、女性報道写真家の笹本恒子を顕彰する「笹本恒子写真賞」（2017・平成19年）である。この写真家や写真記者中心の日本写真家協会に対し、②写真関連会社やフォトギャラリー、写真専門学校などが会員の社団・日本写真協会（The Photograph Society of Japan）が1952（昭和27）年に設立され、「日本写真協会賞」を創設し、国際賞、作家賞、功労賞、新人賞を設けた。そして、東京写真月間実行委員会や都写真美術館とともに、1996（平成8）年から6月1日の［写真の日］に一般参加の「記念写真展」を都写真美術館や都内の写真ギャラリー、フォトサロンで開催している。③1958（昭和33）年設立の社団・日本広告写真家協会（Japan Advertising Photographers Association）は、1961（昭和36）年より広告作品と写真作品部門の公募展を主催して「APAアワード」を設け、④1990（平成2）年設立の社団・日本写真作家協会（Japan Photographers Association）は、同年より「JPA会員展」を、2003（平成15）年より「JPA公募展」を展開している。その他、⑤1948（昭和23）年に結成された東京写真記者協会（新聞・通信・放送の33社）は、写真家・写真記者を対象にニュース・企画・スポーツ・文化芸能部門ごとの「東京写真記者協会賞」を創設した。⑥北海道写真記者協会（新聞・通信・放送の22社）は、1年間に新聞に掲載された写真が対象の「北海道報道写真展」を1984（昭和49）年から開催している。⑦日本雑誌写真記者会（43社）は、所属フォト・パーソンの作品が対象の「日本雑誌写真記者会賞」を1981（昭和56）年に創設した。⑧1989（平成元）年に結成された写真の会は、作家賞ではなく写真的行為—例えば編集・製版・印刷などまで含む—が対象の「『写真の会』賞」を創設した。

　（2）カメラ・フィルムの製造・販売が基軸の企業・会社や業界などが厳し

い〈水平的な競合・競争〉を展開する中で創設された写真賞。①古くは写真館の営業者が中心になり1948（昭和23）年に日本写真文化協会を設立し、1954（昭和29）年より「全国展フォトコンテスト」を展開している。また多くのカメラ・フィルム会社が、新聞社主催の写真展・写真コンテストに協賛している。例えば、②新聞社の賞で扱った朝日新聞・全日本写真連盟主催の「国際写真サロン」にキャノン・キャノン販売（kk）が、③「全日本写真展〈現代を撮る〉」にニコンカメラ販売（kk）が、④「『日本の自然』写真コンテスト」にオリンパス（kk）が、さらに⑤読売新聞社主催の「よみうり風景写真コンテスト」に富士フィルム（kk）が協賛している。これは企業・会社の宣伝行為として当然であるが、カメラ・フィルム会社はそうした協賛以上にそれ自体で写真展や写真賞を創設・主催している。最も活発な活動を行なっているのは、①ニコン（kk）である。その１つは、1969（昭和44）年の国際写真コンテスト「ニコンフォトコンテスト」の創設。２つに、ニコン（kk）は、創立50周年を記念してニコンサロン（写真展会場）を設け、その名誉館長で写真評論家の伊原信男を顕彰する「伊原信男賞」（1976・昭和51年）の創設。３つに、ニコンサロンの年間公募写真展で最も優れた作品に授与する「三木淳賞」。三木は、報道写真家であるとともに、ニコンの愛用者団体であるニッコールクラブの第３代会長であった。４つに、そのニッコールクラブが、1953（昭和28）年より「ニッコールフォトコンテスト」を開催していることだ。ニコン（kk）以外では、キャノン（kk）が1947（昭和22）年から「キャノンフォトコンテスト」を開催してきたが、その他、現在、若手の新進写真家の発掘・育成を狙う次のような写真展が設営されている。②コニカミノルタ（kk）は、1990（平成２）年に「コニカ写真奨励賞」を創設し、1999（平成11）年にそれを「フォト・プレミオ」と改称した。③キャノン（kk）は1992（平成４）年に「写真新世紀」を、④富士フィルム（kk）は1999（平成11）年に「富士フォトサロン新人賞」を創設している。

これらのカメラ・フィルム会社以外では、①報道写真誌の『DAYS JAPAN』が、2005（平成17））年に「DAYS国際フォトジャーナリズム大賞」を創設した。②リクルート（kk）のメセナ活動であるガーディアン・ガーデンは、1982（昭和57）年に写真とグラフィックデザインが対象の「ひとつぼ展」を開催し、2009（平成21）年にはそれを継承・発展させた「１WALL」を創設し

た。③ソニーマーケティング（kk）は、2019（令和元）年には飛行機を、翌年には星空をテーマにした「ソニーフォトコンテスト」を開催している。④それに異例な写真展—出展審査なし、誰でも出展できる—として、ソフト開発などの事業を展開するシー・エム・エス（kk）が、2006（平成18）年より「御苗場」を開催している。

　以上のような写真展や写真コンテストにおける写真賞に既述の地方自治体と新聞社のそれを加えると、開催されている写真展や写真コンテストの数は非常に多くなる。そのことは、様々な現象や状況などを一瞬にして〈切り取る〉写真の魅力に取りつかれた膨大な写真愛好家層が国民の中に形成されていることを示唆する。そうしたフォト・パーソンの活動を見聞すると、もはや素人（アマチュア）とはいえずマニアックなセミプロといえるようなフォトパーソンも沢山存在することが知れる。こうした状況の中で、新聞社や自治体が展開するコンテストにおける写真賞は、基本的に一般人（アマ、セミプロ）を対象としプロが審査するものであったが、ここでの写真家・写真記者団体や企業・会社などが主催するコンテストは一般人以上にプロを対象にしプロが審査するという相違が見られる。しかし、いずれにしろコンテストにおける写真賞は、一方で、アマ、セミプロ、プロによる〈垂直的な競合・競争〉の中で〈世俗的な欲望〉の、そしてプロになればなるほどそれ以上の〈承認欲求〉や〈存在論的な欲望〉の充足を渇望させる。他方で、コンテストの創設・主催サイドは、アマ、セミプロ、プロの活動意欲や技量の向上、若手の育成・発掘などを企図しつつ、自らへの支持・選好による知名度や業界的スティタスの向上、応募者数や会員の拡充、さらに企業・会社の場合には商品の販売促進を図ることにあることは言うまでもない。

第2項　映画分野の賞の4タイプと映画祭

　映画の賞は、芸術作品としての映画それ自体に関わる賞と映画祭の賞を区別する必要がある。というのも、映画それ自体に関わる賞は、基本的に映画作品とその制作に関わったプロ—プロを目指す新人（セミプロ）も含める—をプロが審査・選考するのに対し、日本で開催される大量の映画祭の中には映画作品の上映・鑑賞が第一義的で、賞は映画祭に付随的なものとしている映画祭や賞を設けない映画祭もあるからだ。それに、賞を設定している多くの映画祭にお

いても、プロが審査・選考するだけでなくアマチュア（観客）が選考するケースも多いからだ。これに対し、映画作品に関する賞は映画祭ほど多くないのだが、それは大きく2分しうる。1つは、オーソドックスな映画賞である。、映画作品と作品の制作に関わったプロデューサー、監督、主演・助演俳優、脚本家、音楽家、技術陣（撮影、録音、照明、編集など）、新人（監督、俳優）などを対象にする総合芸術として映画賞である。もう1つは、数は僅かだが、映画制作をバックアップするなどの特別の企図・目的で設けられる映画賞である。そして、前者のオーソドックスな映画賞は、さらに3つのタイプに分けうる。1つは、総合的に賞を設定するタイプ。2つは、総合性を分解し、映画作品のみを対象にしたランク付けのタイプ。3つは、同じく総合性を分解し、作品の制作に関わった諸部門を単独・複数で表彰するタイプの映画賞である。

（1）オーソドックスな映画賞で、総合的に賞を設定しているタイプ。①その典型は、毎日新聞社とスポーツニッポン新聞社が、終戦直後の1946（昭和21）年に創設した「毎日映画コンクール」である。それは、作品（日本映画大賞・優秀賞、外国映画ベストワンの他、その後、記録映画賞、アニメ賞、日本・外国映画ファン賞などを付加）部門、俳優部門、スタッフ（監督・撮影・音楽・録音など）部門、特別賞（功労賞）からなり、さらに宣伝賞も設けた。面白いことは、この「毎日映画コンクール」の主催にスポーツニッポン新聞社が加わっているだけでなく、各スポーツ新聞社が総合的な映画賞を設けていることだ。すなわち、②報知新聞社は1976（昭和51）年に「報知映画賞」を、③日刊スポーツ新聞社が1988（昭和63）年に前年亡くなった石原裕次郎を顕彰する「石原裕次郎賞・同新人賞」と合わせて「日刊スポーツ映画大賞」を、④1992（平成4）年には東京スポーツ新聞社がビートたけしを審査委員長とする「東京スポーツ映画大賞」を創設している。これは、各スポーツ新聞が映画を大衆娯楽作品と捉え、映画—特にスキャンダルも含めたスター—情報の報道に大きく紙面を割いていることによろう。

それら以外のオーソドックスで総合的な映画賞を、創設年順に列記する。①1950（昭和25）年創設の「東京映画記者会賞」—賞状を青色のリボンで結んで授与したので「ブルーリボン賞」と通称され、後に正式な賞名となった—は、当初、朝日・毎日・読売新聞の映画担当記者が中心になって選定していたが、その後、大手日刊紙の記者たちが退き、東京のスポーツ7社（スポーツ報知、

ディリースポーツ、サンケイスポーツ、東京中日スポーツ、東京スポーツ、スポーツニッポン、日刊スポーツ）の映画担当記者からなる東京映画記者会が選定することになった。そして、1966（昭和41）年に一時中断したが、1975（昭和50）年に再出発となった。②1955（昭和30）年には、映画雑誌の『キネマ旬報』が戦前来の「キネマ旬報ベストテン」を内外の映画作品に対して開始して内外の映画監督賞、主演男優・女優賞を設け、漸次、受賞部門の拡大を図った。③1977（昭和52）年には、元女優で料亭「山路」の経営者の山路ふみ子が、私財を投げ打って文化財団を設立し「山路ふみ子映画賞」を設けた。④翌1978（昭和53）年に日本アカデミー賞協会が設立され、「日本アカデミー賞」がスタートした。以上が、伝統ある、そして権威ある総合的な映画の賞といえよう。

　その他、⑤1991（平成3）年には、日本映画批評家大賞機構（財団）の「日本映画批評家大賞」と、⑥映画前夜社の大高宏雄による「日本映画プロフェッショナル大賞」が創設されている。⑦1996（平成8）年、パソコン通信ニフティサーブ（kk）が「日本インターネット映画大賞」を創設し、その後、開催者を変えつつも人材・資金難で2019（令和元）年に幕を閉じた。⑧また2003（平成15）年には、優れた文化記録映画作品と日本映画への功労者を顕彰する「文化庁映画賞」が設けられ、⑨2013（平成25）年には日本俳優連合（組合）のアクション部門が映画・テレビドラマが対象の「ジャパンアクションアワード」を創設した。⑩なお、2006（平成18）年にはNPO法人の学校マルチメディアネットワーク支援センターが、経済産業省・文化庁の後援、日本映画製作者連盟（社団）の協力で「高校生映画コンクール」（通称「映画甲子園」）を創設し、高校生の自主映画作品への総合的な賞を設けた。同支援センターは、2005（平成17）年には通称「音楽甲子園」を、2007（平成19）年には通称「アニメ甲子園」も創設している。そして、次に触れる「全国高等学校漫画選手権—まんが甲子園」のように高校生が対象の通称・甲子園とされる選手権大会・コンクールなどが、70余にのぼることを記しておこう。

　（2）映画作品のランキングづけタイプ。①それは、まさに前記した1924（大正13）年創設の「キネマ旬報ベストテン」に始まった。②1959（昭和34）年には、映画評論家や映画記者などの会員からなる日本映画ペンクラブ（任意団体）が結成され、映画芸術の発展に貢献した個人・団体を評するとともに、

会員によるベストファイブを選定する「日本映画ペンクラブ賞」が設けられた。③朝日新聞社と朝日放送が、1958（昭和33）年から大阪中之島リサイタルホールで毎年開催し、2008（平成20）年に終幕した「朝日ベストテン映画祭」はランクづけの上映会である。④1980（昭和55）年に映画ファンの市民の手作りで始まり、その後、ファンと実行委員会、映画人が一体となって開催してきた「ヨコハマ映画祭」も総合的な賞を設ける一方、作品に対する「ベストテン」のランクづけを行ってきた。⑤さらに、本屋大賞に刺激を受けたといえる全国独立系映画館のスタッフたちは、前年に全国の映画館で上映された全ての映画から投票でベストテンを選定する「映画館大賞」を2009（平成21）に設けた。

　これらが、オーソドックスなランクづけであるが、それと真逆な異色なランクづけもある。例えば、①双葉社発行の映画雑誌の『映画秘宝』は、1997（平成9）年から「ベストテン」の他に、観賞にたえない「トホホ10（ワーストテン）」のランクづけを行ってきた。2004（平成16）年には、②雑誌『文藝春秋』が文春記者と映画批評家によるその年度の最低の映画作品にランクづけを行う「文春きいちご賞」を、③スポーツ報知新聞の映画担当記者がその年度における最低の作品（監督）と俳優を選定する「蛇いちご賞」を設けた。しかし、前者は2007（平成19）年に、後者は2011（平成23）年に姿を消した。④さらに、2007（平成19）年には、映画雑誌『映画芸術』が日本映画の「ベストテン」と「ワーストテン」のランクづけを行い、⑤雑誌『映画秘宝』もその年度における日本映画の最低の作品、監督、脚本家、俳優を選定し始め、2010（平成23）年には洋画も含めたワーストテンを選定する「HIHOはくさいアワード」を設けた。

（3）映画作品の制作に関わる諸部門を単独または複数で表彰する映画賞のタイプである。この賞には冠賞が多いので、まずそれを挙げてみよう。①日本映画撮影監督協会（組合）は、名撮影監督とされる三浦光男の顕彰のため1956（昭和31）年に劇場映画の新人撮影監督を対象にする「三浦賞」を創設。②既に戯曲・脚本系（ジャンル）の賞で触れたが、日本映画製作者連盟（社団）は、1975（昭和50）年、プロデューサーで松竹会長の城戸四郎を顕彰し、プロのシナリオライター、映画監督を志す者が対象の「城戸賞」を設けた。③1981（昭和56）年、映画演劇文化協会（社団）はプロデューサーの藤本真澄を顕彰

し、著しい功績を挙げたプロデューサーが対象の「藤本賞」を、④また川喜多かしこ映画文化財団が1983（昭和58）年に映画芸術文化に寄与した個人・団体が対象の「川喜多賞」を創設した。⑤さらに、日本映画製作者協会（組合）は、1996（平成８）年に劇場映画の新人監督を対象に現役のプロデューサーが選定する「最優秀新人監督賞」を創設したが、それは2000（平成12）年には「新藤兼人賞」に、2015（平成27）年には「新藤兼人賞・プロデューサー賞」に改称された。⑥国際科学技術博覧会（通称つくば万国博覧会）の開催を契機に日本映像振興協会（財団）が設立され、1985（昭和60）年から「東京国際映画祭」を開催し世界有数の国際映画祭に成長したが、その「東京国際映画祭」は2004（平成16）年に日本映画の質の高さを世界的に広め認知させることに寄与した監督などが対象の「黒沢明賞」を設けた。

　これらの冠賞以外の３つめのタイプの賞を、創設年次順に挙げてみる。①日本映画テレビプロデューサー協会（社団）は、1956（昭和31）年に映画とテレビドラマの新人俳優やプロデューサーを対象に「エランドール賞」を、②日本映画監督協会（組合）は、1960（昭和35）年に「日本映画監督協会新人賞」を創設したが、どちらも新人の登竜門となった。第１回「エランドール賞」の新人賞には池内淳子、石原裕次郎、川口浩、白川由美、高倉健などが、第２回以降にも筆者の青春時代に観た銀幕を飾ったスターたちが続々と新人賞を受賞している。また新人監督賞も、第１回の大島渚（「青春残酷物語」）、第２回の羽仁進（「不良少年」）、第４回の浦山桐郎（「キューポラのある街」）と、筆者が上京後に観た作品の監督たちが受賞している。③さらに、日本雑誌協会（社団）の雑誌記者会と芸能クラブは、1963（昭和38）年にその年に最も活躍した芸能人（映画・演劇・音楽・放送部門）を表彰する「ゴールデン・アロー賞」を創設したが、2007（平成19）年に終幕した。

　こうした俳優や制作監督が対象の賞の他に、①日本映画テレビ照明協会（組合）は、1969（昭和44）年に「照明技術賞」を創設した。②全国興行生活衛生同業組合連合は、1983（昭和58）年、その年度公開の邦画・洋画作品のうち興行成績の良かった作品、観客に受けたスターや監督を全国の映画館へのアンケートを基にして選定する「ゴールデングロス賞」を創設。③さらに、協同組合の日本映画撮影監督協会（Japanese Society of Cinematograhers）は、1992（平成４）年に劇場映画以外の短編、記録、ドキュメンタリー、テレビ作

品などの撮影監督を対象にした「JSC賞」を創設。④日本映画テレビ技術協会（社団）は、1997（平成9）年に「日本映画テレビ技術大賞」を創設するとともに、2001（平成13）年には「日本テレビ技術賞」（旧「日本フィルム技術賞」）と「日本映画技術賞」を統合した「映像技術賞」を設けた。

（4）特別の企図・目的のための映画賞だが、その数は少ない。①NHKは、1996（平成8）年にサンダンス・インスティテュートと協同で「サンダンス・NHK国際映像作家賞」を創設した。それは、アメリカ、ラテンアメリカ、ヨーロッパ、日本の4地域から1人の映像作家を選定し、その映画制作をバックアップするというもの。②同じく、明日を担うプロデューサーやクリエーターを発掘・育成するため、角川出版映像事業振興基金信託（角川基金）は、2002（平成14）年に「日本映画エンジェル大賞」を設け、大賞受賞者による企画の映画化をバックアップすることにした。③またNHKは、アジア諸国の新進気鋭の映画監督と作品を共同制作する「NHKアジア・フィルムフェステバル」（1995・平成7〜2011・平成23年）を設けた他、公共的テーマが題材の短編映像作品を公募する「NHKミニミニ映像大賞」を2003（平成15）年に創設したが2016（平成28）年に終了した。④デジタルコンテンツ協会（財団）は、経済産業省と共催で1986（昭和61）年にデジタルコンテンツ産業の振興のため優れた作品、人、サイトが対象の「デジタルコンテンツグランプリ」を創設した。⑤さらに、雑誌『ロケーションジャパン』は、2011（平成23）年に「ロケーションジャパン大賞」を設けた。それは、1年間に公開の映画、テレビドラマ、アニメ作品の中でロケ地に関する一般アンケートと有識者の審査—地域の変化、支持率、撮影サポート、行楽度の4基準—をもって〈作品とロケ地〉を表彰するもの。地域活性化の一助になっている。

映画制作は職人芸などと言われてきたが、映画の賞の創設・主催者にまさに戦前に淵源を有する職人的な組合がかなり見られるのが特色である。ということは、賞の多くが映画業界内のメンバーを対象にすることを意味する。従って、もちろん賞は外部（映画ファンなど）へのアピールもあるが、その根本的な狙いは新人の発掘・育成や優れた功績・功労者などを顕彰することによって映画人の〈世俗的な欲望〉、さらには〈承認欲求〉ないしは〈存在論的な欲望〉を充足せしめ、よって映画業界の活性化や〈安定的・発展的〉な存立・存続を図ろうとすることにあるといってよい。

　最後に、映画の賞について2〜3の批評を行いたい。第1に、映画はいうまでもなく総合芸術である。作品の制作に多種多様な職能人が関わる。しかし、俗にいう裏方さんには光が当てられてこなかった。裏方さんの職能のみを対象にした賞はない。日本アカデミー賞協会（社団）により1978（昭和53）年に創設された「日本アカデミー賞」が効果、記録、小道具、結髪、衣裳などへの協会特別賞が設定したのは、第14回の1991（平成3）年以降である。遅すぎたと言わなければならない。第2に、以上の映画賞のほとんどは、劇場公開（商業）映画が対象だ。しかし、自主制作作品を上映し、賞を設定している映画祭が結構見られる。ところが、既存の映画業界は、自主制作作品への目配りが少ない。そこには、業界の慣わしやルールがあるのであろうが、業界の閉鎖性も窺われる。新人クリエーター、キャストなどの発掘・育成のためにも、もう少し自主映画（制作活動）への積極的な配慮が必要といえよう。第3に、映画の制作ではなく、上映部門（営業）についてである。本屋大賞に遅れをとったが、それに刺激を受け独立系映画館のスタッフが「映画館大賞」を設けた。だが、宣伝・広告―例えば予告編、パンフレット、ポスター、チケットなど―に関する賞は、寡聞にして知らない。読売新聞社が1942（昭和17）年に新聞に掲載された広告のみを対象にする「読売映画・演劇広告賞」を設け、「毎日映画コンクール」が宣伝賞を設けたことは既述したが、そうではなく映画館や興行主がもっと広く宣伝・広告を対象に観客が選定するような賞の創設を図ってもよいのではなかろうか。

　（5）映画祭（国内開催）の賞について一言に触れておく。コミュニティシネマセンターの「全国映画祭リスト」によると、映画祭は外国映画制作者や俳優などが参加する〈国際映画祭〉とその参加がない〈地域映画祭〉に大別されているが、現在、全国で186件の両映画祭が開催されている。それ以外にもまだまだありそうなので、その数は200件以上になるだろう。そうして、ほとんどの映画祭では、作品賞や監督賞などを設定しているが、それに立ち入るには膨大な紙幅を用するのでカットし、ここでの言及は映画祭のタイプ化に留める。

　第1のタイプは〈国際映画祭〉で、それは特定の国や圏域に〈限定〉された映画際―例えばフランス、イタリア、韓国やアジアなど―と東京国際映画祭（1985・昭和60年）のような〈非限定〉の映画祭に大別しうる。第2は、〈国際

映画祭〉と国内の〈地域映画祭〉における短編とドキュメンタリーという2つのジャンル別映画祭である。前者の例には札幌国際短編映画祭（2006・平成18年）を、後者には終了（その後、復活）に至った山形国際ドキュメンタリー映画祭（1989・平成元年）やTBSドキュメンタリー映画祭（2010・平成20年）を挙げうる。第3は、制作主体別の学生映画祭と自主制作（インディペンデント）映画祭。後者は、劇場公開（商業）映画の製作者以外のアマチュアが制作・主催した映画祭を意味するので、前者の高校・専門学校・大学生が制作・主催する映画祭も包含する。そして、後者で著名なのは、雑誌『ぴあ』が始めたぴあシネマブティックで、1981（昭和56）年インディペンデント映画を育成・バックアップするためにPFF（ぴあフィルムフェスティバル）に改称した。第4は、〈国際映画祭〉と〈地域映画祭〉における様々なテーマ別映画祭だ。テーマとしては、LGBT（L/レズビアン、G/ゲイ、B/バイセクシュアル、T/トランスジェンダー）ないしはクイア、地球環境、子供、障害者・福祉などが主であるが、地域新興のツールとして地方自治体が関与して設営された映画祭——それは更に地域活性化型と地域文化振興型に大別される——も、このテーマ別に含められよう。もっとも、こうした地域振興のツールとしての映画祭の開催に先鞭をつけたのは、〈民〉（主として旅館）が主体となって1976（昭和51）年に開催し、全国的に注目された「湯布院映画祭」（中谷健太郎『たすきがけの湯布院』アドバンス大分、1989・平成元年）であった。

第3項　漫画分野の膨大な賞（特異な賞状況）とアニメ分野の賞

（1）そもそも筆者の青少年時代には、漫画がこれほど隆盛を極めるとは想っても見なかった。漫画が隆盛を極め始めるのは、1960年代に入ってからである。1950年代は、筆者の小・中学生時代である。今、その時代に読んだ漫画を思い出すと、月刊『少年』での手塚治虫「鉄腕アトム」、横山光輝「鉄人28号」、月刊『冒険王』での福井英一「イガグリ君」、月刊『少年画報』での武内つなよし「赤胴鈴之助」、などであった。しかし、高校に入ると漫画から離れて映画にのめり込んで行くが、ちょうどその頃、漫画界は新しい時代に入り始めていた。というのも、1959（昭和34）年に講談社が『週刊少年マガジン』を、小学館が『週刊少年サンデー』を発刊したからだ。そうして隆盛期10年の中間年の1964（昭和39）年には青林堂が劇画ブームを巻き起こす『ガロ』を発

刊し、ほぼ10年後の1968（昭和43）年に集英社が『週刊少年ジャンプ』を、翌1969（昭和44）年に秋田書店が『週刊少年チャンピオン』を発刊した。こうして４大週刊少年漫画雑誌が出揃い、漫画ブームに突入した。その象徴は、後発の『少年ジャンプ』が急激に発行部数を伸ばし1980（昭和55）年に300万部、1995（平成７）年に驚異の653万部に至ったことである（「特集・現代マンガは神保町から始まった!?」『神保町が好きだ！』2020年、第14号を参照）。

　この漫画のブーム化に、さらに２つの波が加わった。１つは、少年漫画の週刊誌に続き月刊誌が発刊されたからだ。創刊順では、1964（昭和39）年に『月刊少年マガジン』が、1970（昭和45）年に『月刊少年チャンピオン』が、1974（昭和49）年に『月刊少年ジャンプ』（2007・平成19年に休刊）が、2009（平成21）年に『月刊少年サンデー』が創刊された。もう１つは、青年向けの週刊・月刊漫画雑誌の創刊である。講談社は『週刊ヤングマガジン』（1980・昭和55年）、『月刊ヤングマガジン』（2009・平成21年）を、集英社が『ヤングジャンプ』（1979・昭和54年）から『週刊ヤングジャンプ』（1981・昭和56年）と『月刊ヤングジャンプ』（2008・平成20年、2010・平成22年に休刊）を、小学館が『週刊ヤングサンデー』（1987・昭和62年、2008・平成20年に休刊）を、秋田書店が『ヤングチャンピオン』（1983・昭和58年）、『チャンピオンRED』（2002・平成14年）を創刊（休刊）している。これら以外にも漫画雑誌はまだあるのだが、何れにせよ漫画の賞は漫画雑誌とともにあるといっても過言ではない。それを発刊先行の講談社と後発の集英社で例示してみる。

　まず講談社は、漫画雑誌の発刊とは関係なく①1960（昭和35）年に非公募の「講談社児童まんが賞」を創設した。それは、創業50周年記念事業だったが、後述の文藝春秋社によるやはり非公募の「文藝春秋漫画賞」―大人の漫画を対象にしていたこと―を意識していたようである。だから、当時の漫画は、まだ大人と児童（子ども）―少年・青年ではない―のフレームで捉えられ区別されていたことが窺える。それはともかく、②同賞は、1970（昭和45）年に創業60周年記念事業の「講談社出版文化賞・児童まんが部門」に移されるが、1977（昭和52）年にはそれが分離・独立する形で非公募の「講談社漫画賞」となった。当初、それは少年・少女の２部門であったが、1982（昭和57）年には一般部門が、2003（平成15）年には児童部門が設けられた。雑誌主催の漫画賞ではないが、受賞作品の多くが講談社発行の雑誌に掲載された。

　他方、講談社発行の漫画雑誌が主催する公募の漫画新人賞も、続々と設けられた。現在、その数は実に約30件弱あるが、それを列挙してみよう（括弧内は、主催雑誌である）。①「マンガグランプリ」、②「新人漫画賞」、③「ネーム原作賞」（以上『週刊少年マガジン』）、④「グランドチャレンジ（月マガ新人漫画賞）」（『月刊少年マガジン』）、⑤「シリウス新人賞」（『月刊少年シリウス』）、⑥「エッジ漫画大賞（エッジCOMICアワード）」（『少年マガジンエッジ』）、⑦「なかよしまんがスクール」、⑧「なかよし新人まんが賞」（『なかよし』）、⑨「BF漫画セミナー」、⑩「別フレ新人まんが大賞」（『別冊フレンド』）、⑪「デザート・デビュー・ドリーム」、⑫「デザート新人まんが大賞」（『デザート』）、⑬「ARIAコミックグランプリ」（『ARIA』）、⑭「新人漫画賞〈Kiss IN〉」、⑮「ハッキス新人マンガ賞」（『Kiss』）。さらに、⑯「BE・LOVE漫画大賞」（『BE・LOVE』）、⑰「スーパーキャラクターコミック大賞」（『ITAN』）、⑱「月間新人まんが賞」、⑲「ちばてつや賞ヤング部門」（『週刊ヤングマガジン』）、⑳「モーニングゼロ」、「モーニング国際新人漫画賞」（『モーニング』）、㉑「ちばてつや賞一般部門」、㉒「MANGA OPEN」（『モーニング』と『モーニング・ツー』の共催で1990・平成2〜2014・平成26年）の後継である㉓「THE GATE」（『モーニング・ツー』）、㉔「アフタヌーン四季賞」、㉕「四季賞チャレンジカップ」（『アフタヌーン』）、㉖「イブニング新人賞—the challenge」（『イブニング』）、である。

　次は集英社であるが、雑誌主催の漫画賞は、現在、やはり約30件にのぼる。①「りぼん漫画スクール＋」、②「りぼん小学生まんが大賞」、③「新人まんがグランプリ」（『りぼん』）、④「まんがゼミナール」（『マーガレット』）、⑤「別マまんがスクール」、⑥「別マまんがスクール＋」、⑦「まんがスクールU-18」（『別冊マーガレット』）、⑧「クッキー・コミック・チャレンジ」、⑨「クッキーフリーエージェントネーム賞」（『クッキー』）、⑩「ココハナ新人まんが大賞」（『ココハナ』）、⑪「office YOU漫画原稿募集!!」（『office YOU』）、⑫「マーガレットチャレンジ！」（『マーガレットBOOKストア！』）、⑬「マンガMee新人賞」、⑭「マンガMee新戦力オーディション」、⑮「マンガMee即戦力スカウト」（『マンガMee』）、⑯「デジマチャレンジ」（WEBコミックサイト『デジタルマーガレット』）。⑰「JUMPトレジャー新人漫画賞」（『週刊少年ジャンプ』2007・平成19〜2017・平成29年）、⑱「手塚賞・赤塚賞」、⑲

「ストキンPro＆ガリョキンPro」、⑳「CHALLENGE JUMP」、㉑「JUMP新世界漫画賞」、㉒「少年ジャンプ＋連載グランプリ」(『週刊少年ジャンプ』)、㉓「クラウン新人漫画賞」、㉔「RISE新人漫画賞」、㉕「ジャンプSQデジタル投稿」(『ジャンプSQ』)、㉖「Vジャンプ漫画家大募集」(『Vジャンプ』)、㉗「月例新人漫画賞（シンマンしょう）」(『週刊ヤングジャンプ』) ㉘「R30漫画賞」(『グランドジャンプ』)、㉙「ウルトラコミック大賞」(『ウルトラジャンプ』)、である。さらに、『週刊少年ジャンプ』主催だが、終了した漫画賞に上記の「JUMPトレジャー新人漫画賞」の他、次が見られる。①「ホップ☆ステップ賞」(1985・昭和60〜1996・平成8年)、②「GAGキング」(1989・平成元〜1997・平成9年)、③「天下一漫画賞」(1996・平成8〜2003・平成15年)、④「ジャンプ十二傑新人漫画賞」(2003・平成15〜2007・平成19年)、⑤「ストキン炎」(2006・平成18〜2011・平成23年)。

　この2社の漫画賞—その詳しい内実は記さなかったが—から、次の諸点が明らかになる。第1に、漫画賞は、公募と非公募の賞に分けられるが、ほとんどが公募の賞であることだ。第2に、公募への応募には、作品投稿方式と作品原稿の持ち込み方式があり、実は集英社の現在の公募はほとんどが原稿持ち込み方式に拠っており、他社もそうと思われる。第3に、公募の漫画賞は、さらに新人作品賞とプロ・アマを問わない一般作品賞に分けられることである。第4に、この講談社と集英社の漫画賞—ここで例示はしなかったが小学館など漫画賞にもいえる—には、明らかに小・中・高校生を対象にして漫画家（クリエーター）の人材発掘・育成を狙っているマンガ（まんが）スクールやゼミナール、塾・学園・学校を設け、そこでの入選・優秀作品には執筆に必要な原稿用紙などの様々な付属賞の他、5万円前後から10万円以上—中には100万円以上も見られる—の賞金を授与している状況に至っていることだ。この最後の状況は、少し異常と思われるのだが、そうした問題点については最後に回し、ここではまずは漫画の賞を非公募の漫画賞と公募（国際・国内）漫画賞に分けて整理・考察する。

　（2）非公募の最も古い漫画賞は、①前述した文藝春秋社が1955（昭和30）年に創設した4コマ・1コマ・風刺漫画などの大人の漫画を対象にした「文藝春秋漫画賞」である。第1回から谷内六郎、杉浦幸雄、加藤芳郎、久里洋二、長新太、荻原賢次、岡部冬彦、長谷川町子と懐かしい作家が受賞しているが、

2001（平成13）年に終幕した。②同じく1955（昭和30）年、小学館が非公募の「小学館漫画賞」を創設した。児童・少年少女・青年・一般部門に分けられ、年間に新聞・雑誌・単行本などに発表された作品が対象で、第1回から馬場のぼる、石田英助、手塚治虫、センバ太郎、太田じろう、上田としこ、秋玲二、藤子不二雄、関谷ひさし、赤塚不二夫とやはり懐かしい作家が受賞している。③1964（昭和39）年に日本漫画協会が任意団体として設立され、会員を拡大しながら1972（昭和47）年、「日本漫画協会賞」を創設した。その後、幅広くプロ・アマ、国籍、年齢、性別などを問わず、あらゆるジャンルの様々な手法によって創作された年間作品の中から優れた作品を表彰する賞となり、1990（平成2）年には従来の大賞、優秀賞、特別賞に加え、めずらしく文部科学省の要請により文部科学大臣賞を設けた。現在は公益社団法人となり、会員も当初の4倍以上の2300人強に膨れあがっている。④また講談社が、1977（昭和52）年に非公募の「講談社漫画賞」を独立の賞としたことは、既述したところである。

　その後、非公募の漫画賞の創設は見られなかったが、①1997（平成9）年に文化庁が芸術祭とは別途にメディア芸術祭を創設し、デジタルアート（インタラクティブとノンインタラクティブ）部門—後にアートとエンターテイメント部門となる—とアニメーション（アニメ）部門、マンガ部門を設けた。そして、2006（平成18）年には、その10周年を記念してメディア芸術100選を設定し、翌年にその100選を発表した。②同じ1997（平成9）年に、朝日新聞社が「手塚治虫文化賞」を創設した。それは、1年間に発行されたマンガ単行本の中から漫画関係者と一般読者が優秀作品を推薦し、審査員の投票を経て各賞を選定した。第1回のマンガ大賞は藤子・F・不二雄の『ドラえもん』で、マンガ優秀賞は萩尾望都の『残酷な神が支配する』であった。

　2004（平成16）年に大きな話題を呼んだ「本屋大賞」の創設に刺激され、③2006（平成18）年に日本出版販売（kk）が「全国書店員が選んだおすすめコミック」—書店員へのアンケートにより15位までランクづけをする—を創設した。④同じ2006（平成18）年、宝島社は、学生や有名・無名の多様な職業人が選定する「この漫画がすごい！大賞」を創設し、⑤2008（平成20）年には書店員を中心にした漫画ファンが実行委員会を結成し「マンガ大賞」を設けた。それは、1年間に刊行されたマンガ単行本の最大巻数8巻までの作品を対象に、読者のメール投票でノミネート作品を選定し、それをさらにメール投票にかけ

て大賞を決定した。⑥2014（平成26）年には、ドワンゴ（kk）の動画配信サイトniconicoと雑誌『ダ・ヴィンチ』が共催で、コミックスとWEBマンガ部門からなる「次に来るマンガ大賞」を設けた。さらに、⑦ピクシブ（kk）と日本出版販売（kk）は、2017（平成29）に「WEBマンガ総選挙」を始めた。ユーザーからノミネイト作品を募集し、上位50のノミネイト作品をユーザーの投票にかけるものだ。⑧同じ2017（平成29）年、カルチュア・コンビニエンス・クラブ（CCC）のTSUTAYA（kk）が、ネクストブレイク、オールタイムベスト、アニメ希望、実写化希望からなる「みんなが選ぶTSUTAYAコミックス大賞」を創設したが、翌年からはTSUTAYAユーザーの投票によって決定するネクストブレイク賞のみになった。⑨NTTソルマーレ（kk）が運営する電子書籍配信サイトのコミック・シーモアは、2018（平成30）年に出版社の推薦するコミック作品の中からユーザーの投票で選定する「電子コミック大賞」を創設した。このように非公募の漫画賞は少ないが、注目すべきは21世紀に入ると読者やユーザーの参加型で、しかもインターネットやスマホを活用して作品を選考・選定するマンガ賞が多くなったこと、それに後に見るWEBサイトのみで公募・表彰を行う漫画賞も出始めていることだ。その増加は、「本屋大賞」の登場という刺激と、ネットやスマホの急激な普及がもたらしたといえよう。

（3）公募の漫画賞は極めて多く、大部分の漫画賞は公募によるといっても過言ではない。もっとも、それは国内公募の漫画賞で、国際公募の漫画賞は極めて少なく、次の4賞が見られるにすぎない。①1979（昭和54）年に読売新聞社は1コマ・マンガとイラストを公募する「読売国際漫画賞」を創設したが、2007（平成9）年に終了した。その2007（平成9）年には、②マンガ好きの麻生太郎外務大臣（後に首相）の提唱により外務省主催の「日本国際漫画賞」が、③また講談社の漫画雑誌『モーニング』が主催する「モーニング国際新人漫画賞」が創設された。さらに、④2012（平成24）年、コアミックスの漫画雑誌『月刊コミックゼノン』は、ユニークな年2回開催の「SILENT MANGA AUDITION」が設けた。

これに対して、数の多い国内公募の漫画賞は、新人作品賞とプロ・アマを問わない一般作品賞に分けられるが、そのほとんどは熾烈な〈水平的な競合・競争〉を展開する漫画雑誌やWEBサイト主催の漫画賞である。その競合・競争

状況を鳥瞰するためにも、漫画雑誌の出版社・WEBサイト別に国内公募の漫画賞を整理することにする（そして、公募新人賞は、賞のタイトルでそれを唱っているものをさしあたり新人賞とみなす）。ただ、講談社と集英社は既に見たが、次いで大手出版社の小学館のみを取り上げ（括弧内は主催雑誌やサイト名）、それ以外の出版社・WEBサイトの賞は数が多いので件数のみを記す。

〈1〉小学館による最大の漫画賞は、①児童・少年・少女青年部門からなる「新人コミック大賞」―児童部門賞は「藤子不二雄賞」と称する―（『月刊コロコロコミック』、『週刊少年サンデー』、『ちゃお』、『Sho-Comi』、『ビックコミック』の5誌共同）、②「新世代サンデー賞（旧「まんがカレッジ」）、③「サンデーうぇぶり新人賞」（以上、『週刊少年サンデー』）、④「新・月例賞マンガワン道場破り」（マンガ雑誌アプリ『Manga ONE』）、⑤「ゲッサン（GET THE SUN）新人賞」（『月刊ゲッサン』）、⑥「GX新人賞」（『月刊サンデーGX』）、⑦「ちゃおまんがスクール」（『月刊ちゃお』）、⑧「まんがアカデミア（旧「小・中学生マンガコンクール」）（『月刊Sho-Comi』、旧『少女コミック』）、⑨「まんが学園」（『月刊ベツコミ』、旧『別冊少女コミック』）、⑩「Cheese! MGP」（『月刊Cheese!』、旧『少女コミックCheese!』）、⑪「プチコミックまんが大賞」（『月刊プチコミック』）、⑫「フラワーズコミックオーディション」（『月刊フラワーズ』）、⑬「スピリッツ賞」（『週刊ビッグコミック・スピリッツ』）⑭「ヤングスペリオール新人賞」（『ビッグコミック・スペリオール』）、⑮「ビッグコミック＆ビッグコミックオリジナル合同新作賞」（『ビッグコミック』と『ビッグコミックオリジナル』＝『旧新人コミックオーディション』の共同）、⑯終了した新人賞の「イキマン」（『月刊IKKI』）。

〈2〉角川グループ―8件。〈3〉スクエア・エニックス（kk）―7件。〈4〉秋田書店―5件。〈5〉白泉社―5件。〈6〉一迅社―5件。〈7〉マックガーデン―5件。〈8〉コアミックス（kk）―3件。〈9〉新潮社―3件。〈10〉LINE Digital Frontier―2件。〈11〉新書館―2件。〈12〉文苑堂―1件。〈13〉青林工藝社―1件。〈14〉マガジンハウス―1件。〈15〉リブレ（kk）―1件。〈16〉Pixiv（電子書籍マンガサイト）―1件。〈17〉NTTソルマーレ―1件。〈18〉レベルファイブ（kk）1件。〈19〉コミチ（WEBマンガサイト）―1件。〈20〉宙出版―1件。

（4）こうしてみると、漫画雑誌（出版社）が主催する漫画賞の多さに驚か

される。それに、漫画雑誌（出版社）がWEBのマンガ（コミック）サイトを設置しているだけでなく、WEBのサイトのみで主催する漫画賞も登場し増えている。それにしても、かくも大量の漫画賞が創設・主催されることになったのは、映画が〈産業化〉したように漫画も〈産業化〉する中で、一言でいえば漫画雑誌の出版社間やWEBのマンガ（コミック）サイトの設置・運営者間の熾烈な〈水平的な競合・競争〉と、それらが創設・主催する漫画賞の獲得のために〈垂直的な競合・競争〉を展開する応募・投稿者側の双方にメリットがあるからといえる。

　まず、出版社やサイトの運営者側では、いちいち作家（クリエーター）らに作品の制作を依頼しなくとも、居ながらにして作品を入手できることだ。後は、優秀作品をもって雑誌や配信を編集すればよく、ヒット作・作家を育成・確保すれば出版やアニメ化・映画化などの版権も含め膨大な収益をあげうることが、最大のメリットである。ただ、そのメリットを活かすには、2つのことが必要になる。第1は、常時、作品を確保する必要があることである。それには、作品の公募を年1回ではなく、5回前後、いや月単位で行うことだ。月例賞が多々見られるのはそれ故といえるし、またWEBサイトは月単位での公募を可能にしている。第2は、作品の量のみならず質をできるだけ確保するため、前記した多くの漫画賞がともに類似の誘引手法を駆使しているのだが、それはこうだ。1つには、賞と賞金を細かくランク化することだ。例えば、グランプリ（大賞）は100万円以上、準グランプリは50〜100万円程度、入選が30〜50万円程度、佳作が20万円前後、奨励賞が10万円前後、期待賞が5万円前後、というようにである。2つに、賞金に加え、例えばパソコン、デジカメ、原稿用紙などの様々な副賞をランクごとに付加することである。3つに、最大のインセンティブは、グランプリ（大賞）には募集雑誌などに即時掲載と連載という、また準グランプリには募集雑誌への掲載や増刊号への掲載というプロの漫画家（クリエーター）としてデビューする特典を与え、編集担当者の配属を保障することである。

　他方、これらのインセンティブは、賞への応募・投稿者にとってもメリットとなる。まず、高額の賞金は魅力的である。もっとも、ある漫画新人賞の大賞の賞金は300万円だが、第1回と第2回は大賞の受賞者が出たものの、それ以降は該当者なしが続いていることからすると、グランプリ（大賞）の賞金は

〈見せ金（エサ）〉のようになっているのかもしれない。さらに、賞金・副賞以上の魅力は、雑誌への掲載・連載やサイトでの配信の保障がプロの漫画家（クリエーター）としてのデビューの保障となり、応募・投稿者にとっては夢や志が現実化されることになることだ。そうして、売れっ子作家ともなれば、漫画の連作単行本の刊行のみならずアニメ化や映画化などによって多額の金銭・実利的な収入を得ることができるだけでなく、名声や名誉なども獲得しうることになる。

（5）ところで、先に日本漫画家協会は、約500人の会員から出発して、今や2300余人の会員を抱えるまでに増大したことを見た。様々な漫画の賞は、全国に60校以上あるという漫画やイラストなどの専門学校と合わせ、実は日本漫画家協会会員の予備軍を育成し、会員増に寄与してきたといえよう。しかしながら、漫画賞におけるグランプリ（大賞）や準グランプリのような上位入賞者や専門学校の卒業生のどれくらい（何％程度）がプロの漫画家（クリエーター）として成長しているのであろうか。その実態は不明だが、少なくとも漫画賞の多さからすると次のような特異な悪しき賞状況も推察されそうである。

先に、一迅社は5件の漫画賞を設けていることを記したが、主力の漫画雑誌は『月刊コミックZERO-SUM』である。この雑誌タイトルは、ゼロ・サム概念の本来の意味を認識して付称したのか否かは不明だが、漫画賞の特異な悪しき賞状況を暗示する妙なるタイトルである。そもそも賞の創設は、既述のように、漫画界のみならず様々な世界のクリエーターや研究者などの競争を刺激・促進し、彼・彼女らの努力・研鑽を促して育成を図り、能力や技能を向上させる機能を果たすとともに、少なくとも彼・彼女らの世俗的な名誉心や優越欲を充足せしめる〈権威性〉や〈栄誉性〉を有している。ところが、漫画賞の悪しき状況は、その〈権威性〉や〈栄誉性〉の側面が希薄化して〈商品化〉の側面が突出していることだ。そこには、ブラック・ユーモア的にいえば、次のような笑えない事態が生じかねない―いや生じているのかもしれない―のである。すなわち、利益配分をめぐり、もし漫画雑誌（出版社）やWEBサイトの設置・運営者の取り分がSUM（全部）で、応募・投稿者そして受賞者の取り分がZERO（零・無し）ならば、実は応募・投稿者そして受賞者は〈使い捨て〉にされていることになる。逆に、応募・投稿者そして受賞者の取り分がSUM（全部）で、漫画雑誌（出版社）やサイトの設置・運営者の取り分が

ZERO（零・無し）ならば、やはり後者が〈使い捨て〉されたことになる。すなわち、応募・投稿者が受賞を契機にデビューしつつも、デビューを飾った漫画雑誌（出版社）やサイトから全く離反し、プロの人気・売れっ子のクリエーター（漫画家）になって活躍することになり、漫画雑誌（出版社）やサイト側には何も残らなかったことになることである。

　（6）アニメーション（アニメ）の賞であるが、創設年順に散見し、若干の付言を行うことに留める。戦後、①創設が最も早いのは、「大藤信郎賞」である。1900（明治33）年生まれの大藤は、戦前からのアニメ作家・制作監督で、戦後は影絵と色彩セロハンを使った独特のアニメを制作し、ウルグアイ、カンヌ、ヴェネチア国際映画祭で表彰されたが、1961（昭和36）年に亡くなった。残された彼の全財産は、毎日新聞社が1946（昭和21）年に創設した「毎日映画コンクール」に寄託され、翌年から大藤を顕彰するためコンクールのアニメ部門を「大藤信郎賞」とした。②ただ、既述のように「毎日映画コンクール」は、1989（平成元）年、それとは別に独立の「アニメーション映画賞」を設けた。③次いで古いのは、徳間書店が刊行したアニメ雑誌『月刊アニメージュ』が、1979（昭和54）年に創設した「アニメグランプリ」である。それは、作品に対するグランプリの他、男性・女性キャラクター、声優、アニメソングの各賞を設けた。④『アニメディア』、『ジ・アニメ』、『マイアニメ』、『月刊OUT』、『アニメック』のアニメ5雑誌が、1984（昭和59）年に「日本アニメ大賞」を創設した。同賞は、長編アニメ映画作品の大賞、テレビアニメのアトム賞、OVA（オリジナル・ビデオ・アニメーション）賞の他、個人賞（演出、作品監督、脚本、美術、音楽、音響、撮影、声優部門）や特別賞、貢献賞、企画賞、主題歌賞、ファン賞（作品とキャラクター）を設けた。しかし、惜しくも1990（平成2）年に幕を閉じたが、これらの賞はアニメが映画と同様に様々のクリエーターや職人の手による総合芸術であることを示している。

　⑤1985（昭和60）年、NPOの国際アニメーション映画協会（ASIFA）は、「広島国際アニメーションフェスティバル」を開催し、テーマ別に内外のアニメ映画を上映する一方、短編アニメ映画を対象に公募・コンペを行い、グランプリの他ヒロシマ賞、デビュー賞、木下蓮三（ASIFA副会長）賞、観客賞などを設けた。⑥神戸市と実行委員会は、1996（平成8）年に「アニメーション神戸」を主催したが、2015（平成27）年に終了。⑦そして文化庁は、既述の

ように1997（平成9）年からメディア芸術祭を創設・開催したが、そのアニメーション部門の第1回の大賞は「もののけ姫」を制作した宮崎駿監督に授与された。いずれにしろ、メディア芸術祭の創設・開催は、アニメがいよいよ隆盛期に入ったことを示す。まさに21世紀に入ると、アニメの賞が次々に誕生するのである。⑧2002（平成14）年、日本動画協会（社団）と東京国際アニメフェア実行委員会により「東京アニメアワード」が創設された。それは、優秀作品賞（テレビ番組・劇場映画・オリジナルアニメ部門）と個人賞（監督・脚本・キャラクター・声優・美術・音楽部門）を設定した。⑨同年には、飛驒コンソーシアム（公共施設の指定管理者団体）と岐阜県、中日新聞社、中部日本放送の共催、高山市、大垣市、下呂町とその各教育委員会が後援する「飛驒国際メルヘンアニメ映像祭」が開催されたが、2010（平成22）年に終了。⑩2005（平成17）年、ドイツのアニメ雑誌『AnimaniA』が、日本のアニメ文化（テレビシリーズ、映画、OVA、監督、キャラクターデザイン、スタジオ）を対象にした「AnimaniA賞」を設けた。⑪JTS（ジャパン・テクニカル・ソフトウエア）グループがパリなどで開催している日本文化の総合博覧会であるJapan Expoは、2006（平成18）年にフランスにおける日本の漫画、アニメ、コンピューターゲーム、映画、ポップミュージックなどを対象にした「ジャパンエキスポアワード」を設けた。この2つの賞は、海外において日本のサブカルチャーへの興味・関心が抱かれ、とりわけアニメが高い評価を受けていることを顕著に示している。⑫2007（平成19）年、日本アカディミー賞協会が、「日本アカディミー賞」の中に「アニメーション作品賞」を設定した。⑬2009（平成21）年には、京都アニメーション（kk）が小説、漫画、シナリオ（後には小説のみとなる）を公募し、大賞・奨励賞を書籍化・アニメ化する「京都アニメーション大賞」を創設した。その京都アニメーションは、放火犯に襲われ多くのスタッフが死傷するという大打撃を受けたことは記憶に新しいが、放火犯への裁判が2023（令和5）年に始まった。⑭2014（平成26）年には、「アイン千歳空港国際アニメーション映画祭」と「SUGOI JAPAN AWARD」が創設された。ともに実行委員会の主催だが、前者にはサッポロビール、NTT東日本、北洋銀行などの企業が協賛し、後者は読売新聞社が共催しているが、また両者には政府省庁ー外務省・経済産業省・総務省などーが〈名義貸し〉の後援を行なっている。そうして、前者は内外の長短編アニメの公募・コンペによるグ

ランプリ、日本グランプリ、新人・観客・キッズ賞などを設定し、後者はマンガ、アニメ、ラノベ、エンタメ小説のサブカルチャー 4 部門で人気投票による決定方式をとっている。さらに、⑮インターネット配信サービス事業を行なっているCrunchyroll（kk）は、2017（平成29）年から日本のアニメと漫画に対する世界の視聴者からのネット投票でアニメ賞、漫画賞、音楽賞を決定する「Crunchyroll アニメアワード」を主催している。⑯ソニー・ミュージックエンターテイメント（kk）は、2019（令和元）年に平成時代の31年間に発表されたアニメソングを対象にする「平成アニソン大賞」を発表した。それは、選考委員とユーザーの投票により大賞の他、作品、作詞、作曲、声優ソング、キャラクターソング、アーティストソング、企画、映画主題歌の各賞を決定するとともに、おまけとしてユーザー投票賞、選考委員泣きの一曲賞を設けた。大賞は、「新世紀エバンゲリオンOP」で高橋洋子が唱う「残酷な天使のテーゼ」と「円盤皇女ワルキューレ挿入歌」でメロキュアが唱う「Agape」であった。アニメも〈産業化〉し、その制作に多くの新世代を惹きつけているが、アニメの賞には漫画の賞に見られたような小・中・高校生を動員して〈使い捨て〉るような特異な悪しき賞状況は窺われないようである。

第 2 節　広告・デザイン・ファッションの賞

第 1 項　広告分野の賞の主催者別 4 タイプ

　広告分野の賞における新聞社主催の〈競合的・対抗的〉な広告賞の状況については、第 2 部第 1 章の新聞社の賞で見たので割愛し、ここではそれ以外の広告賞を考察する。ただ、日本新聞協会（社団）は、1981（昭和56）年に「新聞広告賞」を創設したが、その後、2002（平成14）年に新聞広告が対象の「新聞広告コンテスト」を設け、2006（平成18）年にはその後継の「新聞広告クリエイティブコンテスト」を創設したことを追加する。それは、加盟新聞社の新聞に掲載された「新聞広告活動の全過程」を対象に広告主と新聞社企画・マーケティングの 2 部門からなる。この新聞社による広告賞の他は、主催者の観点から大きく広告業界団体、マーケティング業界団体、コピーライター団体、それら以外の団体（いずれもそのほとんどが社団）が主催する 4 タイプに分けうる。

　（ 1 ）広告業界団体（企業を含む）が主催の広告賞としては、各地の広告協

会が主催する広告賞がある。例えば、①大阪広告協会は、2005（平成17）年に広告界を目指す学生が対象の「MADE IN OSAKA CM AWARDS」を創設したが、2018（平成30）年にはそれをリニューアルし、人を動かす"おもしろいコンテンツ"を全国から公募し、その優秀クリエーターを表彰する「HaHaHa Osaka Creativity Awards」とした。②愛知広告協会も、1974（昭和49）年に創設した「愛知広告協会賞」を2015（平成27）年にリニューアルし、広告クリエーターのレベルアップと育成のため「クリエーターによるクリエーターのための広告賞」として「AICHI AD AWARDS（AAA）」とした。③また福岡広告協会は、1972（昭和47）年以来、九州地域で優れた広告作品を制作した広告主を表彰する「福岡広告協会賞」を主催している。④そうして、これら地域の広告協会の全国団体である全国広告連盟は、次の2つの賞を設けている。1つは、第3代理事長の鈴木三郎助による寄付金を基にし、彼を顕彰するため2007（平成19）年に創設した「全広連鈴木三郎助地域キャンペーン大賞」である。もう1つは、日本宣伝クラブが1956（昭和31）年から主催の「日本宣伝賞」を2013（平成25）年、全国広告連盟はリニューアル化し、従来の広告主に対する「全広連松下賞」の他に、新たにプロデューサーに対する「全広連正力賞」と広告関連会社に対する「全広連吉田賞」、クリエーターに対する「全広連山名賞」を設けた。

　⑤また日本雑誌広告協会が1958（昭和33）年に創設した「日本雑誌広告賞」は、1年間、雑誌に掲載された広告に関し優れた企画・技術を発揮した作品とその制作者を表彰している。⑥日本アドバタイザーズ協会、日本広告業協会、放送代理店中央連盟、日本アジア・コンテンツ制作者連盟、日本民間放送連盟加入各社からなる全日本シーエム放送連盟（ACC）は、1961（昭和36）年に「ACC CM FESTIVAL」を主催したが、2017（平成29）年にはリニューアルして対象を拡大した「ACC TOKYO CREATIVITY AWARDS」に改称した。すなわち、フィルムA（テレビ）・B（WEB）部門、ラジオCM部門、マーケティング・エフェクティブネス部門、インタラクティブ部門、メディアクリエイティブ部門、クリエイティブイノベーション部門に拡大した。⑦それに、全日本シーエム放送連盟（ACC）は、1988（平成10）年からテレビとラジオ部門からなる「ACC学生CMコンクール」を主催している。⑧広告代理店の最大手である電通（kk）が1947（昭和22）年に創設した「広告電通賞」

は、戦後では最も古く、7部門（プリント、オーディオ、フィルム、OOH、プランドエクスペリエンス、エリアアクティビティ、イノベーティブ・アプローチ）と24カテゴリーからなる総合的広告賞である。いずれも広告主に授与される各賞は、広告主、媒体社、クリエーター、有識者ら約500名からなる広告電通審議会により選考・選定される。⑨日本アドバタイザーズ協会（JAA）の前身である日本広告主協会は、1961（昭和36）年に「消費者のためになった広告コンクール」を創設したが、それは、広告の発信者（広告主）側ではなく受信者である消費者を公募し、それが審査・選定する消費者視点のユニークな賞である。⑩1962（昭和37）年には、宣伝会議（kk）が「宣伝会議賞」を設けた。それは、経験・実績、プロ・アマを問わず、広告のアイディアとコピー表現を競うコンペである。⑪日本広告業協会は、1964（昭和39）年に協会幹事で元電通社長の吉田秀雄を顕彰する「吉田秀雄賞」を設けた。⑫なお、日本広告主協会（→日本アドバタイザーズ協会）のWEB広告研究会は、2003（平成15）年に「WEBクリェーション・アウォード（WEBグランプリ）」を創設した。優れたWEB広告を表彰するものであるが、提供した人物が対象の「WEB人大賞」、サイトが対象の「アクセシビリティ賞」、参加企業が相互に審査・評価する「企業グランプリ部門賞」からなる。⑬さらに、日本BtoB広告協会は、1980（昭和55）年に広告作品を介して展開される企業コミュニケーション活動と広告の制作に関わる総合的技術の双方（広告主・制作者）の優れた活動・技術を表彰する「日本BtoB広告賞」を設けた。⑭1999（平成11）年には、日本パブリックリレーションズ協会が戦略性、独創性、専門性そして完成度、成果、社会的・業界的影響力の視点から優秀なコミュニケーション活動（広報・PR活動）を表彰する「PRアワードグランプリ」を創設した。

　（2）マーケティング業界団体（企業を含む）が主催する広告賞。①日本プロモーショナル・マーケティング協会（JPM）は2003（平成22）年、主に小売店の店頭プロモーションとして展開される広告媒体PoP（Point Purchase advertising）が対象の「JPM PoPクリエイティブ・アワード」を、②日本マーケティング協会（JMA）は、2009（平成21）年に「日本マーケティング大賞」を創設した。③宣伝会議（kk）は、2000（平成22）年より協賛企業が提供する商品・サービスのプロモーションに関する課題を受け、その解決策となる企画・アイディアを競う「販促会議企画コンペティション」を開催した。

（3）コピーライター団体主催の広告賞。それは、各地のコピーライターズクラブが展開している。すなわち、①札幌コピーライターズクラブの「SCC賞」、②東京コピーライターズクラブの「TCC賞」、③静岡コピーライターズクラブの「SCC賞」、④コピーライターズクラブ名古屋の「CCN賞」、⑤北陸コピーライターズクラブの「HCC賞」、⑥大阪コピーライターズクラブの「OCC賞」、⑦福岡コピーライターズクラブの「FCC賞」、などである。東京コピーライターズクラブの「TCC賞」は、一般部門（グラフィック、テレビCM、ラジオCM、WEB）と新人部門の2部からなる。

（4）前記以外の団体（企業を含む）が主催する特異な広告賞。①国鉄民営化後設立の東日本企画（kk）は、JR東日本旅客鉄道（kk）、JR東日本メディア（kk）の協賛と日本鉄道広告協会の後援で2001（平成13）年に「交通広告グランプリ」を創設した。②郵政民営化後の日本郵便（kk）は、民営化前の1986（昭和61）年に創設されたダイレクトメールを対象にする「全日本DM大賞」を継続展開している。③日本広報協会（社団）は、1964（昭和39）年より全国市町村の広報紙が対象の「全国広報コンクール」を展開してきたが、内閣府、総務省、読売新聞社の後援を受け、2000（平成21）年からは表彰対象を都道府県・政令指定都市部、市部、町村部に分け、かつ表彰部門を広報紙や写真（一枚写真・組写真）、映像のみならず、WEBサイト、広報企画へと拡大した。そして、2003（平成15）年には、47都道府県別に市部・町村部自治体などの広報媒体を入選・特選ときめ細かに表彰する「都道府県広報コンクール」を始めた。④また公共広告事業を展開するACジャパン（社団）は、BS民放8局と5全国紙の後援を得て2005（平成17）年にテレビと新聞部門からなる「ACジャパン広告学生賞」を創設した。

　以上の創設・主催者別の広告賞については、全国団体のみならず、広告協会やコピーライターズ・クラブのような地方団体が地域圏ごとに広告賞を創設・主催しているのが特色といえる。そして、全国団体レベルでは、21世紀に入ると幾つかの団体において賞のリニューアルが行われていることを見ると、他の業界と同様に広告業界でもWEBサイトやWEB広告への早急な対応が求められていることが窺えるが、いずれにしろ広告賞は基本的に広告業界内のメンバーを対象にしている。それ故、その賞行為は、先に映画の賞で総括したような構造と機能を有していると言える。

　ところで、日本広報協会の「広報コンクール」は、厳密には広告コンクールとはいえないのだが、あえて広告賞のここで扱ったのは地方自治体（地方政府）の広報活動は一種の公共広告ともいえる側面を有するからだ。戦後、自治体が広報（広聴）課を設け広報紙の発行・配布や世論（アンケート）調査などを行うようになった契機は、企業のQC活動（品質管理＝クオリティ・コントロール）と同様に、もともと占領軍（GHQ）の主導によりアメリカで実施されていたPR（パブリック・リレーション）活動—それが広報・広聴と翻訳された—の導入を求められたからだった。そうして高度経済成長期への突入後、広報・広聴課を市民参加の一環としていち早く改革した横浜市を先頭にするいわゆる革新自治体（「飛鳥田一雄の横浜革新市政」、拙著『日本地方自治の群像・第１巻』成文堂、2010年、を参照）の簇生とともに一挙に全国の自治体へ普及した。

　自治体の広報・広聴は、企業の広告・広聴活動のように自治体行政が政策・施策・事業を住民（消費者）に宣伝（お知らせ）し、住民（消費者）の要望・要求などを吸引（お聞き）する活動として普及・定着した。この行政広報・広聴の普及・定着後、議会広報（議会だより）も見られるようになった。日本広報協会の「広報コンクール」は、議会広報も含めているが、応募作品は極めて少ない。それは、議会広報を作成する自治体の議会事務局—とりわけ市町村のそれ—が極めて貧弱なことにある。そこで議会事務局の予算・人材を強化する一契機として、「広報コンクール」は行政広報と議会広報を相互分離独立させて公募し、議会広報への応募・表彰を誘引するコンクールにすべきである。というのも、賞・表彰の設定は、その獲得競争を促し、作品の質の向上を図るとともに、その獲得は存在（活動）価値を高め、それによって予算・人材の拡充を誘引しうるからである。

第２項　グッドデザイン賞と５分野のデザイン賞

　（１）戦後のデザイン賞において①最も古く伝統あるそれは、毎日新聞社が1955（昭和30）年に創設した「毎日産業デザイン賞」で、その後、デザインの多様化に伴い1976（昭和51）年に改称した「毎日デザイン賞」であろう。それは、インダストリアルデザイン、グラフィックデザイン、インテリアデザイン、ファッション・テキスタルデザイン、建築・環境デザイン、電子メディア

デザインなどの多様なデザインを対象に原則毎年1件の授賞を行なっている。このことは、高度経済成長による商業文化の興隆がデザインの多様化を生み出してきたことを示している。そこで、以下ではデザインのジャンル別にデザイン賞を整理してみることにする（ただし、伝統芸術分野のデザイン、例えばフラワーデザインや工芸の陶磁器、染色などのデザインは除く）が、その前に②「毎日デザイン賞」に次いで古い賞、すなわち1957（昭和32）年に旧通産省が創設した「グッドデザイン商品選定制度」（通称Gマーク制度）が前身の「グッドデザイン賞」について触れなければならない。というのも、外国商品からのデザイン盗用を防止する制度として出発しつつも、現在では総合的・先進的なデザイン賞となっているからである。その歩みを瞥見してみる。

　当初は、政府の意匠奨励審議会グッドデザイン専門分科会が非公募で作品を審査・選定を行う形で出発したが、1961（昭和31）年に公募制に移行し、海外輸出の多い繊維、陶磁器、雑貨、機械などの業界がその公募に協力するようになる。1969（昭和44）年、通産省はグッドデザイン商品選定協力事業を日本産業デザイン振興会（JIDPO）—後に日本デザイン振興会（JDP）—に業務委託した。1984（昭和59）年には、対象領域を全ての工業製品へ拡大し、それを13部門に再編して大賞と部門別大賞を設定するとともに、特別賞として福祉商品賞、景観賞などを設けた。さらに、1994（平成6）年には、施設（後の建築・環境デザイン）部門を新設した。そして、1998（平成10）年に「グッドデザイン商品選定制度」が民営化され、日本デザイン振興会が主催者となり、名称も現在の「グッドデザイン賞」となった。2002（平成14）年、グッドデザイン大賞の選定方法を投票方式に変更し、大賞は経済産業大臣賞から内閣総理大臣賞に変わった。2009（平成21）年には、それまでの部門別制を廃止して領域制を取り、「身体」、「生活」、「仕事」、「社会」、「ネットワーク」の5領域に再編し、作品応募時にカテゴリー選択を求めることにした。

　（2）デザインのジャンル別に戻るが、第1は、インダストリアル・デザイン賞およびマーケティング・デザイン賞である。①兵庫工業会は、1993（平成5）年に県内企業が製造・販売している商品の優れたデザインが対象の「グッドデザインひょうご」を開催したが、この種の都道府県や地域圏におけるデザイン賞はまだあると推察される。②2005（平成17）年には日本ガラスびん協会（社団）が「ガラスびんアワード」を、③2008（平成20）年には読売新聞社が

経済産業省の後援を得て「再生デザイン大賞」を創設している。

　第2に、グラフィックデザイン賞としては、①社団の日本グラフィックデザイナー協会（JAGDA）による3賞がある。応募・出品作者の中から将来が期待されるクリエーターへの「JAGDA新人賞」（1983・昭和58年）と、著名なグラフィックデザイナーで協会初代会長の亀倉雄策を顕彰する「亀倉雄策賞」（1999・平成11年）で、後者は日本グラフィックデザイナー年鑑への応募作品から選定される。そして、「JDAGA賞」（2008・平成20年）は、グラフィックデザインの各カテゴリー（例えばポスターなど）における高得票作品に授与される。②グラフィックとはやや異なるが、NPOの東京タイポディレクターズクラブ（TDC）が、1991（平成3）年にタイポグラフィを主軸にした国際コンペに「東京TDC賞」を設けた。③ピンクリボンフェスティバル実行委員会（日本対ガン協会、朝日新聞社など）が、2005（平成17）年に乳ガンの正しい知識と検診を促すポスターとコピーが対象の「ピンクリボンデザイン大賞」を創設した。

　第3に、インテリアデザイン賞としては、①社団の日本インテリアデザイナー協会（JID）は、1969（昭和44）年に非公募の「日本インテリアデザイナー協会賞」を創設したが、1994（平成6）年からは公募の「JID賞」とし、2006（平成18）年には隔年開催の「JIDビエンナーレ」に変えた。②さらに2014（平成26）年には「JID AWARD」としてWEBサイトでの公募方式を導入し、大賞の他にインテリアのスペースとプロダクトなどの3部門賞を設けた。③住宅雑誌の『モダンリビング』は、雑誌掲載の住宅を一般投票と審査委員が選定するNo1物件と建築家が選定する「モダンリビング大賞」（2005・平成17年）の他、④全国のインテリアデザイナーを対象にスタイリングを手がけた住宅事例を公募し、雑誌編集部の選考・ノミネイト化の後にWEB投票で決定する「スタイリング・デザイン賞」（2016・平成28年）を設けた。⑤NPOのキッズデザイン協議会は、2007（平成19）年に子どもや子どもの産み育てに配慮した製品・サービス・空間・活動・研究が対象の「キッズデザイン賞」を創設した。

　第4は、建築・環境デザイン賞であるが、それは伝統芸術分野における建築の賞において幾つか取り上げたが、ここではそれ以外の若干を追加する。例えば、①東北大学景観開花実行委員会による土木デザイン設計のコンペである「景観開花」（2004・平成16年）や、②建築設備総合協会（社団）による「環

境・設備デザイン賞」（2008・平成20年）が見られる。後者は、環境器具・システムデザイン、建築・設備デザイン、都市・ランドスケープデザインの3部門からなる。

　第5は、以上の他にデザイン一般に関わる賞である。例えば、①東京アートデレクターズクラブ（TDC）が、アートデレクターやデザイナーを志す非会員の作品と会員の作品を対象とし、1957（昭和32）年に創設した「TDC賞」。②日本パッケージ協会（社団）は、1985（昭和60）年にビエンナーレ方式の「日本パッケージ大賞」を設けたが、さらに同協会は国際交流基金・アスパック協会と共催で「日本アジア学生パッケージデザインコンペティション」も開催。③桑沢デザイン研究所同窓会は、1992（平成4）年にデザイナーの桑沢陽子を顕彰し、彼女のデザイン思想を具現する作品を公募・コンペする「桑沢賞」を設けた。

　なお、自動車に関する賞は、その性能、乗り心地、価格などを審査・選定の基準とするであろうが、デザインも要素の一つになっているので、2つのカー・オブ・ザ・イヤーをここで扱う。①1つは、自動車雑誌中心の実行委員会によって1980（昭和55）年に開催された「日本カー・オブ・ザ・イヤー（COTY）」である。選考委員にカー・レーサー出身の自動車評論家が多く、高級車やスポーツカーなどが受賞する傾向があるという。②も1つは、それを批判するNPOの自動車研究者・ジャーナリスト会議（RJC）が、対抗的に1992（平成4）年から開催した「RJCカー・オブ・ザ・イヤー」である。選考委員には自動車メーカーの技術畑出身者が多く、低価格の乗用車や軽自動車が受賞する傾向があるという。

第3項　〈商品販売促進賞〉としてのファッション分野の賞

　ファッション分野の賞のほとんどは、一言でいうと業界団体による各界・各分野の著名人を顕彰する賞といっても過言ではない。裏返せば、著名人を活用した〈商品販売促進賞〉といえる。それを創設年順に追うと、①古いところでは女性向けファッション雑誌『装苑』が、1956（昭和31）年に創刊20周年記念事業として新人デザイナーが対象のファッションコンテストの「装苑賞」を創設した。2009（平成21）年からは、年2回の開催に。②次いで、社団の日本メンズファッション協会（MFU）が、1972（昭和47）年に「ベストドレッサー

賞」を創設した。政治経済、学術文化、スポーツ芸能、女性、日本伝統、インターナショナルの6部門が設け、それぞれ著名人を選出した。〈商品販売促進賞〉のハシリである。例えば、第1回の政財界は安倍晋太郎（衆議院議員、後に首相）、文化界は逸見政孝（タレント・アナウンサー）、スポーツ界は陣幕勝昭（元九重親方）。③日本メンズファッション協会は、日本ファーザーズ・デイ委員会とともに1982（昭和57）年に「ベスト・ファーザー（イエロー・リボン）賞」を創設し、「素敵なお父さん」とみられる著名人を顕彰する。④1983（昭和58）年、毎日新聞社は創業110周年の記念事業として「毎日ファション大賞」を立ち上げた。それは、ファッションに優れた成果をあげた個人・団体に対する大賞の他、新人デザイナーを対象にする新人賞、ファッション界の発展に功績のあった人物を対象にする鯨岡阿美子賞からなる。⑤1984（昭和59）年、企業団体の日本ジーンズ協議会が、ジーンズの似合う芸能人中心の著名人が対象の「ベスト・ジーニスト」を設けた。⑥1988（昭和63）年、日本医用光学機器工業会とメガネフレームの甲・鯖江市を抱える福井県眼鏡協会、それにリードエグジビションジャパン（kk）は、「日本メガネベストドレッサー賞」を設けた。政界、財界、芸能、文化、スポーツの各界部門とサングラス部門を設定し、それぞれ著名人を選定している。⑦1996（平成8）年には、日本ネイリスト協会（社団）がネイルの発展に寄与し、その年度で最も輝いた女優、アーティスト、タレントなどの著名人が対象の「ネイルクイーン」を創設した。⑧1998（平成10）年には、日本真珠振興会と日本真珠小売店協会（ともに社団）が成人式を迎えた女性著名人が対象の「二十歳のベスト・パール・ドレッサー」を設けた。

　21世紀に入ると、〈商品販売促進賞〉としてのファッションの賞が陸続する。まず、⑨日本フォーマル協会（社団）が、2000（平成12）年にフォーマルウエアを素敵に着こなせる著名人（男女）が対象の「ベストフォーマリスト賞」を創設した。⑩2003（平成15）年には、日本メンズファッション協会（MFU）とグッドエイジング委員会が経済産業省の後援のもと「グッドエイジャー賞」を立ち上げた。それは、アクティブな熟年世代の生き方を目指す著名人を全国版と地方版（北海道・東北・名古屋・大阪）で表彰する。⑪翌2004（平成16）年には、日本綿業振興会（財団）がコットンのイメージにふさわしい著名人をMiss、Mr、Mrs部門ごとに表彰する「ベストジャージスト」を創

設した。⑫2007（平成19）年には、日本生活文化推進協議会（社団）が関西版
ファーザー賞の「ベストファーザー賞in関西」を立ち上げた。⑬2009（平成
20）年、日本メンズファッション協会（MFU）に所属する日本ネクタイ組合
連合会が、「ベスト・ファーザー（イエロー・リボン）賞」の受賞者から選定
する「ベスト・ネクタイ賞」を設けた。

第11章　芸能分野の賞

　芸能の分野を、ここでは大きく３分類化する。第１は、演劇・舞踊、第２が、音楽・歌謡、第３に、演芸・その他である。その中で、特に舞踊（バレエや諸ダンスなど）と音楽（ピアノや諸楽器のコンクールなど）の賞の多さに驚かされるが、その要因は次にあろう。１つは、私たちが児童・学生期から教育の一環として舞踊や音楽に接し学ぶとともに、舞踊や音楽が感性を基盤にする大衆性を有していることである。もう１つは、その大衆性を基にし、児童から成人に至るまで舞踊・音楽に関するグループ・クラブ・団体などが叢生し、激しい〈水平的な競合・競争〉を展開する一方、賞の獲得を目指して〈垂直的な競合・競争〉に身を挺している児童から成人が大量に存在していることである。そうして、特にバレエとピアノコンクールにおいては、その〈企業化〉が著しいのが特徴的である。

第１節　演劇・舞踊の賞

第１項　演劇分野の賞の３タイプ

　この演劇分野から脚本部門は除く。というのも、脚本賞は、既にジャンル別文学賞における第５節で見たからだ。そうすると脚本を除いた演劇の賞の主軸は、上演された演劇の中の優れた舞台や演出スタッフ、俳優などに対する表彰となる。しかし、新聞社間の〈水平的な競合・競争〉における対抗的な演劇賞、すなわち読売新聞社の主催で日本テレビ放送網が後援の「読売演劇大賞」、朝日新聞社の「朝日舞台芸術賞」、それに演劇の他に文学・美術・音楽・映画などが対象の毎日新聞社の「毎日芸術賞」も第３部第１章の新聞社の賞で考察したので割愛する。その上で、この演劇の賞には、現代劇やミュージカル、オペラなどのみならず、歌劇、歌舞伎、文楽、それ以外の伝統芸能も含める。

　（１）上演劇や劇団、役者・俳優などを対象にした演劇の賞を創設年順に列挙する。①古いところでは、日本児童（青少年）演劇協会（社団）が1951（昭

和26）年に「日本児童（青少年）演劇協会賞」を創設し、②日本演劇協会（社団）が1954（昭和29）年より5年に1度の現代劇、歌舞伎、歌劇などの分野の「演劇人祭」を開催し、功労者の表彰を行っている。③翌1955（昭和30）年には、東京各新聞社の演劇記者からなる東京演劇記者会が、商業演劇、新劇、歌舞伎、ミュージカルの4分野が対象の「テアトロン賞」を創設した。因みに商業演劇、新劇では、文学座、俳優座、前進座、劇団民芸などの上演劇や俳優が表彰されているが、1966（昭和41）年の第12回で幕を閉じた。1960年代に入ると、新しい動きが生じる。④1966（昭和41）年、紀伊国屋ホールとサザン・シアターを運営する紀伊国屋書店（KK）が、上演劇の劇団や俳優が対象の「紀伊國屋演劇賞」を創設した。⑤1973（昭和48）年、カモミール社出版の演劇雑誌『テアトロ』が、演劇スタッフや俳優が対象の「テアトロ演劇賞」を主催し、1991（平成3）年に終了したが、2019（令和元）年に復活させている。⑥1975（昭和50）年には、映画会社の東宝に次いで映画演劇文化協会（社団）が、筆者らの世代には懐かしいラジオドラマ—夕方に子供たちの帰宅を促した「鐘が鳴る丘」や女風呂をカラにした「君の名は」など—やテレビドラマ、演劇、ミュージカルで数多くのヒット作を生み出した劇作家で作詞家の菊田一夫（1973・昭和48年に死去）を顕彰するために上演劇などが対象の「菊田一夫賞」を創設した。⑦1981（昭和56）年、独立行政法人の日本芸術文化振興会（国立劇場）と文楽協会（財団）は、「国立劇場文楽賞・文楽協会賞」を創設した。前者は文楽の若手技芸員が対象で、後者は太夫・三味線・人形という3部門の技芸者が対象。⑧戦前の優れた劇作家で、名作「元禄忠臣蔵」などを残した真山青果を顕彰するため長女の美保（演出家）が、1982（昭和57）年に「真山青果賞」を設け、⑨ロシア文学者で翻訳家の湯浅芳子を顕彰するため湯浅芳子記念翻訳劇女性基金が、1994（平成6）年に外国戯曲の優れた翻訳・脚色・上演が対象の「湯浅芳子賞」を設けた。しかし、前者は2001（平成13）年に、後者は2008（平成20）年に幕を閉じた。

　ところで、⑩1957（昭和32）年、歌舞伎役者らが日本俳優協会（社団）を再建して「俳優祭」を開催し、翌1958（昭和33）年には勤続40年以上の大部屋役者6名を表彰した。また1995（平成7）年には、歌舞伎・新派の脇役の育成と技芸の向上のために「日本俳優協会賞」を設けた。映画界の場合は、特にテレビの登場で大部屋俳優から名脇役や主演俳優が誕生することもありうるが、世

襲制の根強い歌舞伎（梨園）の世界ではそうしたことはほとんどありえないことを「日本俳優協会賞」は示している。それはともかく、⑪1960（昭和35）年設立の日本演出者協会（社団）は、2001（平成13）年に演劇界の世代交代と次代を担う演出家の発掘と育成を図るとして公募の「若手演出家コンクール」を始めた。その他、⑫2013（平成25）年、演劇雑誌『悲劇喜劇』を発行する早川書房と早川文学振興財団は、上演された現代演劇が対象の「ハヤカワ悲劇喜劇賞」を創設した。

（2）映画と同様に総合芸術として様々なスタッフ・職人からなる演劇人を広く対象にしたり、評論・解説などを対象にする演劇賞もある。それを創設年順に追うと、①日本演劇協会（社団）は、1966（昭和41）年に舞台の演出・脚本・照明・美術・音響などが対象の「日本演劇協会賞」を創設し、1970（昭和45）に幕を閉じたものの、約30年後の1996（平成8）年に復活させた。②同じ1966（昭和41）年、新鷹会発行の同人雑誌『大衆文芸』は、作家で新鷹会を結成した長谷川伸を顕彰するため、大衆文芸や演劇・評論の人材発掘を企図する「長谷川伸賞」を設けた。③翌1967（昭和42）年、演劇全般の研究者からなる日本演劇学会が、初代会長の河竹繁俊を顕彰し、学会員の優れた研究業績が対象の「河竹賞」を設けた。④舞台美術家であった伊藤熹朔の生前、彼の業績を継承・発展させるために大佛次郎や菊田一夫らが1968（昭和43）年に熹朔の会を結成し、「伊藤熹朔賞」を創設した。父が建築家であった熹朔一家の7人の男子は、みな広い意味での芸術家である。長兄の道郎は舞踊家、次男の鉄衛は建築家、三男の裕司はオペラ歌手、四男が熹朔、五男の圀夫（芸名の千田是也は関東大震災時に千駄ヶ谷で自警団から朝鮮人に間違われ暴行を受けたことから「千駄ヶ谷でコーリア」をもじったもの）は演出家で俳優、六男の貞亮は建築家、七男の翁介は作曲家である。その熹朔の死後、日本舞台テレビ美術家協会が、1973（昭和48）年に広く舞台美術や照明などを対象にする賞として「伊藤熹朔賞」を継承した。そうして、1999（平成11）年にテレビ部門と舞台部門を分離し、前者は日本テレビ美術家協会（社団）、後者は日本舞台美術家協会（社団）の主催になった。⑤また既述したが、「毎日芸術賞」は、1998（平成10）年に演出家が対象の「千田是也賞」を設けた。⑥1980（昭和55）年、旅回わりの歌舞伎役者だった松尾国三は、私財を投じて松尾芸能振興財団を設立し「松尾芸能賞」を創設した。それは、演劇、舞台装置・制作・技術・美術

の他に能楽・文楽、舞踊・殺陣、講談・落語、洋楽・邦楽・民謡・歌謡などなど、いわば大衆芸能全般に関わる賞である。⑦同様に、日本舞台芸術家組合は、1985（昭和60）年に俳優のみならず広く演出、大道具、小道具、照明、衣装、劇団経営、後進指導などに関わる演劇人を顕彰する「日本舞台芸術家組合賞（舞芸賞）」を創設した。⑧同じ1985（昭和60）年、前記した日本児童青少年演劇協会は、児童青少年演劇の創造・普及に貢献した女性のみが対象の「O夫人児童青少年演劇賞」を設けた。⑨1995（平成7）年、日生劇場を運営するニッセイ文化振興財団は、大・小道具という舞台の裏方職人や劇場経営、演劇プロデュースなどが対象の「ニッセイ・バックステージ賞」を設けた。⑩同年には、国際演劇評論協会（AICT）日本センターが、演劇とダンスの評論と単行本を対象に、会員のアンケートによる推薦をもとに選考委員が選定する「AICT演劇評論賞」を創設した。⑪2001（平成13）年、演劇制作者で劇団俳優座の代表取締役であった倉林誠一郎を顕彰するため、倉林誠一郎記念基金は演劇の制作のみならずカツラ、履物、背景画、作曲、音響などが対象の「倉林誠一郎記念賞」を創設したが、2010（平成22）年に幕引きされた。⑫2017（平成29）年には、日本シェイクスピア協会がシェイクスピアに関する優れた研究が対象の「日本シェイクスピア協会奨励賞」を設けた。

　同じ総合芸術である映画の賞に比べ、演劇の賞は裏方により目配りした賞を設定しているの目につく。それは、同じ商業映画、商業演劇であったとしても、営業規模・資金などの大きいい映画会社に比べそれが小さい劇団など方が舞台制作における表舞台と裏舞台との一体感が強いためか。はたまた、劇場などでの上演人が、映画の制作人よりも比較的固定的であるためか。

　（3）演劇賞の中には、〈地域映画祭〉の賞のように地域社会との繋がりを重視する賞があることが注目される。例えば、①東京都豊島区が1989（平成元）年から主催する池袋演劇祭の「池袋演劇祭賞」である。これは、毎年9月に区内や近郊で公演を行う劇団からエントリーを得て、公募の審査員に審査してもらうという地域密着・市民参加型の演劇祭である。②京都府と京都文化芸術会館は、1979（昭和54）年からKyoto演劇フェスティバルを開催し、公募の府内劇団による作品上演や市民参加の合同創作劇、朗読劇などの上演を行ってきた。そして、2001（平成13）年には、公募劇団の上演とは別枠の演劇コンクール部門に「Kyoto演劇大賞」を設定し、2013（平成25）年には公募参加

資格を関西全域に拡大するとともに、観客賞やカンゲキ賞などを新設した。③また京都では、2011（平成23）年より日本学生演劇プラットホームと連携した実行委員会による「京都学生演劇祭」が開催され、観客の投票による観客賞や審査委員賞などを設けた。④東京では、劇団神田時来組や劇団ショーマ、オフィスワンダーランド、ヤンキースタジアムが、2011（平成23）年に神保町がテーマの演劇作品を上演する「神保町演劇フェスティバル」を開催した。このように、商業演劇の大規模（プロ）劇団とは異なる小規模劇団が、地域、特に大都市には簇生していることが窺われる。そうした地域密着型の劇団の参加による演劇祭は、ランダムに検索してみると札幌、仙台、広島などでもが開催されているようだ

第2項　舞踊分野の賞とバレエコンクールの〈企業化〉

　舞踊は、日本の伝統的舞踊（日舞＝日本舞踊など）、現代舞踊、フラメンコ、社交ダンス、バレエダンスのようにジャンル化されよう。そこで注目したいことは、このジャンルの幾つかではコンクールや選手権大会を開催してランクづけと授賞を行なっているのだが、その授賞には先の歌壇・俳壇や漫画の賞における賞行為と類似の構造が見られることだ。それは後述する。

　（1）まずは、そのコンクールや選手権大会を開催して授賞を行なっているジャンルの舞踊以外の舞踊賞を創設年順に挙げる。①最も古く伝統ある舞踊の賞は、東京新聞が戦前の1939（昭和14）年に創設し、戦時中の中断を経て1949（昭和24）年に再開した「全国舞踊コンクール」である。これは、ジャンル別の舞踊コンクールではなく、バレエ、児童舞踊、日舞、現代舞踊、群舞、創作舞踊という総合的な舞踊コンクールで、各ジャンルで入賞し第1位に輝いた舞踊家には文部（科学）大臣賞が授与される。②次に古いのはジャンル別のコンクールで、日本舞踊協会（社団）が1956（昭和31）年から開催し始めた「各流派合同新春舞踊大会」である。因みに花柳流、若柳流、藤間流、西川流、坂東流が日舞5大流派といわれているが、受賞者をみると井上流、尾上流、泉流などとまだまだ沢山の流派が存在しているようだ。その日本舞踊協会は、後に協会を結成した花柳寿應を顕彰する「花柳寿應賞」（1972・昭和47〜1987・昭和62年）と、その後継である「花柳寿應新人賞」（1988・昭和63年）を設けた。

　このように、舞踊の賞には顕彰のための冠賞が結構目につく。その状況を、

やはり創設年順番に追ってみよう。③長野県諏訪市出身のニムラエイイチ（新村英一）は、ニューヨークを中心に欧米で活躍した現代舞踊家である。彼は、1969（昭和44）年に勲六等瑞宝章を受けたことを契機にして1973（昭和48）年、ニムラ舞踊賞基金をもとに優れた成果をあげた舞踊家や舞踊関係者が対象の「ニムラ舞踊賞」を創設した。④橘秋子記念財団は、1975（昭和50）年、バレエの教育と向上に努めた彼女の意思を継承する舞踊家が対象の「橘秋子賞」を設けた。⑤現代舞踊協会（社団）は、1983（昭和58）年に協会会長の江口隆哉を顕彰するため、現代舞踊の創作・発表者が対象の「江口隆哉賞」を創設した。その現代舞踊協会は、⑥さらに1970（昭和45）年と1972（昭和47）年には、「現代舞踊協会新人賞・新人振付賞」と「現代舞踊協会奨励賞」を創設し、⑦「江口隆哉賞」に続いて1988（昭和63）年に「河上鈴子スペイン舞踊新人賞」という冠賞を設けた。そうして⑧1996（平成8）年には、「ジュニア賞・明日の新人賞」を、⑨2011（平成23）年には「時代を創る現代舞踊公演優秀賞」を創設した。⑩日本舞台芸術振興会（財団）と雑誌『ダンスマガジン』（新書館）は、1992（平成4）年にダンサーのみならず評論・解説なども対象の「日本ダンス評論賞」を創設した。⑪「全国舞踊コンクール」を開催してきた東京新聞は、1995（平成7）年、洋舞界における新進気鋭のダンサーが対象の冠賞として「中川鋭之助賞」を設けた。⑫日本伝統文化振興財団（前身がビクター伝統文化振興財団）は、1997（平成7）年に日舞、上方舞踊、琉球舞踊などの伝統舞踊のみならず、地歌、長唄、新内節、女義太夫、人形浄瑠璃、狂言、尺八、三味線、太鼓などを対象にする「日本伝統文化振興財団賞」を創設した。⑬2001（平成13）年には、トヨタ自動車（kk）が、振付師の発掘・育成のために「トヨタコレヲグラフィーアワード」を設けたが、2010（平成22）年に終了。⑭2007（平成19）年、日本ダンスフォーラムは、コンテンポラリーダンスの国内公演、国際協力作品の作家や公演ダンサー・団体が対象の「日本ダンスフォーラム賞」を立ち上げた。

（2）それでは舞踊のコンクールや選手権大会を開催して、ランクづけと授賞を行なっているジャンルの舞踊賞に目を転じよう。それが最も多いのは、激しい〈水平的な競合・競争〉を展開しているバレエダンスのジャンルであり、それ以外は少ないので、まずそれらの数少ないジャンルのコンクールや選手権大会などの例示にとどめ、賞の考察についてはバレエダンスに譲る。

　まずは、①フラメンコのジャンルである。それには、日本フラメンコ協会（社団）の「フラメンコ・ルネサンス21（新人公演）」（1992・平成４年）、スペイン舞踊振興MARUWA財団の「CAFフラメンココンクール」（2002・平成14年）、小松原庸子スペイン舞踊団の「全日本フラメンココンクール」（2018・平成30年）が見られる。次に、②ダンススポーツやジャズダンスの分野であるが、スポーツダンスとしては日本ダンススポーツ連盟（社団）の「三笠宮杯ダンススポーツ選手権大会」（1981・昭和56年）が、③ジャズダンスとしては日本ジャズダンス芸術協会（社団）の「ジャズダンスコンクール」（1990・平成２年）がある。さらに、④社交ダンスのジャンルはやや多くなるが、それらは財団の日本ボールルームダンス連盟（JBDF）が統括し、次のような選手権大会などを開催している。すなわち、1951（昭和26）年から開催の「JBDFプロフェッショナルダンス選手権」と「JBDFアマチュアダンス選手権」の他、「日本インターナショナルダンス選手権大会」、「全日本10ダンス選手権大会」、「スーパージャパンカップダンス（全日本セグエ選手権、全日木選抜ダンス選手権、全日本ジュニア・ジュブナル選手権、グランドシニア選手権、プロ・アマライジングスター＆スーパーシニア競技大会）」、「JBDFジュニア・ダンスフェスティバル（小・中・高生ボールルームダンス全日本チャンピオンシップ）」である。それに、北海道、東部、中部、西部にJBDFの支部が結成され、それらの圏域でも選手権大会などが開催されている。

　（３）最も数の多いバレエダンスのジャンルであるが、そのコンクールは国内・国際を合わせざっと数えても40件以上にのぼる。その中の国際コンクールは例示にとどめ、国内コンクールに焦点を絞り、先に指摘した賞行為の構造と機能を考察してみることにする。

　国際コンクールとしては、①日本バレエ協会（社団）の「アジア・パシフィック国際バレエコンクール」、②実行委員会による「北九州＆アジア全国洋舞コンクール」、③JGP（Japan Graud Prix）実行委員会による「国際バレエコンペティション・ジャパングランプリ」、④埼玉県舞踊協会の「埼玉国際創作舞踊コンクール」、⑤実行委員会による「世界バレエ＆モダンダンスコンクール」、⑥豊田洋舞芸術家協会の「豊田世界バレエ＆コンテンポラリーダンスコンペティション」、⑦なかの洋舞連盟の「東京なかの国際ダンスコンペティション」、⑧国際バレエアソシエーション（IBA）の「国際バレエアワード」、

⑨NPOの日本音楽舞踊振興会による「はつかいち国際バレエコンクール」、⑩エストニア大使館などの後援による「ジャパン・エストニア国際バレエコンクール」、などがある。これらの国際コンクール（コンペティション）のみならず、国内のバレエダンスのコンクール（コンペティション）のほとんどは、各種部門（クラッシック、モダン、創作ダンスなど）における入選（ランクづけ）と様々な賞の設定・授与を行なっている。そこには、先の歌壇・俳壇や漫画の賞で見た賞行為と類似の授賞・参加（受賞）の両サイドにおける〈二層・二重〉の構造と機能が窺われる。それは、一言でいえば特にコンクールの主催サイドにおける賞の〈権威性〉の〈商品化〉ないしは〈企業化〉といってよい。

　その点で注目されることは、バレエダンス以外のダンス（舞踊）コンクールの主催者は、前記から明らかなようにほとんどが業界団体—その典型が日本ボールルームダンス連盟（JBDF）—である。ところが、バレエダンスの場合、業界団体としての財団・社団—例えば、全日本バレエ協会や都道府県・地域単位の舞踊協会、洋舞連盟、財団のNBAバレエ団など—の他に、極めて特徴的なことはバレエコンクール運営会社が加わってくることである。それらには、①「スリーピング・ビューティ全日本バレエコンクール」を展開するバウンド・プロモーション（kk）、②「ららポート（キッズ）ダンスコンテスト」のバッシライン（kk）、③「NAMUE（ナミュー）クラッシックコンクール」のNAMUE（kk）、④「YBC横浜バレエコンクール」のソイプランニング（kk）、⑤「全国鎌倉プレバレエコンクール」のトライアングル（kk）、⑥「エスポワール全国バレエコンクール」の合同会社プレミアワークス（kk）、などが見られる。

　このことは、バレエダンスのコンクール開催が〈商売〉になることを示す。ということは、漫画の賞に見られたように、一方で、コンクールを開催する側（供給者）は熾烈な〈水平的な競合・競争〉を展開し、他方で、プロのダンサーやバレリーナを目指し〈垂直的な競合・競争〉に身をさらしている児童や青少年・少女たちの予備軍（需要者）がかなり多いことを意味する。そうして、おそらく後者の児童や青少年・少女たちにとって、特にその母親たちにとっては、バレエはメルヘンの世界の王子・王女のようなものなのではなかろうか。少なくとも中流階級以上の家庭の児童・青少年にとっては。というのも、その夢を現実化するには、以下のようなかなりのコスト負担（投資）が求められる

からだ。

　いずれにしろ、バレエコンクールを舞台にし主催者・運営者（供給者）側と参加者（需要）側の相互作用からなる賞行為の〈二層・二重〉の構造と機能は、コンクールの社会的（業界的）な認知・評価度が〈高度〉になればなるほど、次のように両サイドを強く規定する〈きつい＝緊縛〉的なものとなる。

　すなわち、一方で、児童や青少年・少女の予備軍（需要側）が夢を現実化するには、まずは居住地域の個人や中小規模経営のバレエ教室・スクール・スタジオ・バレエ団・ダンス工房・ダンス研究所などでレッスンの受講が必要となる。受講は、〈垂直的な競合・競争〉の世界へ足を踏み入れることだ。その競争は数段階に渡り、ある者は脱落し、ある者は自信や自尊心などを獲得する。そうして、競争に生き残り栄冠を獲得した一握りのダンサー・バレリーナが国内外における名声や栄誉などを手にする。それだけではなく、バレエを職業とするプロのダンサー・バレリーナとして指導者となり、今度はバレエ団などを設立しコンクールを主催する側に立つことになる。他方、バレエ教室やスクール（第１次供給）側にとっては、受講生の増大による経営の安定化や経営規模の拡大、さらに宣伝やスティタス・アップのため、バレエ・コンクールへの参加とコンクールでの入選・受賞者ー児童・青少年には、夢の現実化の第一歩となるーを出来るだけ輩出する必要がある。その上で、才能ある者を見出して育成し、さらに著名なコンクールへと挑戦させる。そうした中で、児童や青少年・少女がプロのダンサーやバレリーナを目指すには、初発において教室・スクールなどのレッスン料や衣装・シューズ費用などの他に、コンクールルへの参加・旅費、コンクール参観のチケット代金などを負担（投資）しなければならない。コンクールへの参加費は、各種部門によって異なるのだが、一般に数万円単位であり、チケット代金も数千円単位である。こうしたコスト負担（投資）が求められるので、バレエダンスは中流階級以上の家庭の児童・青少年にとってのメルヘンとしたわけである。

　そうして、地方圏域的・全国的なバレエコンクールを開催する業界団体や運営会社（第２次供給側）も、できる限り多くの参加者を吸引しなければならない。〈世界にはばたく〉というようなキャッチフレーズとランクづけや様々な賞の設定ーそれらはプロの審査員のよって選定されるが、プロにとってもコンクールは名前をあげ報酬を得るというメリットがあるーは、そのためのインセ

ンティブとなる。それだけでなく、優秀者に対しては、パリのバレエ学校や国内の著名な大規模バレエ団などへの奨学制度という特待制がインセンティブとして設けられたりしている。そして、優秀者を多く輩出し、国内外に誇るようなダンサー・バレリーナが誕生すればするほど、その実績を売りにして社会的（業界的）なスティタスを向上させることになる。

　さらに、例えば「NAMUE（ナミュー）バレエコンクール」は、東京・埼玉・神奈川・名古屋・長野・金沢・大阪・京都・神戸・高松・広島・福岡で開催され、最後にグランドファイナルを開催して参加者を獲得している。他の業界団体や運営会社も、同様の展開を行なっている。こうしてみると、業界団体や運営会社は、熾烈な〈水平的な競合・競争〉を展開しながら、年間に大量のバレエコンクールを開催し、プロの審査員の選定による賞の〈権威性〉の〈商品化〉ないしは〈企業化〉を図っているといえる。

　今、2010（平成22）年に設立されたNAMUE（kk）を例にすると、バレダンスの〈商品化〉ないしは〈企業化〉を次のようにマネジメント・サイクル化している。すなわち、「バレエコンクール（舞台機会の提供、業界の視野拡大、大会開催数世界一、バレリーナの発掘・育成、国際コンクールの企画運営）」→「バレエオフィシャル検定（日本初の技能検定、基礎向上、バレエ指導検定、バレエスタジオの運営、技能レベルの可視化）」→「エージェント（バレエ業務マッチング、ダンサー派遣、講師派遣、代行運営、アシスタント派遣、ビジネスマナー教育）」→「イベント・サポート（舞台企画・ワークショップ、コンサルタント、バレエ講習会企画、スキルアップ研修、海外留学・海外舞台招聘）」→というようにである（ネットの企業紹介）。また合同会社プレミアワークス（kk）は、バレエダンス関係の主要取引先とし、NBS（日本舞台芸術振興会）、インターナショナルダンススクール、国際高等バレエ学校、京都バレエ学校、有馬バレエ団、D&Dグランドオーディション、S&H留学センター、湘南バレエコンペティション事務局、エスポワール全国バレエコンクール事務局、岡本はるみバレエスタジオ、パフォーマンスステージ、NBAバレエ団、などを挙げている（ネットの企業紹介）。このプレミアワークス（kk）と前者のNAMUE（kk）の企業紹介を見るならば、今やバレエダンス業界（レッスンやコンクールなど）は、民間の企業依存・企業主導へ転換しつつあるようだ。

第2節　音楽・歌謡の賞

第1項　ピアノコンクールの〈企業化〉と音楽分野の賞

　音楽分野の賞には、児童・学生などが対象の様々な音楽コンクール・コンテストやフェスティバルでの賞がある。例えば、全日本吹奏楽連盟と朝日新聞社が主催する「全日本吹奏楽コンクール」、「全日本マーチングコンテスト」、「全日本アンサンブルコンテスト」、「全日本小学生バンドフェスティバル」や、全日本合唱連盟と朝日新聞社が主催する「全日本合唱コンクール全国大会」、「全日本おかあさんコーラス全国大会」、などである。それらは、第3部第1章の新聞社の賞で取り上げたので本節では割愛する。また様々なコンクール・コンテストやフェスティバルなどに伴う音楽賞も原則として割愛する。というのも、それらにおけるランクづけや各種の賞があまりにも多いからである。例えば、音楽雑誌を発行するハンナ（kk）の『日本の世界の音楽コンクール全ガイド2020』によると、日本国内で開催される国際音楽コンクールは46件を数える。そして、国内のコンクール・オーディション、音楽祭、セミナーの楽器別等では、ピアノが240件、弦楽器が38件、管楽器が96件、室内楽が28件、声楽が107件、合唱が15件、ジャスタストリングフェスティバル（JASTA＝日本弦楽指導者協会が、国内の各地で開催する弦楽演奏会）が73件、打楽器が36件、作曲が16件、指揮が3件、シャンソンが2件、歌・童謡・詩が5件、邦楽・和楽器・民族楽器が16件、バレエ・舞踊が16件で、合計691件となる。もっとも、同一のコンクールやフェスティバルなどを楽器別等に分けているので、実際のコンクール・オーディションやフェスティバルはもっと少なくなる。それでも、それが合計の1／2としても約350件、1／3と見做しても230件となる。だから、それらのコンクールやフェスティバルなどの全てに目を通すことは難事といえる。

　そこで、本節では、音楽（童謡・オペラ・ミュージカル・ジャズ・シャンソンなども含む）の賞を原則コンクールやフェスティバルなどに伴う賞とそれ以外の賞にわけ、前者のほとんどは割愛し、後者に焦点を絞る。そして、その後者は、また冠賞とそれ以外の賞に分けて見る。音楽賞においては、冠賞が意外に多く顕著だからだ。しかし、前者のコンクールやフェスティバルなどに伴う賞のほとんどは割愛するとしても、一言しておきたい重要な点がある。それ

は、特に突出して数の多いピアノコンクールには、前節のバレエコンクールについて考察・指摘した賞の〈権威性〉の〈商品化〉ないしは〈企業化〉状況が顕著にが窺えることである。そこで、まずはかかる状況を少し詳しく考察し指摘する。

（1）ピアノコンクールが突出して多いのは、ピアノが音楽演奏の主座を占めているので、それだけピアノ演奏に惹かれる人たちが多いことを意味しよう。筆者の娘も、小学校高学年期には、ピアノ教室に通っていた。それは、娘がピアニストになりたいという本人の希望によるものではなく、母親が周囲の習い事をしている親たちとの関係から、ピアノを購入しピアノ教室に通わせたものであった。そのために、娘の技術は上達せず、自然とピアノ教室から足が遠退いたようだ。そして、その後、筆者は、娘が家でピアノを弾いたのを見たり聞いたことがない。ピアノは放置されたままになったが、現在の居宅に転居する際、いわば邪魔物となっていたので、中古の買取り業者に引き取ってもらった。

中古ピアノの買取りが〈商売〉になる—新聞広告やテレビ・コマーシャルで中古ピアノの買取りをよく見聞する—ことは、筆者の娘のようなケースが結構多いからだろう。すなわち、幼少期にあの子もやっているから家の子もというようにピアノ教室に通ったり、ピアノを購入しはしたが、中学や高校・大学の受験期に入ると学習塾通いが頻繁となる一方、ピアノのレッスンなどを続ける余裕を失い自然とピアノが放置される状況である。そのことは、逆に幼少期のピアノ・レッスン人口（需要）が多いことを示唆するが、またバレエ教室・スクールのような個人や中小規模経営のピアノ教室・スクールの簇生をもたらす。そして、個人レッスンやピアノ教室などでレッスンを受けた幼児・児童たちは、まずはレッスンの先生（指導者）たちなどが主催する発表会に参加し、レッスンの成果（技）を披露する。そうして技術が向上し、かつ持続的にレッスンを続ける子どもたちがピアノコンクールに出場することになる。

他方、ピアノコンクールの開催は、地方（都道府県や地域圏）レベルと全国レベルに分けうる。そして、いずれのレベルの主催者も、バレエダンスに比して多彩である。まず、地方レベルのそれを3〜4例示してみよう。①山形テレビ（YTS）の「山形県少年少女ピアノコンクール」、②実行委員会主催を山形県・教育委員会、山形新聞・放送が後援し、山形県ヤマハ会とヤマハミュージ

ックジャパン（kk）が協賛する「山形県ジュニアピアノコンクール」、③宮城
県芸術協会（社団）が主催するピアノとヴァイオリン部門からなる「宮城県
芸術協会音楽コンクール」。④財団の東北放送文化事業団と河北文化事業団、
東北放送（kk）が主催し、文化庁や東北6県の教育委員会、仙台市教育委員
会、河北新報社などが後援する「全東北ピアノコンクール」、⑤NPOの東北青
少年音楽コンクール委員会のピアノコンクールである「東北青少年音楽コン
クール」、などである。この地方レベルの特色は、全国レベルと違い地方自治
体・教育員会が主催・後援者に、楽器会社のヤマハや河合が協賛に加わってい
ることである。しかし、この地方レベルのコンクールにおいても、各地区の予
選会から本選大会へという経路をたどることは、全国レベルと同様である。

　それでは、全国レベルに目を転じ、多彩な主催別にコンクールの幾つかを
例示しよう。まず、①伝統と権威を誇る毎日新聞社主催（後にNHKと共催）
の「日本音楽コンクール」では、ピアノ部門の課題曲演奏が第1次から3次
予選に渡る。②同じく毎日新聞社は、小学生から大学生までを対象にピアノの
他、ヴァイオリンや声楽なども含む伝統ある「全日本学生音楽コンクール」を
開催している。全国5エリアにおける予選から本選、全国大会となる。

　社団・財団の主催によるコンクールなどでは、①社団の全日本ピアノ指導
者協会（PTNA）による「ピティナ・ピアノコンペティション」が最大規模
のピアノコンクールである。②同じく社団の東京国際芸術協会（TIAA）によ
る「東京国際ピアノコンクール」の他、③日本クラシック音楽事業協会の「日
本クラシック音楽コンクール」、④日本ピアノ演奏協会（JPPA）の「日本ベー
トーヴェンピアノコンクール」と「JPAAピアノコンクール」、⑤国際芸術
連盟の大阪と名古屋における「International音楽コンクール」がある。それ
に、⑥財団としての日本ピアノ教育連盟（JPTA）による「JPTAピアノオー
ディション」、⑦東京都歴史文化財団や東京文化会館などの「東京音楽コンク
ール」、などがある。

　企業・会社では、①楽器会社のヤマハによる「ヤマハジュニアピアノコンク
ール」、②ピアノ・こどもピアノ・うた部門からなる河合の「カワイ音楽コン
クール」、③菅波楽器（kk）の「スガナミピアノコンクール」、④ローランド
（kk）の「ローランド・ピアノ・ミュージックフェスティバル」、⑤スタイン
ウェイ・ジャパン（kk）の「スタインウェイ・コンクール in Japan」、⑥音

楽会社の東音企画による「日本バッハコンクール」が見られる。さらに、⑦会話塾や英語教室などを経営する日仏文化協会（kk）の「フランスピアノコンクール」、⑧LACOMS（kk）の「ピアノコンクールエリーゼ音楽祭」がある。⑨また東洋ピアノ製造（kk）は、日本ピアノグレード認定協会（PIARA）を設立し、ピアノのグレード認定事業を行うとともに「PIARAピアノコンクール」を開催している。その他、⑩NPOのピーアイエイジャパンによる「P.I.A. Japanピアノコンクール」の他、実行委員会・組織委員会・事務局方式によるコンクールもある。例えば、⑪実行委員会により全国180地域における地区大会・都道府県大会・ブロック大会・全国大会を展開する「全日本ピアノコンクール」、⑫実行委員会と東音企画（kk）による「ブルグミューラーコンクール」、⑬組織委員会による「ショパン国際ピアノコンクール in ASIA」、⑭事務局による「バスティンピアノコンクール」、などである。

　これら地方レベルや全国レベルでの大部分のコンクールは、その対象（需要側）のほとんどが幼児・児童や中・高・大学生である。コンクールに出場し〈垂直的な競合・競争〉を展開する彼・彼女らは、少なくとも初発においてはプロのピアニストになる夢や志を抱くであろうが、親にとっては何もプロを目指すのではなく、少くとも音楽的素養を身につけさせることが狙いなどであろう。それはともかく、個人教師やピアノ教室などでのレッスンの成果（技）の発表会を経てコンクールに出場し、地区予選会から本選、あるいはブロック大会から全国大会への出場に幾度となく挑戦し、入選や賞を獲得するまでには多大の出費（投資）が求められる。すなわち、確実に安くても数十万円はするピアノの購入、定期的な調律費、個人教師やピアノ教室のレッスン料、コンクールに出場するための衣装費や旅費、参加費－ソロ・デュオという部門や初級・中級・上級という等級、予選会・本選などにより異なるが、上位階梯は万円以上となる－などである。かくして、前記のバレエダンスのコンクールと同様に、ピアノコンクールに出場する幼児・児童や学生の家庭は、中流階級以上の家庭であるといってよい。ただ、ある者は個人教師やピアノ教室などでのレッスン段階で脱落し、ある者はコンクールへの出場段階でピアニストになることを諦める。こうして〈垂直的な競合・競争〉の篩に生き残ったものが、バレエダンスの場合と同様に自信と自尊心を得、さらにその中の一握りの者が内外に誇る名声・栄誉などを獲得しプロのピアニストへ転じることになる。

　他方、コンクールの開催者（供給）側も〈水平的な競合・競争〉を繰り広げ、いうまでもなく出来る限り多くの参加者を吸引し、ピアニストの輩出という成果をあげたい。そのため、著名なピアニストを審査員として招聘したり、多くの入選とランクづけを行なったり、様々な賞を設定するなどの誘引策を施し、成果を上げて主催者やコンクールのスティタス・アップを図ろうとする。そうした中で、地方レベルと異なり、全国レベルの主催者には、前記したように楽器製作企業や音楽会社、はたまたピアノとは縁のなさそうな会社が直接コンクールの運営に乗り出しているのが見えた。ここに、ピアノコンクールにおける賞の〈権威化〉の〈商品化〉ないしは〈企業化〉状況が看取されるのである。

　（２）それでは、本来の音楽分野の賞にもどり、この分野で顕著な冠賞から見てみよう。目立つのは、作詞・作曲分野の冠賞である。①現代音楽偏重の作曲コンクールに批判的な別宮貞雄個人が主宰した「別宮賞」（2000・平成2年）は、彼の死去に伴い2012（平成24）年に終幕した。②日本吹奏楽指導者協会（JBA）は、吹奏楽の作曲作品を対象に1968（昭和43）年に「JBA作曲賞」を創設した。その後、1975（昭和50）年にスポンサーである千修（kk）の歴代社長を顕彰するため「下谷賞」と改称したが、2007（平成19）年には「JBA下谷賞」としている。③古いところでは、日本交響楽団（後のNHK交響楽団）が、1952（昭和27）年に創設した著名な「尾高賞」がある。尾高尚忠は、その常任指揮者であった。同賞は、最も権威ある作曲賞とされている。④ギタリストの武井守成を顕彰するため、1952（昭和27）年に武井賞委員会が立ち上げられ、主にギターの作曲作品を対象にする「武井賞」を設けた。⑤1951（昭和26）年、箏曲家で作曲家の宮城道雄を会長とする箏曲宮城会が結成されたが、彼の死後、同会は1966（昭和41）年に演奏（児童・一般）と作曲部門からなる「宮城道雄記念コンクール」を開催した。⑥日本童謡協会は、詩人で童謡作詞家のサトーハチローを顕彰するために1971（昭和46）年に「サトーハチロー賞」を創設し、⑦1984（昭和59）年には〈童謡の里〉を宣言した兵庫県龍野市の青年会議所とともに「新しい童謡コンクール」を開催して童謡「赤とんぼ」の作詞家で龍野市出身の三木露風を顕彰する「三木露風賞」を設けた。⑧入野義朗は作曲家であり、アジア作曲家連盟（ACL）の創設者であるが、彼を顕彰する2つの国際作曲賞がある。1つは、入野賞基金が室内楽と管弦楽に

おける新進作曲家の作品を隔年で表彰する「入野賞」で、もう1つは、アジア作曲家連盟がアジアの作曲家を対象にする「ACL入野義朗記念賞」である。ともに1981（昭和56）年に創設された。これらの他に、新人作曲家を対象にする2つの冠作曲賞がある。⑨1つは、サントリー芸術財団が主催し、日本作曲家協会が支援して1990（平成2）年に創設された「芥川也寸志サントリー作曲賞」で、⑩もう1つは、東京オペラシティ文化財団が1997（平成9）年に創設した「武満徹作曲賞」である。芥川と武満は、ともに著名な現代音楽の作曲家である。両者を顕彰する前者の賞は、年間の演奏会で発表された作品を対象にする新人賞であるが、後者の賞は公募の新人賞である。ともに、新進作曲家の登竜門となっている。

　次は、音楽に関する評論や研究などが対象の冠賞である。①1979（昭和54）年に小泉文夫記念民族音楽基金は、東京芸術大学教授の彼を顕彰する「小泉文夫音楽賞」を設けた。1983（昭和58）年には、このタイプの3つの賞が誕生している。②東洋音楽学会が、学会の創立者を顕彰し民族音楽の優れた研究業績を対象に創設した「田辺尚雄賞」。③日本歌謡学会が創設した、前年度に刊行された歌謡・浄瑠璃など古典音楽・文芸の研究著作が対象の「志野延義賞」。④アリオン音楽財団は、「アリオン賞」の音楽評論部門を音楽評論家の柴田南雄を顕彰する「柴田南雄音楽評論賞」としたが、2012（平成24）年にアリオン音楽財団が解散し、遺産を桐朋学園が受け継いだので「アリオン賞」は「アリオン桐朋音楽賞」となった。⑤既述のように1991（平成3）年、著名な音楽評論家の吉田秀和は、出身地である水戸市の水戸芸術館の開館を記念し吉田秀和芸術振興基金を設けて音楽・演劇・美術などの分野における優れた芸術評論が対象の「吉田秀和賞」を創設した。⑥NPOのクラシック音楽振興会は、1992（平成4）年に音楽評論家の志鳥栄八郎を顕彰し、クラシック音楽の普及に努めたアマチュアの音楽家や音楽団体が対象の「志鳥音楽賞」を設けた。

　その他の冠賞を創設年順に列記する。⑦関西合唱連盟は、連盟を創設し合唱指導に努めた長井斉の業績を顕彰し、1974（昭和49）年に関西合唱界に功績を残した個人・団体が対象の「長井賞」を設けた。⑧ジャズ雑誌『スイングジャーナル』は、1976（昭和51）年にジャズ・トランペッターの南里文雄を顕彰し、ジャズ演奏者（ピアノ、アルトサックス、クラリネット、ドラム）を対象にする「南里文雄賞」を創設したが、雑誌休刊のため2010（平成22）年に

終了。⑨NHK交響楽団は、1981（昭和56）年、副理事長の有馬大五郎を顕彰し、楽団の発展に寄与した職員や関係者・団体を表彰する「有馬賞」を設けた。⑩中島健藏は、高名なフランス文学者で文芸評論家でもあったが、クラッシックの愛好家で音楽に対する造詣も深かった。そこで中島健藏記念現代音楽振興基金は、1982（昭和57）年に現代音楽分野での優れた作曲家、指揮者、演奏家や楽団が対象の「中島健藏音楽賞」が創設した。⑪大分音楽芸術週間実行委員会は、ピアニストの園田高弘の父が大分県出身であることに因み、1985（昭和60）年に現代音楽に関する「園田高弘賞ピアノコンクール」を開催したが、園田が病に倒れたので2002（平成14）年に幕を下ろした。⑫第２部で既述したように福島市は、1991（平成３）年から市出身の古関裕而に因み古関裕而記念音楽賞基金を設け、トリエンナーレ方式で優れた公募曲を対象にする「古関裕而音楽賞」を設けた。⑬青山音楽記念館を設立した青山政治を顕彰するため、青山音楽財団は1991（平成３）年にピアノ、フルートなどの演奏やソプラノ、テノールなどの歌手が対象の「青山音楽賞」を創設した。⑭日本の代表的な指揮者の渡辺暁雄を顕彰するため、渡辺暁雄音楽基金は1993（平成５）年に次代を担う指揮者やオーケストラ界への貢献者が対象の「渡辺暁雄音楽賞」を創設した。⑮賢順記念箏曲祭振興会は、1994（平成６）年に近代箏曲の祖とされる諸田賢順を顕彰する「賢順記念全国箏曲祭・箏曲コンクール」を開催。⑯サントリー芸術財団は、1969（昭和44）年に洋楽文化の発展に功績のあった個人・団体を顕彰する「サントリー音楽賞」を、⑰次いで2001（平成13）年にサントリー会長のチャレンジ・パイオニア精神を体現するような音楽公演が対象の「佐治敬三賞」を創設した。⑱ソニー音楽財団は、翌2002（平成14）年に指揮者の斎藤秀雄を顕彰するため若い指揮者やチェリストなどが対象の「斎藤秀雄メモリアル基金賞」を創設した。⑲音楽評論家でオペラ作品の制作を専門とした佐川吉男を顕彰するため、主として中小オペラ団体の公演で優れた成果を示したものを表彰する「佐川吉男賞」が2003（平成15）年に創設された。主催は、同賞実行委員会と三菱UFJ信託芸術文化財団である。⑳埼玉県は、現加須市に生まれた音楽理論家で作曲家の下總皖一を機縁とし、2005（平成17）年に「彩の国下總皖一童謡音楽賞」を創設したが、2012（平成24）年にはクラシック音楽の分野のプロで県に関わりのある音楽家が対象の「下總皖一音楽賞」へリニューアルした。㉑オーケストラアンサンブル金沢は、疎開で金沢市に

縁のある指揮者の岩城宏之を顕彰し、北陸に縁のある音楽家が対象の「岩城宏之音楽賞」を設けた。㉒岩谷時子音楽文化振興財団は、2011（平成23）年、主としてミュージカルの作詞家であった岩谷（越路吹雪のマネージャーも務めていた）を顕彰するため、音楽や演劇の発展・向上に寄与した個人・団体や明日を担う人材が対象の「岩谷時子賞」を創設した。㉓日本ピアノ教育連盟（JPTA）は、初代会長を顕彰し「安川加寿子記念コンクール」開催している。

　このように音楽界で冠賞が多いのは、冠賞一般にもいえることだが、音楽芸術も基本的に個人の才能・技能に依拠していることから、かかる音楽人の貢献・功労の顕彰を基軸にして冠賞を設定し、各音楽分野の人材発掘・育成や更なる発展・向上などを図ろうとすることにあろう。とはいえ、ことさら音楽界に冠賞が目立つのは、個人名称によって音楽ジャンルすなわち作詞・作曲、指揮、演奏、歌手などを表出・想起させることにあると思われる。

　（3）冠賞以外の音楽賞（音楽コンクールなども含む）に目を転ずると、それは、第1に音楽団体の創設・主催の音楽賞、第2に賞の創設・主催者へ新聞社や企業・会社が加わっている音楽賞、第3に、音楽ジャンル別のコンクールに伴う賞—その中には、賞の〈権威化〉の〈商品化〉ないしは〈企業化〉状況が窺えるものもある—などに分けられる。

　第1の音楽団体による冠賞以外の音楽賞を列挙する。①日本音楽著作権協会（JASRAC）は、音楽の配信やカラオケ、CMにおける著作権使用料の多い作詞・作曲家や出版社に対する「JASRAC賞」を1982（昭和57）年に創設したが、さらに2014（平成26）年には音楽文化の発展に地道に貢献してきた個人・団体に対する「JASRAC音楽文化賞」を設けた。②同じく1982（昭和57）年、日本音楽出版協会（MPA）も、年間において最も著作権総分配額が大きい楽曲への「MPA賞」を創設した。③著作権の管理会社であるNext Toneは、2017（平成29）年に著作権使用料分配実績で上位3作品の著作者と音楽出版社を表彰する「NexTone Award」を設けた。④著作権保護のため1966（昭和41）年に発足した音楽執筆者協議会は、1987（昭和62）年に「音楽執筆者協議会賞」を創設したが、その後、1994（平成6）年にミュージック・ペンクラブ・ジャパンと名称変更を行い、同賞も会員の自主投票によってクラッシック、ポピュラー、オーディオの3部門の音楽関係者を表彰する「ミュージック・ペンクラブ賞」—2005（平成17）年には「ミュージック・ペンクラブ音楽

賞」―とした。⑤創価学会会長の池田大作が設立した財団の民主音楽協会（通称・民音）は、1966（昭和41）年に「民音コンクール（声楽・指揮部門）」をトリエンナーレ方式で開催し、その後、作曲・室内音楽部門を追加しつつ、1988（昭和63）年には「東京国際音楽コンクール」へ転じた。⑥日本ショパン協会は、1974（昭和49）年にピアノ演奏を対象にする「日本ショパン協会賞」を創設した。⑦日本交響楽振興財団は、1979（昭和54）年にオーケストラ曲を一般公募する「日本交響楽振興財団作曲賞」を創設した。⑧関西在住の音楽評論家からなる音楽クリティック・クラブは、1980（昭和55）年に関西地域で年間公演された演奏会を対象にする「音楽クリティック・クラブ賞」を主催。⑨日本現代音楽協会は、1984（昭和59）年に一般公募の「現音作曲新人賞」を設けた。⑩音楽教育振興財団は、1992（平成４）年に学校が対象の顕彰部門と楽団が対象の助成部門からなる「音楽教育振興賞」を創設した。⑪音楽の団体とはいえないが、国立劇場（日本芸術文化振興会）は1998（平成10）年から鼓、笙、尺八、三味線などの邦楽器曲を対象とする「国立劇場作曲コンクール」を開催。⑫日本作曲家協議会（JFC）も、2001（平成13）年から特定の演奏者を想定した室内音楽曲の作品が対象の「JFC作曲コンクール」を主宰している。⑬その他に、洗足学園音楽大学が、2011（平成23）年に「洗足現代音楽作曲コンクール」を開催した。

　第２は、新聞社や企業・会社が創設している音楽賞である。新聞社の音楽賞は、既に第３部第１章の新聞社の賞で特に朝日新聞社が児童・学生・主婦による演奏や合唱などの賞に深く関わっていることをみたが、さらに朝日新聞社は①全日本合唱連盟との共催で1971（昭和46）年に「朝日作曲賞（合唱部門）」を、②全日本吹奏楽連盟との共催で1990（平成２）年に「朝日作曲賞（吹奏楽部門）」も設けた。③そして、朝日新聞社は、日本現代音楽協会との共催で1991（平成３）年に現代音楽の優れた演奏者や楽団を対象にする「朝日現代音楽賞」を創設したが、2016（平成28）年に幕引きされた。この朝日新聞へ交差的に対抗するかのように、読売・毎日新聞社も音楽賞に関わっている。④日伊音楽協会は、日本のオペラを担う人材の発掘のため1964（昭和39）年から「日伊声楽コンコルソ」を開催したが、読売新聞社は第５回以降に共催者となった。⑤毎日新聞社も、1970（昭和45）年から日本イタリア協会と共催でピアノ演奏やソプラノ・テノール・バスなどの歌手を対象にする「イタリア声楽コン

コルソ」を開催している。この他、⑥神戸新聞社と神戸新聞文化財団は、1997
（平成9）年に新進のクラシック音楽家が対象の「松方ホール音楽賞」（松方ホー
ルは初代社長の松方幸次郎を顕彰する会館）を創設している。

　企業・会社の手になる音楽賞としては、①楽器会社のヤマハ・グループが
2007（平成19）年に23歳以下のアマチュア・ミュージシャンが対象のコンテ
ストの「Music Revolution」を開催したが、2016（平成28）年に惜しまれな
がら幕を閉じた。②音楽会社のシド音楽企画は、1997（平成9）年よりプロ
の演奏家が公募作品の中から演奏作品を選定して演奏する「日本音楽展・作曲
賞」を開催。しかし、注目されるのは、こうした楽器会社や音楽会社以外の企
業・会社が音楽賞を創設していることだ。例えば、③石油会社のモービルは、
1971（昭和46）年に「モービル音楽賞」を創設したが、その後、合併などに
より「エクソンモービル音楽賞」、「東燃ゼネラル音楽賞」、「JXTG音楽賞」と名
称を変更しつつ、2010（令和2）年からは「ENEOS音楽賞」となった。対象
は、邦楽・洋楽部門の演奏、作曲、歌唱、研究などである。④1990（平成2）
年、出光興産（現出光昭和シェル）は、クラシック部門の若手作曲家、演奏
家、学術研究者を対象にする「出光音楽賞」を創設した。⑤新日本製鉄（現日
本製鉄）は、クラシック音楽の指揮者、演奏家、歌手、プロデューサーが対象
の「新日鉄（日本製鉄）音楽賞」を設けた。⑥ホテルオークラは、1996（平成
8）年に指揮者、ピアノ・チェロ・ヴァイオリンなどの演奏者、ソプラノ・テ
ノール歌手などが対象の「ホテルオークラ音楽賞」を創設した。これら音楽に
関わりの薄い企業・会社による音楽賞の創設は、メセナ（企業・会社による文
化・芸術活動の支援）の意味を込めながら、企業・会社の知名度やイメージ・
アップを図る狙いがあるといえよう。

　第3は、音楽のジャンル別にコンクールとともに設けている音楽賞などであ
る。クラシックの独唱曲である歌曲では、①台東区の旧東京音楽学校奏楽堂
が1994（平成6）年から「奏楽堂日本歌曲コンクール」を、②日本歌曲振興波
の会が、2004（平成16）年より「日本歌曲コンクール」を開催している。シ
ャンソンでは、③日本シャンソン協会が1964（昭和39）年より「日本シャンソ
ンコンクール」を開催し、④他に実行委員会方式で2017（平成29）年より「軽
井沢シャンソンコンクール」と「浜松シャンソンコンクール」が開催されてい
る。ただ、これらのシャンソンコンクールには、先に指摘したコンクールにお

ける賞の〈権威性〉の〈商品化〉ないしは〈企業化〉の臭味がある。ミュージカルでは、⑤ミュージカル雑誌の『ミュージカル』が、1982（昭和57）年から「ミュージカル・ベストテン」を発表しているが、コンクールとしては⑥宝塚市と宝塚文化振興財団が1996（平成8）より「宝塚ミュージカルコンクール」を、⑦座間文化芸術振興会が2014（平成26）年から「座間全国ミュージカルコンクール」を開催している。オペラでは、⑧藤沢市で元福原歌劇団の指揮者であった福原陽一郎の指導の下、市民・プロの音楽家と行政のコラボによる市民オペラが1972（昭和47）年より2～3年の間隔で開催されたが、1992（平成4）年には藤沢市・教育委員会、藤沢市芸術文化振興財団による「藤沢オペラコンクール」の開催に転じた。⑨ジローレストラン・システム（kk）社長の沖広治の肝いりで、1973（昭和48）年から1997（平成9）年まで「ウインナーワールドオペラ賞」、「ジロー・オペラ賞」が展開された。⑩五島慶太記念文化財団（現東急文化財団）は、1990（平成8）年に美術とオペラ部門からなる「五島記念文化賞」を創設した。⑪1996（平成8）年には、オペラ歌手（「蝶々夫人」で著名な）三浦環没50年を記念し、トリエンナーレの「静岡国際オペラコンクール」が開催された。主催は、静岡県・教育員会、浜松市などで、外務省、文化庁、地元新聞社・放送局が後援している。

第2項　歌謡分野（盛衰顕著な歌謡曲と童謡・民謡）の賞

　歌謡分野（ジャンル）は、さらににいわゆる歌謡曲（戦前から戦後にかけては流行歌、その後は歌謡曲からポピュラーソングへ）、童謡、民謡の3分野に分ける。

　（1）いわゆる流行歌と言われてきた歌謡曲の賞は、歌謡曲の盛衰・変遷を示唆する。というのも、多くの歌謡曲の賞は、平成時代への推移、1990年代初頭までに終幕しているからだ。それは、（戦後）昭和歌謡の終焉であった。それを象徴するのが、1989（平成元）年の女王美空ひばりの死去であった。終焉の反面は、世代交代と歌謡曲の多様化―演歌、ジャズ、リズム・アンド・ブルースなどからフォーク、ロック、ニューミュージックへ、あるいはグループ・サウンズやバンド・グループの台頭など―の中で音楽家（ミュージシャン）がアーティストと呼ばれるようになり、彼・彼女らの作詞・作曲、演奏がJ-POPと称され流行することになった

　そもそも、演歌を中心にした（戦後）歌謡の黄金期は、1960年代中期頃から1970年代中期頃にかけてであった。筆者は、それに関して次のように論じたことがある。全盛期がちょうど高度経済成長期と重層することからして、演歌が艶歌、怨歌などとも称されることはゆえある。というのも、高度経済成長は、急激な人口の大量移動（「民族の大移動」とも称された）と激しい人口流動（昨日は横浜、今日は神戸、明日は博多のように）を惹起し、1つには、赤の他人同士の男と男、女と女、男と女の出会い（友情や恋愛など）と別離（裏切りや悲恋など）を生み出し、もう1つは、明治以来の故郷に錦を飾るという立身出世主義が残存する中で多くの挫折や失敗、諦観を生み出したからだ。高度経済成長期は、多くの人々にとっていわば人生のシュトルム・ウント・ドラング（疾風怒濤）期だったのである（拙論「高度経済成長と演歌（艶歌・怨歌）」『東洋』2001年、第38巻第7号）。かかる土壌の下で、各ラジオ・テレビ局が激烈な〈水平的な競合・競争〉にのめり込み、まさに典型的な直対応である〈横並び〉となり競って音楽祭や歌謡ショーを展開した―当時、夜の8時台はテレビのどのチャンネルも歌謡番組に占められる状況であった―ことが、演歌中心の昭和歌謡の黄金期をもたらした。そして、高度経済成長の終焉とともに徐々に衰退し、平成時代への突入期、1990年代の初頭に終幕をを迎えたといえる。そのことは、次のように歌謡賞の歴史自体が示している。

　まずは、新人歌手が対象のラジオ局の音楽祭である。その創設年順と終幕年を示してみよう。①主催は新都心新宿PR委員会（会長が紀伊国屋書店社長の田辺茂一）だが、文化放送が生中継した「新宿音楽祭」（1968・昭和43年～1994・平成6年）で、②続いてニッポン放送の「銀座音楽賞」（1973・昭和48年～1990・平成元年）、③翌年がPFラジオ（当時のラジオ関東）の「横浜音楽祭」（1974・昭和49年～1991・平成2年）、④さらに翌年には朝日放送の「ABC歌謡新人グランプリ」（1975・昭和50年～1993・平成5年）となる。次は有線放送の歌謡大賞であるが、2件とも1968（昭和43）年に開始され、リクエスト回数を大賞決定の基準にしていた。①その1つは、大阪有線放送（USEN）―全日本有線音楽放送協会（全音協）は非加盟であった―による「日本有線大賞」（2017・令和元年に終幕）である。②もう1つは、読売テレビとUSENの「全日本有線放送大賞」（2000・平成12年に終幕）である。同賞は、その後、「ALL JAPANリクエストアワード」から「ベストヒット歌謡

祭」と名称を変えて継続している。

　さらに、テレビ局などの音楽祭である。早いものとしては、①ヤマハ音楽振興会の「世界歌謡祭」（1970・昭和45年〜1989・平成元年）である。②次が、東京音楽協会の「東京音楽祭」であるが、それは国内大会（1972・昭和47年〜1985・昭和60年）と世界大会（1972・昭和47年〜1990・平成2年）からなる。テレビ局による音楽祭の最初は、①フジテレビ系列26社に日本音楽事業協会、音楽出版協会、日本レコード協会が協賛して開催した「FNS歌謡グランプリ」（1974・昭和49年〜1990・平成2年）である。次は、②日本テレビの「輝け日本テレビ音楽祭」（1975・昭和50年〜1990・平成2年）と、③テレビ朝日の「あなたが選ぶ全日本歌謡音楽祭」（1975・昭和50年〜1990・平成3年）である。④テレビ東京と日本短波放送は、その後、演歌・ポップス・新人の3部門からなる「メガロポリス歌謡祭」（1982・昭和59年〜1994・平成6年）を開催している。⑤NHKテレビの「NHK新人歌謡コンテスト」（1991・平成3年〜1997・平成9年）は、デビュー1年（その後3年）以内の歌手を対象にしたが、まさに昭和歌謡の最盛期の終焉後という後発であったがゆえに短命に終わった。

　最後に、三大演歌大賞であるが、それは①日本作詩家協会の「日本作詩大賞」（1968・昭和43年）と、②TBSの「日本演歌大賞」（1975・昭和50〜1991・平成3年）、③古賀政男音楽文化振興財団が主催しNHKが後援する「古賀政男記念音楽賞」（1980・昭和55〜1989・平成元年）である。その他、④1994（平成6）年に「演歌ルネッサンス新人歌謡大賞」が小豆島同賞実行委員会により主催され、⑤また「日本有線大賞」の後継として2019（令和元）年に「日本演歌歌謡大賞」が創設され、全音協と同賞実行委員会が主催している。

　以上、ラジオ局や有線放送、テレビ局の歌謡賞と三大演歌賞という4つの歌謡祭（賞）は、演歌を含む昭和歌謡が全盛期に入った1975（昭和50）年前後のピーク時に設定され、1990（平成2）年前後に終焉したことを如実に示している。その他の演歌・歌謡祭（賞）としては、①全音協と実行委員会が、2019（令和元）年に「日本有線大賞」の後継として「日本演歌歌謡大賞」を創設した。②放送音楽プロデューサー連盟による「日本歌謡大賞」（1970・昭和45年〜1993・平成5年）や、③作曲者を曲名・歌手セットで表彰するTBSの「日本作曲大賞」（1981・昭和56年〜1991・平成3年）があり、④さらに日本音楽

著作家連合会が、1984（昭和59）年に作詞家の藤田まさとを顕彰する「藤田ま
さと記念・新作歌謡詩コンクール」を創設・開催している。

　次は、レコードやCD、ビデオ関係の歌謡賞であるが、①まず欠かせないの
は、1959（昭和34）年、日本作曲家協会が提唱しTBSの後援で「日本レコー
ド大賞」が創設されたことである。レコードの売り上げを左右するような賞で
あったため、選考がレコード会社と関係あるのではないかと取りざたされた。
②1963（昭和38）年には、月刊誌『レコード芸術』発刊の音楽の友社が、「レ
コード・アカディミー賞」を創設した。これは、1年間に発売されたクラッ
シック分野におけるレコード・ディスクの15部門（交響曲、管弦楽曲など）の
優れた演奏などが対象。③音楽情報サービス会社のオリコンは、1968（昭和
43）年にレコードのシングルとアルバムの年間売上1位などが対象の「日本レ
コードセールス大賞」を創設したが、2003（平成15）年には一旦終幕し、翌
2004（平成16）年からは「オリコン年間ランキング」に転じた。④日本レコー
ド協会は、1987（昭和62）年にレコード（CD、DVD、BDなどの音楽ソフト
を含む）の売上に基づく大賞（アーティスト・オブ・ザ・イヤー）の他、シン
ブル、アルバム、演歌、クラッシックなどが対象の「日本ゴールドデスク賞」
を創設した。ただ、1990（平成2）年前後から、レコード・ジャケットは音楽
のCDやDVDに取って代わら始めていた。その音楽CDに関しては、⑤全日
本CDショップ店員組合が、2009（平成21）年に音楽CDが対象の大賞・部門
賞・地域ブロック賞を店員の投票で決定する「CDショップ賞」を立ち上げ、
⑥2011（平成23）年には、やはり音楽CDが対象の「ミュージック・ジャケッ
ト賞」を設けた。

　さらに、21世紀に入ると、幾つかのアイドル賞の登場が注目される。例え
ば、①ライターで編集者のピロスエ（鈴木亮一）は、2012（平成24）年から
「アイドル楽曲大賞」を主催し、メジャーアイドル、インディーズ地方アイド
ル、アルバム、推し箱の4部門を投票で決定している。②2014（平成26）年か
ら実行委員会が主催し、フジテレビなどが後援する「アイドル・ソロクイー
ン・コンテスト」はプロのアイドル歌手が対象。③実行委員会の主催でテレ
ビ朝日が後援する「愛踊（アイドル）祭」（2015・平成27〜2019・令和元年）
は、女性アイドルのエリア代表・決勝大会というコンテストであり、④同じく
実行委員会の主催で2019（令和元）年に始まった「NEXT IDOL GRANPRIX」

も日本の女性アイドルのコンテストである。従来の2～3人や4～5人のグループではなく5人以上、10～20人くらいの女性アイドル集団による歌とダンスというスタイルの現象は、1997（平成9）年に登場したモーニング娘あるいは2005（平成17）年のAKB48あたりがはしりなのか。

（2）童謡分野（ジャンル）の賞には、既述の冠賞「サトーハチロー賞」と「新しい童謡コンクール・三木露風賞」の他、日本童謡協会による次の3賞がある。①あらゆるメディアで発表・演奏された童謡が対象の「日本童謡賞」（1971・昭和46年）。②東京書籍（kk）の協賛を得て、童謡文化の普及・発展に貢献した個人・団体を対象にする「童謡文化賞」（2002・平成14年）。③雑誌『赤い鳥』の創刊から童謡誕生100周年（2018・平成30年）を記念して新たに設けた「新作童謡、作詩・作曲コンクール・ふたば賞」である。

（3）最後は民謡分野（ジャンル）であるが、ほとんどは民謡大会や民謡コンクールに伴う賞となっている。大会やコンクールは、大きく新聞社・放送局主催と民謡団体主催に2分しうる。新聞社・放送局主催のものとしては、①民謡の里・東北を対象にし、NHKが東北各県で開催している「NHK東北民謡コンクール」（1959・昭和34年）、②東北民放テレビ6社が、6県持ち回りで開催している「全東北民謡選手権大会」（1972・昭和47年）が挙げられる。その他、③産経新聞社が、大阪府・大阪市・関西テレビ・大阪放送などの後援を得て大賞、壮年、健声、少年少女の4部門で競う「産経民謡賞」（1966・昭和41年）がある。④1978（昭和53）年に日本テレビが開催した「輝け！日本民謡大賞」は、全国各地での予選会を通過した歌手が出演して競うものであったが、最大スポンサーの三菱自動車が降板したため1992（平成4）年に終幕した。

民謡団体の大会（コンクール）やフェスティバルには、次が見られる。①最大の団体である日本民謡協会は、「津軽三味線コンクール全国大会」、「日本民謡フェスティバル（現民謡民舞全国大会）」の他、「民謡民舞連合大会」、「民謡民舞少年少女全国大会」などを展開している。そうした中で②読売新聞社・報知新聞社後援の「津軽三味線コンクール全国大会」と、③文化庁・東京都・NHK・読売新聞社・報知新聞社後援の「日本民謡フェスティバル」の賞は、民謡界の権威ある賞とされている。④全大阪みんよう協会が、1996（平成8）年から幼稚園児と小・中学生が対象の「日本民謡ジュニアフェスティバル」も若手民謡歌手の登竜門として評価されている。⑤文化放送を中心に設立され

た日本郷土民謡協会は、1972（昭和47）年に「郷土民謡青少年みんよう全国大会」と民謡・民舞・三味線・尺八などの部門ごとに表彰を行う「郷土民謡民舞全国大会」を開催した。こうした日本の民謡全般を対象にする大会ではなく、特定の民謡を対象に競う大会（コンクール）もある。その典型は、①江差追分会が1963（昭和38）年から開催している「江差追分全国大会」だが、同会は1996（平成8）年に「江差追分熟年・少年全国大会」を設けた。②先の全大阪みんよう協会や高槻郷土民謡連絡会などは、1982（昭和57）に実行委員会を結成し「淀川三十石舟唄全国大会」を開催している。③陸奥新報社、弘前市、弘前観光コンベンション協会は、1986（昭和61）年から「桜歌グランプリ争奪・津軽五大民謡全国大会」を開催している。津軽五大民謡とは、津軽じょんがら節、津軽あいや節、津軽おはら節、津軽よされ節、津軽三下りである。その他、④1989（平成元）年に実行員会によって開催された「道南口説節全国大会」や、⑤淡海節保存会が2019（令和元）年に開催した「淡海節全国大会」などが見られる。

第3節　演芸・その他の賞

第1項　演芸分野（演芸各種、落語、漫才、手品）の賞

（1）まずは、演芸各種が対象の賞を創設年順に挙げる。①大阪市は、1967（昭和42）年に故人が対象の演芸、演劇、舞踊、音楽分野の芸能人や芸能活動への功績を顕彰する「上方芸能人顕彰」を始めたが、2002（平成14）年に「上方芸能文化顕彰」に改称した。②フジテレビは、1973（昭和48）年に—その後、1982（昭和57）年に関西テレビも加わる—前年度活躍した芸能人が対象の大賞の他、落語、漫才、コント、漫談、声帯模写、奇術、浪曲などの部門も対象の「日本放送演芸大賞」を創設したが、1987（昭和62）年に幕引きされた。③1979（昭和54）年開設の国立演芸場は、月例の花形演芸会を基にし落語、上方落語、漫才、浪曲、音曲などが対象の「花形演芸大賞」を設けた。それは若手芸人の登竜門となっている。④1981（昭和56）年、関西テレビ制作・フジテレビ系列の演芸番組「花王名人劇場あなたが選ぶ花王名人大賞」は、落語、漫才の大賞や浪曲、ものまね（声帯模写）なども含めた新人や芸能の功労者などが対象の各賞を設けた。第1回の大賞は、横山やすし・西川きよしが受賞したが、1987（昭和62）年に終了した。⑤台東区芸術文化財団は、1984（昭和59）

年に東京を拠点にする大衆芸能のプロが対象の「浅草芸能大賞」を創設した。落語家、漫才師、講談師、コメディアン、タレント、手品師、歌手、俳優などが受賞。⑥落語家の林家彦六とその妻岡本マキは、将来性ある若手落語家の育成のためや寄席文化への貢献者（寄席文学・評論家、プロデューサー、音曲師など）が対象の「林家彦六賞・岡本マキ賞」（1996・平成8〜2009・平成21年）を、同賞基金を設立して創設した。⑦大阪府上方演芸資料館は、1998（平成10）年から「上方演芸の殿堂入り」を始めたが、第1回に桂春団治、横山エンタツ、花菱アチャコら6人が殿堂入りした。⑧一風変わったものとしては、徳川夢声の生誕地である島根県益田市の市民有志が、2001（平成13）年より話芸に秀でた人物を顕彰する「徳川夢声市民賞」を立ち上げた。⑨渡辺音楽文化フォーラムは、2006（平成18）年にエンターテイメント業界で優れた業績を挙げたプロデューサーや功労者を顕彰する「渡辺晋賞」を創設した。

　（2）落語分野の賞である。これも創設年順に追ってみるが、まずNHK主催による賞を挙げる。というのも、早くから芸能分野の賞を設けつつも、その後、紆余曲折をしているからだ。すなわち、NHKは、①1956（昭和31）年に「NHK新人漫才コンクール」を、②1972（昭和47）年に「NHK落語コンクール」を創設したが、1987（昭和62）年に両者を統合して「NHK新人演芸コンクール」とした。そうして、③1991（平成3）年にはそれを「NHK新人演芸大賞」へ改称したが、2014（平成26）年には再び「NHK新人お笑い大賞」と「NHK新人落語大賞」に分立した。この新人賞の他、落語ではなく漫才の分野だが、④NHK大阪放送局が1971（昭和46）年より若手漫才師が対象の「NHK上方漫才コンテスト」を主催し、⑤NHKとNHKエンタープライズは、1999（平成11）から2010（平成22）年まで観覧審査員の投票でオンエアを決定するお笑いコンテストの「爆笑オンエアバトル」を展開した。

　このNHK以外では、⑥2004（平成16）年、落語協会が「新作落語台本・脚本賞」を創設し、⑦共同通信社が、キャリア13年未満の二つ目を対象にする「東西若手落語家コンペティション」を2007（平成19）年より開催。⑧上方落語協会が、2015（平成27）年に「上方落語若手噺家グランプリ」を創設した。⑨同じ年に東京渋谷の映画館ユーロスペースが、毎月5日間、若手の落語家（二つ目）による渋谷落語寄席を開催、年間を通じて活躍した二つ目に「渋谷らくご大賞」を、創作らくごネタおろし会のグランドチャンピオンに「創作

らくご大賞」を授与している。⑩上方落語協会は、2015（平成27）年に岩井コスモ証券の後援を得て「岩井コスモ証券presents上方落語台本賞」を設けた。

　このように落語の賞は、次の漫才の賞に比すると数が少ない。それは、落語家（噺家）になるには漫才師（お笑い芸人）になるよりもはるかに長い修業を要することが一因ではないか。言いかえれば、漫才師（お笑い芸人）となるには、極論的には素人でも、あるいは養成学校を出た駆け出しでもコンクールなどで入賞・優勝でもすれば、それがデビューとなりプロへの道が開ける。それゆえに、お笑い芸人志望の予備軍が多く、コンクール・コンテストなどが多く設けられる背景にとなる。それにテレビ・ラジオ局は、芸能番組づくりのために若手の新人お笑い芸人を求め、しかもそのためのコンクール・コンテストがドラマなどに比すれば比較的に安い制作費で実施でき、かつ一定の視聴率を確保できることなども、コンクール・コンテストが多く設けられる要因であろう。

　ところで、漫才中心のお笑いコンクール・コンテストやそれに伴う賞は、〈メジャー〉と〈マイナー〉に分けることができる。〈メジャー〉なコンクール・コンテスト・賞は、テレビ・ラジオ局が新人を発掘するため、前記の音楽祭・歌謡祭のように〈水平的な競合・競争〉を展開する中で相互に対抗してきた。NHKによる漫才の新人コンクールは既述したので、それ以外の放送局によるコンクール・コンテストを創設年順に見てみよう。最も早いのは、①ラジオ大阪（CBC）が、1966（昭和41）年に創設し、大阪府・大阪市・産経新聞が後援の「上方漫才大賞」である。大賞（年間最も活躍した漫才師）、奨励賞（中級レベルの漫才師）、新人賞からなる。②次に読売テレビ（YTV）が、1972（昭和47）年から漫才・落語が対象の「上方お笑い大賞」を設けたが2006（平成18）年に終幕し、③それを継承する形で「笑いの超新星」（2007・平成19〜2009・平成21年）を設けたものの短命に終わった。④朝日放送（ABC）は、1980（昭和55）年に「ABC漫才・落語新人コンクール」を創設し、1989（平成元）年に「ABCお笑い新人グランプリ」に改称し若手の漫才師・落語家の登竜門と評価される至ったが、2012（平成24）年には「ABCお笑いグランプリ」に改変し新人賞ではなくグランプリ（大賞）へ転じている。⑤さらに毎日放送（MBS）が、2003（平成15）年に現役の高校生を審査員とする漫才のコンテスト「MBS新世代漫才アワード」を創設したが、2012（平成24）年に「MBS漫才アワード」へ改編している。この他、テレビ・ラジオ局が主催する

コンクール・コンテストや賞には、次がある。⑥TBSテレビとコント事務局は、2008（平成20）年にコントのコンテストである「キングオブコント」を始めた。プロ・アマを問わず、各地の予選会に参加でき、東京で決勝戦が行なわれた。⑦「お笑いハーベスト大賞」（2010・平成22〜2018・平成30年）は、日本音楽事業協会が主催していたが、2019（令和元）年からは同協会とフジテレビの共催となった。⑧2013（平成25）年、毎日放送（MBS）はオリジナル曲や替え歌、リズムなどを混じえたお笑いコンテストの「歌ネタ王決定戦」を創設し、⑨同じ年に琉球朝日放送がプロ・アマを問わない「お笑いバイアスロン」を創設した。⑩2017（平成29）年、日本テレビ放送網が、「女芸人No1決定戦THE W」を開催した。

　以上のようなテレビ・ラジオ局主催の漫才コンクール・コンテストに対抗しているのが、吉本興業だ。その吉本が主催などに関わっているコンクール・コンテストは、5件見られる。①2001（平成13）年に開始した若手漫才師の日本一を競う「M‐1グランプリ」で、ABCテレビが制作したが2010（平成22）年に終了した。それに代わるのが、②2011（平成23）年に創設された「日清食品THE MANZAI年間最強漫才師決定トーナメント」であった。しかし、それも2014（平成26）年に終幕するという短命に終わり、2015（平成27）年の「M‐1グランプリ」の復活となった。③「M‐1グランプリ」に次いで2002（平成14）年に創設されたのが、プロ・アマを問わずにピン（一人）芸が対象の「R‐1グランプリ」であった。④「高校生のお笑いNo1」を決めるイベントとして開催された「全国高等学校お笑い選手権『M‐1甲子園』」（2003・平成15〜2008・平成20年）であるが、2009（平成21）年には「ハイスクールマンザイ」にリニューアルされテレビ朝日が制作局に。⑤上方漫才協会と共催で芸歴10年程度の若手漫才師が対象の「上方マンザイ協会賞」を設けた。

　この吉本興業関連以外では、①漫才協会が2003（平成14）年に「漫才新人大賞」を創設した。当初は、協会以外の芸人も参加できたが、2016（平成28）年からは協会所属芸人のみが対象となった。②翌2003（平成14）年には、在京プロダクション38社からなるお笑いコンペティション実行委員会がピン芸、漫才、コント、パフォーマンスなど対象の「お笑いホープ賞」を実施したが、参加資格はやはりプロダクション所属芸人に限られている。③2013（平成24）年、在阪の著名人や会社経営者などが関西演芸文化の向上・発展を図るために

NPOの関西演芸推進協議会を結成し、漫才、漫談、スタンダップ、コメディなどが対象の「関西演芸しゃべくり話芸大賞」を創設した。

　こうしてみると、もちろん上方落語はあるのだが、自明のごとく落語（噺家）の分野の重心は東京に、漫才（お笑い芸人）の重心は大阪・関西にあることが知れる（もっとも、大阪・関西でデビューしたお笑い芸人も、出世と売りのため東京を目指すようだが）。それを象徴するのが、大阪・関西には〈マイナー〉な漫才のコンクール・コンテストや賞が存在することだ。例えば、①今宮戎神社が受賞経験はないもののプロを目指す芸人を対象に1980（昭和55）年から開催の「今宮こどもえびすマンザイ新人コンクール」、②エフエム尼崎が2001（平成13）年から実施の「新人お笑い尼崎大賞」、③交野市駅前商店街・交野市商業連合会が交野市の後援、吉本興業の協力を得て2020（令和2）年から始めた「北河内新人お笑いコンクール」、などである。

　（3）手品・奇術（マジック）の分野である。①日本奇術協会は、各年、協会員に対し奇術の殿堂入り、日本奇術協会賞、松旭斎天洋賞、協会特別賞、功労賞、フェローシップ賞、ホープ賞などの授賞を行いながら、1990（平成2）年より「奇術の日コンテスト」を展開。因みに、奇術の日とは、マジックの掛け声であるワン・ツー・スリーに当たる12月3日である。②1991（平成3）年から、不思議倶楽部（プロのマジシャンである深井洋正が主宰）が「なにわのマジックコンベンション」を開催している。その他、③アマのマジシャンの風呂田政利が発起人で1968（昭和43）年に「石田天海賞」を創設したが、1997（平成9）年に幕引きした。第2回には厚川昌男が、最終の第30回には風呂田が受賞しているが、④マジックランド（kk）は、1989（平成9）年に厚川が選定する「厚川昌男賞」―厚川はマジック愛好家で推理小説作家の泡坂妻夫の本名―を設けた。⑤また国際マジック賞として著名なマジック・キャッスルは、1968（昭和43）年から「マジシャン・オブ・ザ・イヤー」を実施しているが、日本人マジシャンとしては1973（昭和48）年に島田晴夫が、1989（平成元）年にプリンセス・テンコーが、2006（平成18）年にセロがそれに輝いている。

第2項　その他の分野の賞

　最後に、これまで分類してきた賞の分野（ジャンル）に収まりきれない賞を散見することにする。その典型は、『現代用語の基礎知識』を発行する自由国

民社が1984（昭和59）年に創設し、年末に各メディアに取り上げられて著名になった「流行語大賞」—2004（平成16）年からはスポンサー名を追加した「ユーキャン新語・流行語大賞」となる—であるが、以下、次のようなタイプが見られる。

（1）鉄道の賞であるが、そのほとんどを鉄道友の会が設けている。①「鉄道趣味顕賞」（1984・昭和58〜2003・平成15年）。鉄道車両に対するエバーグリーン賞、鉄道事業の運営や業績に貢献した施策・技術をもたらした会社・団体に対するグローリア賞、鉄道趣味に業績を残した人物に対するシルーバー賞の3賞からなる。②授賞前に営業を開始した新造車両に対する「ブルーリボン賞」（1958・昭和33年）と改造車両に対する「ローレル賞」（1961・昭和36年）。③新幹線の父で、鉄道友の会の初代会長である島秀雄を顕彰する「島秀雄記念優秀著作賞」（2008・平成20年）。④この他に、国土交通省と「鉄道の日」実行委員会が、鉄道に関する施設整備・サービス、映画・アート・楽曲・写真集・テレビなどの優れた取り組みが対象の「日本鉄道賞」（2002・平成14年）を設けた。「鉄道の日」とは、新橋・横浜間に鉄道が開通した1872（明治5）年の10月14日である。

（2）お酒の賞。①1911（明治44）年に始まった全国新酒鑑評会は、戦後、日本酒造組合中央会と酒類総合研究所の主催となり、毎年鑑評会を実施し各賞が選定されている。②全日本国際酒類振興会は、1989（平成元）年から海外で日本酒の素晴らしさを認知してもらうために「全国酒類コンクール」を開催している。その他、③地域に根ざした食活動を実践している個人・団体からなる日本スローフード協会と酒文化研究所が実行委員会を構成し、2009（平成21）年から開催している「全国燗酒コンテスト」や、④同じく実行委員会方式で2012（平成24）年から市販の日本酒のみを対象に開催されている「SAKE COMPETITION」がある。しかし、お酒の賞は、ワインや焼酎、地ビールなど酒類ごとにコンクールなどが開催され、それに伴う賞がまだまだあることが推察される。

（3）競合的な特殊な賞。例えば、①日本伝書鳩協会と日本鳩レース協会は、距離別などの多様な鳩レース（勝負）を展開し、様々な賞を設けている。②また2016（平成28）年には、競合的な2つのトイレ大賞が誕生した。1つは、「暮しの質向上委員会」の提言を受けて内閣官房が主催する「日本トイレ

大賞」で、もう1つは、日本トイレ研究所が主催する「日本トイレひと大賞」で、ともにトイレ・排泄の改善に取り組んでいる個人・団体が対象。こうした競合的な特殊な賞以外にも、特殊な賞が見られる。例えば、③手帳製作会社の高橋書店は、王子製紙と北越製紙の協賛で1997（平成9）年から手帳に関する「名言大賞」と商品企画対象からなる「手帳大賞」を設けた。④お香の老舗である松栄堂は、1985（昭和60）年からお香に関するエッセイを対象にする「香大賞」を創設した。⑤NPOの市民ネットワークは、2002（平成4）年に飼育動物の幸福な暮らしを実現するための方策を募る「エンリッチメント大賞」を創設した。さらに、伝書鳩レースの〈勝負事〉と同様の〈勝負事〉のものとして、⑥1986（昭和61）年から全日本かるた協会が主催し、朝日新聞社と明治神宮が後援する「全国選抜かるた大会」がある。そもそも〈勝負事〉の賞の典型はスポーツの賞であるが、スポーツ賞は極めて膨大であるためそれに踏み込むと別巻を要するので本書の冒頭で述べたように全く除外することにした。しかし、スポーツ以外でも、例えば、プロ・アマの囲碁や将棋の賞、あるいは競馬の賞なども〈勝負事〉なのでやはり割愛することにした。

終　章　人はどうして賞を欲しがり、
　　　　　授けたがるのか・まとめ

　学校や企業・会社などの組織内部での賞やスポーツの賞などの〈勝負事〉の賞、海外の賞を除いたにもかかわらず、読者は本書で挙げられた賞の多さ—中止や終了も若干含むが—に驚かざるを得ないであろう。しかも、本書で整理・考察した分野（ジャンル）別あるいは創設・主催者別の賞は、全てを網羅したものではなく、把握しきれなかった賞がまだまだあることを示唆してきた。だから、その数は、さらに増大しよう。とすると、私たちは、あたかも賞の大海を漂うように成長し職業を得て生活し生きているかのようになろう。

　だが、そうではない。そもそも、賞を創設・主催する授賞側は、位階・勲章などの若干を除けば、広狭の差はあろうが序で示したように授賞の分野や対象—作品・技能・活動や個人・団体など—を限定している。他方で受賞を願望したり獲得を目指す側でも、基本的には職業生活や社会活動などの射程領域・範囲内において直接・間接に賞とかかわる。もちろん、射程領域・範囲内にあっても、賞に無関心・無知識な人々も多くいる。しかし、また関心や知識があったとしても、例えば職業生活や社会活動などの射程領域・範囲内にある伝統・新興芸術分野の賞に興味・関心を抱く人びとは、基本的に学者・研究者が対象の学術分野の賞には無関係、無関心であろう。逆もそうであろう。かくして、人びとによって多少の広狭の差はあろうが、私たちを現実に取り囲んでいる賞の数はそう多いとはいえない。広い世間も意外と狭いといえようか。

　にもかかわらず、総体として賞の数が膨大な量にのぼるのは、これまで繰り返し指摘してきたように、まずもって各分野における賞の創設・主催間の激しい〈水平的な競合・競争〉にある。それは、〈官〉の賞、〈公〉の賞、〈民〉の賞にもある。そして、〈官〉〈公〉〈民〉における各分野の主体が、競合・競争する中で様々動機・契機からそれぞれの狙い・目的のため賞を創設・主催し授与したがる—〈授けたがる〉—のである。それを簡単にまとめれば、こうなる。

　〈官〉の位階・勲章・褒章をめぐる国家間の〈水平的な競合・競争〉は弱いが、政府省庁が創設・主催する賞やそれらが〈民〉の創設・主催する賞を後援

したりする場合の競合・競争は前者の栄典に比すればはるかに強い。前者は、国家の名において位階・勲章・褒章の創設・授与を独占し、かかる栄典制度が確立・安定すれば他国と競争する必要性が薄れるからだ。明治期には、特に西欧諸国との競合・競争の中で栄典制度が創設・整備さたが、終戦後は新憲法に即した栄典制度の再編を見たものの、とりわけ他国との競合・競争を行う必要はなかった。ただし、今後、対外紛争が軍事衝突から戦争にでも発展した場合には、より他国に目配りした栄典制度の新たな再編が行われることはありうる。いずれにせよ、位階・勲章・褒章という栄典は、根本的に国家（権力）の正当性・権威を高めるとともに、それへの忠誠・奉献・協調の調達・動員を目的にし、統治の円滑・安定化を図る優れて政治的・社会統制的な機能を果たしているといえる。

　他方、〈官〉の政府府省庁は、予算と権限の拡大・強化のため相互に予想以上の厳しい〈水平的な競合・競争〉を展開する。それは、府省庁が立案・執行する―いわゆる縦割り行政における―政策・施策・事業を巡って展開される。しかも、〈局あって省なし〉といわれるように、府省庁間のみならず府省庁内の各局間でも展開される。そうした中で、賞の創設・主催は、政策・施策・事業の周知や促進などのためのツールとして活用され、あるいは〈民〉の情報・事情を入手・掌握したり〈民〉の協力・協調を得るために〈民〉が創設・主催する賞を後援したり―それを〈名義貸し型〉と〈官・民協働型〉に２類型化した―する。それに、政府省庁としての〈官〉の賞行為（主催や後援など）には、政治家（大臣・長官）の思惑―売名や介入（権威誇示やリーダーシップ・権力発動）など―も関わってくる。

　こうして、政府省庁の賞行為も、広い意味での統治の円滑・安定化の機能を果たしているといえる。ということは、後援も含めた賞行為は、政府省庁・部局の〈安定的・発展的〉な存立・存続の企図に収斂されるといえる。逆にいえば、後者の企図から様々な賞の創設や主催・後援などが放射されるといえるわけである。

　次に、〈公〉の地方自治体（地方政府）間での各分野ごとの〈水平的な競合・競争〉も、創設・主催される賞の数からして府省庁間のそれと同様に激しいといえる。特に市町村は、都道府県以上に周辺自治体との、あるいは同規模自治体との〈横並び〉―隣がやればうちも、あすこがやればこちらもという―

意識を強く抱いてきた。だから、戦後の名誉称号贈与制や自治体栄誉賞制は、急速に普及した。かかる称号授与や顕彰は、国の勲章や褒章に相当し、地方自治体が地方政府であることの証であるとしたが、そうであるがゆえに称号贈与や顕彰は地方政府としての権力の発動・権威の誇示となり、統治の円滑・安定化を図るという政治的な機能を果たすといえる。それだけでなく、自治体功労者表彰や自治体文化賞も、前者に準じ権力の発動・権威の誇示と特に自治体行政への協力・協調を調達・動員する政治的な機能を果たしている。そして、次の広義の文化政策分野や地域活性化分野における様々な施策・事業の推進・促進を図るツールとしての賞と合わせ、それらは自治体・部課の〈安定的・発展的〉な存立・存続という根底的な企図に収斂されるのである。

　自治体は、それら以外にも文化・学術分野や文学・文芸分野、伝統・新興芸術分野、さらにはむら・まち起こしや地域づくりの分野などにおいて多くの賞を創設・主催していた。その特色の１つは、著名な出身者や縁故者の知名度を活用した冠賞が多いこと。２つに、狙いや目的として自治体の知名度の向上やイメージ・アップ、有能な人材の発掘・育成、若手の登竜門、地域社会や地域文化の振興・発展、出身者・縁故者の業績・精神の継承・発展、ふるさと意識の高揚、地域（ふるさと）の特性のアピールなどなどが唱われていた。こうした２つの特性を動機・契機として〈水平的な競合・競争〉を展開していることが、賞の多さをもたらしているといえる。ただ、賞の創設・主催は、あくまで政策・施策・事業の一環として設定され大きく二分しうる。１つは、広義の文化政策分野であり、もう１つは地域活性化分野である。だから、賞の創設・主催は、かかる分野の政策・施策・事業の自治体内外における周知度・知名度の向上を図ったり、政策・施策・事業の推進・促進を図ったりする誘引策（ツール）として活用されているといえる。その意味では、やはり政策・施策・事業の実績の誇示や統治の円滑化を図る機能を有しているわけである。

　しかし、自治体が賞の創設・主催を誘引策（ツール）として活用する点については、次の留意が必要である。第１に、特に地域活性化分野の賞は、バブル経済崩壊後における急速な地域の疲弊・衰退の中で各自治体が競って誘引策（ツール）として活用し始めたこと。第２に、特に広義の文化政策分野の賞は、財政危機や効果・効用がないとされると中止や終了に追い込まれやすいこと。それを裏返すと、賞の創設・主催を誘引策（ツール）として活用する安易

性が無きにしもあらずということである。第3に、賞の創設・主催が、政治家（首長・地方議員）の政治的な売名や介入（権威誇示やリーダーシップ・権力発動）などを招く恐れがあることだ。それを如実に示したのが、「あいちトリエンナーレ2019〈企画展〉表現の不自由展・その後」であった。

　最後に、〈民〉が主体となって創設・主催される賞であるが、本書の2/3はそれによって占められている。そのことは、〈民〉のそれぞれの分野によって差異があるものの、〈官〉や〈公〉に比すれば、〈民〉の主体間における〈水平的な競合・競争〉がいかに熾烈であるかを示すものだといってよい。〈賞の総合商社〉あるいは〈賞のデパート〉といえるとした新聞社間における授賞競争には、〈交差的〉ないしは〈棲み分け的〉な対抗・競合状況と〈直対応的〉な対抗・競合状況という2つのタイプが見られた。しかし、〈専門店〉といえる様々な〈民〉の主体、すなわち出版社、財団・社団・結社、学会、企業・会社などが、各分野で展開する〈水平的な競合・競争〉のほとんどは、それら団体・組織間相互の〈直対応的〉な対抗・競合であるといってよい。

　そうして、かかる主体間における競合・競争が熾烈なのは、端的にいえば、いわば〈市場の論理〉が作動する中で各団体・組織の存立・存続—さらなる成長・発展か停滞・衰亡か—に関わっているからである。すなわち、新聞社・放送局にとっては購読者や視聴者、出版社にとっては刊行する雑誌や書籍、財団・社団・結社にとっては運営財産や会員・会友、学会にとっては会員、企業・会社にとっては事業・収益などというそれぞれが拠って立つ基盤の拡大・増加か縮小・減少かに関わっているからである。そのため、ここで〈民〉が創設・主催する賞には、それぞれの活動・事業・団体の〈権威化〉の論理のみならず〈商品化〉の論理が創設・主催の動機・契機として内包されていることが窺える。かくして、各分野ごとに賞状況の特色・特性が形成されることになるが、それについては各分野別の賞の考察で小括的に取りまとめ指摘したところである。

　さて、賞の〈権威化〉が図られるのは、賞の社会的（分野的な世界や業界的）な認知・評価度を高めるためである。そうして、それとともに、以下で述べる受賞者側さらには賞の対象者側の〈世俗的な欲望〉や〈承認欲求〉、〈存在論的な欲望〉を誘引・昂進させ、公募の賞の獲得を目指す応募者やコンクール・コンテストなどへの参加者の〈量的〉な拡大・増加—それによる〈垂直

的な競合・競争〉の激化―をもたらし、非公募も含め賞の対象である作品や技能、活動などの〈質的〉な向上や革新をより促したりするからである。そして、〈権威化〉は、より一層〈商品化〉の論理の作動を容易にする。

　その〈商品化〉の論理とは、賞の創設・主催を通じて団体・組織の知名度やスティタスの向上とともに、団体・組織にとっての利益・収益の拡大・増加を図ることである。前記に即していえば、購読者・視聴者、雑誌・書籍の販売、運営資産や会員・会友、事業・収益などの拡大・増加を図り、さらに〈官〉〈公〉の統治機構と同様に、組織・団体の立て直しや活性化を、そして根底的には組織・団体の〈安定的・発展的〉な存立・存続を企図する（なお、学校や企業・会社などの内部における賞は考察の対象外としたが、組織・団体のメンバーを対象にする賞で指摘したように、内部のメンバーを対象にする賞の狙いは、基本的にメンバーの意欲＝モラールを刺激・高揚させ、組織・団体の立て直しや活性化、成長を図ることにあるといえる）。だから、賞の創設・主催は、かかる〈商品化〉の論理を作動・推進させるツールでもあるといえる。そうである故、また賞における〈商品化〉の論理とは、〈官〉や〈公〉における賞が政策・施策・事業の推進・促進を図る誘引策（ツール）であるとしたことと同定的であるといえるわけである。こうして、〈官〉も〈公〉も〈民〉も、各分野における〈水平的な競合・競争〉の中で賞を創設し〈授けたがる〉のである。

　ところで、賞の〈権威化〉には、大きく２つの手法が駆使される。１つは、賞の創設・主催者が、授賞の選定をその分野の専門家や識者などの権威筋に委ねることである。もう１つは、賞の創設・主催者が、外部とりわけ〈官〉に依存して箔を付けることである。〈官〉や〈公〉は、それ自体が統治機構として特定の、あるいは一定の権威性を有しているので前者によりその権威をさらに高めることはあっても後者の手法を駆使する必要はない。しかし、〈民〉には、〈官〉〈公〉のような権威性がないので、ほとんどが前・後者の手法を活用して賞の〈権威化〉を図る。その典型は、特に伝統芸術分野の公募展覧会における〈権威賞〉と〈権力賞〉にみられた。そうして、比較優秀性や独創性、先進性などの高い作品・技能・活動を輩出させ、賞の社会的（分野的な世界や業界）な認知・評価度が〈高度化〉するほど〈権威化〉も〈高度化〉する。文学分野における「芥川龍之介賞」や「直木三十五賞」が、それぞれの分野におけ

る最高権威の賞のパラメーターにされていることが、そのことを示している。ところが、前者の授賞の選定を各分野の専門家や識者などの権威筋に委ねることに反旗を翻したのが、文学分野の「本屋大賞」であり、以後、その授賞方式に準じるような賞が輩出することになった。そうした点については、第3部の第5章第3節で詳述したところである。

　さて、以上は、賞の創設・主催者—賞を〈授けたがる〉—側から捉えた賞行為の要点化である。しかし、賞行為は、賞の対象者や受賞者—賞を〈欲しがる〉—側からも捉えなければならないとした。従って、賞行為は、授賞側・受賞側の〈二層・二重〉の構造における相互作用から成り立っているといえるわけである。まさに賞は、ヤヌス（双面神）である所以である。そして、先の〈権威化〉や〈商品化〉は、いうまでもなく〈水平的な競合・競争〉の中における授賞側の作用（機能）である。これに対して、賞を〈欲しがる〉側の対象者や受賞者側は、意図的・非意図的に賞の獲得を目指したり想念したりする個人・団体間の〈垂直的な競合・競争〉に身を挺することになる。

　この〈垂直的な競合・競争〉は、根本的には個人・団体の欲望によって惹起・充塡される。そこで本書では、個人をベースにした欲望を大きく2つに分けた。もちろん、その2つの欲望は、賞の世界のみではなく賞以外においても追求・希求されるといえるのだが、その1つは、物質的な金銭欲・物品欲や精神的な忠誠・努力・誠実・謙虚などの確認欲、そして出世欲、成功欲、有名欲などと重層する権力欲、名誉欲、優越欲、差別欲などである。これらの欲望を、本書ではこの浮世に生を得て生活・活動していく中で誰しも抱く〈世俗的な欲望〉とした。もう1つは、人が物心つくと誰しもが無意識的・潜在的に抱くところの人並みに生きており、さらに他者以上にこの世に生きた証、すなわち自己の存在価値にかかわる〈承認欲求〉ないしは〈存在論的な欲望〉である。しかし、この欲求・欲望は、擬人的には団体・組織にもあるといえるが、個人においては特に成長するにつれ他者との厳しい競合・競争に晒される中で覚自化され、さらに壮高年に至り人生を回顧し始める頃に顕在化し易くなるといえる。

　この〈二層・二重〉の欲望が賞の世界と関わることになる場合、賞の社会的（分野的な世界・業界的）な認知・評価度が〈高度〉である場合には、〈二層・二重〉の欲望の充足欲求が〈強度〉となり、〈垂直的な競合・競争〉下での賞

の対象者や受賞者側をも強く規定する〈きつい＝緊縛〉的なものとなる。すなわち、競合・競争を激化させながら、賞の意味・価値が〈重度〉となり、賞を獲得するか否かは賞の分野において生活し生きていくのか、それともそれを諦め別の分野で生活し生きていくのかのごとく人生を分岐・左右するようなものとなる。しかし、賞の認知・評価度が〈低度〉で、欲望の充足欲求も〈弱度〉の場合は、賞の対象者や受賞者にとり賞の意味・価値も〈軽度〉となる。従って、賞の獲得も出来うれば程度のものとして対象者・受賞者側をそれほど規定しない〈ゆるい＝緩縛〉的なものとなり、〈世俗的な欲望〉の充足は求めても〈承認欲求〉や〈存在論的な欲望〉の充足欲求は顕在化しないままやり過ごすことになる。

　このように意図的・非意図的に賞の獲得を目指したり想念したりする〈垂直的な競合・競争〉の中で賞の対象者や受賞者側が〈世俗的な欲望〉の充足欲求に止まるのか、さらに連鎖して〈承認欲求〉や〈存在論的な欲望〉の充足欲求まで誘発・顕在化させるかの位相がある。例えば、〈官〉の勲章や〈公〉の称号などは、授与・受容両サイドを強く規定し、特に受容サイドでは〈二層・二重〉の欲望の充足欲求が勲章・称号の入手を渇望・希求させるといえる。〈民〉の賞の「芥川龍之介賞」や「直木三十五賞」もそうであるといえるが、また純文学文芸誌系の「文學界新人賞」、「新潮新人賞」、「群像新人文学賞」、「文藝賞」、「すばる文学賞」も、その受賞いかんが作家としての人生を左右するような社会的（分野的な世界、文学業界的）な認知・評価度が〈高度〉で権威ある賞とされているので、そのようなものとして看過した。にもかかわらず、受賞者がプロの作家として〈生き残る〉のが極めて難しいとの指摘から受賞者の〈生存率〉状況を考察することにした。

　まず、5文芸誌による新人賞を考察対象に設定したが、そこで受賞者がプロの作家として〈生き残り〉得たと見做す目安（インジケーター）を、さしあたり受賞後も他の文学賞などの受賞・候補歴を有し、最近年まで単行本を10冊前後以上刊行し、かつ単品作品やエッセイなどを発表し続けいる作家とした。その結果、この目安（インジケーター）をクリアした受賞者の割合は、「文學界新人賞」が約15％〜20％強、「新潮新人賞」が12％〜19％、「群像新人文学賞」が17％〜20％、「文藝賞」が20％〜25％、「すばる文学賞」が18％強〜23％弱となった。この割合は、プロの作家としての〈生き残り〉が極めて厳しいもので

あることを示すと同時に、5文芸誌の〈生存率〉状況がほぼ同様（おおよそ20％前後）で大きなブレが見られないことからして、さしあたりとした目安（インジケーター）は一定の妥当性・有効性を有すると見做しうる。それ故、他の文学文芸賞すなわち中間小説誌系、エンターテイメント小説誌系（歴史時代小説系、SF・ファンタジー小説系、ホラー小説系、ミステリー小説系）、ノンフィクション・ドキュメンタリー小説系、児童文学系、エッセイと戯曲・脚本系にもこの目安（インジケーター）を活用し、〈生存率〉状況を考察した。そして、かかる分野の賞状況の特色や受賞者の〈生存率〉状況などを浮き彫りにした。

　いずれにしろ、対象者・受賞者側の〈垂直的な競合・競争〉は、2つの作用（機能）を有するといえる。1つは、既に先述したが、競合・競争が努力や研鑽を促して作品・技能・活動などの〈質的〉な向上を促進したり革新性をもたらしたりすることなどである。だから、賞の創設・主催者側は、その目的として賞の分野のさらなる進取・豊穣・発展に寄与することを唱うわけである。もう1つは、〈垂直的な競合・競争〉も大量の賞の創設・主催を〈間接的〉にもたらしていることである。もちろん大量の賞の創設・主催を〈直接的〉に生み出しているのは、各分野における授賞側の激しい〈水平的な競合・競争〉である。しかし、その競合・競争における賞の創設・主催が、賞の対象者・受賞者側における欲望の充足欲求を誘発・喚起し、まさに〈垂直的な競合・競争〉を展開せしめているのである。だから、個人・団体の欲望が、〈水平的な競合・競争〉の、それが生み出す賞のバックグラウンドなのである。つまり賞を〈欲しがる〉個人・団体がいるから賞を創り〈授けたがる〉のである。

　賞の創設・主催側と賞の対象・受賞者側の〈二層・二重〉性における賞行為の構造と機能は、伝統・新興芸術の諸分野や芸能分野—特に〈権威化〉や〈商品化〉の論理が各分野に特色・特性的な賞状況を形成するにしても—においても通底しているのである。だから、伝統・新興芸術の諸分野や芸能分野の考察では、あえてその点に深入りせず、賞状況の特色・特性のみを浮き彫りにすることにした。その典型が、バレエやピアノコンクールにみられる〈企業化〉状況であった。

あとがき

　本書の出版に着手する動機・契機は、序で述べたように筆者がまだ大学の教壇に在った時期、新聞に賞の記事が毎日のように掲載されていることに気づき、しかもその数と種類の多さに驚き、退職後に余技として賞の研究をしてみようと思い立ったことにある。そのため、新聞（主として朝日新聞に依拠）・雑誌の切り抜きやネット検索などを行い、資料収集に着手した。それが、退職までの約10年続いた。そうして退職後、収集した膨大な資料の整理と研究のためのアプローチやまとめの構想の練り上げに入った。

　新聞に掲載される章・賞の記事は、春秋定例の勲章と褒章の授与者の他、ほとんどが〈民〉の賞で〈公〉（地方自治体＝地方政府）のそれは数少ない。そのため、ネット検索に依拠したが、その結果、意想外にその数と種類の多さにやはり驚いた。こうして、章・賞の創設・主催者を〈官〉〈公〉〈民〉の3主体別に考察しまとめることにした。筆者は、地方自治や地域政治を専門の研究分野としているが、〈公〉の賞などの研究論文が在ることは寡聞にして知らない。それに踏み入ったのは筆者が初めてではないかと、いささか自負するところである。

　ところで、今から5年ほど前に本書の草稿を脱稿した（それ故、それ以降に創設された賞の補足は不十分である）。それをワープロ化しプリントしたら、膨大なページ数になった。章・賞の企図・目的、対象や選定方式、歴史などの説明の他、受賞作品や受賞者名なども含めたためである。これでは出版は無理と思い、説明の縮減と受賞作品・氏名などの原則カットを行うことにした。そのため、残念なことに、読者が章・賞の内実を十分に把握するためのデータが損なわれることになったのではないかと思われる。

　出版については、筆者にとり3冊目となる研究書の刊行を快く引き受けてくださった敬文堂の阿久津信也氏を介し現社長の竹内基雄氏を頼った。敬文堂は、学術書を基軸にする出版社である。だから、学術書とはいえず、広い意味での評論書といえる本書の出版は難しいのではないかと危惧したが、竹内社長はまず本書のタイトルに関心を示しながらやはり快く引き受る旨を示しつつ、読者に受け入れ易くするための幾つかのアドバイスをしてくれた。それには、

衷心よりお礼を申し上げる次第である。

　本書の刊行年月は、筆者が八十路に入って間もない年月である。これまでは、日々、本書出版の仕事に合わせ積ん読本として書庫に残った書籍の閲読を行ってきたが、前者に区切りついたので今後は後者に専念することにしたい。

2023年9月30日　書斎にて

佐藤　俊一

【著者紹介】

佐藤　俊一（さとう　しゅんいち）

1943年山形県出身。中央大学法学部卒業、同大学院法学研究科博士課程満期退学、中央大学非常勤講師、群馬大学助教授、中京大学教授を経て東洋大学法学部教授、法学部長・副学長を歴任、2014年に淑徳大学を退職。法学博士（1997年、中央大学）。

【主要単著書】

『戦後期の地方自治』（緑風出版、1985年）
『現代都市政治理論』（三嶺書房、1988年）
『戦後日本の地域政治』（敬文堂、1997年）
『地方自治要論』（成文堂、2002年、第2版・2006年）
『政治行政学講義』（成文堂、2004年、第2版・2007年）
『日本広域行政の研究』（成文堂、2006年）
『日本地方自治の群像・第1巻～第10巻』（成文堂、2010～2019年）

人はどうして賞を欲しがり、授けたがるのか
―賞の総合的研究―

2024年1月10日　　　初版発行　　　定価はカバーに表示してあります

著　者　　佐　藤　俊　一
発行者　　竹　内　基　雄
発行所　　株式会社　敬　文　堂

〒162-0041 東京都新宿区早稲田鶴巻町538
電話(03)3203-6161代 FAX(03)3204-0161
振替 00130-0-23737
http://www.keibundo.com

©2024 SATO. Shunichi　　　　　　　　Printed in Japan

印刷・製本／信毎書籍印刷株式会社　カバー装丁／株式会社リリーフシステムズ
落丁・乱丁本は、お取替えいたします。
ISBN978-4-7670-0259-0　C1031